內戰下的上海市社會局研究

(1945-1949)

李鎧光　著

臺灣 學生書局 印行

序

一、

　　城市研究是近二十年來史學研究的顯學，而上海研究更是中國城市研究的熱點。多半的學者同意，明中期以後「消費社會」的形成，與近代意義上城市的興起，有絕大關聯。如果從江南城市的發展看，上海在前近代不過是不起眼的江南古鎮後起者，也就是說上海有今天耀眼的國際地位，是十九世紀中葉以後逐步發展的結果。

　　都市的形成與發展，除了地理條件與自然景觀外，人文面向更具有多面性格。以上海為例，她是沿海商業城市推進多元文化的前沿，又促成本身由舊翻新的契機。因國際因素（租界）造成華洋共處，自治政府的設立、市政規劃的實施、公用事業的初建、城市法規的頒行，始於清末，盛於民國。1930年代二

戰爆發之前，上海很有與世界大城如紐約、倫敦、東京不相上下的發展機會，可惜戰火中斷了與世界大都市競逐高下的機緣；戰後本有發展的契機，又因內戰加上政治「鎖國」，待「改革開放」之後，「民國熱」中，人們始驚覺80年代的上海，與30年代的上海發展幾可接軌。過去二十年來，學界對近代上海經濟、社會、文化等面向的發展多所琢磨。都市計畫、都市行政與城市的生命和成長攸關，上海城市發展史中，行政機制的建構與翻新，不同時代有其不同的面貌與貢獻，究竟戰後作為代表性的城市行政組織——上海市政府，在動盪政局下，面對什麼場景？想作什麼？又作了什麼？這些都教人好奇。鎧光這本書，拿市政府中的一個「局」作對象，仔細的分析，試著回答這些問題。

二、

鎧光是政大歷史研究所的博士，他個人從中央大學歷史研究所讀碩士學位時，便追隨康豹（Paul R. Katz）教授讀書，奠定了他研究學問的基礎。後來他進入政治大學歷史所博士班，從事與民國社會史、政治史相關的戰後上海社會局研究，2009年12月口試通過，取得博士學位。

鎧光的這本著作是根據他在政大的博士論文修訂完成的，在學位口試中，口試委員本就給論文不錯的評價，在中研院博

士後的兩年間，他又增加十萬字材料，內容翔實自不待論。我個人對鎧光鍥而不捨的幹勁與勤學精神很是佩服。這本《內戰下的上海社會局研究，1945-1949》，至少有幾個特色：一、大量利用上海檔案館收藏的上海市社會局原始資料。以他殘障的身體狀況，多次不遠千里前往上海，蟄居滬濱，潛心研讀史料，極屬不易。這些資料包括幾百種檔卷與表格，還到處搜尋不容易看到的社會局出版品，例如《社會月刊》。史料經過他認真梳理，並做出正確的運用和判斷，表現在論著上，多能說服讀者，這證明他有相當不錯的研究眼光和能力。二、處理社會局這樣一個主題，很容易流於西方所謂的「控制」或「動員」理論，很難逃脫為他人理論作註腳的後果。但鎧光雖也熟悉這些理論，卻不願意狗尾續貂，平白追隨他人的想法，反而是自己提出自己的詮釋，就事論事，以史論史，把這一機構的功能及運作說明清楚，呈顯了它應有的歷史意義。他直接闡明戰後劇變時局下一個地方政府組織的發展、人才、功能、運作，並討論其侷限，雖屬小題大作，卻能給人在時代巨變下，市政歷史的一個嶄新面貌。三、這個研究也比較踏實的提供了兩個面向的討論：首先是對上海歷史研究的深層發掘。過去上海史概括性或通論性的描述實不足以說明都市的內涵與變相，這一作品從一個市政組織面對巨變中的社會問題如何產生、如何應付，提供了我們更多的解釋。同時，這個研究雖從市政府所屬的一個

局——社會局下手,提供的討論,正展現了「劫收」陰影下一個有秩序之政治社會面觀點。顯示歷史經過研究,有助於澄清長期以來對全國各地戰後接收中的「不堪」想像。其次,市政管理為中國近代自西方移植來的政治制度與技術,透過社會局這樣的研究,使我們對中國近代都市行政管理、官僚體系設置與功能,都市發展史中傳統與現代、本土與移植的因素,因此有了更深入、更進一步的掌握與瞭解。

三、

鎧光在身軀上的障礙,他雙手在電腦上逐字敲打字盤的不易,絕對是常人難想像的,但他有學術研究的熱忱,也具有勤奮走向學術研究的企圖心。讀過這本書,瞭解成書的過程,證明他不靠奇蹟,靠信心、毅力。他的研究成果代表一個「讀書人」,只要肯下苦功夫、肯努力,把「做學問」當作生平志業,矢志向前,成績的確會令人刮目相看的。

呂芳上 謹誌

2012年2月20日

章節目次

表次

圖次

第一章　導　論

一、研究動機與目的

　　1945-1949 年是個關鍵的年代，統治中國大陸二十餘年的中國國民黨在經歷八年的對日戰爭後，隨即與中國共產黨展開內戰，戰爭的結果中國共產黨取得勝利，建立新政權——中華人民共和國。國民黨則沿襲中華民國的「法統」，但統治區域則僅局限於臺、澎、金、馬等東南島嶼。正是因為戰爭的影響持續至今，造成過去數十年學術研究立場涇渭分明，甚至存在許多禁忌。張玉法指出：國民黨治臺的前 20 餘年(1949-1973)，由於與中共進行生死存亡的對抗，國民黨極力強化領導中心，以應付中共的政治威脅。在此政治環境下，民國史研究禁忌甚多，對中共的歷史不宜作正面的敘述，否則有危害中央領導中心之嫌。1973 年以後，大學將中國現代史課程列為必修，因此風氣

逐漸開放，才逐漸吸引研究者投入。[1]

　　至於中國大陸的民國史研究，因長期受到左傾思想的干擾，民國史諸多事件與人物已有政治「定評」，研究空間甚為狹窄。1978 年以前民國史研究主要侷限在揭露帝國主義侵略及國民黨統治，成為政治批判的工具和附庸，只有少數經濟史料的編纂較有成就。1978 年以後雖然因改革開放，舊有的禁忌逐漸減少，有很多人員投入此領域，但有研究課題貪大求全，過多關於民國性質、分期的討論，給人大而無當之感。低水準研究重覆出現，應付特定需求文章依然存在等問題。[2]

　　川島真則認為 1980 年以來，中國學界雖逐漸超越「革命史觀」的研究途徑，卻陷入一連串事件與人物的「再評價」，從過去的否定改成肯定，仍是「價值優先」的歷史觀。另外雖然強調民國史研究的特殊性及重要性，但是中國近現代史能否適用「王朝更替」為主的區分方式仍不無疑問。今後應特別重視從清末一直到民國前期，從民國後期到中共建國初期的連續性視野，甚至是整個 20 世紀為基礎的通觀的歷史研究。[3]

---

[1]　張玉法，〈中華民國研究在臺灣〉，《近代中國史研究通訊》，8(臺北，1989.09)，頁72。

[2]　汪朝光，〈民國政治史〉，收入曾業英(主編)，《五十年來的中國近代史研究》(上海：上海書店出版社，2000)，頁45、65-67。另外虞和平也認為中國學者在1979年以後對於中國近代史研究，在研究時限、內容、方法上都較過去三十年有所創新。見虞和平，〈改革開放以來中國近代史學科的創新〉，《晉陽學刊》，2010:6(太原，2010.11)，頁13-21。

[3]　川島真，〈特集によせて〉，《中国研究月報》〔特集・中華民国〕，

　　上述 3 位學者都指出過去中國近代史研究，容易受到政治力及特定史觀影響，研究上有諸多限制。而今日在兩岸交流日趨頻繁，各種檔案大多已對外開放的今日，更有利於使用具體的史料，能夠從前人較少觸及的角度，進行更深入的探討，以增加我們對這個領域的認識。

　　內戰下上海市社會局研究，正是在是在這樣的出發點上，希望能提供一個更具體的區域研究個案，來豐富我們對國共內戰時期政治制度與社會生活的瞭解。1990 年以來上海成儼然為中國研究中的熱門地區，[4]中國大陸學者亦有倡議「上海學」，從原本區域研究進一步提升為一門獨立的學科。[5]筆者過去在研

　　61:5（東京，2007.05），頁1。久保亨在論及1949年革命的歷史地位時強調，不應沿襲革命史觀，亦不需要過分強調1949年的斷裂性，應以4個宏觀的視角來看1949年：(1)做為帝國的中國；(2)做為近代國民國家的中國；(3)做為一黨獨裁與高舉社會主義的中國；(4)更要尋求超越帝國、國民國家及社會主義的視角。久保氏所言，同樣強調的是不要過分強調1949前後兩個政權的差異性及尋求超過政治史為主的研究途徑。見久保亨，〈1949年革命の歷史の位置〉，收入久保亨(編)，《1949年前後の中國》(東京：汲古書院，2006)，頁3-27。

[4]　據熊月之的看法，原因在於：(1)上海在中國城市中的特殊地位，1840年以來一直是中國最大的城市；(2)租界的存在，統治分屬中國政府、工部局、公董局，一市三治，城市風格迥然不同；(3)1970年以後史學研究多以現代化為視角，上海是中國現代化最快的都市，自然引發學者注意；(4)上海相關的史料、檔案開放較多，使研究者較易利用；(5)既有研究成果比其它區域豐碩，形成群聚效應，吸引青年學者加入。見據熊月之、周武(主編)，《海外上海學》(上海：上海古籍出版社，2004)，頁1-3。

[5]　由陳旭麓、唐振常、沈渭濱、熊月之、姜義華五名學者發表的〈上海學研究筆談〉見《史林》，1999:2(上海，1996.06)，頁3-12。其後熊月之又

究清末民初的上海地方自治運動時,曾以「文化權力網絡」的
概念,[6]探討地方政府與地方菁英[7]在各種不同的事件中,文化
權力網絡是否能發揮功效,關鍵在於地方政府的支持與否。[8]現
以上海市社會局為題的研究動機在於:延續過去以來對地方政
府與地方菁英的關注,探討在戰後的四年間主管機構如何介入
一般市民生活,而以單一的市政機構為核心,一方面有固定討
論範圍,另一方面也是受到社會局檔案較多、保存較完整的緣

發表〈上海學平議〉,《史林》,2004:5(上海,2004.10),頁1-6。

[6] 文化權力網絡中的「文化」一詞是指各種關係與組織中的象徵與規範,
這些象徵與規範包含著宗教信仰、相互感情、親戚紐帶,以及參加組織
的眾人所承認並受其約束的是非標準。文化網絡由地方社會中,多種組
織體系以及塑造各種權力運作的各種規範所構成,它包括在宗族、市場
等所形成的等級組織。這些組織既有以地域為基礎的、有強制義務的團
體(如某些廟會),又有自願組成的聯合體(如水利會和商會)。文化網絡還
包括非正式的人際關係網,如血緣關係、庇護人與被庇護人、傳教者與
信徒關係。這些組織既可以是封閉的,也可以是開放的,既可以是單一
目的的,也可以是功能複雜的。Prasenjit Duara 著,王福明譯,《文化、
權力與國家——1900—1942年的華北農村》(江蘇:江蘇人民出版社,
1994),頁12、20

[7] 地方社會中的「地方」是指以縣或縣以下的自然村為社會互動的區域,
地方菁英是指個人或是宗族在地方上所運作的一種支配(exercised
dominance)。這種支配包括物質的(土地、商業財富或軍力)、社會性的(人
際關係網路、宗族、結社)、個人的(專業技術、領導能力、宗教或神秘
力量)或是象徵性的(地位、名譽、特殊的生活方式)。參見Joseph W.
Esherick and Mary B. Rankin, eds. *Chinese Local Elites and Patterns of
Dominance* (Los Angeles and Berkeley: University of California Press,
1990), 10-11.

[8] 李鎧光,〈上海地方自治中的文化權力網絡:以郁懷智為討論中心〉,
《淡江史學》,19(臺北,2008.09),頁199-237。

故。

　　據《上海市政府組織法》規定，上海市社會局職掌如下：
(1)關於社會福利事項；(2)關於人民團體組織訓練事項；(3)關於勞工行政及勞資爭議事項；(4)關於合作指導事項；(5)關於度量衡檢定事項；(6)關於農工商行政及其改良保護事項；(7)關於造林墾木漁獵之保護及取締事項；(8)關於書報雜誌影劇之管理事項；(9)關於物價及糧食管理事項；(10)關於其它社會行政事項。[9]由此可知，市政府所設的各局處中，社會局與市民生活關係最為密切。

　　法國學者安克強(Christian Henriot)在研究中日戰前10年的上海市政府時，指出社會局與國民黨上海市黨部的密切關係：社會局成員是由黨部所挑選，行動取決於黨部的執行委員會，像是一個國民黨在上海的附屬機構。[10]得益於此論點的啟發，希望藉由社會局的相關公文來驗證內戰中地方政府在各種業務執行的成效，包括審查報紙、雜誌、電影、戲劇，調解勞資糾紛與調整工人工資，還有監督同業公會、工人工會與社會團體，眾多的業務與上海市民生活息息相關。本研究的目的在於：一方面探討地方政府如何管理社會事務，另一方面更希望瞭解當

---

[9]　〈上海市政府組織規程〉，第9條，《國民政府公報》，1947年11月27日。

[10]　安克強在他的書中，曾3次提到社會局是國民黨地方黨部的附屬物，見安克強(著)，張培德、辛文鋒(等譯)，《1927-1937年的上海——市政權、地方性及現代化》(上海：上海古籍出版社，2004)，頁26、141、167。

時民眾生活的狀況。

二、 研究回顧

　　本研究的時間斷限是 1945-1949 年，研究回顧也以此為準，但為方便討論分為二大部分： (一)戰後國民黨的統治；(二)戰後的上海。戰後國民黨的統治與整體政治經濟情勢相關，主要重點在中央政策的推動與執行、民眾或人民團體的反映。其次則是戰後上海，以近年新出版的個案研究為主，反映出當時上海若干行業由盛轉衰的過程。各段研究回顧按出版年代先後為順序，以專書為主、單篇論文為輔的方式進行，試圖指出各作品的主要論點，最後再加以總結，歸納出若干特點，作為進一步深究基礎。

(一)戰後國民黨的統治

　　張嘉璈的研究指出政府採取每月公布工人生活費指數的方式來作為工人調整薪水的依據，雖然資方認為此舉將大幅增加成本，使各行業無法獲利。但張氏認為真正的原因是原料和設備的成本及市場利率都在快速的增加，使公司工廠無法取得足夠的流動資金，維持生產及庫存。總結來說：政府控制物價與工資的政策，都只有表面而短暫的效果，政府相信只要有政治力支持，任何措施都能收到效果，這也是為什麼類似的控制物

價及工資政策會一再出現。[11]

　　周舜莘則從政府的收入與支出、私人的消費與投資、國際收入與支出三大部分來分析戰後經濟崩潰的原因，他認為因為政府沒有能力從國內來增加稅收，所以只能仰賴外匯來減少政府赤字，因此迅速耗盡政府的外匯存底。戰爭的花費(不論是中日戰爭或國共內戰)均層層轉嫁到公務員、軍人、教師、收租(收息)者的身上而不管他們是否有能力負擔。[12]

　　易勞逸認為改發行金圓券不是國民黨統治失敗的主要因素，這次改革是一場豪賭，失敗之後加速了國民黨的垮臺。政府強制一般民眾將大部分的金、銀、外幣兌現成金圓券，因此造成發行量大增，執政者雖然想吸引多餘資金加以轉投資，但是沒有成功。南京政府的控制力不足，使得管制物價措施局限於少數大城市，無法發揮預期效果。內戰節節敗退與增稅更沉重打擊人們對金圓券的信心。在論及蔣介石的統治才能時指出：雖然蔣氏總是斥責黨、政、軍從政同志缺乏積極負責的態度，學習意願低下。但易勞逸認為蔣介石似乎大都從道德與心理層面出發，不曾認真地從民生主義的角度來考慮，喚起民眾

---

[11] Chang Kia-ngau, *The Inflationary Spiral: The Experience in China 1939-1950* (Massachusetts: Massachusetts Institute of Technology Press, 1958), pp. 350-360.

[12] Chou Shun-hsin, *The Chinese Inflation, 1937-1949* (New York and London: Columbia University Press, 1969), pp. 13-14, 87-88, 113-114.

及軍隊心甘情願的來為政府效忠。[13]

　　日本學者樹中毅對於南京國民政府統治有如下的見解：從北伐到訓政，一連串的政治變動(清黨、對抗菁英的排除、內戰)，與其說是因為蔣介石反共與獨裁而引起的，倒不如說是他為了確立國民黨的一黨統治更為貼切。牽涉到以下三個層面：(1)圍繞著意識形態與政策權力鬥爭：國民黨為了保有意識形態(三民主義)的獨占解釋權，從而排除在體制內的異議分子。黨無限制的「向國家介入」成為制度上的可能，這種「由上而下」的指導，是列寧主義在中國形成的一黨統治傳統。(2)南京與各地區的統治對立問題：與地盤和軍事權力相關，地方軍閥常以一紙電報宣布統一或分離，因此北伐只是在政治上打倒了軍閥主義，但無法在實質上打破軍閥在地方的支配。(3)圍繞著「民主化」與蔣介石獨裁統治：蔣氏為了洗刷獨裁的批判，不斷宣傳訓政時期約法，是邁向憲政的必經階段，企圖強調「民主化」的性質。但實際上憲法、議會、選舉、政黨等，皆無法充分發揮政治機能，蔣介石統治的正當性始終很脆弱，一直持續到國

---

[13]　易勞逸(著)，王賢知、王建朗(譯)，《毀滅的種子：戰爭與革命中的國民黨中國(1937-1949)》(南京：江蘇人民版社，2009)，頁180-185；190-193。另外段瑞聰在研究新生活運動時也指出：蔣介石的動員民眾分為「親民」→「教民」→「用民」三個階段，時常強調犧牲大眾利益，但也造成新生活運動無法深入農村，與易勞逸所說蔣介石重視精神層面的要求卻忽視國民生計的改善兩者意見相近。見段瑞聰，《蔣介石と新生活運動》(東京：慶應義塾大学出版会，2006)，頁246-251。

民黨在中國大陸的統治結束。[14]

　　林桶法對戰後內政的研究，包括以下 4 點：(1)戰後接收問題：接收僅限於城市，並未深入農村。計劃及辦法不健全，負責辦理接收單位過多，職權重覆，而且負責人員貪汙，嚴重影響民眾對政府的信任。(2)幣制改革與通貨膨脹：發行金圓券為政府在戰後挽救通貨膨脹最重要的經濟政策，卻以迅速失敗告終。作者指出：按當時發行的 600 億法幣，只需要 2 億金圓券即可收兌完畢，但金圓券的發行額定在 20 億，因此造成通貨膨脹是必然的。再加上政府不斷延後收兌的截止日，導致民眾產生觀望心理，喪失對金圓券的信心。(3)政府內部派系傾軋與內閣更替：在四年中閣揆 5 度異動，何應欽內閣只運作 60 日，雖然與政治局勢迅速轉變有關，但其中派系互相牽制也是重要因素。(4)蔣介石與李宗仁的政爭：在副總統選舉中，李宗仁的桂系聯合對中央不滿之派系取得職位，卻造成李、蔣二人關係疏遠，李宗仁被摒除於權力核心之外。即使蔣介石下野後，李氏

14　樹中毅，〈国民革命期から訓政時期における蔣介石の独裁統治と政治的不安定の構造〉，《法学政治学論究》，45(東京，2000.06)，頁96-99。另外樹中毅在另外兩篇論文中對蔣介石的統治方式有所討論，指出有從列寧主義走向法西斯主義的傾向及透過剿匪及推行新生活運動所設立的南昌行營對地方政府進行直接指揮。見氏著〈レーニン主義からファシズムへ──蔣介石と独裁政治モデル〉，《アジア研究》，151:1(東京，2005.01)，頁1-17；〈強い権威主義支配と弱いレーニン主義党──軍事委員会委員長南昌行営と南京国民政府の地方への権力浸透〉，《法学政治学論究》，51(東京，2001.12)，頁1-34。

任代總統，但無法調動軍隊，終究無法有所作為。[15]

　　以治冷戰史知名的學者 Odd A. Westad 指出：研究中國的內戰必需要考慮到抗日戰爭帶來的災難、國民政府有限的能力、地方的抵制及冷戰架構下的同盟關係等因素。在這幾點原因中，作者著墨最多亦最強調的是國民政府自身的缺失。國民政府希望對原本由日本統治的東南地區增加稅收時，卻忽略了當地人民的需要(如地方行政、交通建設、信用貸款)，使得國民政府在中日戰爭中所獲得的合法性，又逐漸喪失。作者特別強調國民黨因為貪汙所造成的嚴重後果，不但使得歲收減少而軍事支出受到限制，迫使政府更依賴外國貸款與敲詐(foreign loans and extortions)，也無法改善通貨膨脹。沿海大城市的商人若想繼續取得營業執照就必須接受政府的敲詐與強制徵收(extortions and confiscations)，有時甚至是以威脅人身安全的方式來進行。總之國民政府缺乏內部與外部的靈活性為自己尋求

盟友，即使已得到的支持亦逐漸失去(其中包括原先支持政府的軍隊與官僚)，那麼它將無法應付接二連三的挑戰，最終走向失敗。[16]

日本學者中村元哉從言論自由的角度，來探討戰後國民政府的言論政策與知識界對憲政的批判。中村氏指出：戰後的言論自由是在 1945 年 9 月至 1947 年 5 月享有一段相對較寬鬆的時期，原因有以下幾點：出版法的修正與宣傳部的改組尚未完成，負責出版品登記的機關未能一元化，在這一年多的時間裡，國共雙方忙於爭奪日本遺留下的物資，無暇留意文化控制。至於 1947 年 5 月以後，隨著戰爭的激化，出版品的控制日趨嚴格，不僅第三勢力及無黨派的出版品被冠上左傾化的理由而停刊，《中央日報》、《和平日報》黨營及親國民黨出版品也有因「報導不當」(如報導立法院秘密會議)被處以警告處分的。[17]

關於工人運動部分，1949 年後中國學者雖然有出版多部工

---

[16] Odd Arne Westad, *Decisive Encounter: The Chinese Civil War, 1946-1950* (Stanford: Stanford University Press, 2003), pp. 4-12, 73-74, 83-85, 99-103. 除了 Odd Westad 外，Bernkopf Tucker 認為國民政府在外交上也有不小失誤，外交權責不統一，使得美國感受到中國政府的無能，以致於有美國政府官員認為給予中國更多援助，只會造成更多浪費。見 Nancy Bernkopf Tucker, "Nationalist China's Decline and its Impact on Sino-American Relations, 1949-1950," in Dorothy Borg and Waldo Hendrichs eds. *Uncertain Years: Sino-American Relations, 1947-1950* (New York: Columbia University Press, 1980), p. 152.

[17] 中村元哉，《戰後中国の憲政実施と言論の自由1945-1949》(東京：東京大学出版会，2004)，頁134-142。

人運動史，[18]但其主要重點皆放在共產黨如何領導工人，最後
取得勝利，甚少涉及工人生活的本身，對於當時市政府的角色
多採取負面評價。[19]較新的研究成果《中國近代工人階級和工
人運動》中雖然整理大量政府統計，但也認為 1947 年 6 月社會
部下達《防止工潮注意事項》要求工運指導委員會與勞資評斷
委員會應充實機構加強組織，同時與當地黨團密切合作。對各
重要產業工會加強控制，設法平息工潮。1947 年 11 月行政院
頒布《動員戡亂期間勞資糾紛處理辦法》，對各級勞資評斷委員
會給予最大的權力，強制工人服從其裁決。1948 年 5 月，國民
黨公布修正戒嚴法，對人民罷市、罷工、罷課及其它罷業得禁
止及強制其恢復原狀。書中的結論是：國民黨一系列迫害鎮壓
工人運動法令的發布，證明國民黨中央在《工人運動實施綱要》
中所標榜的「發展勞工組織、提高勞工地位，改善勞工生活等
目標，完全是欺騙工人的空話。[20]

18　劉長勝(等著)，《中國共產黨與上海工人》(上海：勞動出版社，1951)。
　　沈以行、姜沛南、鄭慶聲(編)，《上海工人運動史》(瀋陽：遼寧出版社，
　　1991)。

19　例如上海市總工會編寫的《解放戰爭時期上海工人運動史》(上海：遠東
　　出版社，1992)，頁150-151。談到1947年4月絲業工人到社會局請願，局
　　長吳開先接見工人代表，雙方因為是否解凍生活費指數展開激烈辯論，
　　「職工理直氣壯，局長理屈辭窮」。另外中共上海市委黨史研究室主編，
　　由北京中共黨史出版社於1990年陸續出版的「上海工廠企業黨史工運史
　　叢書」雖然以一個工廠或企業為個案，提供了很多工人運動的細節，但
　　由於註釋及史料來源未能詳細列出，造成日後研究者進一步研究的困難。

20　劉明逵、唐玉良(主編)，《中國近代工人階級和工人運動》(北京：中共

22

(二)戰後上海

　　高郁雅探討戰後的紙荒問題時指出：國民黨的配紙政策是：每季能夠進口的白報紙數量確定後，由中央宣傳部委託中央信託局向海外訂購。報紙進口後優先配給黨報，其餘再配給其它民營報社，各報社因配額不足而屢次發生爭執。黨營報紙卻因銷量有限，有配額轉賣至黑市，因此獲得更高的利潤。雖然政府三度下令限制報紙張數，但並非所有報社皆遵守法令，直至 1948 年下半年因廣告量不足，報社自動減少張數。《申報》停刊時僅出版 1 張，比極盛時期 8-9 張相比，簡直不可同日而語。作者認為國民黨的黨報優先配紙政策，原本希望達到為黨宣傳效果，但適得其反，黨報轉售配額圖利引起其它同業不滿，造成民營報社對政府的疏離。限制張數政策有部分作用，但整體成本仍然大為增加，報社對政府的批評亦日趨嚴厲。[21]

　　王菊認為 1945-1949 年是一個承先啟後的時代，從棉紡織業發展過程來看，以 1945 年為界，在此之前是華資紗廠與外資紗廠競爭的時期，在此之後是國營企業與私營企業並存的局面，是一種具有連續性逐漸轉變的過程，並不是共產黨獨立完成的。書中指出：申新、永安兩大民營紗廠的生產率至 1946

中央黨校出版社，2002)，第13冊，頁473-474。

[21]　高郁雅，〈戰後中國報界的紙荒問題──以上海為中心(1945-1949)〉，《輔仁歷史學報》，13(臺北，2002.06)，頁147-148、159-160。

年底已達 83%，可以說只用 15 個月的時間民營紗廠的生產力便已經恢復。至於國營紗廠──中國紡織建設公司，成立於 1945 年 11 月，以接收日本人遺留之紗廠合併成立，具有設備、政策及資金上的優勢。1946-1947 年上海棉紡織業經歷了兩年的黃金發展期，但好景不常，政府於 1948 年 1 月成立全國花紗布管理委員會，全國各地紗廠成為該委員會的代工廠，加上國內戰爭影響，國產與進口棉花供應不足，政府推行的本國棉花聯營政策，採取以綿紗換綿花(以成品換原料)，由於兌換數額太低，使紗廠根本以無利可圖。作者認為，戰後棉紡織業原本有相當好的發展，但限價政策造成嚴重的負面後果，使得民營業者走向與政府對立的一方，也損害國營紗廠的利益，低價出售紡織品的結果，非但不能穩定物價，反而使政府失去各種社會力量著支持，包括國營紗廠的員工。[22]

　　馬軍的《1948 年：上海舞潮案》是與本研究最接近的專書，舞潮案指的是在舞廳上班的從業人員(包括經營者、舞女、職工、樂師)，因中央政府推行節約運動，認為民眾到舞廳消費是奢侈行為，欲將舞廳全部關閉所引起抗議事件。由於負責執行的單位正是上海市社會局，因此社會局成為群眾的抗議目標。關閉舞廳的方式採二階段進行，1948 年 1 月 31 日以抽籤決定，

---

[22] 王菊，《近代上海棉紡業的最後輝煌(1945-1949)》(上海：上海社會科學院出版社，2004)，頁25、70、123、164-165、239、252。

當日中籤者於本年 3 月底止應停止營業，其餘舞廳至 9 月底止全部關閉。抽籤當日由於時間更動，有多位舞廳業者未能到場，中籤名單傳開後造成群情激憤。一部分與會者遂至社會局抗議，最終演變成警民衝突，社會局內有多項設施被損毀，有 62 人因此遭到判刑，刑期 2 個月至 4 年。在禁舞的過程中，除了市政當局違心地加以執行外，其它各階層幾乎同仇敵愾，形成一股強大的反禁舞風潮，使南京政府成為眾矢之的。[23]

　　馬軍的另一本書是《國民黨政權在滬糧政的演變及其後果》，是其博士論文修改後而出版。作者認為：戰後兩次限制價格措施，是為了抑制通貨膨脹，但此種措施是治標之策，唯有限制貨幣的發行量與增加生產方是治本之道，但受限於內戰無法達成，限制解除後，也都有搶米風潮發生。民食調配委員會是以計口授糧的方式，對市民提供糧食配給，但供給量不足日常所需，仍然需要透過糧商購買。總體而言，上海雖然有糧食不足的威脅，但是因為上海的重要性已經確定，即使鄰近省分亦出現糧食問題時，國民政府亦率先將糧食運往上海，1948 年 3 月更選定上海為首次實施全面配米的城市，足見對上海的重視程度。其次，國民黨政權始終未能建立相應的體制，未能建立公營為主的供應與銷售糧食管道，仍是由民營的糧商為主

---

[23]　馬軍，《1948：上海舞潮案——對一起民國女性集體暴力抗議事件的研究》（上海：上海古籍出版社，2005），頁127、179-180、189-190。

導。如此便造成糧商追求糧價的最大化與政府企圖限制物價上漲，兩者存在無法消除的矛盾。[24]

周衛平的〈南京國民政府時期勞資爭議處理制度研究——以上海為主要視角〉指出：中日戰爭結束後國民黨政權因為政策失誤及自身的腐敗，使得這一時期上海的勞資爭議達到了前所未有的規模。他對戰後的總體評價有兩點：一是以特別法代替普通法，將解決勞資爭議的希望寄託在政府直接干預措施上，由此制定了勞資爭議評斷這一特別制度，規定勞資評斷委員會之裁決具有強制執行效力。二是處理勞資爭議的手段日益嚴酷，國民黨政權將勞資爭議上升至政治和刑事高度，對於罷工、怠工等行為，以《妨害國家總動員懲罰暫行條例》、《戒嚴法》等極端法律為處理依據，加強鎮壓，此時的政策和措施已無公正協調可言。[25]

(三)綜合討論

綜合以上的研究回顧，有以下幾點值得注意：(1)以誰丟失中國(Who lost China?)為問題的核心，從易勞逸以後的許多著作，大多是由這個問題意識出發，針對國民政府(或國民黨)的

---

[24] 馬軍，《國民黨政權在滬糧政的演變及其後果(1945年8月至1949年5月)》(上海：上海古籍出版社，2006)，頁81、138、253、321-326。

[25] 周衛平〈南京國民政府時期勞資爭議處理制度研究——以上海為主要視角〉(上海：華東政法大學法律史專業博士論文，2008)，頁164。

施政缺失，有了很完整的探討，特別是林桶法的著作更是觸及接收、軍事、經濟、和談、派系五項被認為為關鍵的問題。但問題在於：如果說國民黨連續的政策失誤導致最後的失敗，那麼何以政府的運作還持續了四年，這其中難到沒有任何可取之處？[26]

(2)日文作品則都指出蔣介石政治權力的不穩定性，使得他不斷的利用越權指揮的方式，跳過中央政府及國民黨中央黨部，直接指揮地方政府。但是在現有的研究成果中，大多是以中央政府的角度，或者說是蔣介石個人的性格來探討戰後四年的國民黨統治。這當中缺乏以地方政府的角度來分析問題，彷彿地方只是一個執行中央命令的機構，完全沒有自主性，而地方菁英也在其中銷聲匿跡，這與戰後上海蓬勃發展的人民團體不相符。

(3)若干區域研究的個案有助於瞭解區域差異，誠如 Odd A. Westad 所說：不論中外，多數學者已經注意到，農民是有意識(主動的)躲避戰禍並且設法求生，而不是像被喚起般(被動的)

---

[26] Julia Strauss指出過去對國民黨政權有兩種標準評價，一種傾向批評國民黨無效率、腐敗及軍事不振，以致在1949年或更早之前就註定失敗。另一種傾向同情其已經有一套長遠計劃，但不幸因中日戰爭而被迫中斷。無論批評或同情，兩者欲回答的問題仍是國民黨為何丟失中國，而不是從當時的時代及情境出發，來評估國民黨做出何種嘗試，企圖克服所面對的困境。見Julia Strauss, *Strong Institutions in Weak Polities: State Building in Republican China, 1927-1940* (Oxford and New York: Oxford University Press, 1998), p. 8.

號召在國家主義及社會主義的對立之下。所以在研究中國農民意識時，必須注意到區域上、時間上的變化及差異。[27]2004 年以後確實出現越來越多的專書呼應區域研究，指出不同區域間各種政策執行上的落差，如王菊指出戰後紡織業復甦迅速，甚至以「最後的輝煌」來形容。馬軍的兩本書皆以上海為主，以民眾日常生活出發，了解禁舞及配糧政策在上海執行的情況。這些區域研究可以說從誰丟失中國這個問題出發，進一步以更具體的人物、地點、時間、事件回答了這個問題，指出國民政府在戰後執政四年間的成功與失敗。

　　本書以地方的視角出發，試圖探討地方政府如何執行政策，作出何種安定社會秩序的嘗試，同時注意各種團體與政府的互動，以個案的實例進行探討，企圖「讓地方發聲」，應可呼應前述區域研究的趨勢且對此時期的研究有所貢獻。

三、研究方法與史料

　　在研究方法上，以歷史研究法為主。所謂歷史研究法是指：對歷史文獻的收集、整理，進行外部考證和內部考證。外部考證決定了文獻的真實性(authenticity)，主要是確認證據的可信度，特別重視原作者和產生的時間。內部考證決定文獻的意義

---

[27]　Odd Arne Westad, *Decisive Encounter: The Chinese Civil War, 1946-1950*, p. 5.

和價值及它的可信性(credibility)，包括文獻中是否有自相矛盾之處、在情理上完全違背事實的陳述，以及文獻寫作的思想和結構、包括：(1)作者報導的能力；(2)寫作時間和觀察時間的事件之相關性；(3)記錄此事件之意圖。[28]

本書所使用的檔案多為社會局的公文，因為皆來自研究對象的內部，在文獻的真實性上比較沒有疑問。而且在公文呈報的過程中都必須署名，更可以讓我們瞭解是誰產生這個檔案的，所以外部考證難度不大，問題也較少。但是在內部考證上，特別是要驗證社會局政策制定與執行過程中，究竟社會局內部及外部反應如何，是必須謹慎面對的問題。

因此在內部反應方面，必須特別注意負責科員呈報擬辦意見後，上級負責人是否對該意見進行修政，尤須注意該意見是否真的以行政命令發出，成為社會局的政策。外部反應方面：則必須透過複數單位的檔案(市政府、市參議會)對相關政策、事件、活動的往來公文檔案進行查證，以釐清社會局在執行政策時是否有來自其它政府組織的幫助或反對。另外亦透過當時書籍、報紙、雜誌其他團體的會議記錄等來瞭解時人對有關政策的評價，如此方有可能較清楚得知政策推行後的外部反應。

本研究所使用的第一手公文檔案，大多存於上海市檔案

---

[28] Robert Jones Shafer(著)，趙甘城、鮑世奮(譯)，《史學方法論》(臺北：五南出版社，1996)，頁41、168。

館。該館檔案號碼分為 3 層,例如:Q6-14-3,由左至右分為稱為全宗號、目錄號、檔號。社會局檔案的全宗號為 Q6,目錄號34 個,共 25,076 卷。[29]經 3 度前往查閱後得知,目前社會局檔案已經幾乎全部對外開放。本研究使用的檔案約有以下幾大類:(1)Q6-5:管理社會團體檔案;(2)Q6-6 與 Q6-7:管理工會檔案;(3)Q6-12:管理報紙雜誌檔案;(4)Q6-13:管理電影院、劇院檔案;(5)Q6-14:社會局人事檔案;(6)Q6-16:社會局經費檔案。另外市政府(全宗號:Q1)、市參議會(全宗號:Q109)與社會局相關的檔案,則利用卷宗標題加以查詢,如「○○○案與社會局往往文書」,如此作法雖難免有遺漏,但卻是在查閱檔案仍有若干限制下的必要作法。[30]另外社會局在管理同業公會的部分,書中以電影院同業公會為例,該公會的檔案全宗號為S319,本書使用的目錄號為 1,共 44 個檔案,主要以該公會的業務報告書與呈請核定票價文書文主。

其次,本書也引用了若干國史館的檔案,包括國民政府,及蔣中正總統檔案兩部分,主要以上海市政府官員的任免,蔣介石針對上海物價、工潮等問題下達的手令及往來電文。

---

[29]　上海市檔案館(編),《上海市檔案館指南》(北京:中國檔案出版社,1999),頁48。

[30]　上海市檔案館現行規定開放時間為:週一至週六,上午九時至下午四時半。現在社會局的檔案已逐步掃瞄成PDF格式的文件,但仍須要在上海檔案館內部的電腦中方可閱讀,截至2011年11月為止,尚未完成PDF格式化的檔案多為社會局管理工商業同業公會及部分社會團體檔案。

在外部反應方面，則對當時兩份主要報紙《申報》、《新聞報》進行完整的閱讀。[31]再加上當時的雜誌如《觀察》、《時與言》、《中國建設》、《上海文化》進行充分吸收，而 2010 年以後陸續建置完成的「大成老舊刊全文數據庫」、「翰堂近代報刊資料庫」以及上海圖書館所建置的「民國時期期刊全文數據庫」，進行關鍵字的搜索及閱讀也提供很大的幫助。以上這些報紙雜誌都有助於我們一方面瞭解社會局如何宣傳政令，一方面也可以知道各種地方菁英乃至於一般民眾對社會局政策的反應。

四、 本書架構

本書欲探討上海市社會局如何執行各種與社會行政相關的政策及其如何影響市民生活。分為兩個層次來呈現，一是社會局本身的運作，包括職權與人力素質的內部問題。二是各種政策的執行與成效，則與社會局如何執行業務及其成效有關，而以後者為重心，[32]簡介各章要點如下：

---

31 就戰後的《申報》與《新聞報》相比較，筆者淺見認為《申報》關於上海市政的新聞數量較多，但經濟新聞方面，《新聞報》則較《申報》來得深入。當時亦有《申報》記者對上海各報的本埠新聞做比較，見征凡，〈上海各報本埠版比較〉，《申報館內通訊》，1:3(上海，1947.03)，頁39-41。

32 筆者此處受到地方政府管理學的啟發，地方政府管理學包括兩個層面，一是地方政府內部的管理，二是地方政府對社會進行的公共管理，而以後者為重。見李四林、曾偉，《地方政府管理學》(北京：北京大學出版

　　導論介紹研究動機與目的、研究方法與史料及前人研究成果。第二章為社會局的職權與人事，首先探討從戰前到戰後社會局從名稱到職權的演變。其次則分析戰後歷任局長及副局長的學經歷，並以 1948 年最完整的職員名單進行年齡、性別、籍貫、學歷、經歷的統計並與戰前市政府做比較，進而歸納出戰前與戰後地方公務員在上述幾個人事資料上的變化。第三章名為報紙、雜誌與通訊社管理與審查，首先指出戰後出版品所做的三次大清查，再對 1945-1949 年報紙、雜誌與通訊社申請數量做統計，利用現存的審查清單來瞭解社會局核准了哪些報紙、雜誌與通訊社的申請，又否決了那些申請案，理由是什麼，並試圖探討隨著時間的向後延伸，對出版品的審查有什麼樣的變化。

　　第四章類似前一章，同樣以文化教育有關，而焦點轉到電影與戲劇的管理與審查。第一部分是對電影院及劇院(京劇、各種地方戲劇、話劇)的數量進行統計並討論登記手續，其次分析電影審查標準及電影《假鳳虛凰》的放映糾紛，同時討論其社會文化意義。最後劇本審查則有《樑上君子》風波，還有對京劇及話劇劇本和戶外表演的審查。

　　第五章調整工人工資調解與勞資爭議，是社會局主管的業務中與數十萬勞工階層最有關係的部分。戰後為了應付法幣貶

　　社，2010)，頁1。

值,市政府從 1945 年 9 月恢復公布工人生活費指數,做為發放工資的依據。本章首先分析每月工人生活費指數與糧食價格的漲幅,計算出兩者漲幅的差距,用以評估市政府有沒有刻意壓低指數。另外引用社會局所做的各行業工人工資調查,具體評估工人工資可以購買的食米數量,探討工人生活惡化的程度。其次對社會局按月公布的勞資爭議,做出連續 39 個月的統計,並與戰後上海勞工行業分布做比對,試圖說明勞資爭議的數量與勞工行業分布是否一致。最後再以若干勞資爭議做個案分析,探討社會局及新成立的評斷委員會究竟如何處理勞資爭議,是否如學者所說都偏袒資方而對工人不利。

第六章對公會、工會與社會團體的管理,牽涉到數以百計的各式團體,主要可分為同業公會、工會及社會團體三種,公會是以電影院同業公會為主,討論集中於公會與社會局往來文書的分析,指出其爭議的焦點為何與管理上存在什麼缺失。工會部分則先對其數量對統計,再從史料中整理出社會局的管理辦法與潛在的缺點。而透過富通印刷所事件所引起的一連串工會改組風波,包括上海電力公司工會、法商電車公司工會與三區百貨業工會,藉以瞭解社會局對工會的控制力及管理上是否出現若干問題。社會團體包括國民黨策動的團體、婦女團體及幫會團體三者,以具體個案討論國民黨員在各團體中滲透的情形及社會局是否在管理上有矛盾或不足之處。

最後一章為結論,總結上述各章要點,並對社會局的管理

成效進行綜合性的評論,指出其優缺點,同時對未來可能進一步的研究方向做評估與建議。

　　就整個章節安排來說,第二章為制度史研究,是向內的以社會局自身為核心,著重於組織的權力與人事,有利於瞭解地方政府的制度、職權及公務員素質。其餘四章為社會文化史研究,是向外的討論社會局如何執行業務推動政策,其中第三、四兩章討論的報紙、雜誌、電影與劇本,都是可以看得見、聽得到的有形智慧財產。第五、六兩章的主題是工資、勞資爭議與人民團體,則緊密與人結合在一起。工資是人們勞務的報酬,用以購買生活中食衣住行所需的商品及服務。而人終其一生幾乎不可能不與其他人互動,很可能因為工作的需要加入公會或工會,或者出於興趣加入某個志同道合者所成立的社會團體。

　　透過本書可以更深入的認識國共內戰時期的人們究竟如何生活,比如說:當時的市政府有多少人、公務員的教育程度如何。當時的人看的是什麼報紙、哪些電影被查禁、一張電影票多少錢。工人薪水如何變化,一個月薪水可以買多少米,這些都是當時上海市民生活中必須面對的問題,本書都將觸及,希望對這混亂年代的政治及社會生活史有所貢獻。

第二章　社會局的職權與人事

　　上海市社會局是上海市政府底下的一個組織，與教育局、警察局等單位同屬於受市政府管轄的一級單位，[1]主管全市的社會行政。社會行政強調運用政府權力，配合中央或地方政府所擬定的政策及命令，有計劃的介入人民生活的各層面，如提倡社會運動、推動社會福利等，使政府的規劃的施政目標得以實施。[2]既然社會行政的內涵十分強調政府在民眾生活中所扮演的領導角色，使民眾生活配合政府政策導入執政者所需的方向。那麼社會局所擔負的職權之廣、任務之重是可想而知的。本章重點便是分析社會局從戰前到戰後職權的變化，同時也涉及單

---

[1]　根據《上海市政府組織規程》第四條，上海市政府社下列各局處：(1)秘書處、(2)民政局、(3)財政局、(4)教育局、(5)社會局、(6)地政局、(7)衛生局、(8)工務局、(9)公用局、(10)警察局。見國民政府文官處(編)，《國民政府公報》， 2292(南京，1947.12)，頁9。

[2]　朱辛流，《社會行政概論》(臺北：臺灣中華書局，1953)，頁4。

位規模與人力資源的數量與質量，用來說明當時社會局究竟負責管理哪些社會事務，又是用什麼樣的人來負責處理。

第一節　社會局的職權沿革與市政府人力問題

(一)社會局的職權的變遷

　　戰後上海市政府原先設有社會、工務、財政、地政、教育、衛生、公用、警察共8個局。1947年12月又將市政府民政處獨立出來成立民政局，負責籌備各種選舉及負責戶口與保甲，並將原本屬於社會局的風俗管理業務納入，因此1948年1月至1949年5月，市政府共管轄9個局。至於市政府本身，1946年底時設有會計、人事、調查、秘書、總務等處，隨後陸續有所增減。就人事而言，在戰後共有四位市長：(1)錢大鈞(1945/09/09-1946/05/19)；(2)吳國楨(1946/05/20-1949/03/31)；(3)陳良(1949/04/01-1949/05/24)；(4)趙祖康(1949/05/25-1949/05-28)。其中以吳國楨任職時間最久，一般相信這與他留學美國且擁有普林斯頓大學博士的高學歷，又在漢口與重慶市長任內施政頗受好評，深獲蔣中正信賴有關。[3]另外各局局長中有留學經歷者頗多，如衛生局長張維為美國哈佛大學

3　　威廉思姆·格雷(撰)，田中初(譯)，馬軍(校)，〈世界上最難的工作——記上海市長吳國楨〉，《民國檔案》，2001:3(南京，2001.06)，頁42-46。

公共衛生碩士，曾任中央大學(南京)教授、衛生署簡任秘書。公用局長趙曾玨亦為美國哈佛大學電機工程碩士，戰前曾任交通部郵電司司長。地政局局長祝平為德國萊比錫大學經濟學博士，曾任國防最高委員會經濟委員會委員、中央政治學校教授。不難看出市政首長大多擁有高學歷且歷任要職。[4]

　　戰後上海市政府是在接收汪精衛政權的市政組織並加以合併而來的，原有的「社會福利局」與「經濟局」合併成為社會局，原有的「建設局」則由工務局及公用局負責接收，新成立之地政局繼承原來同名組織的基礎上，還納入了原來建設局測繪科的設備與職權，其餘警察、衛生、教育、財政各局分別負責接收原來舊有的同名組織並加以整編。1945年9月11日晚間市長錢大鈞與各局長開會商討接收及整理各局細則，接收並無任何儀式，市長及各局長亦不親自前往，僅派各要員前往點收而已。[5]

　　社會局部分由吳紹澍[6]派李時雍、何成甫、趙仰雄、周紹文、

---

[4]　屠詩聘(主編)，《上海市大觀》(上海：中國圖書雜誌公司，1948)，頁中17-21。

[5]　〈今晨辦理接收偽市府及各局〉，《新聞報》，1945年9月12日，第2版。

[6]　1944年冬天，吳紹澍為上海市軍事特派員，1945年4月更進一步設署辦公，吳氏同時更奉行政院令兼任上海市政治特派員，工作的重點在維持秩序、安定人心，直到9月13日政治特派員公署撤銷，吳氏則專任上海市副市長兼社會局局長。政治特派員的工作事實上為戰後上海市政府的復員提供了一些基礎，也使吳氏在1945年9-12月間成為掌握上海黨政大權

吳傑五人為接收委員，[7]於9月12日前往接收，但原先設置的各附屬機構，如平民村、公典、農林試驗場等單位，則延遲至9月13-14日方完成接收，並選定舊法租界公董局大樓為辦公地址。[8]

市政府在9月20日發文要求社會局將所有點收各項房屋、金錢、證券、財產、物品分別造具清冊呈報。以房屋為例，原本汪精衛政權經濟局所在的仙霞路375號(後改名林森中路，今名淮海中路)4幢環形房屋，社會局除面北的一幢大廈做為辦公地點外，其餘三面分別由地政局、財政局、教育局借用(見本章末附圖2-2-12)。連同上述房屋在內，共計有14個地點，總計接收房屋超過1480間，其中占最多數的是附屬機構中的四個平民村，但平民村的房屋大多十分破舊。比較特別的是社會局與教育局一同接收了三間戲(劇)院，並成立公營劇院管理委員會加以管理，詳見下表：

表2-1-1：上海市社會局接收房屋調查表

地址	房屋數量	現在用途
林森中路375號	房屋38間	本局辦公處

的人物之一。上海市年鑑委員會(編)，《上海市年鑑》(上海：上海市政府，1946)，頁A1。

7　這5人中有4人日後成為社會局的公務員，李時雍、周紹文、吳傑是薦任科員、何成甫則任處長。見〈上海市社會局縮編後各處室職員名單〉，《上海市社會局及附屬機關職員名冊》，上海市檔案館館藏號：Q6-14-212，1946年1月。

8　上海市年鑑委員會(編)，《上海市年鑑》，頁A17-A18。

浦東東溝路171號	房屋15間	本局附屬東溝農林試驗場
閘北通州路香煙橋	房屋7間	牲畜市場
建國西路2號	平房6間	度量衡檢定所
河南路537號	平房8間	勞工福利委員會
北四川路新中央戲院	改名海光戲院	會同教育局接收改由公營劇院管理經營
海寧路威利戲院[9]	改名民光戲院	同上
乍浦路東和劇場	改名勝利劇場	同上
漕河涇第一號橋	房屋200間	係向上海慈善團繼續租用
其美路	房屋187間	其美路平民村
斜土路	房屋140間	斜土路平民村
中山路	房屋327間	中山路平民村
中華新路	房屋490間	中華新路平民村
泰新路601號	房屋50間	難兒教養所

資料來源：《上海市社會局接收房屋調查表填報接收日偽各種機構事業資簡報表及接收租界事項》，上海檔案館館藏號：Q6-15-14，1946年4月8日社會局呈市政府函。

　　至於財產方面，1945年12月17日吳紹樹指定何惕庵(社會局主任秘書)、李時雍、陶玄琳、楊成瑤、馮志芳清理社會局接收物資，經市政會議決定交由上海市興業信託社[10]變賣現金，並

9　社會局第四處處長蔡殿榮撰文寫到，社會局於戰後接收原本由日方經營的電影院，共計有3家，均位於虹口區，改東和劇院為勝利劇院，改昭南劇院為民光劇院，改新中央劇院為海光劇院，所以海寧路的戲院原名應為昭南戲院。見蔡殿榮，〈上海市社會文化的動態〉，《社會月刊》，1:1(上海，1946.07)，頁24。

10　上海市興業信託社為上海市政府成立之金融機構，初創於1933年，戰前曾負經營上海市的渡輪及飯店、海水浴場及浦東自來水廠等。但中日戰爭後，上述業務改由上海市公用局負責營運，興業信託社只負責信託保

儘量半價售給市府員工。據興業信託社總經理許寶驊報告，整
理如下：

表2-1-2：社會局接收物資處理變現統計

(單位：法幣元)

轉售對象或委託處理者	物資名稱	所得款項
市府員工	配售肥皂、白糖、火柴	26,850,816
工務局工人 工用局工役 衛生局清潔夫 警察局警士	配售肥皂	1,404,480
益中拍賣行	拍賣物資一批	34,657,755
上海市銀行	購買煤球	1,406,600
市政府總務處	購買焦作煤	6,267,000
總計		70,586,651

資料來源：《上海市社會局接收日偽經濟福利局物資》，上海檔案館館藏號：
Q6-15-59，1946年4月30日。

由上表可知，社會局從接收的資產中至少獲得7,000餘萬的
收入，其中又以委託拍賣占最大宗占總收入49.1%，其次配售
給市府員工配售肥皂、白糖、火柴一項(報告中註明配售的人數
為9,404人，每人配售肥皂38個，白糖2斤，火柴8盒)，也占總
收入38.04%，這兩項占總收入87.14%。這一筆錢扣除扣除冬令
救濟費及教育貸金合計1,000萬，再加上倉儲費用及白糖差金50

　　險業務。見聯合徵信所調查組(編)，《上海金融業概覽》(上海：聯合徵
　　信所，1947)，頁417-418。

萬餘元，結餘6,008萬餘元由市政府批示成立「上海市政府員工福利基金。」[11]

　　在本段中探討上海市社會局職權的變化，職權是指在組織中因擔任特定的職位(position)而被賦予的某種權力或能力(right or capacity)。通常依照法律或其它成文的規則所規範，使得擁有該職位的人可以在法律或其它規則所限定的範圍內，使得特定的人、事、物採取行動以達到組織所設立的目標，[12]另外，因應職權的增加或減少，對組織人事的規模、管理方式等進行調整，以適應新的社會環境與政策。社會局的職權與人事在過去幾乎沒有被討論過。[13]為了對社會局能有更全面的瞭解，本節根據社會局職員周味辛[14]所撰〈上海市社會局沿革〉一文與相關法令，重新繪製相關圖表，藉以釐清上海市社會局自1927年7月至1949年5月為止機構職權及人事的變化。

---

[11]　《上海市社會局接收日偽經濟福利局物資》，上海檔案館館藏號：Q6-15-59，1946年4月30日。

[12]　Iain Mclean et al, *Oxford Dictionary of Politics* (Oxford and New York: Oxford University Press, 1996), p. 26.

[13]　安克強的書中雖然有獨立的一章討論戰前的社會局，但並沒有談到職權的變化，而是將重點集中在社會局如何平抑糧食價格，及其與民營慈善機構的關係及對貧民的救濟等。見安克強(著)，張培德、辛文鋒(等譯)，《1927-1937年的上海──市政權、地方性及現代化》，頁157-167。

[14]　根據〈上海市社會局委任以上職員名冊〉(1948年12月)，周味辛為浙江諸暨人，上海大學社會系畢業，擔任社會局第二科科員(負責物價金融)。見上海檔案館館藏號：Q1-4-148。

社會局的前身為農工商局。國民政府於1927年7月7日成立
於南京，隨即指定上海為特別市，組織特別市政府，下設農工
商局，首任局長為潘公展，單位分為六科，主要職權可分為行
政、事業、編纂三大類。行政類：有農工商業相關行業的註冊、
發給執照、調解勞資爭議。事業類包括農工商調查統計、職工
失業統計及工業諮詢與產品展示，較特別的還有牲腸出口檢
疫，此項業務原本應屬衛生局的職權。編纂類則是就管轄職權
內各種統計資料的出版。繪製示意圖如下：

圖2-1-1：農工商局工作分類圖

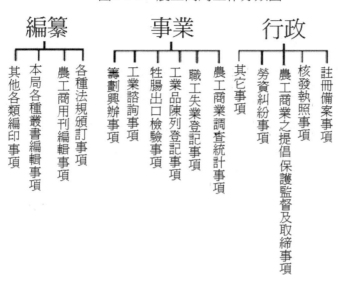

資料來源：周味辛，〈上海市社會局沿革〉，《社會月刊》，1:5(上海，1946.11)，頁5-6，經過重新繪製。

1928年8月1日農工商局改名社會局，[15]局長先後為潘公展 (1928.08-1932.01)、麥朝樞 (1932.01-1932.05)、吳醒亞 (1932.05-1936.09)，但單位縮減為四科，第一科總務，第二科負責農工商行政，第三科掌勞工行政，第四科掌理公益慈善及一切社會事業行政。

15　正式的改名公文請見《上海特別市市政公報》，13(上海，1928.08)，頁136-137。

　　根據現有的材料來看，可以清楚的知道各科又分為7-9個股，總務科處理社會局內部的事務，包括文書、檔案、收發、會計等工作。農工商行政科，承襲農工商局的主要職權，負責相關行業的執照審核、登記，及工業諮詢等，因此設有視察、登記、審核、諮詢等各股。勞工行政科主要以調解勞資爭議為工作中心，另設有度量衡檢定的器具股。公益慈善及其它社會行政科，以人民團體為主要職權，包括公私立慈善機構及一般人民團體的登記股、視察股、稽核股及難民的救濟股等。另外設有各種委員會以備諮詢，附屬機構有上海市園林場、漁業指導所、工業試驗所、度量衡檢定所、國貨陳列館、貧民借本處、平民住所、戰區善後委員會。[16]

　　整體來說，此時的社會局雖然科的數目減少，但就職權而言，比以往農工商局時期擴大不少。主要增加了對人民團體的管理，還有社會福利的部分(成立公立慈善團體與監督私立慈善團體)，也增加對各種度量衡器具的檢定，附屬機關也開始增加。

---

[16]　上海市政府秘書處(編)，《上海市政府職員錄》(上海，上海市政府，1930)，社會局部分。

圖2-1-2：戰前社會局分科圖

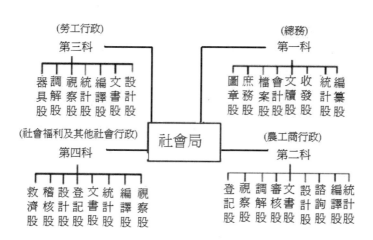

資料來源：周味辛，〈上海市社會局沿革〉，《社會月刊》，1:5(上海，1946.11)，頁7，經過重新繪製。

1936年夏季，南京市與北平市的教育局與社會局因經費不足合併，同年10月上海市亦奉行政院令，將這兩個局合併，局長再由潘公展擔任。[17]合併後的社會局設五科，但各科具體分工並不清楚，另外設有督學、視察、秘書、專員4室。至1937年底，因日本軍隊攻進上海，社會局所有業務被迫中止。

---

[17] 兩局合併的公文請見《上海市政府公報》，174(上海，1936.11)，頁65；〈社、教兩局昨日合併〉，《新聞報》，1936年10月2日，第15版。

　　1945年8月第二次世界大戰結束後,最早進入上海負責社會行政業務的是社會部京滬特派員陸京士,[18]成立「社會部京滬特派員公署」,向上海市民發表公告稱:「在京滬兩地社會行政機構未恢復前,主管民眾組訓、社會救濟、社會復員及其它社會行政事宜」,[19]公告中所提及的業務都是前面提及的社會局職權,陸京士雖然曾就社會部京滬特派員公署的作用作說明,但多為政策性的宣示,具體成果不詳。[20]

　　另外還有「國民政府軍事委員會上海工運特派員公署」專門負責工人運動,主任委員也是陸京士,工運特派員公署具體的運作情況也不清楚,唯一知道的是從1945年8月11日至9月4日,共調解勞資爭議120件,牽涉職工82,753人。[21]這兩個公署運作的時間都不長,從1945年8月下旬到9月中旬都不滿一個月。

　　9月初合併日本原先成立的經濟局與社會福利局,成為戰後

18　陸京士(1907-1983)江蘇太倉人,1921年入上海商務印書館工作,1925年加入國民黨,曾參加上海清黨行動,1928年至1930年曾任上海郵務工會及總工會常務委員,中日戰爭初期曾自組工人別動隊駐守浦東,1940年任社會部組織訓練司司長,1946年任國民黨中央黨部農工部長,常駐上海主持工人運動,組織工人福利委員會為主任委員,又任立報社社長,1948年當選第一屆立法委員直至1983年過世為止。見陸京士先生紀念集編輯委員會(編),《陸京士先生紀念集》,臺北:出版年不詳,頁315-346。

19　〈社會部京滬特派員公署公告〉,《申報》,1945年8月22日,第2版。

20　〈社會部組訓司長陸京士抵滬談本市今後工運任務〉,《申報》,1945年8月24日,第2版。

21　〈工運特派員公署調解工潮概況〉,《申報》,1945年9月6日,第2版。

的上海市社會局，[22]成立初期設有八處七室二十一科，詳見下表：

圖2-1-3：戰後初期組織系統圖(1945年9月)

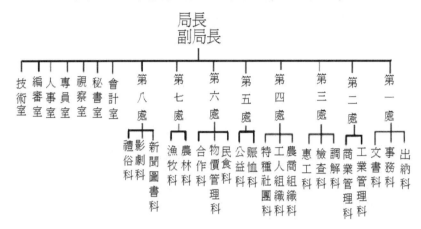

資料來源：周味辛，〈上海市社會局沿革〉，《社會月刊》，1:5(上海，1946.11)，頁13，經過重新繪製。

　若與戰前的社會局相對照，於各科之上增加了「處」這一層級，至於各科之下，是否再細分為各股則不清楚。第一處相當於戰前社會局職權中的第一科，負責社會局內部事務。第二處及第七處分掌農工商行政，相當於戰前社會局的第二科。第三處勞工行政維持不變，人民團體管理與社會救濟分別成立第

22　周味辛，〈上海市社會局沿革〉，《社會月刊》，1:5(上海，1946.11)，頁4-13。

四、第五兩處共設五科加以管理。第六處負責糧食、物價及合作社，是新增加的職權。另外又增設第八處，分為三科，負責新聞圖書、影劇及禮俗。

最初復員時，社會局的員額編制有558人，1945年10月縮減為479人。原有第一處裁撤，改設總務室負責其業務。但不久後又將總務室併入人事室，負責相關業務。[23]1個月後再度奉命縮減為四處十科，分別為(1)工商管理、登記、調查；(2)金融貿易、物價管理；(3)造林、墾牧、漁獵之保護與取締；(4)合作社、互助事業；(5)農工商團體指導監督；(6)管理社團組織；(7)工廠檢查勞工保護；(8)勞資調解；(9)育幼養老及一般社會福利；(10)書報影劇之管理。[24]至於初期成立的7個室，專員、視察、編審、技術4室，在1946年8月前陸續被裁撤，唯一有增加者為統計室，因應社會部辦理各省縣市社會統計之需要，設立於1946年4月1日。[25]

若將上四處十科的編置與戰後初期八處二十一科的編置相比較，則可發現以下變化：第一處有四科，第一、二科為工商

---

23 〈吳紹澍1945年10月1日呈市政府函〉，《上海市社會局組織規程及員額編制卷》，上海檔案館館藏號：Q6-15-263。

24 《上海市政府組織規程草案、社會局組織規程及人員編制文件》，上海檔案館館藏號：Q6-14-6，內附沈星蕃於1946年8月17日呈文。

25 《上海市社會局關於社會局統計室成立的文件》，，上海檔案館館藏號：Q6-15-465。

行政與物價金融，延續農工商局時代的傳統，設為首要的「科」。第三、四兩科則將過去農林、漁牧、合作事業三科合併為二科。新編成的第二處即過去的第四處，但從三科縮編二科，主管人民團體。第三處仍負責勞工行政，也從三科縮編二科，分別是勞工福利及調解勞資爭議二科，新的第四處則合併舊有的第五處及第八處，職權相同但由五科縮減為二科，分為社會福利與書報影劇審查。總體而言，編置雖然縮減，從八處七室二十一科變為四處十科，但職權並沒有縮小，換言之，就是必須用較少的編置，負責原本在戰後增加職權。

　　1946年9月間，社會局通過「局務規程」，明確界定「本局直隸於市政府掌理全市社會行政」。同時清楚規定各科職掌如下：第一科：關於工商行政事項。第二科：關於物價及金融貿易事項。第三科：關於造林墾牧漁獵之保護與取締及合作組織與互助事業之指導監督事項。第四科：關於糧食調節儲運及糧商登記事項。第五科：關於工商同業公會及特種社團之組織指導及監督事項。第六科：關於工會農會及自由職業團體之組織指導及監督事項。第七科：關於勞工之保護獎勵及工廠檢查事項。第八科：關於勞資糾紛之調解事項。第九科：關於社會救濟事業及一般社會福利設施之指導監督事項。第十科：關於書

報影劇之管理宗教之指導監督及禮俗之改良事項。[26]

　　除以上十科外,另設有四室:(1)秘書室——關於處理機要文書事務出納典藏事項;(2)人事室——關於職員任免調遷考核獎懲訓練撫卹事項;(3)會計室——關於經費之歲計會計簿計審核事項;(4)統計室——關於統計材料之搜集及設計編繪事項。[27]

　　「局務章程」中並沒有提到在各科之上還有「處」的層級,但根據 1946 年 12 月出版的《上海市年鑑》,社會局設有四個處:第一處管轄經濟行政(第一科至第四科);第二處管轄人民團體(第五、第六科);第三處主管勞工行政(轄第七、第八科)、第四處管轄社會福利及文化(第九第十科)。[28]雖然社會局的人事主管強調,處長以簡任的高級公務員擔任,綜理各該處業務,對內負責,不對上、不對外。[29]但是從報紙中,我們可以知道,市民一般將第三處稱為「勞工處」,第四處被稱為「社會福利處」,處長的職位還是被人所知的。[30]關於這個期間內的社會局組

26　〈上海市社會局局務章程〉,第四條,《社會月刊》,1:5(上海,1946.11),頁16-18,

27　〈上海市社會局局務章程〉,第五條,《社會月刊》,1:5(上海,1946.11),頁16-18。

28　上海市年鑑編纂委員會(編),《上海市年鑑》(上海:出版者不詳,1946.10),頁E-13。

29　《上海市政府組織規程草案、社會局組織規程及人員編制文件》,上海檔案館館藏號:Q6-14-6,內附沈星蕃於1946年8月17日呈文。

30　如〈法商水電風潮在相持中　市長盼即獲解決〉,《申報》,1946年1月18日,第5版,報導中即稱「勞工處長」李劍華。另外,〈市聞一束〉,

織，請參見下表：

圖2-1-4：戰後社會局組織系統圖(1946年9月-1949年2月)

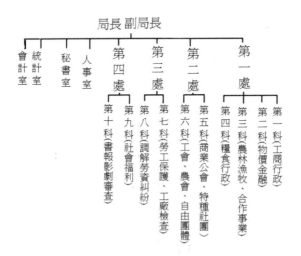

資料來源：上海市年鑑編纂委員會(編)，《上海市年鑑》(上海：出版者不詳，1946.10)，頁 E-13，經過重新繪製。

　　此次的變動規模，相較於 1945 年 11 月來說，幅度小得很多，最主要是將第三、四兩科合併為一科，理由是：本市為工商業中心，關於農林工作實居次要。至於為何將糧食儲備與糧

　　《新聞報》，1947年7月1日，第4版，報導中說：社會局社會福利處長蔡殿榮，因參加江蘇省南通區立法委員競選，處長職繁，無暇兼顧，已調任該局簡任秘書。

商管理再度獨立成一科,原因在於市政府組織法草案中就有此
規定。[31]1949 年 2 月曹沛滋接替吳開先任局長時,對社會局的
組織進行最後一次調整,將原有第二處裁撤。原本屬於該處的
同業公會及特種社團劃歸第一處管理,而將工會、農會、自由
職業團體交由第三處來負責。[32]也就說將原來的 4 個處縮減為 3
個,原有的 10 個科級組織仍維持不變。

　　以上回顧了從戰前到戰後,農工商局到社會局職權編制的
演變過程,以下將社會局的編制與其它市政府所屬的單位互相
比較,可以瞭解市政府一級單位編制的特點,現將1947年市政
府及所屬8個局的編製表下如下:

表2-1-3:1947年上海市政府本部與一級單位所屬處、室、科數
目表

單位名稱	處	室	科
教育局	0	5	6
地政局	3	4	9
社會局	4	4	10
衛生局	4	4	10
財政局	0	6	11

---

[31]　《上海市政府組織規程草案、社會局組織規程及人員編制文件》,上海
　　　檔案館館藏號:Q6-14-6,內附沈星蕃於1946年8月17日呈文。

[32]　〈社會局兩處長辭職　社會局長定期交接〉,《申報》,1949年2月13
　　　日,第4版。〈新任社會局長曹沛滋後日視事〉,《新聞報》,1949年2
　　　月13日,第4版。〈新舊社會局長昨晨辦理交接〉,《新聞報》,1949
　　　年2月16日第4版。〈社局改編制　新局長視事〉,《申報》,1949年2
　　　月15日第4版。

公用局	4	5	14
警察局	5	3	18
工務局	6	5	21
市政府	8	2	29

說明：(1)不包括各局之附屬機構；(2)以科之多寡排列。(3)民政局尚未獨立，故僅有 8 個局。資料來源：華東通訊社(編)，《上海市年鑑》(上海：華東通訊社，1947)，頁 C1-C8。

　　上面表格雖然只列出市政府與一級單位的處、科(室)數目，乍看來有些不足，但由於都是上海市政府本部與其下屬單位，應該分級也類似，仍然具有一定的參考作用。就內容來看，多數一級單位有處、室、科三種分別，但處與室兩者層級相同，所以《上海市年鑑》中都將兩者並列，一個處通常管轄性質相近的2至4科。室的性質有兩種，一是負責內部的人事、統計及經費，相對應設置了人事、統計與會計室，還有另一種是給內部高級職務者專門的辦公場所，因此有秘書室。單位中最低的層級為科，有特定的職權(或者稱負責的業務)。

　　就表2-1-3來看，財政局與教育局沒有設「處」這一個層級，由局長、副局長直接領導各科，以科的數目來說，以市政府的編制最多，與最少的教育局相差4倍多，衛生局與社會局單位編制最為接近，同樣是四處四室十科(各室名稱亦相同)，各個局都設有人事、會計、統計三室；工務、公用局則因技術人員教多，設技術室。整體而言，教育局、衛生局、社會局是科室較

少的單位，警察、工務及公用局科室則較多。財政局設有專員室及視察室是較特別的，因為社會、教育、地政局亦有專門委員及視察職稱的高級公務員，但卻不像財政局一樣，設有獨立的工作空間，或許可解釋為市政府對稅務財政的重視。

綜合以上的討論有以下幾點值得注意：(1)社會局內部的層級，因經費及政府法令的變化而時常有變動，有時為僅有「科」一個層級，有時為「科─股」兩個層級。「科」這一層級的數目也常常有變動，戰前曾因經費不足與教育局合併，兩個局才設立五科。戰後增加了「處」的層級，成立初期度膨脹至二十一科，但僅維持了一個月，於1945年10-11月迫於經費不足進行縮編與調整，基本確立四處十科的規模，1946年9月又再進行一次小幅調整，至此以後單位編制方固定在四處四室十科的規模，1949年2月簡化為三處十科，但職權沒有增減。

(2)就職權而言，從農工商局時期以來，開始負責農工商業相關行業商號的登記註冊、還有調解勞資爭議、農工商業市場調查這三項業務一直延續到戰後。在1928年到1936年這一段時間內，社會局職權有所擴大，增加了管理慈善團體及其它人民團體的權力，再加上度量衡檢定等職權，這些職權也一直延續到戰後，只是在戰後度量衡檢定相關業務被移出社會局本部，另外成立了專門的附屬機構──度量衡檢定所來負責。戰後職權又有所增加，加入糧食管理及書報影劇審查，減少了牲腸出口

檢疫的職權。整體而言，社會局的職權從戰前到戰後呈現不斷擴大的趨勢。

(3)戰前社會局有部分人員一直到戰後仍繼續任職，市政府在1945年10月訂有《二十六年市府留滬人員請求復職暫行辦法》，凡是1937年末在市政府暨附屬機構有留守任務，或市府解散來不及隨同撤退者，經由直屬長官之證明或同單位職員3人聯名保證，可以向市政府登記，由原機關斟酌的任用，唯一的限制是不得在汪精衛政權中任職。經由市政府調查，社會局符合該辦法的留滬人員有57人，留用17人。最明顯的例子是主任秘書潘忠甲，潘氏在社會教育兩局合併時期(1936年9月至1937年12月，局長為潘公展)，擔任主任秘書一職，戰後社會局復員，仍任繼任該職務，直至1949年2月為止。一同復職者還包括調解勞資爭議的朱圭林、張振遠，負責工商登記富頤年，都透過此一辦法回社會局任職。[33]另外，根據1930年的《上海市政府職員錄》，又有許多職員，與戰後社會局職員錄相符合，如負責工商登記的邵嵩生以及度量衡檢定所的魏之屏都屬於這一類的例子，[34]可能又有若干人陸續回復職務。所以說不只社會局的職

---

[33]　《上海市社會局關於抗日戰爭以前社會局職員請求復職文件》，上海檔案館館藏號：Q6-14-190，1945年。

[34]　上海市政府秘書處(編)，《上海市政府職員錄》(上海：上海市政府，1930)，社會局部分。

權從戰前到戰後不斷繼承而有所擴大，社會局的職員中也有人久司其職而有連續性。

(4)1945年至1949年社會局的十科職權，若與2011年中華民國政府組織比較，則分屬於直轄市政府民政局、社會局、勞工局、產業發產局、主計處，還有中央政府行政院新聞局、農委會下農糧署、漁業署、林務局的業務，在1945-1949年卻大多都由當時11個直轄市的社會局掌管，[35]可見當時社會局職權之重。

(二)市政府與社會局的人數問題

在上海市政府任職的人員依照任職單位之不同，可以分成兩類，稱為「市府本部人員」或「市府附屬機構人員」。市政府所設的8個局，亦可區分為「○○局本部人員」及「○○局附屬機構人員」，所有人員，再依職務的內容，分為職員、技工與工役三大類。職員可再分為兩類，其中大多數是公務員，比照公務員任用(但不一定全部通過銓敘部的任用審核)，具有一定的職等與官等，依序升遷。另有一小部分的雇員，不具備公務員身分。技工為技術工人為簡稱，工役或稱工友，技工與工役在

---

[35] 1949年以前國民政府於中國大陸共設12個直轄市，分別為南京、上海、漢口、北平、天津、青島、廣州、重慶、大連、哈爾濱、瀋陽、西安。但瀋陽沒有設置社會局。張守存，〈現行院轄市組織概況比較〉，《市政建設》，1:1(南京，1948.11)，頁10-11。

現存史料中沒有完整名單，具體的人事資料(如學歷與經歷)並不清楚。

圖2-1-5：市政府的人員分類

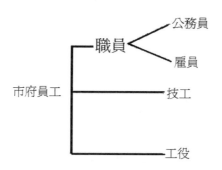

資料來源：上海市政府會計處(編)，《上海市三十五年度下半年度歲入歲出總預算》，1946，頁85。

在三類人員之中，技工與工役資料甚少，目前唯一找到的史料是《上海市三十五年下半年算入歲出總預算》(1946)，當中有一個項目名為「普通歲出經常門」，記載完整的市府人員數字，表列如下：

表2-1-4：上海市政府本部及各局員工總數表(1946年12月)

單位名稱	職員數	警長數	警士數	技工數	工役數	小計
社會局	589	0	0	37	139	765
公用局	569	0	0	226	150	945
財政局	1,132	0	0	30	292	1,454
地政局	1,082	0	0	310	235	1,627
市政府	2,466	0	0	119	1,004	3,589

衛生局	1,393	0	0	719	3,863	5,975
工務局	1,243	0	0	1970	3,539	6,752
教育局	專5,803 兼2,330	0	0	0	1,154	9,287
警察局	2,072	1,931	16,247	848	1,662	22,760
總計	18,679	1,931	16,247	4,259	12,038	53,154

說明：按人員總數排列，民政局尚未獨立故僅有 8 個局。資料來源：上海市政府會計處(編)，《上海市三十五年度下半年度歲入歲出總預算》，1946，頁 85-113。

表2-1-5：上海市政府本部與各局員工總數對照表(1946年與1947年)

單位名稱	1946員工總數 (單位：人數)	1947員工總數 (單位：人數)	增減比率 (單位：%)
社會局	765	1,039	35.82
公用局	945	1,031	9.10
財政局	1,454	1,447	-0.48
地政局	1,627	1,627	0.00
市政府	3,589	5,359	49.32
衛生局	5,975	6,033	0.97
工務局	6,752	6,752	0.00
教育局	9,287	9,102	-1.99
警察局	22,760	22,831	0.31
總計	53,154	55,221	3.89

說明：按 1946 年人數由多至少排列，民政局尚未獨立故僅有 8 個局。資料來源：1946 年數據來自：上海市政府會計處(編)，《上海市三十五年度下半年度歲入歲出總預算》，上海：上海市政府，1946 頁 85-113。1947 年數據來自：上海書報簡訊社(編)，《上海概況》，上海：書報簡訊社，1949，頁

31。

社會局員工總數是所有單位中最少的，按職員、技工、工役三者的人數來看，職員數位居倒數第二，僅稍多於公用局。技工人數也是倒數第三，除了教育局沒有技工外，僅比財政局多7人，工役數也敬陪末座，可以看出社會局在三類人力都是偏少。

就工役而言，各個局都有配置，整體而言，工役與職員的比率是0.64：1，換句話說約二個職員可以指揮一個工役。實際上，各個局差異極大，比率最低的是教育局，約為0.14：1，比率最高的是工務局為2.85：1，兩者相差20.35倍。有幾個部分必需加以說明：(1)社會局的工役/職員比率是0.24:1，公用局是0.26:1，財政局是0.25:1，與工務局的2.85：1 相差極遠。(2)衛生局的工役中包括清潔總隊的3200人，使得衛生局的工役/職員比大福增加至2.77：1，若扣除這個單位的工役人數，則工役/職員比則下降至0.48：1。即便如此，仍然比社會局的工役/職員比高出2倍。(3)教育局的人數中，包括了市立各級學校的職員(包括教師在內)，所以人數大量膨脹至9287人，[36]若把各種學校(含教育館、體育館、博物館等)的職員及工役扣除，只考慮

---

[36] 教育局的職員有專任5803人，兼任2330人，工役1154人，合計9287人，專任與兼任職員沒有任何換算，這是出自《上海市三十五年度下半年度歲入歲出總預算》的計算方式，見頁94。

教育局本部的人數的話，只有職員222人，工役56人，若以此數字計算比率約為0.25：1，稍微高於社會局的0.24；1。依舊發現一個事實：社會、財政、地政三個局是工役/職員比較低的，與上面已經討論過的員工總數相似，社會、公用與財政三局工役也一樣偏少。

就技工來說，各個局之間差距十分懸殊，教育局完全沒有技工，社會局的技工則分配在局本部及農林試驗場及勞資評斷委員會。[37]技工人數最多的前三名是工務局、警察局及衛生局。工務局與是所有單位中，唯一技工人數超過職員人數的，比例達到1.58：1，比社會局的0.062：1，高出25.48倍。工務局負責道路、橋樑、溝渠的設計、建造與養護，技工人數最多，應該是不難理解的。至於衛生局技工分配也很多，大部分分配在清潔總隊及牲宰場，[38]地政局的技工則以土地測量隊最多。可以做出這樣劃分：社會局、教育局、財政局及市政府這四個單位由於處理一般行政事務，所以技工人數分配較少甚至沒有配置。

最後必須提及警察局的重要性，警察局的人數22,760人，占市府員工總數的42.82%，可以說占有近半數的人力資源，警

---

[37]　上海市政府會計處(編)，《上海市三十五年度下半年度歲入歲出總預算》，1946，頁103。

[38]　上海市政府會計處(編)，《上海市三十五年度下半年度歲入歲出總預算》，1946，頁101-102。

士與警長的比率約為8.4:1，技工人數有848人，僅次於工務局排名第二，職員/工役比為0.802；1，是社會局的3.34倍。最後為了與戰前的市政府做一比較，將1946年教育局職員中各教育單位職員扣除，只留下教育局本部的職員222人，[39]得出10768人的數字[40]，這與戰前市府職員最多時的2199人 (1934-1935年)高出4.9倍。[41]

　　1947 年的市府員工數字也是完整的與 1946 年相比，社會局的總人數從 765 人成長為 1039 人，增加 35.82%，是所有單位中增加最多的，也使得社會局超過公用局，不再是人數最少的單位。但十分可惜，目前未能找到完整的歲入歲出統計表，無法得知究竟是社會局本部或是哪個附屬機構人力得到大幅度增加。

　　至於市政府的人力大幅增加則是民政處擴大員額所導致。9 個單位中有 5 個單位人數呈現正成長，教育局與財政局

---

[39]　上海市政府會計處(編)，《上海市三十五年度下半年度歲入歲出總預算》，頁89。

[40]　上海市政府的職員總數還有兩個出自於《上海市年鑑》的數字，分別是1946年的3014人，及1947年的6802人，(分別見上海市年鑑編纂委員會(編)，《上海市年鑑》(1946.10)，頁E19-E20；華東通訊社(編)，《上海市年鑑》(1947)，C11)。兩份年鑑歲出歲入預算書中的數字差異極大，就史料的重要性及內容詳細程度來判斷，歲入歲出預算書顯然高於年鑑，故引用預算書中的數字。

[41]　安克強(著)，張培德、辛文鋒(等譯)，《1927-1937年的上海——市政權、地方性及現代化》，頁86-87。

兩個單位負成長，不過負成長比例也很低，教育局的人員統計
中依舊包含個級學校及各式教育機構，因此極有可能是幾個教
育單位停辦，而出現了負成長。工務局與地政局前後兩年數字
相同，為零成長。即便社會局的人數有所增長，但仍然處於人
數上的弱勢。

　　若將社會局、公用局、財政局、地政局四個局稱為 A 組，
市政府、衛生局、教育局、工務局、警察局稱為 B 組，A 組與
B 組的人數比率為 1：9，再次顯示上海市政府內部人力分配差
異極大，而社會局屬於人力資源較少的單位。

　　在瞭解了市政府與其所屬各局的員工總數後，以下將焦點
放在社會局內部，分析局本部及各附屬機構的職員概況：

表2-1-6：1946與1949年社會局本部職員人數表

時間	男(人數)		女(人數)	
1946年10月	簡任	7	簡任	0
	薦任	36	薦任	3
	委任	124	委任	18
	雇員	27	雇員	23
	小計	194	小計	44
	合計：238			
1949年5月	簡任	1	簡任	0
	薦任	39	薦任	0
	委任	155	委任	24
	雇員	24	雇員	25
	小計	219	小計	49
	合計：268			

說明：(1)按年代先後排列，男性在左，女性在右，各自再依官等低高低，分別依簡任、薦任、委任、雇員的順序列出。(2) n/a為無資料　資料來源：(1)上海市社會局職員錄(1946.10)，上海檔案館館藏號：Q6-14-209；(2)上海市社會局職員錄(1949.05)，上海檔案館藏號：Q6-14-763。

　　此表格依據二個不同年度的職員名冊所編制而成，來自社會局內部的檔案，數字的可信度應該是可高的。表格中所列的人數，與〈局務章程〉及〈上海市政府組織法〉的規定的數字有所出入，[42]但實際的名單比法令應該更具有說明力。表格中的數字是僅限定在局本部的職員(即不包括局本部的技工與工役與所有附屬機構成員)，這些人可說是社會局的核心成員。根據安克強的研究，戰前上海市社會局從 1927-1936 年人數不斷增加，在 1933-1934 年達 251 人，[43]與 1946 年和 1949 年社會局局本部的人數相差不遠。

---

[42]　根據〈上海市社會局局務規程〉各條規定，計有簡任官9人，薦任官45人，委任官150人，見《社會月刊》，1:5(上海，1946.11)，頁16-18。另外〈上海市政府組織法〉第二十一條所列，社會局設置簡任官4人，薦任官35人，委任官156人，見國民政府文官處(編)，《國民政府公報》，2292(南京，1947.12)，頁12。另外根據《上海市社會局1946年10月份至1949年4月份行政機構人員經費月報表》，到1949年4月，上海市社會局員額編制為正副局長各1人，秘書5人，專門委員4人，室主任3人，專員10人，編審6人，視察8人，科長10人，股長5人，科員126人，辦事員62人，助理員7人，雇員53人，合計301人，上海檔案館館藏號：Q6-14-448。

[43]　安克強(著)，張培德、辛文鋒(等譯)，《1927-1937年的上海——市政權、地方性及現代化》，頁86。

　　就 1946 年的材料來看，簡任、薦與委任三級文官的比率約
1：6：20，雇員則都在 50 人以下。就職員性別而言，兩個年度
女性職員約占 18%，這個數字應該比戰前中央政府的女性職員
比率提高甚多，[44]但大部分仍是委任職等的基層公務員及雇
員。另外 1949 年 5 月的名單中，簡任的文官僅有代局長張振遠
一人，可能是受到國共戰事影響，高級文官隨國民政府來臺灣
所導致。

表2-1-7：上海市社會局各附屬機構職員人數表(1946與1949)

單位名稱	成立時間	1947年人數	1949年人數
中山路平民村	1945/11/12	4	4
中華新路平民村	1946/01/02	4	4
其美路平民村	1945/11/13	4	4
斜土路平民村	1945/12/12	4	4
工商業登記所	1945/12	9	7
第一公典	1946/01/14	12	12
第二公典	1946/05	12	12
第三公典	1946/05	12	12
失業工人輔導委員會	1945/9	29	已裁撤
度量衡檢定所	1945/12/10	31	32
殘疾教養所	1947/06/1	36	39
後方來滬失業工人臨時招待所	1946/05/01	36	已裁撤
上海市勞資評斷委員會	1946/05/04	36	32
婦女教養所	1946/11	39	29

---

[44]　根據肖如平對1930年至1936年考試院所作的研究，女性職員僅1-4人，最
　　　高不超過總數的5%，見《國民政府考試院研究》(北京：社會科學文獻
　　　出版社，2008)，頁73。

農林試驗場	1946/01/10	41	41
遊民習藝所	1945/11/08	48	47
兒童教養所	1945/11/08	111	111
總計		468	390

說明：按1946年附屬機構按人由少至多排列。資料來源：成立時間見〈上海市社會局附屬機關印信啟用日期一覽表〉，上海市檔案館館藏號Q6-15-31。第二冊。〈關於整理設立第一公典等事〉，上海市檔案館館藏號：Q6-9-997。1946年人數度見：《上海市社會局員額編制及職務分配表、附屬機關員工編製錶、局屬單位主持人姓名別號通訊一覽表》，上海檔案館館藏號：Q6-14-406。1949年度人數見上海市社會局(編)，《上海市社會局三十八年度歲入歲出概算書》，上海檔案館館藏號：Q6-16-203。

　　以1947年來說，社會局除了局本部外，總計有17個附屬機構，根據〈社會局局務章程〉的規劃，原先只規劃有育幼院、難童難民收容所、公典(公營當舖)、平民村(平民住宅)、度量衡檢定所、農林試驗場6種機構[45]，隨後又增設失業工人輔導委員會、後方來滬失業工人臨時招待所、上海市勞資評斷委員會、工商業登記所。

　　可以將附屬機構分為三類，一是市立慈善機構：兒童教養所、殘疾教養所、婦女教養所、習藝所。這四個救濟機構在公

---

[45]　〈上海市社會局局務章程〉，第十一條，《社會月刊》，1:5(上海，1946.11)，頁16-18。

文中被稱做「直屬救濟機構」[46]，都是從「難童難民收容所」慢慢分別獨立出來的，這些收容所原先將收容人分成兒童(收容13歲以下兒童)、健壯、殘廢、婦女四組，又另設育幼所(收容5歲以下幼童)，又經過參議會的建議經過改組調整而成。[47]失業工人輔導委員會、後方來滬失業工人臨時招待所兩個機構都是以替失業勞工謀求工作而設立的，有工作才能養家活口，免於淪為難民成為被救濟的對象，就這一層意義上來說，也是一種慈善事業。公典、平民村都是按照上述局務規程所列而設置的，旨在提供若干平民住宅與低利貸款，上述幾個單位都稱得上是慈善與福利機構。

其次則是專門附屬機構，這裡指的是度量衡檢定所、農林試驗場二個單位，兩者的業務內容屬於社會局職權之內，但不在社會局設科長科員來負責，而是以專門的機構來負責。三是協同附屬機構，它的定義是：在社會局內部已經有指定相關的處或科來行使該職權，因業務內容複雜或數量龐大，因此另外再成立附屬機構協助辦理，勞資評斷委員會及工商登記所即屬此類。

46　〈民食調配委員會公函〉(1947年8月2日)，《上海市社會局關於各救濟機構配售食米問題與民食調配委員會來往文書》，上海檔案館館藏號：Q6-9-600。

47　《上海市社會局關於調整市辦救濟機構及籌設兒童教養所、殘疾教養所文件》，上海檔案館館藏號：Q6-9-688。

正如同前面已經討論過的，社會局人力資源偏少，也反映在附屬機構的人數上，1947年時除了兒童教養所外，都在50人以下，17個附屬機構總計468人，甚至比工務局所屬的第一工程管理處小得多。[48]到了1948年，兩個以失業工人為服務象的機構被裁撤(原因不明)，而其它機構人員變動不大，如公典和平民村沒有任何改變，所以說社會局的附屬機構除了救濟失業工人的部分在1948年被裁撤外，其餘大多維持至1949年5月市政權移轉為止。

第二節　社會局的人力資源分析

(一)社會局首長

1945 年 9 月至 1949 年 5 月間，社會局共有五位局長，六位副局長，依照任職先後，列表如下：

表2-2-1：社會局局長、副局長任期表

任期別	職稱	姓名	任職期間
1	局長	吳紹澍	1945/9/12-1945/11/26
	副局長	葛克信	不詳-1946/01/26 註：1945/11/27-1946/01-27代理局務

---

[48] 工務局所屬的第一工程管理處有職員63人、技工195人，工役485人，合計743人。見上海市政府會計處(編)，《上海市三十五年度下半年度歲入歲出總預算》，頁95。

2	局長	吳開先	1946/01/28-1949/02/14
	副局長	童行白	1946/01/28-1946/04/14
3	局長	吳開先	同上
	副局長	李劍華	1946/04/15-1948/02/22
4	局長	吳開先	同上
	副局長	趙班斧	1948/02/23-1949/02/14
5	局長	曹沛滋	1949/02/15-1949/05/08
	副局長	袁文彰	同曹沛滋
6	局長	陳保泰	1949/05/09-1949/05/24
	副局長	談益民	同陳保泰
7	代局長	張振遠	1949/05/25-1949/05/28

資料來源：〈市府暨各局昨開始辦公〉，《申報》，1945 年 9 月 14 日，第 2 版。「吳紹澍 1945 年 11 月 27 日呈蔣介石函」，〈上海市政府官員任免(四)〉，《國民政府檔案》，國史館藏，典藏號：001-032210-0015，入藏登錄號：001000003081A。〈社會局正副局長今晨就職〉，《新聞報》，1946 年 1 月 28 日，第 3 版。〈市社會局副局長李劍華升任〉，《申報》，1946 年 4 月 14 日，第 3 版。〈社會局副局長趙班斧今視事〉《申報》，1948 年 2 月 23 日，第 4 版。〈新舊社會局長昨晨辦理交接〉，《新聞報》，1949 年 2 月 16 日，第 4 版。〈新任社會局長陳保泰昨視事〉，《新聞報》，1949 年 5 月 10 日，第 4 版。

　　五位局長中以吳開先任職時間最久，長達三年有餘，吳紹澍與曹沛滋二個多月，陳保泰及張振遠因國共戰事影響，任期不足一個月。五人之中，除陳保泰是浙江諸暨人，其餘四人皆來自江蘇(吳開先為江蘇青浦人、吳紹澍為江蘇松江人，兩地現

已劃歸上海市)。五人全部大學畢業,分別來自復旦大學、上海法學院與東吳大學及光華大學,可以說在青年時期已有在上海的生活經驗。1945年9月13日,市長錢大鈞將市政府各局局長提名 2-3 人呈請蔣介石圈選,錢大鈞在呈報社會局長人選時,曾提到:「黨部規定社會局局長應由黨委兼任」,[49]戰前社會局一直被視為與國民黨上海市黨部關係最密切的市政府單位之一,[50]上述史料已經證明,戰後仍然沿續這個「慣例」。到了戰後,至少可以確定有三個局長在任職時同時擔任國民黨上海市黨部的主委或常委。第一任局長吳紹澍是以上海市副市長的身分兼任社會局局長,同時擔任市黨部主任委員、國民黨三民主義青年團(簡稱三青團)上海支團團長。第二任局長吳開先及第六任局長都是陳保泰市黨部執行委員會委員,[51]曹沛滋與張振遠因資料缺乏,不清楚二人在黨部兼任的職稱為何。

　　五位局長之中,吳紹澍與吳開先二人資料較多。吳紹澍為江蘇松江人,1905年生,東吳大學社會系畢業,曾任上海市黨

49　「錢大鈞1945年9月13日呈蔣介石函」,〈上海市政府官員任免(四)〉,《國民政府檔案》,國史館藏,典藏號:001-032210-0015,入藏登錄號:001000003081A。

50　二次大戰前,社會局有三位局長:潘公展、麥朝樞和吳醒亞的其中潘公展與吳醒亞二人擔任局長時,同時兼任國民黨上海市黨部主委。見劉國銘(主編),《中國國民黨百年人物全書》(北京:團結出版社,2005),頁2409、2072。

51　書報通訊社(編),《上海概況》(上海:上海概況,1949),頁105-106。

部組織部主任，1939年任國民黨上海地下黨部主任委員，後任軍事委員會第六處少將處長。1945年5月當選國民黨第六屆中央執行委員，1945年9任上海市副市長兼社會局局長，吳氏兼任社會局局長還有個小插曲，原本市長錢大鈞報請蔣介石圈定人選時，蔣介石原先圈選的人是陸京士，稍後又諭令改為吳紹澍，[52]吳氏為了擔任上海市政府的職務，辭去了江蘇監察使，[53]卻在11月27日被免去了副市長及社會局長的職務，[54]免職的原因，據吳氏自己的說法為「三個月來昕夕從事，甚感困頓」，似乎是主動請辭。[55]但事實上吳氏也在社會局做了布置，例如推薦葛克信接替自己代理局長，當時錢大鈞與吳鼎昌曾向蔣介石推薦唐縱接掌社會局，蔣最後應該是接納了吳紹澍的建議，讓葛克

---

[52] 「錢大鈞1945年9月13日呈蔣介石函」，上海市政府官員任免（四）〉，《國民政府檔案》，國史館藏，典藏號：001-032210-0015，入藏登錄號：001000003081A。

[53] 〈國民政府軍事委員會代電〉，侍(秘)字第29661號，收入孔慶泰(主編)，《國民黨政府政治制度檔案史料選編》(合肥：安徽教育出版社，1994)，下冊，頁104。1931年國民政府將全國分為14個監察區，每區設一監察使署，置監察使一人，由國民政府主席特任監察委員兼任，巡迴監察該區一切行政，行使彈劾職權，任期二年，期間內可由監察院調往其它區巡迴監察。見張憲文(等編)，《中華民國史大辭典》(南京：江蘇古籍出版社，2001)，頁1484。

[54] 〈吳紹澍辭職照准　何德奎任副市長　社會局人選尚在遴選中〉，《申報》，1945年11月27日，第3版。

[55] 〈吳紹澍談徵集新黨員〉，《申報》，1945年12月9日，第3版。

信以副局長代行局務2個多月，直至吳開先接任為止。[56]此後吳紹樹先於1946年5月當選上海市參議員，1948年5月當選第一屆立法委員，中華人民共和國建立後任交通部參事，於文化大革命期間逝世。[57]

吳開先為江蘇青浦人，1898年生，先後就讀東亞同文書院、上海大學，最後畢業於上海法學院，1922年加入國民黨，1927任國民黨上海特別市黨部幹事、秘書，1929年任上海市黨部執行委員兼組織部部長，1932升任上海市黨部執行委員會常務委員會主席。1933年3月至1942年7月任立法委員。1945年5月國民黨第六屆中央執行委員，1946年1月28日任上海市社會局局長，1949年1月21至3月21日任社會部政務次長。[58]

兩人的經歷中有兩個共通點，首先都出身江蘇，且松江與青浦還是相鄰，也都在1920年代後半，國民黨北伐進入上海之後，負責組織國民黨上海市黨部，在中日戰爭中也都擔任過國民黨地下組織的負責人。[59]兩人原本同屬CC派，但吳紹澍日漸

56　「吳鼎昌1945年10月11日呈蔣介石函」、「錢大鈞1945年10月20日呈蔣介石函」、「吳紹澍1945年12月27日呈蔣介石函」，上海市政府官員任免（四）〉，《國民政府檔案》，國史館藏，典藏號：001-032210-0015，入藏登錄號：001000003081A。

57　劉國銘(主編)，《中國國民黨百年人物全書》，上冊，頁1047。

58　劉國銘(主編)，《中國國民黨百年人物全書》，上冊，頁1025。

59　據劉國銘(主編)《中國國民黨百年人物全書》，上冊，頁1047記載：吳紹澍於1939年冬任命為中國國民黨上海市地下黨部主任委員。而吳開先

靠向朱家驊派，兩人遂逐漸交惡。戰後初期，吳紹澍原本身兼數職，引起吳開先不滿。另外還有一件事，據傳兩吳原本都是杜月笙的「門生」，日本戰敗投降後，吳紹澍因負責接收先回到上海，但杜氏返回上海時，吳紹澍沒有前往迎接，反而向他討回原本拜師的帖子，因此觸怒了杜月笙，遂有幫會分子時常至社會局鬧事，導致吳紹澍遭到撤換，吳開先得杜月笙的幫助，遂取而代之得以就任社會局局長。[60]另外一種可能是吳紹樹在處理邵式軍財產案時，引發時任行政院長宋子文的不滿，所以被迫辭職。[61]

其他三位局長的經歷都不完整，曹沛滋，江蘇江都人，上海光華大學政治系畢業，1946年任青島市社會局局長，1947年3月任社會部工人司司長，同年9月任社會部組織訓練司司長。[62]

則在口述訪問時表示，在1939年4月間，奉蔣介石之命到上海「工作」，希望向上海的工商界宣傳國民黨與汪精衛政權無意和談，並爭取上海金融界支持。見張繼高(記錄)，〈吳開先先生訪問記錄〉，《口述歷史》，8(臺北，1996.12)，頁129-130。邵銘煌，〈戰時渝方與汪偽的地下鬥爭：以吳開先案為例〉，《近代中國》，128(臺北，1998.12)，頁71-76。

60 馬軍，《1948：上海舞潮案──對一起民國女性集體暴力抗議事件的研究》，頁143-144。

61 「吳鼎昌1945年10月21日呈蔣介石函」，上海市政府官員任免（四）〉，《國民政府檔案》，國史館藏，典藏號：001-032210-0015，入藏登錄號：001000003081A。

62 據《上海市社會局1946年10月份至1949年4月份行政機構人員經費月報表》，1948年4月呈報的局長簡歷，上海檔案館館藏號：Q6-14-448。劉國銘(主編)，《中國國民黨百年人物全書》，下冊，頁2127。

陳保泰浙江諸暨人，復旦大學畢業，1941年6月任雲南省圖書檢查處處長，1950年8月至1951年1月任高雄市市長，1958年前後任行政院退除役官兵輔導委員會辦公室主任。張振遠為江蘇昆山人，上海法學院畢業，1946年10月社會局復員後即擔任薦任秘書一職。[63]

　　戰前社會局並無副局長的編制，是戰後復員增設的。六位副局長中，李劍華在職1年10個月，趙班斧任職接近1年。葛克信、童行白與袁文彰任期只有數月，談益民任期更短，不足一個月，顯示出社會局副局長異動性更甚於局長。六人之中除葛克信與談益民資料不詳，其餘四人皆受過大學教育，童行白、趙班斧畢業於上海的大學，李劍華與袁文彰留學日本。

　　李劍華是較具爭議的人物，1900年生於四川大邑，1921-1925在東京日本大學學習社會學，先在上海學藝大學擔任社會學教授，1932年參加中國社會科學家聯盟，主編《現象月刊》宣傳馬克思主義。1933年12月遭到國民黨逮捕，罪名是《現象月刊》宣傳蘇聯與煽動階級鬥爭，攻擊政府和詆毀國民黨。1934年3月出獄後即加入了中國共產黨，並接受派遣，打入國民黨內部，歷任南京憲兵學校教官、鐵道部警察總局秘書、甘肅

---

[63] 〈上海市社會局職員名單〉，上海檔案館館藏號：Q1-4-148，1948年12月。

省政府建設廳主任秘書。戰後社會局復員，李劍華即擔任主管勞工福利與勞資糾紛的第三處處長。[64]1946年初，上海接連爆發工潮，李劍華自稱利用社會局勞工行政處處長的身分，為共產黨爭取到不少工人支持，1946年4月李氏獲吳開先推薦，升任副局長。[65]

他事後回憶此事，認為這是一種「明升暗降」的手法，藉以對其在處理勞工政策時坦護工人表示不滿。[66]1948年1月又調任市政府參事。同年7月出任《大眾夜報》總編輯，由於報導國民政府施政缺失，引起黨政高層不滿被迫解職。上海接管後，任上海市人民政府勞動局副局長，1980年被聘為中國社會科學院法學研究所顧問，直至1985年方正式退休。[67]

童行白與吳開先、吳紹澍等人類似，畢業於上海法政學院政治系，1929年任上海特別市黨部第一屆執行委員兼訓練部長，1933年任上海特別市黨部主任委員。曾任中國公學和暨南大學訓育長，中國文化建設協會上海分會幹事長。1946年5月當

64　周味辛，〈上海市社會局沿革〉，《社會月刊》，1:5(上海，1946.11)，頁14。

65　見《上海市社會局呈薦李劍華為副局長》，上海檔案館館藏號：Q6-15-480，1946年4月。

66　李劍華，〈回憶在國民黨上海社會局的秘密鬥爭〉，《黨史資料叢刊》，9(上海，1982.02)，頁63。特別感謝馬軍教授提供此資料。

67　上海地方志辦公室(編)，《上海勞動志》(上海：上海社會科學院出版社，1998)，頁557-558。

選上海市參議員。[68]趙班斧，湖南沅陵人，中央陸軍官校五期，私立大同大學畢業，1934年任上海海員工會專員兼保安處顧問，1946年任社會局處長、顧問後，再接任副局長，1948年任第一屆國民大會代表。[69]

　　社會局長及副局長的經歷中，可以歸納出許多特點：(1)與戰前相同，社會局的局長大部分與國民黨上海市黨部有直接關係，社會局長必須由市黨部的主任委員或是執行委員會委員來出任。(2)局長及副局長有學歷資料者皆為大學畢業，除李劍華與袁文彰留學日本外，其餘皆在上海接受大學教育，可以說青年時期已有在上海生活經驗。(3)副局長李劍華、趙班斧與袁文彰三人皆曾在社會局任職，歷任社會局處長後而升任副局長，對社會局的運作應該都是十分熟悉。(4)許多人在到社會局任職之前，大多已經至中央或其它地方任職，如吳紹澍曾任職平漢鐵路管理局，吳開先擔任過立法委員，曹沛滋是青島市社會局長等，與軍事相關的背景的有二人，一是吳紹澍，曾任軍事委員會少將處長，趙班斧則出身中央陸軍官校，說明多數社會局首長擁有不同程度的行政經歷。

---

[68]　劉國銘(主編)，《中國國民黨百年人物全書》，下冊，頁2168。
[69]　劉國銘(主編)，《中國國民黨百年人物全書》，下冊，頁1692。

(二)社會局局本部職員的身分分析

在這個小節中將以1948年12月的職員名單為基礎,這份人事名單是現存史料中最完整的,共包含職級、姓名、別號、性別、年齡、籍貫、出身、略歷、擔任工作、到職年月、是否銓敘,共計11項資料,依照這個順序將表格中的9項資料(除了姓名與別號之外)逐步分析如下,藉以深入瞭解公務員的人力素質。首先就職級與性別來說,可以作出下列的統計表:

表2-2-2:1948年社會局本部職員人數統計

	男		女	
1948年12月	簡任	8	簡任	0
	薦任	46	薦任	1
	委任	157	委任	25
	雇員	n/a	雇員	n/a
	小計	211	小計	26
	合計:237			

資料來源:〈上海市社會局委任以上職員名冊〉(1948年12月),上海檔案館館藏號:Q1-4-148。

1948年12月的人事名單是現存最完整的,所以單獨將這一年的資料獨立出來討論,[70]上面這個統計表若與表2-1-5相比較,有

---

[70] 另外兩份已知的社會局職員名單分別是1946年10月(上海檔案館館藏號:Q6-14-209),1949年5月(上海檔案館館藏號:Q6-16-763),但都不如1948年12月的名單詳細,如1946年10月的名單中只記載了姓名、級別、姓名、年齡、籍貫、通訊處共6項資料。

幾點值得注意：就職級來說，簡任、薦任與委任公務員的比例為1：6：23，與1946年的數字1：6：20相差不多。就男女比例來看，1948年的男女比例約為9：1，女性只占總數的10%，雖然低於1946及1949的18%，但與戰前上海市政府只有4%的女性職員相比仍高出許多。[71]

從年齡的分布來看，以49歲以下的職員占絕大多數，20-49歲占總數的90.72%，50歲以上的只占9.28%，其中又以30-49歲的男性占總數的63.29%為最多數。女性職員均在50歲以下，40-49歲者3人，40歲以下者23人。總計237人平均年齡為38.02歲。若與戰前的上海市政府整體(包括所有單位)比較，1928-29年市政府職員的年齡分布為：30歲以下的職員占43%，35歲以下的為63%，超過50歲的只占3.5%。[72]將1948年資料也按照上述三個年齡層換算成百分比，1948年30歲以下的職員占22.78%，35歲以下的占42.61%，50歲以上的占9.28%。據此可知道：戰後社會局職員的年齡可能較戰前市政府全體組織的平均值稍微提高，但仍多以青壯年為主。

將職級與年齡進行交叉分析，可以發現，20-29歲的46人

71　安克強(著)，張培德、辛文鋒(等譯)，《1927-1937年的上海——市政權、地方性及現代化》，頁88

72　見安克強(著)，張培德、辛文鋒(等譯)，《1927-1937年的上海——市政權、地方性及現代化》，頁88。

中，僅有馬富泉一人為薦任級，其餘45人均為委任級。馬富泉為統計室主任，1947年高等考試及格，也擁有會計師執照，因此職級較高。30-39歲的89人中，只有王家樹一人為簡派處長主管社會組織，17人為薦任級，71人為委任級。40-49歲的80人中，簡任級4人，薦任級26人，委任級50人。50歲以上22人中，簡任3人，薦任3人，委任16人。大抵可以得出這樣的結果：最基層的委任官年齡差距極大，如委任辦事員王雅清才21歲，而委任科員邵嵩生已經62歲，兩人差41歲。薦任官47人中，有80%在35歲以上，簡任官只有8人，多數在40歲以上。當時局長吳開先50歲，副局長趙班斧43歲。

圖2-2-1：社會局本部職員年齡分布圖

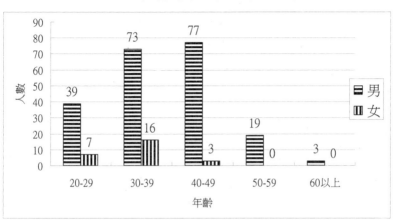

資料來源：根據上海市社會局委任以上職員名冊(1948.12)所製成。

圖2-2-2：社會局本部職員籍貫分布圖

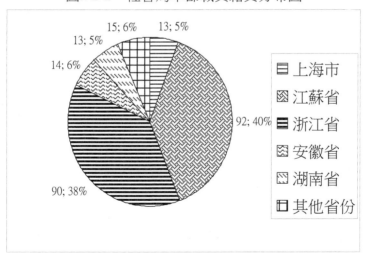

說明：每一個顏色有兩個數字以分號格開，左側為人數，右側為占總數之百分比。資料來源：上海市社會局委任以上職員名冊(1948.12)所製成。

　　社會局本部職員的籍貫以江蘇省為最多，有92人，占總數40%，其中又以吳縣及松江各有12人最多，江蘇青浦8人(吳開先的出生地)是該省出生者第三名。浙江省籍有90人，占總數38%，其中以嘉善11人和吳興10人最多，再其次是海寧8人。總數第三是安徽省，有14人，有二位科長來自該省。上海市與湖南省並列第四，各有13人，上海人中以顧炳元職位最高，而副局長趙班斧則來自湖南。或許是種巧合，1928-1930年上海市政府中有42-46%的職員是江蘇人，約25%是浙江人，其他職員以安徽、江西、河北人較多[73]。兩個不同年代職員出生的省籍排名前三名的省是相同的，仍然是以靠近上海的省分為主。

---

[73]　見安克強(著)，張培德、辛文鋒(等譯)，《1927-1937年的上海——市政權、地方性及現代化》，頁88。

圖2-2-3：社會局本部男性職員學歷分布圖

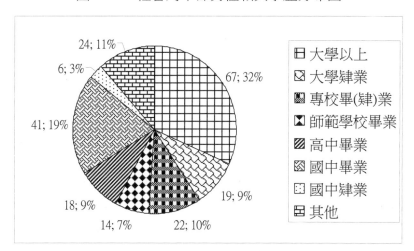

說明：每一個顏色有兩個數字以分號格開，左側為人數，右側為占總數之百分比。資料來源：上海市社會局委任以上職員名冊(1948.12)所製成。

在211名男性職員中有有大學[74]以上學歷者占大多數，有67人，占總數的31%。[75]而1927-28年，上海市政府全體職員中有

---

[74] 認定標準是該大學必須是以列名於《第一次中華民國教育年鑑》(1934)及第《二次中華民國教育年鑑》(1948)，方認定具有正式大學學歷。原因在於此時有許多私人設立的學校，往往以大學名，數年後因經費不足而停辦，最著名的是由於右任與葉楚傖所於1922年10月所創立的「上海大學」，到1926年5月即停辦，只維持了3年多。類似的例子還有南京文化學院，私立群治大學等。凡是不存在於兩次教育年鑑中的高等學校(包括大學及學院)即歸納為其它類。

[75] 根據《中華民國第二次教育年鑑》，1947年全國(包括臺灣)共有國立大學31校，私立大學24校，國立學院23校，省立學院21校，私立學院31校，

27%是大學畢業生，[76]雖然兩者統計的對象不一致，在經過20
幾年後，擁有大學學歷的職員至少微幅增加。其中有碩士1人，
即先前提過的顧炳元，畢業於燕京大學研究院社會學碩士(中國
社會學的兩位重要代表人物，費孝通與林耀華也在這裡畢業)，
曾任國立暨南大學(上海)教授。另外66位擁有大學學歷者，有
40人畢業於上海的大學，當中又以復旦大學的8人最多，其次是
上海法學院、中國公學大學各5人，東吳大學與上海法政大學各
有4人。除上海之外，畢業北京的大學者有8人。國外大學畢業
者有3人，其中兩人來自日本的早稻田大學，另1人畢業於巴黎
政治大學(Institut d'études politiques de Paris)。

　　67位大學以上學歷者有56人填寫了畢業的科系，可以瞭解
他們所學的專業。其中以其中以社會科學類(含政治系、政經
系、社會學系)最多有23人，這批人應該是所學專業與社會局職
權比較接近的人，也占擁有大學學歷者的多數。另外商學(含會
計系、統計系)10人，文學(含中文、外文、歷史系)亦有10人，
法學9人，工程學、教育學與各2人。專門學校畢業者22人，其
中以畢業於商學類專門學校者最多，計有9人，文學類與法律類

　　國立專科學校20校，省立專科學校33校，私立專科學校24校，總計專科
　　以上學校共207校。見教育部(編)，《中華民國第二次教育年鑑》(臺北：
　　文海出版社，1981[據1948年影印])，頁577-578。
[76]　見安克強(著)，張培德、辛文鋒(等譯)，《1927-1937年的上海——市政權、
　　地方性及現代化》，頁87。

專門學校畢業者各3人。師範學校畢業14人，其中4人畢業於高
等師範學校，相當於專門學校學歷，9人畢業與省(縣)立師範學
校，相當於高中學歷，另有1人畢業於速成科，僅受過1-2年的
師範教育訓練。大學肄業者19人，其中15人也就讀過上海的大
學。若將大學以上畢業、專門學校畢業、高等師範畢業、大學
肄業4種人數相加達112人，占男性職員211人的53.08%，換句
話說，超過半數的男性職員受過不同程度的高等教育。[77]

　　高中以下學歷由於資料不足，不做畢業學校的分類，僅統
計人數：計有高中畢業18人，國中畢業41人，國中肄業6人。至
於其它類，大多是學歷認定有困難，如上海大學、群治大學等
沒有列名於教育年鑑的學校(軍事學校有2人也是如此)，或是各
種訓練班因為難以確認其性質，故列入其它。

　　還有幾個比較特殊的例子，22歲委任辦事員黃蔭棠，只有
小學畢業，43歲委任辦事員沈士勤學歷只有私塾，是僅有的2
人學歷在小學以下者，比例不到總數1%，相較於1927-28年上
海市政府中有11%的職員是小學畢業已經大幅度減少。[78]而61

---

[77]　再舉一做為比較，1943年湖北省政府中，143名科長中，留學接受國外高
　　　等教育者占10.2%，國內大學畢業者占43.8%，國內專科學校畢業者占
　　　24.8%，合計高達78.8%。更可以說明在戰前若干省份的公務員教育水準
　　　已經很高。見王奇生，《革命與反革命：社會文化視野下的民國政治》(北
　　　京：社會科學文獻出版社，2010)，頁388。
[78]　見安克強(著)，張培德、辛文鋒(等譯)，《1927-1937年的上海──市政權、

歲委任科員張淞生是清光緒二十九(1903)年鄉試舉人，可以看做是雖然科舉停辦43年後，仍被視為是一種資格，繼續被寫入在官方檔案中。[79]

在所有人當中有5人參加過國家公務員考試，其中4人高等考試及格，一人特種考試及格，可以看出當時利用考試取得任官資格者只是少數。以委任公務員為例，根據《公務員任用法》第四條的規定，有下列五項：(1)普通考試及格，或與普通考試相當之特種考試及格者。(2)現任曾任委任職，經銓敘合格者。(3)現充雇員繼續服務三年以上而成績優良，現支最高薪者。(4)曾致力於國民革命五年以上而有成績，經證明屬實者。(5)在教育部認可之專科以上學校畢業者。由於可以透過多種管道取得任用資格，特別「參加國民革命」一項，容易使國民黨黨員取得任用資格(簡任官十年，薦任官七年，委任官五年)。[80]所以當時要取得公務員資格不一定必須透過國家考試，前面已經分析過戰後公務員的學歷有所提高，所以可能利用上述第(5)條學歷條款取得任用資格者也占一定的比例。

地方性及現代化》，頁87。

[79] 類似這種學歷不足而能取得公務員任用資格，途徑有《公務員任用法》第四條第三款現充雇員繼續服務三年以上而成績優良，現支最高薪者，或參加國民革命五年以上。

[80] 國民政府文官處(編)，《國民政府公報》，2263(南京，1937.01)，頁1。

圖2-2-4：社會局本部女性職員學歷分布圖

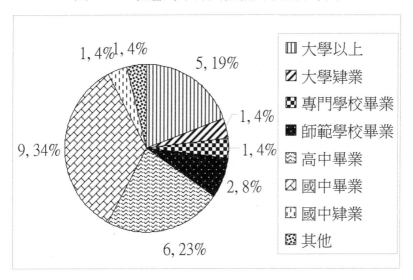

說明：每一個顏色有兩個數字以分號格開，左側為人數，右側為占總數之百
分比。資料來源：上海市社會局委任以上職員名冊(1948.12)所製成。

　　因為女性職員只有 26 人，分析起來較為容易。5 名擁有大
學學歷者，3 名畢業於上海的大學，分別來自交通大學、光華
大學及復旦大學。另外 2 人分別來自北京的北京師大及南京的
中央大學，可說是出身名校(除光華大學為私立大學外，其餘為
國立大學)。就畢業科系而言，3 人畢業於商學院，1 人來自管
理學院，1 人來自文學院。專門學校與大學肄業者各 1 人，與
大學畢業者 5 人，合計共 7 人，占女性職員全體的 26.92%。

　　師範學校(高中學歷)畢業 2 人，加上高中畢業 6 人，國中畢業者 9 人。合計國、高中學歷者占 65.38%。總結的說，女性職員是以中學學歷者占多數，因為大多數女性職員都在 40 歲以下，所以她們均在民國建立以後出生，絕大部分應該接受過新式教育，可能在 1930 年代後半進入政府服務。

圖2-2-5：社會局本部職員經歷統計圖

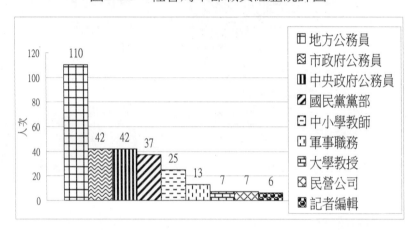

資料來源：根據上海市社會局委任以上職員名冊(1948.12)所製成。

　　在職員名單中，「經歷」這個欄位寫入了各職員到社會局任職之前從事過的職務，237 人中，扣除 5 人完全無資料，將 232 人的經歷進行歸納與分類。[81]一共得出 9 種職務類別，其中以

---

[81]　由於若干職員的經歷有 1-3 項，所以圖2-2-5所統計單位是人次
　　　(man-times)，即在不同職務中，同一人可重覆計算，但同一類職務只計

省、縣(市)地方公務員最多，有 110 人次，占總數的 47.41%。這其中以主任秘書潘忠甲較特別，前面已經提過它是社會局的資深職員外，他也擔任過上海縣及浙江省平湖等縣的縣長，稱得上是對浙江、江蘇(上海)等地風土民民情十分瞭解的地方菁英。[82]另外公務員之間的調動已經很常見，如省(市)、縣(市)間各級公務員的垂直或水準調動，都可以在史料中找到例證，如簡任秘書許懋釗曾任浙江省財政廳科長，委任科員陸舟山曾任江蘇南通縣政府的科長，委任科員任履之曾任湖北省政府民政廳科員。

據安克強的對戰前上海市政府的研究，2000 名抽樣調查的職員中只 3 例從一個局調到另一個局的狀況，安克強認為：更深層的原因是缺乏招聘的標準(如考試)，因此造成用人為親的風氣。[83]戰後基層公務員的調動應該比戰前頻繁許多，雖然不能保障沒有任人唯親的情形，但一整個局(處)因為首長的變動而造成下層職員也大幅異動的情況已經不存在，說明公務員任

算一次。

[82] 潘忠甲擔任上海縣縣長的時間是1933年10至1935年7月，見任建樹(主編)，《現代上海大事記》(上海：上海辭書出版社，1996)，頁1060。另潘氏於1925年編著有《上海市場》一書，記載紙業、洋雜貨業、捲菸、海味、麻袋五行業的術語、行號名稱、商事習慣等，為瞭解1920年代上海該市場情況的好材料。

[83] 見安克強(著)，張培德、辛文鋒(等譯)，《1927-1937年的上海——市政權、地方性及現代化》，頁87

職的穩定性及輪調制在逐漸形成中。

　　曾經在中央政府任職的有 42 人，這些人大多有一個共同的特點：任職的單位不是在南京的中央政府，而是中央政府設在各地的派駐單位或公司。這是一個很有趣的情形，由於目前沒有找到完整的公務員履歷表，所以沒有辦法判斷這些案例是出於個人意願或當時公務員輪調制度的一環，不過至少可以證明公務員確實有更多調動的例子。如薦任秘書王雪鵬曾任財政部蘇浙區煙類專賣局建德區秘書，薦任科員吳三祝曾任行政院上海市統一委員會總幹事。

　　曾在上海市政府各單位任職的也 42 人，其中至有有 23 人是在社會局任職，也有人是從財政、衛生、警察等局調任的。有 37 人有國民黨黨部工作的經歷，當然以上海市黨部為最多，有 23 人，其它各地黨部(含海外黨部)10 人，中央黨部 4 人。曾從事中小學教育工作的有 25 人，其中小學教師(含校長)12 人，中學教師 11 人，大學助教 2 人。從是軍事相關職務者有 13 人，包括軍政部、軍法處、各級軍隊的軍官及行政人員，其中 7 人有正式的軍官頭銜，階級從準尉到少校。曾任大學教授者 7 人，其中 4 人在上海的大學任教。最後兩種職務是民營公司及報社記者各有若干人，但缺乏細部史料，僅能做出人次的統計，無法進一步分析。

　　擔任工作方面，可以依據社會局職權劃分的十科，將各科

負責的人員名單劃出下面的表格：

表2-2-3：社會局各科主要職員名單

第一處(工商行政)				第二處(社會組織)		第三處(勞工行政)		第四處(社會福利及書報影劇審查)	
處長：顧炳元				處長：王家樹		處長：沈鼎		處長：袁文彰	
第一科	第二科	第三科	第四科	第五科	第六科	第七科	第八科	第九科	第十科
(工商行政)科長：王寶鋆	(物價金融)科長：張處德	(農林漁牧合作事業)科長：鄒今揆	(糧食行政)科長：吉明齋	(商業公會、特種社團)科長：徐曉江	(工會、農會、自由團體)科長：周幼襄	(勞工之保護與工廠檢查)科長：黃昌漢	(調解勞資爭議)科長：樊振邦	(社會福利行政)科長：孫詠沂	(書報監督)科長：陳肅
專員編審	專員編審	專員編審	專員編審	專員編審	專員編審	專員編審	專員編審	專員編審	專員編審
薦派專員：楊鉅松		薦派專員：黃麟書	薦派專員：武逸民	薦派專員：盧海珊、于四民、薦任編審：張漢雲	薦派專員：方濂		薦派專員：趙麟祥薦任視察：顏若峰		薦任編審：陳慎修薦任視察：黃旭初
科員	科員	科員	科員	科員	科員	科員	科員	科員	科員

邵嵩生 王銘 梁善本 毛信祿 彭英然 丁遂新 袁松森 彭仲懷 沈博塵 周錫梓 陳正	周味辛 吳先文 茅寶圭 張定 江實甫	陳啟明 劉承堯 李枕石	任孝章 景嵩玉 張焜 謝鐵軍 鄒蕉安	張則民 何成紀 平亞回 陳聞達 熊天甲	許學鑛 王振猷 王琦 曹德模 劉家璧	葉鈞 林致惠 蕭萬鈞 王善寶	朱圭林 尤大奎 陳宗華 周天鵬 朱承浩 楊劍平 葛夢松 金永昌 章子洪 周叔君 喬九如	胡志廉 顧進德 凌熙烺	任履之 張鑄華 孫仲仙 趙廷鈺 蔡玉良 袁衛民

資料來源：根據上海市社會局委任以上職員名冊(1948.12)所製成。

在這個表格中，只有那些在「擔任工作」這個欄位中，填入的工作內容可以很具體的對應到社會局所設的十科中，那麼該職員的姓名才會被列入，因此可能是不完整的。但至少可以得知：除了4位處長、10科長之外，大部分都有1-2名的視察或專員負責協助處理該科業務，表格中最下方的負責科員名單，各科之間差異很大，負責第三科業務的科員只有3人，第一科及第八科則多達11人，不難看出社會局的工作重點在於工商登記及處理勞資爭議。這只是大致的概況，不能排除在局長或處長的指派下，各處或各科之間，人力互相支援的情況，會讓上面這個表格出現暫時或永久的變動。此外就其它無法對應具體業務的職員中，有35人負責撰寫文稿，至少有22人是負責社會局內部的人事(如考績、請假)與總務(如保管公有財產)。

若將各科工作內容與職員學經歷相對照，教育程度與經歷

相關性最高的是第十科，總計 9 名成員中，有 7 人大學畢業(另 1 人大學肄業，另 1 人為其他)，而 7 個大學畢業生中，有註明畢業科系者都來自政治系、政經系、社會系、法律系，大部分也都擔任過報社編輯、省市政府民政廳的專員、學校教員等工作，就書報審查應有的「教育與宣傳」意義來說，第十科的成員的學歷最高、經歷關連性也較強。第四科的成員中，都接受過不同程度的高等教育(至少也有大學肄業)，但就學經歷而言，與糧食管理的關連性並不多，如科員鄒蕉安畢業於浙江法政專門學校，擔任過小學校長與市黨部秘書，沒有註記與負責業務相關的學經歷。而第五科的 9 名成員中，有 6 人是高中以上學歷，而且所有成員的經歷幾乎沒有與社會團體相關，是教育程度較低與經歷相關性較不明顯的一科。

從「到職年月」這一個欄位中，可以發現可 3 個人事異動的高峰：(1)1945 年 9、10 月；(2)1946 年 1、2 月；(3)1946 年 7 月。前面兩個時間點，是正好是局長異動有關，第三個時間點則不清楚。有待討論的問題有兩個，一是是否有任用親信的情況，二是職員任職時間長度。戰前上海市政府確實有局長任用親信的問題，[84]而戰後似乎也有類似的問題，吳開先在 1946

---

[84] 安克強認為：局長從與自己相同籍貫和有共同語言的人中招收親信，往往有許多例子帶有濃厚的裙帶關係色彩。書中舉公安局長溫應星上任時，廣東籍的人士在該局任職的人數便大幅度增加，而財政局長蔡增基

年 1 月上任,與它同時間上任的有 11 人,包括 3 位處長(簡任級)、會計室主任(薦任級)、1 名專員(負責出納),6 名科員或辦事員(委任級)。4 名處長換了 3 人,2 個高級職員皆主管會計,其中主管書報審查的第四處處袁文彰,確定長年擔任吳開先的助手。[85]至少可以說:吳開先上任時帶了一批高級職員,這一點沿襲了戰前市政府官員的風氣。其次就職員任職的時間長短來看,就 1946、1948、1949 三份職員名單來觀察,共有 103 人是重複的,也就是說有 103 人一直留任至中共接收上海為止,在統計的 237 人中,約有 43.46%的職員在這個時間內持續任職,反映出在低層職員的部分應該是相對穩定的。

最後是職員是否經銓敘,「銓敘」的定義:它是指公務人員的任用、考績、升遷、保障、褒獎、撫卹、退休與養老等事項的總稱。」[86]按照此種定義,還是會產生問題,究竟它指的是職員的任用資格是否通過銓敘部的審核,或者僅僅是 1948 年度的考績尚未完成評分?就現有資料判斷較可能是任用資格的審查,原因在於尚未銓敘的人當中,有 6 人從 1945 年 9 月社會局戰後復員以來,就開始任職(如薦任編審夏廣宇、王善業),至

上任時則任命了7人擔任該局的高級職員。見安克強(著),張培德、辛文鋒(等譯),《1927-1937年的上海──市政權、地方性及現代化》,頁91-93。

85　張繼高(記錄),〈吳開先先生訪問記錄〉,《口述歷史》,8(臺北,1996.12),頁134。

86　李飛鵬,《考銓法規概要》(臺北:五南圖書公司,1986),頁3。

1948 年 12 月已超過 2 年，所以職員名單中註明的「尚未銓敘」應該不太可能指 1948 年的考績未評分(考績任職滿一年即須每年考核一次)。若是如此，則 1948 年 12 月的職員名單中，已銓敘者 114 人，占總數 48.1%，已送件尚未核定者 48 人，未經銓敘者 75 人占 31.65%，即有超過 30%的公務員任用資格尚未核定。按照《公務員任用法施行細則》，擬任公務員的法定代理期間為 3 個月，代理人員限於代理開始的 20 日內，向主管長官提出任用審查表及有關之證明文件，主管長官應於表件提出後 10 日內，送請銓敘部審查，顯然法令執行並不徹底。[87]

(三)社會局附屬機關職員身分分析

以下將仿照前面討論社會局本部人力資源時所採取的方法，將 1948 年 12 月份的職員名冊，做出各項圖表統計。

表2-2-4：1948年上海市社會局屬機關人員名冊分析

單位名稱	1948年人數	單位名稱	1948年人數
中山路平民村	3	殘疾教養所	19
中華新路平民村	3	度量衡檢定所	21
其美路平民村	3	農林試驗場	22
斜土路平民村	3	婦女教養所	22
工商業登記所	5	遊民習藝所	34

---

[87] 《公務員任用法施行細則》，第十六條，《國民政府公報》，2348(南京，1937.05)，頁3。

第一公典	8	兒童教養所	48
第二公典	10	勞資評斷委員會	n/a
第三公典	10	總計	211

資料來源：上海市社會局附屬機關委任以上職員名冊(1948.12)所製成。

　　首先必須說明一個問題，就是這份資料有若干不足之處：沒有技工與工役的名單，造成這個表格與表 2-1-6 所統計 1949 年的人數相去甚遠。為了驗證 1948 年這份名單的可信度，將 1949 年預算書中的各附屬機構技工與工役的名額消去，得知第二公典、第三公典及四個平民村職員數完全相同，而習藝所、婦女教養所、工商登記所及農林試驗場數字也十分接近。應該可以證明 1948 年的這份確實是不完整的，特別是勞資評斷委員會的資料完全付之闕如，兒童教養所原本編制職員應有職員 91 人，技工與工役各 10 人，總數達 111 人之眾，但內存名單僅有 48 人。另外婦女教養所編制職員應有職員 37 人、工役 6 人、技工 5 人，合計 48 人，目前也僅知道 22 人，是差距較大的兩個機構。史料的殘缺造成分析無法像前面分析局本部時那樣的完整，但若以 1949 年所有附屬機構共計有 390 人，211 人有超過總數的一半，應該仍然具有一定程度以上的參考價值。

　　就公務員職等來說，14 個附屬機構共 211 人，沒有簡任官，5 名薦任官，206 名委任官，可見這些附屬機構在市政府的位階不如局本部那麼重要。5 名薦任官中有 4 人是機關首長(遊民習藝所、度量衡檢定所、農林試驗場、兒童教養所)，另外度量衡

檢定所主任檢定員亦為薦任官。就性別來說,以 30-39 歲的男性公務員 67 人最多,占總數的 31.75%,若加上 20-29 歲的男性公務員 63 人,兩者合計占總數的 61.61%。女性有 33 人,占總數 211 人的 15.63%。其中 32 人在 49 歲以下,只有 1 人超過 50 歲。50 歲以上的男女職員共計有 15 人,占總數 7.11%,與社會局本部 50 歲以上職員占總數 9.28%相比,只有微幅下降。但從平均年齡來看,附屬機關職員平均年齡 33.89 歲比局本部職員平均年齡 38.02 歲少了 4 歲多,則清楚的顯示了年輕化的特徵。將年齡與官等的交差比對後可以得知:5 位薦任官中,最年輕的不過 32 歲。最年長則是 43 歲。委任官與局本部相同,年齡差距極大,同樣擔任委派幹事的許斐章與徐蘊馨兩人相差 41 歲。茲將附屬機關職員年齡人數分繪製如下:

圖2-2-6：社會局附屬機關職員年齡分布圖

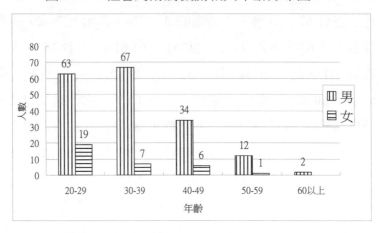

資料來源：上海市社會局附屬機關委任以上職員名冊(1948.12)所製成。

圖2-2-7：社會局附屬機關職員籍貫分布圖

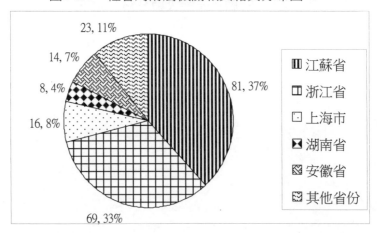

說明：每一個顏色有兩個數字以分號格開，左側為人數，右側為占總數之百分比。
資料來源：根據上海市社會局附屬機關委任以上職員名冊(1948.12)所製成。

　　職員的籍貫依然是以江蘇省為最多，有 81 人，占總數
38.39%，以吳縣、青浦兩縣各有 9 人為最多。浙江省籍有 69
人，占總數 32.70%，其中以諸暨 8 人和嘉善 6 人較多。占總數
第三是上海市的本地人 16 人。安徽省籍的有 14 人，占總數 6%。
若與局本部的職員籍貫做比較，前四名都是江蘇省、浙江省、
安徽省與上海市，可說是幾乎相同。

圖2-2-8：社會局附屬機關男性職員學歷分布圖

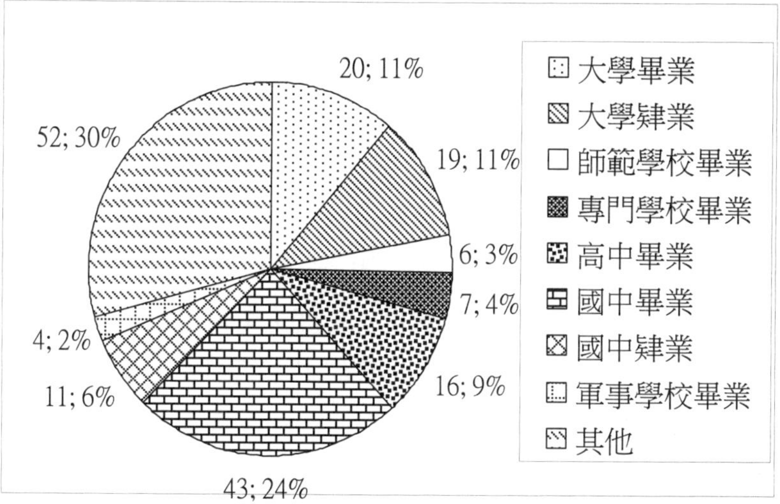

說明：每一個顏色有兩個數字以分號格開，左側為人數，右側為占總數之百分比。

資料來源：根據上海市社會局附屬機關委任以上職員名冊(1948.12)所製成。

　　上面這一張學歷分布圖中，為什麼「其它」類占最多呢？原因在於有許多肄業者被歸類在這一個類別中。比如專門學校肄業 2 人，高中肄業 3 人、師範學校肄業 2 人，小學畢業 3 人，這些人因為在比率低於 3%，在繪製統計圖時不易呈現，所以歸入其它類。這一類的人當中還包括 3 名醫校及 4 名軍校畢業生，由於資料不足故也歸入此類中。另外度量衡檢定所的職員因職務需要大多僅註明「特考及格，訓練班畢業」，也被列入其它類。

　　其它一般學歷者中以國中畢(肄)業生占最多數，共 54 人，占總數 30.33%，其次才是大學畢業生有 20 人。8 人畢業於上海的大學，2 人畢業於外國大學(美國與印度)。農林試驗場的22 名職員有 21 名為男性，場長陳遐梅畢業於美國蒙伯理農業大學，該試驗場的委派技術員有 4 人畢業於南通學院農科，另外有 5 人受過農業訓練班的培訓，稱得上專業化比較高的機構。附屬機構除農林試驗場外，度量衡檢定所由於工作內容需要比較高的專業知識，所以都經過專門訓練。而其它多數附屬機構，如教養所、工商登記所等，並不需要專門知識或特別高的學歷，可能是造成附設機關職員學歷較低的原因。即使如此，在 178 名男性職員中，小學畢業、私塾、自修等較低學歷者只有 7 人，占總數 3.93%，仍遠低於戰前的 11%，附屬機構職員

的教育水準也較中日戰爭前有所提升。

圖2-2-9：社會局附屬機關女性職員學歷分布圖

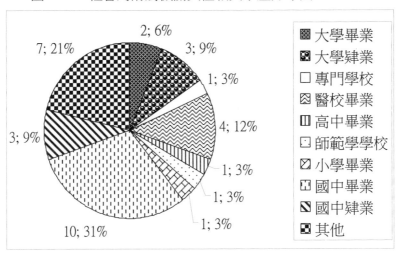

說明：每一個顏色有兩個數字以分號格開，左側為人數，右側為占總數之百分比。

資料來源：根據上海市社會局附屬機關委任以上職員名冊(1948.12)所製成。

　　女性職員以國中畢(肄)業生為主，共 13 人，占總數 39.39%，2 名大學畢業生來自四川教育學院及大夏大學，大學肄業 3 人、專門學校畢業 1 人，都在上海求學。其它類 7 人都是學校未列名於教育年鑑中故無法統計，如上海女子文專和亞東華文打字學校等。唯一超過 50 歲的女性職員李組俠，畢業於上海女子體操學校，該校成立於 1913 年，所以說女性職員幾乎都是在民國成立後出生，也大多接受過新式教育。

圖2-2-10：社會局附屬機關職員經歷統計圖

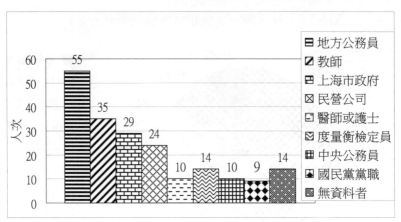

資料來源：根據上海市社會局附屬機關委任以上職員名冊(1948.12)所製成。

由統計圖中可以發現，附屬機構職員的經歷中，仍然以擔任過其它省(市)、縣(市)地方公務員占最多數有 55 人次，占總數 26.06%。相較於局本部擔任過地方公務員的比率有 47.41%，可說是明顯下降。原因在於資料的限制，大部分職員在經歷這一欄中只填入一項資料，如擔任教師的 35 人中大多數都如此，另外度量衡檢定所的職員也都只有填入與該所工作內容相關的經歷，造成統計上地方公務員比例下降。其中以遊民習藝所的所長周先鍊及總務組長彭聖麟較為特別，他們二人擔任過縣(市)長，與其他多數只擔任過縣(市)政府科員的人相比，資歷較為豐富。排名第二的是教師有 35 人次，這與市立慈善機構(遊

民習藝所、婦女教養所、殘疾教養所、兒童教養所)四個機構中，因為設置有幹事或司事，負責收容人的教育及生活管理，因此這些人大多擔任過中小學教師。曾任職上海市政府各機構者也有 29 人，有少數人從局本部調至附屬機構，如實驗農場的技師張光達調局本部第三科(農林漁牧科)。斜土平民村的陳鍾鰲曾任局本部的職員。有 24 人次曾任職民營公司，在數量及比率上明顯高過局本部，原因在於市立公典(公營當舖)的職員來自民營當舖，這個的例子有 7 人，另外還有私立農場管理員及銀行職員等。市立慈善機構因為有配置醫師與護士負責收容人健康與醫療，所以有 9 人從事相關工作。度量衡檢定工作因性質特殊，需受專業訓練，所以自成一類。曾任職中央政府者只有 10 人，也和局本部相似，大多為中央部會在各地的派至駐機構，如委派幹事許斐章曾任經濟部蘇浙皖區特派員辦公處技術員。曾任國民黨黨部職務者 9 人，其中 1 人為上海市黨部，1 人曾任職中央黨部。最後無完全無資料者 14 人，占總數 6.6%。

本章小結

本章以社會局的職權與人事為重點，就職權而言，從成立於 1927 年的農工商局開始，便負責農工商業相關行業商號的登記註冊、調解勞資爭議、農工商業市場調查這 3 項職權，一年

後農工商局更名為社會局，又增加了管理人民團體及度量衡檢定兩項職權，到了戰後，又增加了糧食管理及書報影劇審查兩項工作，呈現職權不斷擴大的趨勢。就單位編制的角度來分析，常受到市政府財政的限制而有增減，戰後初期一度膨脹至八處二十一科，隨後多數時間維持四處在十科的規模。就人員類別與數量來分析，市政府的員工可分為職員、技工、工役 3 類，社會局不論在人員總數或是各類型的員工數目都屬於偏少的市政府一級單位。

在社會局的成員方面，戰後共有 5 位局長與 6 位副局長，5位局長大多有豐富的行政經歷，以吳開先任職最久，與戰前社會局相同，局長大多同時兼任國民黨上海市黨部的常務委員。副局長多由社會局處長升任，中以李劍華最特別，他是中共的地下黨員。

局長副局長以外的職員，以 1948 年的名單為基礎，經過分析後發現，局本部男性職員占總數的九成，其中又有半數以上受過不同程度的高等教育，女性職員只占總數一成，以中學畢業生為主。接近半數的職員曾在其它地方政府任職，另外還有部分職員擔任過教師、編輯的工作。與戰前相比，最大的特色是女性職員比例增加及小學學歷者大幅減少。社會局內部的人力分配以農工商登記及調解勞資爭議兩科占大多數，但人事的任用上出現兩種不同的情形，高級職員隨著局長更替而有變

動，但低層職員則相對穩定。

　　至於附屬機構的部分，與局本部相比較下，雖然職員平均年齡較低富有年輕活力。但學歷則較低，以初級中學的畢(肄)業生為主，經歷上擔任過地方公務員的比率也較低。少數機構如度量衡檢定所、農林實驗場因需要專業知識與技術，相較於市立慈善機構職員，人力素質更高一些。

圖2-2-11：上海市政府主要局處位置圖一[漢口路]

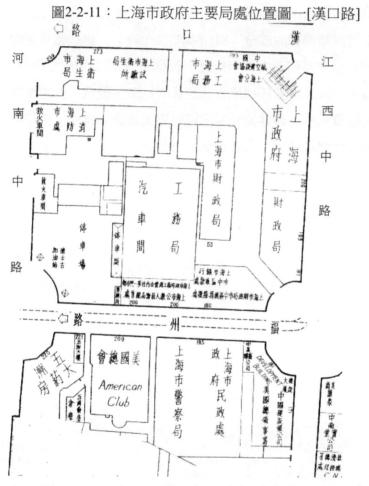

資料來源：承載、吳健熙(編)，《老上海百業指南：道路機構廠商住宅分布圖》，

上海：上海社會科學院出版社，2008，上冊一，頁9。

圖2-2-12：上海市政府主要局處位置圖二[林森中路(今淮海路)]

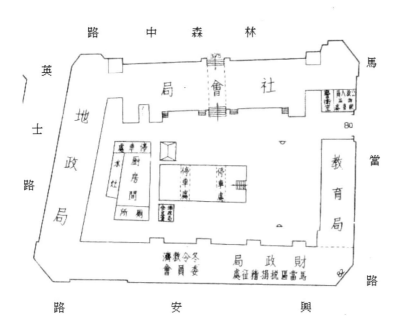

資料來源：承載、吳健熙(編)，《老上海百業指南：道路機構廠商住宅分布圖》，

上海：上海社會科學院出版社，2008，下冊一，頁18。

第三章 報紙、雜誌與通訊社的管理與審查

　　本章討論的報紙、雜誌通訊社,都屬於資訊傳播的媒體,報紙與通訊社時效性較強,不論是事件在醞釀階段的預測,或者發生發展過程中的變化,或是事後報導反饋的訊息,絕大多數都是以新發生的事件為主,以最快方式告知大眾。雜誌則因出版間隔較長,就新發生的事件來說,大多屬事後的評論較多,由主編或邀請特定的專家以較長篇的文字進行回顧與建議。由於這三者皆有面對大眾傳播資訊,足以影響民眾對政府施政的觀感,如何有效管理自然受到重視。

　　本章所討論的重點包括:介紹報紙與雜誌的管理政策和申請手續,統計 1945-1949 年間報紙與雜誌申請登記的數量。其次則分析獲准出版的報紙、雜誌和通訊社有什麼共同的特徵,

國民黨掌握了哪些重要的傳播媒體資源。而國民黨又是以何種
理由限制媒體發展呢。透過以上的研究試圖說明社會局在出版
品管理與審查的成效，也對此期間內出版事業有更深入的認
識。[1]

第一節　出版品的管理

(一)三次總清查

　　針對報紙、雜誌和通訊社復員，政府於 1945 年 9 月 27 日
公布《管理收復區報紙通訊社雜誌電影廣播事業暫行辦法》，其
中關於報與雜誌部分有八點。[2]就辦法來分析，有幾個特點：(1)

---

[1]　按照局務章程的規定，第十科掌管書報影劇之管理應該包括書籍、報紙
與雜誌，但在社會局檔案中，特別是Q6-12的檔案中完全沒有關於書籍內
容審查的資料。但有書店因出版「反動書籍」，所以被取消白報紙配額，
可以視為對出版品的管制手段之一。如1948年1月，就有25家書店因此種
理由，無法取得白報紙，可能因此無法繼續經營。見《上海市社會局關
於（一）配給紙張控制出版界文件》，上海檔案館館藏號：Q6-12-209。
內附1948年4月28日書商業同業公會致上海市社會局函及附件，該附件中
即包括一份詳細的各出版社配紙額度表。

[2]　(一)宣傳部、政治部、各級黨部政府原在收復區各地淪陷前所辦之報紙、
通訊社應在原地迅即恢復出版以利宣傳；(二)各地淪陷前之商辦報紙、
通訊社照下列優先程序，經政府核准後，得到原地恢復出版：(1)原在該
地發行之報紙、通訊社，該地淪陷後隨政府內移，繼續出版致力抗戰宣
傳者。(2)原在該地發行之報紙、通訊社，因地方淪陷以致遭受犧牲無力
遷地出版，但其發行人及主持人仍保持忠貞，或至內地服務抗戰工作有

優先恢復公營或黨營的報紙及通訊社;(2)原有民營報紙及通訊社只要曾隨政府遷往西南後方,得恢復在原地出版;(3)收復區原有報紙與通訊社自政府正式接收日起一律重新登記;(4)雜誌登記授權地方主管官署斟酌各地情形辦理。

此項辦法中最大的原則是「政府優先」與「重行登記」,所謂「政府優先」指的當然就是辦法中的第一條,刻意強調優先恢復黨營與國營的報紙及通訊社,用意在「以利宣傳」,而「重行登記」的用意則在過濾原有的報紙及通訊社,以達到強化言論管制的效果。

根據蔡銘澤的研究,《中央日報》上海版在 1945 年 9 月 10 日復刊,而民營的《大公報》則到 1945 年 11 月 1 日才復刊,在南京、北平也是黨報比其它民營報紙較早復刊,說明國民政府搶占輿論陣地的企圖,他甚至認為國民黨有「黨化全國報紙的野心。」[3]

案可稽,由原發行人申請復業者。(三)凡自收復區因戰事內移繼續出版之報紙、通訊社,應以各返原地恢復出版為原則,非經政府特許不得遷地出版;(四)各級地方政府或軍師政治部,請求在收復區辦理報紙、通訊社,時應依法聲請登記後始得出版;(五)申請設立之報紙、通訊社依實際情形,另定限制辦法;(六)收復區報紙、通訊社自政府正式接收日起,一律重新登記;(七)經政府核准出版之報紙、通訊社在一年之內不得作變登記之請求;(八)雜誌之登記由政府斟酌各地情形辦理。見昌明書屋(編),《收復區特種法令匯編》(上海,昌明書屋,1946),下編,頁51-52。

[3] 蔡銘澤,《中國國民黨黨報歷史研究(1927-1949)》(北京,團結出版社,

　　書報管理如前所述是社會局第十科的職權，《出版法》規定：對出版品有相關的主管官署者，在省為縣政府或市政府，在直隸行政院之市為社會局。同時規定，新聞紙或雜誌之發行者，應由發行人於首次發行前，填具申請書，呈由發行所在地之地方主管官署於十五日內，轉呈省政府或直隸行政院之市政府核准後使得發行。[4]

　　但社會局並非唯一的審查單位，根據《出版法施行細則》，國民黨上海市黨部也有相同的權力，該細則第十一條：「省政府或直隸於行政院之市政府，於依出版法第九條第二項核定新聞紙或雜誌之登記聲請時，應送當地同級黨部審查，同意後，除不予核轉登記者得逕行飭知並咨報內政部外，其它准予核准登記者，於登記聲請書內加具意見，以一份存查，兩份咨內政部」，[5]而內政部收到聲請書後還要再送國民黨中央宣傳部審核後，才能核發登記證。[6]

　　在市政府與市黨部這一層級，具體的作法是召開「上海市

1998)，頁265。

[4]　《出版法》，第七條及第九條，《國民政府公報》，2401(南京，1937.09)，頁2。

[5]　《出版法施行細則》第十一條，劉哲民(編)，《近現代出版新聞法規匯編》(上海：學林出版社，1992)，頁143。

[6]　《出版法施行細則》第十二條：內政部接到前條登記文件，應送中央宣傳部審查同意後發給登記證。見劉哲民(編)，《近現代出版新聞法規匯編》，頁143。

報刊審核小組會議」，會議簡則重點有五項：(一)為便於審核各報刊之登記，特舉行本小組會議；(二)本小組由上海市黨部、市政府新聞處及社會局等三機關各派代表二人組織之；(三)凡人民申請發行報刊，由社會局依法核准，但須經本小組共同審核決定；(四)本小組按每月一日、十六日開會，由社會局召集；(五)凡經本小組會議通過之議案，三方均有遵守之義務。如意見不能一致時，各方均須呈請上級批示後，再行開會討論。[7]由上述五點來看，市黨部確實介入報刊審查，在現存的若干報紙、雜誌的聲請書中，確實有社會局第十科、市政府新聞處、市黨部執行委員會編審科三個單位橢圓形圖章的蓋印。[8]

　　值得注意的是根據現存的會議記錄來看，這個審查小組在1946年12月17日便召開第一次會議，比市政府正式通過該審查小組規則早了兩個多月。就現存的會議記錄來看，這個報刊審核小組會議從1946年12月17日到1949年4月21日為止，共召開44次會議，除了不是採固定日期的方式，大多一個月舉行一至兩次會議，基本上運作算是正常的。[9]

---

[7]　〈上海市政府訓令(滬新(三五)字第4504號，1947年2月26日)〉，《報刊審核小組審查會議簡則草案》，上海檔案館藏號：Q6-12-176，內附抄件。

[8]　《時與文(週刊)聲請登記書》，上海檔案館館藏號：Q6-12-93，1946年10月24日。《時與潮半月刊聲請登記書》，上海檔案館館藏號：Q6-12-93，1946年11月4日。

[9]　《上海市社會局報刊審核小組會議記錄》，上海檔案館館藏號，

1947 年 1 月，社會局針對販賣業者，訂定了〈上海市書報攤販管理辦法〉，要求書報攤販應向社會局登記領取登記證，方可在本市設攤營業，並且由書報攤販同業公會將經銷書報目錄送局審查，新書報應由公會事先開列名目呈報社會局，經審查許可後始許公開發售。審查工作由本局派員組織書報審查委員會，由社會局、教育局與警察局會同辦理之。未將新書目錄送審而逕行銷售，第一次予以警告，並勒令停售；第二次應處以五百元之罰鍰，並沒收其書報；第三次得予以停業處份。[10]此辦法是以登記制的方式來管理書報攤，並且透過同業公會定期呈報報刊目錄的途徑來控制，應該稱得上是比較常態的作法，但是審核報刊目錄的小組是由社會局、教育局與警察局與審核報紙雜誌登記的市黨部、市政府新聞處及社會局有所不同。

在1946年12月，距離戰爭結束已經一年有餘，內政部又以「查各地經本部登記之新聞紙雜誌，前因抗戰軍事影響，遷徙轉進，變動頗大，加以本部在戰時所發之登記證，限於人力、物力，其紙質容有漏劣，持用自難耐久，際茲文化復員亟宜從事清查，換發新證，以保障發行。」擬訂的四項辦法如下：(A)

Q6-12-175，1946年12月至1949年4月。該檔案遺失了第一次至第十二次會議記錄(1946年12月至1947年5月)，除此之外其它歷次會議的日期及重要決議大致完整。

[10] 〈上海市書報攤販管理辦法草案〉，《上海市社會局關於報刊的檢查和管理的文件》，內附抄件，上海檔案館館藏號：Q6-12-194，1947年1月。

凡三十五年七月以前經核准登記給證，而現在繼續發行之新聞紙雜誌，一律換領新登記證；(B)換領新登記證應由各該新聞雜誌社將原領登記證連同最近出版之新聞紙雜誌一份，呈由地方主管官署呈轉本部辦理；(C)地方主管官署及省（市）政府核轉前項登記案件應隨到隨辦，呈部換發新證，仍應迅速轉給，俾利發行；(D)前經核准登記給證已逾出版法規定刊期、尚未發行之新聞紙雜誌，應由地方主管官署負責查明，繳回原領登記證轉部註銷相應函請查，登報公告轉飭辦理。[11]

從該訓令中可知，內政部表示以前所發的登記證紙質不佳容易損毀，所以通令相關業者換發新證，但由於需呈繳最繳最新一期出版品，逾期未出版者則由社會局轉請內政部註銷登記。類似這樣的措施，雖然實際上是再一次的「重行登記」，對出版品的數量進行「清洗」，達到管制的目的。由社會局主管此項業務的職員還特別撰文指出：1946年7月1日以前領有登記證的，要辦「重新登記」，假若到1947年8月31日沒有辦理就要禁止刊行，[12]《群眾》雜誌就刊出了因為被社會局認為沒有完成

---

[11]　〈上海市政府訓令〉，滬新(三五)字第15973號，《上海市社會局關於報刊的檢查和管理的文件》，內附抄件，上海檔案館館藏號：Q6-12-194，1946年12月14日。及〈報章雜誌概需重新登記〉，《新聞報》，1946年12月11日，第4版。

[12]　編者不詳，〈報紙雜誌通訊社登記須知〉，《社會月刊》，2:7-8(上海，1947.08)，頁52。

重新登記必須停止發行，但雜誌社卻認為在1946年6月3日，已經辦理過變更登記（出版地由重慶改為上海），不需要再辦理登記手續。雜誌社方面指謫社會局對於該刊要求說明重新登記的理由一事恍若未聞，卻以這個理由要求警察局在9月5日沒收雜誌95本，10月7日更直接前往印刷廠要求停止印刷該雜誌。[13]從這個例子中，可以證實主管官署利用換發登記證來控制出版品的企圖。

　　1947年7月4日國民政府發布總動員令，[14]正式將中國共產黨視為叛亂團體，準備以武力討伐。動員令中對中國共產黨稱為「共匪」，十一天後發布行政命令如下：

> 奉國民政府三十六年七月十五日交秘字第744號代電開
> 查政府現在屬行全國總動員，戡平共匪叛亂，茲為正名
> 定亂起見，爾後對共黨之稱謂，無論對內對外一切報章
> 均一律稱為「共匪」，不再沿用「奸匪」或「共軍」名稱，

13　撰者不詳，〈本刊遷滬出版遭受迫害經過〉，《群眾》，13:3(上海，1946.11)，頁26-27。

14　總動員令全文如下：「本年七月四日本府委員會第六次國務會議通過，拯救匪區人民，保障民族生存，鞏固國家統一之屬行全國動員，以戡平共匪叛亂，掃除民主障礙，如期實施憲政，貫徹和平建國方案，應即切實行。除分令外，合行抄發原案令，仰遵照並轉飭各主管機關辦理為要。此令！見時代出版社(編)，《總動員與戡亂建國運動》(出版地不詳，時代出版社，1947)，頁3。

以免混淆，即希轉飭各部會及各省市政府。[15]

由此可知隨著國家總動員令的發布，國民政府對言論管制的措施之一，便是統一對中國共產黨的稱呼。至於命令後半部指原先的稱呼為「奸匪」，在檔案中也確實發現有一例，在1946年1月5日由馮有真發給社會局副局長葛克信的一封密電：「頃准軍事委員會亥迴組參二代電開：今後鐵路交通恢復不准張揚宣傳，更不得用某路火車暢通無阻等字句，使奸匪注目，對匪之行動可揭發。」[16]

1948年9月發行金圓券之後，內政部也以密令的方式對地方政府提出六點要求，重點有以下3點：(1)各地政府應責成主管機關對於當地報紙、雜誌、通訊社之言論記載縝密注意，詳加檢閱，如經發現違反動員戡亂，或違反政府法令之言論與記載應予查究，按其情節呈報本部議處。(2)此次政府毅然實施幣制改革，全民均熱烈擁護，各地報刊應竭盡宣傳之責，如有惡意詆毀，或企圖破壞新幣信用之言論記載，應即警告糾正，經警告而復重犯者，應即呈報本部依法嚴辦。(3)各地方政府應責成主管機關會同警察機關遴派妥員從事文化連繫工作，並經常

---

[15] 〈上海市政府訓令〉，滬秘二(三六)字1980號，《上海市社會局關於報刊的檢查和管理的文件》，內附抄件，上海檔案館館藏號Q6-12-194，1947年7月。

[16] 〈中宣部亥有密1481代電〉，《上海市社會局關於報刊的檢查和管理的文件》，內附抄件，上海檔案館館藏號：Q6-12-194，1946年1月

連繫各報社負責人舉行座談會，交換有關動員戡亂富於建設性意見，或宣達政府某項重要法令之意義，以謀新聞界之充分各作，俾於無形中克收積極掌握運用之效。[17]以上各點大多是強調要加強政府的控制力，如嚴格審查是中央政府一再反覆要求的。稍微有些不同的是要求地方政府必須注意報紙、雜誌對發行金圓券後的反映，不可以出現負面評論的評論。另外社會局也通令個報紙雜誌、通訊社，如於三個月內不繳呈出版品，則視為停止發行，報請註銷登記。[18]

配合金圓券的發行，中央政府同時發起「勤儉救國運動」，實施項目中有「屬行節約」一項，要點包括人力、外匯、飲食、慶弔的節約。[19]出版報紙所需的白報紙由於多從國外進口，為了減少外匯支出，社會局對小報及夜報提出限制退報辦法，由社會局主動召集小報及夜報發行人，調查發行量，總計6家夜報與16家晚報，合計每日發行量為295,000份，每日退報量為66,000份，吳開先表示：各小報及夜報每日退報量竟達50令以

17　〈上海市政府訓令〉，滬浙(三七)字2114號，《上海市社會局關於報刊的檢查和管理的文件》，內附抄件，上海檔案館館藏號：Q6-12-194，1948年9月27日。

18　撰者不詳，〈滬社會局奉令調查報刊實況〉，《報學雜誌》，試刊(1948.08)，頁22。

19　蔣介石於1948年9月15日對全國發表「勤儉救國運動綱領」，全文見《上海市政府公報》，9:17(上海，1948.10)，頁303-307。

上，每年浪費白報紙2萬餘令，殊為驚人，應設法制止。

在社會局強力要求下，上海市夜報聯誼會要求攤販按每日實售報紙數量向報社來批售報紙，而每日限制退報數量不得超過銷售額5%為條件，試行3個月再行檢討，得到社會局同意。這是社會局以節約運動為名，試圖干預報紙發行，但承辦的科員也承認這個政策很難落實，因為各報呈報的銷售數及退報數無法查核，究竟限制退報能發揮多大的節約效果，令人起疑。[20]倒是在《財政部金融緊急處分命令》下，限制商品價格，原有的外匯配紙優惠亦取消，各報為節省成本，乃有不規則縮減張數，可能還真的有「節約」的效果。[21]

同年10月6日上海市政府召開「依據國家總動員法整飭報紙言論記載討論會」，這個討論會應該是對9月27日內政部密令的回應。會議結論有：1.各報社言論如發現有違反動員戡亂或違反國家法令之處，得由社會局先予緊急處分，再呈報市政府轉咨內政部核辦，新聞處及警察局對各報社言論記載隨時協助社會局縝密注意，詳細查閱各種刊物之言論記載。2.各報社如有惡意詆毀，企圖破壞新幣信用之言論，由社會局先予警告糾

---

[20] 「吳開先1948年9月15日批文」及「上海市業報聯誼會1948年9月27日呈文」，《限制報紙退報文件》，上海檔案館館藏號：Q6-12-210，1948年10月。

[21] 高郁雅，〈戰後中國報界的紙荒問題——以上海為中心(1945-1949)〉，頁158。

正，再呈請市政府轉報內政部核辦。3.新聞處抄錄各項條文，備函直接分送各報刊社，一體知照。4.由社會局先將現有各報社登記調查表格呈送市府，再由新聞處整理加以補充，詳填報社經費來源、政治背景、社會關係等項，分送社會警察兩局。5.新申請之報紙雜誌通訊社審核工作，交社會局主持，新聞處、警察局、淞滬警備司令部均派員參加審查會，各新成立之報刊社，在原則上不准先發行。6.遇政府有重要施策及偶發事件必要時召集各報刊社負責人舉行座談會。[22]

六項決議中的第1點，事實上重申《出版法》第二十九條之規定，該條文授權地區主管官署在認為有必要時，得對出版品進行假扣押。第3點決議要求新聞處抄送各項條文，雖然沒有指名哪種法規，但極可能是《動員戡亂完成憲政實施綱要》(國民政府於1947年7月18日公布)。決議第4點也是重申對報刊雜誌通訊社的聲請書需詳細審查，也是重覆強調現有規定。決議第5點比較特別：此後警察局、淞滬警備司令部可以派員參加審查

---

[22] 〈依據國家總動員法整飭報紙言論記載討論會會議記錄〉，《上海市社會局關於報刊的檢查和管理的文件》內附抄件，上海檔案館館藏號：Q6-12-194，1948年10月6日。出席人員為社會局陳肅；警察局朱中慮、曾道生；新聞處朱處百、朱家軍。值得注意的是國家總動員法事實上制定於1942年，關於國家總動員法製定過程請參見姬田光義，〈抗日戰爭における中国の国家総動員体制－「国家総動員法」と国家総動員会議をめぐって〉，收入中央大学人文科学研究所(編)，《民国後期中国国民党政権の研究》(東京：中央大学出版部，2005)，頁297-313。

會，擴大了原本審查小組的規模。至於決議第6點目前直到1949年最後一次總清查時才確定有類似的舉動。

在1949年1月，內政部再次以行政命令的方式，要求各地的社會局與警察局加強對出版品的管理，其中的要點包括：(一)各地政府對於出版品之審查工作如感人員不敷時，得商請當地有關機關，並飭由警察機關選派委員協助辦理。(二)各地政府應責成主管機關會同警察局，對境內報刊通訊社等之發行人、編輯人等切實查明其政治背景、社會關係、思想言行列表送本部核備。(三)1948年11月1日起各地報紙雜誌及通訊社一律遞送本部警察總署核備，倘有誤漏等情事發生，本部當依出版法第三十五條規定辦理，並得累計其停刊期數，依出版法實行細則第二十四條第二項規定註銷其登記，上項規定並督促各報刊切實遵照辦理。(四)各地政府應飭主管官署每月將出版品之處理情形，列表報部備查。[23]

23　〈各地方政府對出版管理應行注意事項〉，《上海市社會局關於報刊的檢查和管理的文件》，內附抄件，上海檔案館館藏號：Q6-12-194，1949年1月。全文共14點，另外正文中未列出的幾點上多重覆出版法實行細則，或僅具政策宣傳意義。如第六點：各地政府應抄錄國家總動員法第二十二條及第二十三條及妨礙國家總動員條例第十條之條文，分送各報刊社知照，並運用說服方式使之充分諒解政府立法之本意。第九點各地政府應責成主管機關會同警察機關遴派委員從事文化連繫工作，並經常連繫各報社負責人舉行座談會，交換有關動員戡亂富於建設性意見，或宣達政府某項重要法令之意義，以謀新聞界之充分各作，俾於無形中克收積極掌握運用之效。

　　在這個注意事項中，內政部再次重申了警察局的權利，明確指出社會局得要求警察局派員協助。其次關於社會局應調查報刊發行人政治背景一事，目前在社會局的檔案中完全找不到相關記錄，不清楚沒有執行。第(三)點更嚴格要求對出版品必須繳送各地警察局備查，原本根據《出版法》第八條，出版品須繳送內政部、中央宣傳部、縣市政府社會局及指定圖書館，並不包括警察局。而《出版法施行細則》對於未按時繳交的處分是罰鍰，但內政部接著引用《出版法施行細則》，對於報紙三個月未送繳及雜誌六個未月繳送警察局者，視為已經停刊得註銷其登記證，大大增加警察局在出版品審查中的重要性。總之，內政部又以行政命令的方式要求各地方政府加強管制出版品。

　　在1949年2月至3月間，又發動一次「報刊總清查」，與前兩次不同的是行動較為具體而顯得主動，共分為三大部分(一)編印報刊名冊；(二)禁止印售非法報刊；(三)巡迴檢查。編印報刊名冊部分，已核准登記及已註銷登記之各報刊全部名冊由李永祥商洽由《風報》出紙，《力報》代印，計印三百本贈送社會局，在3月底完成分發各有關單位備查。在禁止印售非法報刊部份，2月26日召集彩印，鉛印，印刷、派報各業負責人來局並請市警察局、新聞處、文教會與警備部等機關派員參加舉行座談會面予告誡。3月11日再度發函令飭彩印、鉛印、派報，印刷、書商、報商各業轉飭所屬會員一體遵照，不得代印及代售非法出版報

刊，違者將遭嚴厲懲處。

最特別的組織巡迴檢查隊，由警備總司令部、市警察局、市政府新聞處與市黨部文教委員會，派報工會及社會局共6單位，每單位派四人分四組，於3月4、5、9、10日，共4日分頭出發巡迴檢查。最後則是處分違法出版品部分，根據巡迴檢查所獲各種報刊，強調需分辨以下狀況內有：(1)冒用登記證改名發刊者；(2)在外埠登記而在本市發刊者；(3)變相以叢書方式發行期刊者；(4)未經核准登記者。有上述情況一律予以先行停刊處分並沒收原刊物，再依實際情形分別處理。[24]

根據淞滬警備司令湯恩伯函，另外伴隨此此次總清查，由社會局、市政府新聞處、市黨部文教會、警察局、警備司令部五單位開始「試行」聯合審查，各派四人參加，於每日上午分頭收購全市新出版刊物，午後三時便在文教會集中以利集中審查。另外由社會局飭令，今後所有之出版物須一律註明承印之印刷廠及地址，並飭令報攤公會轉飭所有報攤將其會員證懸掛明顯之處以便隨時抽查，不准販賣社會局未經核准之報刊。[25]

---

[24]　《上海市社會局關於報刊總清查文件》，上海檔案館館藏號：Q6-12-196，1949年3月。該卷檔案主要由第十科科長陳肅所撰，上呈給淞滬警備司令部報告此次清查行動的執行情況，陳肅簽署的日期為1949年3月25日。

[25]　〈湯恩伯通報審查辦法致上海市社會局函〉，1949年3月3日。上海檔案館(編)，《上海解放》(北京，檔案出版社，1989)，頁223。該函件所附〈報刊審查標準〉可以看出1949年上半年間政治氣氛的轉變如：今後報

從 1945 年 9 月的「重行登記」、1946 年 12 月的「換領新證」到 1949 年 3 月「報刊總清查」，在四年的時間有舉行至少三次的總調查，名稱雖然不同，但用意卻是一致的，那就是對報刊的數量及言論進行管制，不過就現有的史料進行分析，前面的兩次「重行登記」與「換領新證」，社會局的角色顯得比較被動，不像「報刊總清查」時組織了報刊巡迴檢查隊，組織了六個單位的人力到各地書報攤「主動出擊」。

但是類似大規模的清查的措施，或許在進行的過程中因為發動了較多的人力能夠達到一定的效果，但此類措施終究不是常態，總有結束的一天(十分可惜，無法得知確定的日期)，社會局及其它單位無法保證被查禁刊物只是暫時銷聲匿跡，等到相關措施結束後再出版或販賣。

還有一點，雖然 1948 年 10 月召開整飭報紙言論記載討論會，讓警察局和淞滬警備司令部加入審查小組，但此後有數個月的時間市政府沒有積極做為。直到 1949 年 2-3 月的「報刊總清查」才是目前可以找到政府開始嚴格執行各項管理政策的時間點，也在此時軍警的力量正式的介入報刊審查(但教育局審查

刊對和談問題，應以不違反全面平等合理之和平為准則。備戰謀和為政府既定之國策，不得登載中傷譏諷或違反該項國策之文字。似乎呼應了民間和談的期望，不過目前無法證明此項標準是否對隨後的報刊審查發生影響。

書報攤書目的職權似乎被侵奪)，擴編了小組成員的人數，實行聯合審查，以提升行政效率。事實上距離國民政府結束上海的統治只剩下 2 個月。

(二)出版品的登記手續與數量

前面簡單討論了政府對出版品的管理政策，特別是舉行三次大規模總清查措施，那麼究竟出版報紙雜誌或成立通訊社的手續為何？社會局的科員特別撰文協助申請人填寫表格，其中發行旨趣係指發刊「宗旨」，填寫時應注意「簡單明瞭」，如某雜誌係一綜合性之期刊，即填「本刊係政治經濟文藝等綜合性之期刊，旨在提高青年學習興趣」等字樣。至於資本數目，社會局的說明是：依照法令，資本數目尚無明瞭規定，依上海情形而論，係依出版法施行細則第六條各項之規定，乘以當月生活指數為標準。[26] 經濟狀況則指：開辦時資本由何人負責(獨資或合股)及將來虧損時抵補辦法，並須填明每月收支預算數。社會局收到聲請書後，先得派員調查，調查方式不固定。最注意

---

[26]　《出版法施行細則》第六條：出版法第九條第二款第三款所規定聲請書，應載明資本數目，如係刊行新聞紙者，得依照下列規定定其數額。按當人口數區分，上海應適用第六條第一款：在人口百萬以上之省政府或市政府所在地刊行報紙者，一萬元以上，刊行通訊社者三千元以上。劉哲民(編)，《近現代出版新聞法規匯編》，頁143。

的是「資本有否充足」、「有無社址」、「社務組織是否健全。」
考查意見欄由社會局填寫，復核意見欄由市政府填寫。

以上關於聲請書填寫注意事項，是由社會局第十科的某位
科員為了讓聲請人瞭解相關手續而寫，[27]應該是最具真實性
的。強調發行時重視資本充足、有固定發行地址及發行組織健
全三項。

但從現存申請書的考查意見欄中，社會局是審查的重點似
乎放在「發行旨趣」上，如亞光通訊社聲請登記時，在發行旨
趣上註明「宣揚國策、推行政令、報導新聞、發揚正義」，而社
會局的考查意見是：「該社以宣揚國策報導新聞為旨趣，經核尚
合，擬予轉呈。」[28]這樣考查意見似乎只是將發行旨趣照抄一
次而已。另外雜誌類的《大說明書》發行旨趣是「研究電影藝
術，聯合彙刊說明書」，考查意見則是「查該刊負責人對新聞事
業尚有經驗，擬辦之刊物純為電影劇情之合治彙集說明書，並
不向各電影院收取刊費，請登記。」[29]在這個例子中，考查意
見雖然寫的較多了一點，但仍然沒有脫離聲請人的自行陳述，

---

27 關於書報雜誌通訊社申請書填寫之說明，請參閱編者不詳，〈報紙雜誌
通訊社登記須知〉，《社會月刊》，2:7-8，頁52-53。
28 《亞光通訊社聲請登記書》，上海檔案館館藏號：Q6-12-98，1947年11
月8日。
29 《大說明書聲請登記書》，上海檔案館館藏號：Q6-12-21，1947年4月7
日。

以及對書面資料中對發行人學經歷的籠統描述。

目前在此項的聲請書中，社會局的考察意見僅止於重複聲請人的發行旨趣，或是寫上該發行人或編輯人尚有經驗等等。並沒有見到社會局有確實審查資金來源，或者是實際監督報紙雜誌社內部組織是否健全等積極性作為。

還有一點值得注意：相較於報紙與通訊社有最低資本的限制，雜誌則沒有任何資本的限制。根據內政部轉咨的一份法令解釋文內稱：查修正《出版法施行細則》第六條所定資本額數之限制，僅以新聞紙適用為限，雜誌既非該條所規定，自不受其限制。[30]

前面提到的《管理收復區報紙通訊社雜誌電影廣播事業暫行辦法》對雜誌的登記也授權各地方政府依照各地情形自行辦理，總的來看應該可以說，當時政府的出版品審查，是重報紙而輕雜誌，對報紙較為嚴格而對雜誌較為寬鬆。

惟獨在 1948 年 1 月底時，對報紙及雜誌的最低資本作出了

---

[30] 1938年6月8日內政部咨四川省政府文，〈解釋出版法及同法施行細則對於雜誌之資本額無明文規定應否加以限制、又新聞紙雜誌為團體發行者其資本額數應否仍受規定限制〉，劉哲民(編)，《近現代出版新聞法規匯編》，頁151。此份解釋文雖然是1938年發出，但至1947年間依然適用，前文已經提到在〈報紙雜誌通訊社登記須知〉中有段話：依照法令，資本數目尚無明瞭規定，依上海情形而論，係依出版法施行細則第六條各項之規定，乘以當月生活指數為標準。既然出版法施行細則第六條仍有法律效力，則內政部對該條的解釋文仍然有效。

新的規定：查出版法實行細則第六條所定新聞紙刊行時，其聲請登記書內所應載明之資本數目係二十六年之標準，現已難以適用，業經奉行政院 51383 指令開：出版法施行細則第六條所定，報紙通訊社之資本數目按原定數目提高至五萬倍，雜誌則參照第六條各該地區之報紙資本折半計算以資劃一。[31]按照這個標準，在 1948 年 2 月以後新聲請的報紙最低資本額為五億元，雜誌為兩億五仟萬元。

　　以上簡要的述說與分析了出版品的聲請的手續及若干問題，那麼實際的聲請登記情況如何呢，見下表：

表3-1-1：上海市聲請登記之新聞紙、雜誌、通訊社數量統計表

批號	日期	報紙	雜誌	通訊社	小計
1	1945/11/12	6	13	2	21
2	1945/12/14	16	39	0	55
3	1946/1/22	4	61	4	69
4	1946/2/22	7	13	6	26
5	1946/3/11	2	11	3	16
6	1946/3/28	3	16	2	21
7	1946/4/12	8	20	2	30
8	1946/4/27	4	12	1	17

---

[31] 〈上海市政府訓令〉，滬新(37)字2610號，《上海市社會局關於報刊的檢查和管理文件》，上海檔案館館藏號：Q6-12-194，1948年1月29日。
〈新聞紙資本提高五萬倍〉，《新聞報》，1948年1月25日，第4版。

9	1946/5/11	3	35	1	39
10	1946/5/25	6	14	0	20
11	1946/7/1	2	10	0	12
12	1946/7/15	2	9	0	11
13	1946/7/25	3	14	1	18
14	1946/8/12	2	20	1	23
15	1946/9/6	2	21	5	28
16	1946/10/4	0	24	5	29
17	1946/10/28	4	5	1	10
18	1946/11/8	4	16	3	23
19	1946/11/26	4	18	3	25
20	1946/12/19	4	10	1	15
21	1946/12/23	2	6	0	8
22	1946/12/27	4	2	2	8
23	1947/1/7	1	1	0	2
24	1947/1/17	0	7	0	7
25	1947/02	3	10	0	13
26	1947/2/20	1	6	0	7
27	1947/3/18	3	16	2	21
28	1947/4/10	0	14	3	17
29	1947/4/22	2	7	3	12
30	1947/5/13	0	8	1	9
31	1947/5/29	2	9	4	15

32	1947/6/11	1	1	0	2
33	1947/6/27	3	8	3	14
34	1947/7/9	2	4	2	8
35	1947/7/23	1	10	1	12
36	1947/8/9	3	14	3	20
37	1947/8/19	2	4	0	6
38	1947/9/4	2	14	2	18
39	1947/9/16	3	18	1	22
40	1947/12/12	0	0	10	10
41	1948/1/8	1	9	3	13
42	1948/1/24	0	12	3	15
43	1948/2/27	0	6	1	7
44	1948/3/25	0	9	4	13
45	1948/4/9	0	8	2	10
46	1948/5/1	0	4	2	6
47	1948/5/21	0	8	2	10
48	1948/6/22	0	5	2	7
49	1948/7/12	0	7	2	9
50	1948/7/23	0	5	3	8
51	1948/8/26	0	4	3	7
52	1948/10/2	0	8	3	11
53	1948/10/9	0	3	2	5
54	1948/11/2	2	17	0	19

55	1948/12/3	0	5	3	8
56	1948/12/31	0	3	1	4
57	1949/1/28	0	5	0	5
58	1949/3/9	4	4	1	9
59	1949/3/17	3	4	0	7
60	1949/4/4	2	16	2	20
61	1949/4/12	0	1	1	2
62	1949/4/23	2	8	0	10
合計		135	691	118	944

圖3-1-1：上海市聲請登記之新聞紙、雜誌、通訊社數量統計圖

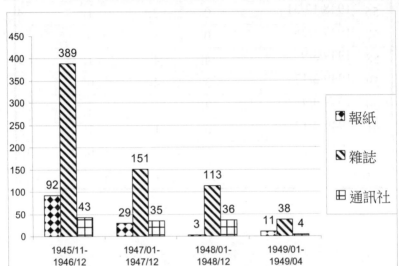

資料來源：《上海市社會局關於核准登記之新聞紙、雜誌、通訊社清單、聲請登記之新聞紙、雜誌、通訊社清單》，上海檔案館館藏號：Q6-12-200，1946年11月至1949年4月。

先從表3-1-1談起，則可發現從1945年11月12日開始統計第 1 批聲請數量(批號為社會局檔案本身就已經存在)，距離同年9月12日社會局正式復員已有2個月，而最後的第 62 批，時間為 1949 年 4 月 22 日，距離同年 5 月 27 日國民政府統治結束，時間僅一個多月，所以此份清單的完整性應該是很高的。就時間的間隔來看，每個月會統計 1-3 次，單月統計 3 次的月

份只有 2 個，分別是 1946 年 12 月與 1949 年 4 月。至於 1947 年 9 月 16 日至 12 月 12 日間(批號 39 至 40)有 3 個月的時間沒有新聲請任何的出版品，原因在於:「中央節約紙張令奉市府規定，除通訊社外，自三十六年九月二十日起，暫停登記一年，同年十二月初，又奉市府以准內政部函，令飭恢復登記。」[32]

就總數來說，42 個月(1945 年 11 月至 1949 年 4 月)中，有 135 種報紙、691 種雜誌，118 個通訊社聲請登記，這個數字應該是占全國的一半(負責科員夏錦濤說法)。若以單月而論以 1946 年 1 月數量的數量最高，達到 69 種(批號 3)，最少的月份是 1949 年 1 月只有 5 種(批號 57)。

把報紙、雜誌通訊社三者分開來看，圖 3-1-1 所區分的 4 個間隔中，雜誌聲請的數量明確呈現遞減的趨勢，從 389 種降到 38 種。按年度平均數來看更清楚，雜誌聲請在 1945 年 11 月至 1946 年 12 月，每月平均聲請案數為 17.68 件，1947 年每月驟降至 8.39 件，1948 年每月為 7.06 件，1949 年前 4 個月是 6.33 件。主要的聲請高峰期在 1945 年 11 月至 1946 年 5 月間，這 7 個月中有 234 種雜誌聲請發行，占總數的 33.86%。報紙也在戰後初期達到聲請的高峰，1945 年 11 月至 1946 年 5 月間有

---

[32]　夏錦濤，〈上海市新聞紙通訊社及雜誌二年來登記概況〉，《社會月刊》，
　　　2:11-12(上海，1947.12)，頁88。

59 件聲請案，占總數 135 件的 43.7%，比同時間內聲請雜誌類所占的比率更高。

報紙在 1948 年竟然只有 3 件申請案，緣於 1947 年 2 月、9 月及 1948 年 3 月，政府下令限制報紙張數，由不得超過三張縮減為一張或一張半，使廣告收益銳減。復以印製報紙所需的白報紙供應不足，新成立的報紙不容易拿到配額，應是聲請案只有 3 件的原因。[33] 雖然在 1948 年 1 月中央政府又發文宣布：奉市府令為奉行政院指復：(一)新申請登記之新聞紙雜誌如無不合於出版法及同法施行細則，暨用紙節約辦法之規定與限制者准其登記；(二)已准予登記而現時停刊者，如未逾法令期限准其復刊，[34] 政策上官方並沒有禁止發行新的報紙，顯示但就實際聲請的案件數來看，從 1948 年 1 月開始有 1 件聲請案後連續 10 個月沒有發行新報紙聲請的案件，報紙的數量確實已停止成長。至於 1949 年為何聲請案會變多，由於無法逐一核對聲請書，尚無法提出合理的解釋。

通訊社的聲請案則在前 3 年相對穩定，約在 30-40 個，1949 年上半年能僅有 3 個。比較符合理解的常態，由於國民政府統

---

[33] 關於1945年至1949年的白報紙供應問題，請參見高郁雅，《國民黨的新聞宣傳與戰後政局的變動》(臺北：國立臺灣大學出版會，2005)，頁186-204。

[34] 《上海市社會報刊審核小組會議記錄》，上海檔案館館藏號，Q6-12-175，1948年1月6日第24次會議記錄。

治區日漸縮小，通訊社可能無法派記者前往中共統治區，新聞
稿的供應容易發生困難，自然降低設立意願。最後仍必需強調
一點表 3-1-1 所呈現的數字是「聲請」的案件數，並不是「已
核准」的案件數，社會局及其它有審查權力的單位，會針對聲
請案做審查，來決定是否准予合法發行。還有一點，聲請案的
統計與前面所提到「上海市各報刊審核小組會議」雖然大多以
一個月發布(或舉行)兩次為間隔，但經核對兩者日期後發現無
明顯的相關性，也就是說此項「報紙雜誌通訊社聲請案件數統
計」應該屬於社會局第十科的內部統計。

第二節　核准出版品分析

　　本章第二、第三兩節使用的史料主要來自於社會局職員夏
錦濤所撰〈上海市新聞紙通訊社及雜誌二年來登記概況〉一文
所附的「清單」。清單詳細列出從社會局復員後截至 1947 年 12
月底為止，所有聲請發行的報紙、雜誌與通訊社的名稱、發行
人地址等資料。並依據審查結果分成「核准登記」、「查禁、註
銷及不准登記」與「未核准登記」三類。其中「未核准登記」
的係指主管官署尚未完成審查，所以註記為「聲請中」，這個部
分暫不討論。本節首先針對「核准登記」的報紙、雜誌與通訊
社進行分析。另外夏錦濤文章中若干評論，也有助於瞭解官方

的態度，也能更進一步瞭解出版品審查的細節。該篇文章所提到的各類聲請案如下：報紙 127 種，雜誌 553 種，通訊社 74 個，與前面提到同一時間內社會局統計(表 3-1-1)的數字報紙 121 種，雜誌 540 種，通訊社 78 個，兩者有若干誤差，有可能是兩份檔案少部分已經遺失，或是夏錦濤謄寫時出錯。不管如何，雖然兩份統計存在誤差，但整體而言應該仍具參考價值。[35]

(一)報紙

為了分析的需要，將這個時間內核准發行的報紙清單列表如下：

表3-2-1：核准出版的報紙一覽表(1945年9月-1947年12月)

登記號數	名稱	刊期	發行人	呈轉次數	備註
1	東南日報	日刊	胡健中	專案	停刊過期
2	今報	日刊	周斐成	12	
3	誠報	日刊	李浮生	10	
5	新聞報	日刊	錢新之	2	
6	英文大陸報	日刊	莊芝亮	2	
7	鐵報	日刊	毛子佩	2	
9	華美晚報	日刊	張志韓	2	
11	申報	日刊	陳訓念	2	

---

[35] 另外行政院新聞局也有發布統計截至1947年12底止，全國共2,289種報紙，其中上海有日刊53種，二日刊1種，晚刊10種。見行政院新聞局(編)，《新聞局一年來業務統計概要》(南京：行政院新聞局，1948)，頁36。也與上海市社會局統計有所出入，由於新聞局公布的資料只有數字統一，沒有名單，無法加以核對，故附記於此做為參考。

15	中美日報	日刊	吳任滄	2	
17	大公報	日刊	李子寬	2	
20	新聞夜報	日刊	錢新之	4	
23	羅賓漢	日刊	邱馥馨	5	
28	上海商報	日刊	駱清華	8	
30	字林西報	日刊	Davis	3	
32	新夜報	日刊	潘公展	9	
33	英文大美晚報	日刊	史蒂	2	
39	新民晚報	日刊	陳銘德	7	
250	密勒氏評論週報	周報	J. R. Powell	3	
253	益世報上海版	日刊	劉航琛	10	
268	戲報	日刊	蔡光德	11	
269	南方日報上海版	日刊	閔佛幾	11	尚未出版
270	小聲報	日刊	鄭新	10	尚未出版
281	正言報	日刊	吳紹澍	1	
284	上海晚報	日刊	章蒼萍	7	尚未出版
286	俄文日報	日刊	B. A. Tudukuh	4	
287	飛報	日刊	郭永熙	13	
378	自由論壇	日刊	洪昌年	8	
386	濟世日報	日刊	覃勤	17	尚未出版
387	活報	日刊	王微君	17	
407	兒童日報	日刊	黃一德	18	尚未出版
408	粵僑報	三日刊	寧斯理	18	尚未出版
429	辛報	日刊	宓季方	1	
431	上海力報	日刊	劉慕耘	19	
433	風報	日刊	沈翔雲	20	
434	上海人報	日刊	榮鍾石	20	
435	鋼報	日刊	何惕庵	20	尚未出版
448	俄文新生活報	日刊	顧力士	3	
449	和平日報	日刊	羅敦偉	專案	
456	中華時報	日刊	左舜生	6	
463	真報	日刊	何成君	21	

469	金融日報	日刊	何伊仁	22	
472	和平晚報	日刊	羅敦偉	22	尚未出版
475	民立報	日刊	鄭仁傑	22	尚未出版
476	中美晚報	日刊	高明強	22	尚未出版
478	建設日報	日刊	俞墉	23	尚未出版
481	小日報	日刊	黃光益	25	
491	東方日報	日刊	鄧蔭光	26	
500	上海德文回論報	日刊	Sisa Hllura	4	尚未出版
501	新時日報	日刊	亨斯根脫	13	尚未出版
503	時代日報	日刊	匝開莫	專案	
521	星報	日刊	龔之方	27	尚未出版
534	中央日報	日刊	馮有真	專案	
535	前線日報	日刊	馬樹禮	2	
545	時事新報	日刊	胡鄂公	1	
547	群報	日刊	周學湘	29	
550	大眾夜報	日刊	方志超	34	
561	韓報	兩日刊	金波	33	尚未出版
565	中國民主俄文日報	日刊	趙道生	35	
570	中國晚報	日刊	徐鴻濤	37	
571	太平洋晚報	日刊	趙之誠	37	
588	糧食日報	日刊	韓瑞芳	39	

說明：按登記號數排列。資料來源：夏錦濤，〈上海市新聞紙通訊社及雜誌二年來登記概況〉，《社會月刊》，2:11-12(1947.12)，頁 51-54。

總計有 61 種報紙，其中日刊 58 種，雙日刊、三日刊、週刊各 1 種。這裡已經出現登記上的混亂，按照〈報紙雜誌通訊社登記須知〉，社會局強調：如果是報紙，應稱「某某報」，不要忘掉這個「報」字，如果是三日刊或旬刊，則不能「報」，以

免混淆。[36]但從統計表中發現兩日刊的《韓報》、三日刊的《粵僑報》與週刊的《密勒氏評論周報》，都不是日刊，在名稱上也都冠上到「報」字，社會局也都將其視為報紙，依然獲得核准出版。如果考慮到《密勒氏評論周報》(The China Weekly Review)是創立於 1917 年的舊報紙，而且在名稱上明確冠以「周報」之名，較不容易誤解。那麼《韓報》與《粵僑報》這兩個戰後新成立的報紙，並沒有按照申請需知的規定來為出版品命名，卻依然獲准發行，可見該申請須知並未徹底落實。這個表格最重要的訊息在登記證號與呈轉次數上，除了具國民黨色彩的報紙外，越晚獲准發行的報紙呈轉次數越多，應可說明社會局權力被侵占，無法最出最終決定，需不斷轉呈至其它單位審核，容易造成行政效益不彰。

　　吳紹澍的《正言報》、宓季方的《辛報》、與胡鄂公的《時事新報》三份報紙都只呈轉了 1 次。吳氏為前任社會局長，自然不必多說，宓季方戰前曾任社會局職員，[37]也曾在潘公展創立的《新夜報》任經理，[38]也是與社會局頗有「淵源」。胡鄂公

36　編者不詳，〈報紙雜誌通訊社登記須知〉，《社會月刊》，2:7-8(上海，1947.08)，頁54。

37　上海工商社團志編輯委員會(編)，《上海工商社團志》(上海：上海社會科學院出版社，2001)，頁305。

38　上海新聞志編輯委員會(編)，《上海新聞志》(上海：上海社會科學院出版社，2000)，頁181。

為革命元老，武昌起義的參與者，中日戰爭時以行政院參議的身分，留在上海負責地下工作，屬於黨國元老。這些報紙的主辦人都因為有黨政關係得以在戰後迅速出版。

[39]《申報》、《新聞報》由國民黨派員負責接收，成為 C. C. 派主管的報紙，[40]《鐵報》由毛子佩所創辦，毛氏在中日戰爭期間，留在上海組織國民黨地下黨部，社會局復員初期，亦曾任社會福利處長。[41]以上三種報紙，也都由國民黨人經營同樣迅速在上海獲准發行，轉呈次數是 2 次。另外尚必須補充的是《中央日報》與《和平日報》，《中央日報》不必多說是黨報之一，社長馮有真江蘇常熟人，之江大學畢業，1927 年任南京市黨部秘書，1937 任國民黨中央宣傳部駐上海專員，中日戰爭結束後任《中央日報》社長與中央通訊社上海分社主任。[42]上海的《和平日報》與重慶及各地的《和平日報》一樣，是由《掃蕩報》改名，代表軍隊的報紙，由軍事委員會政治部副部長黃少谷主持，[43]兩種報紙都主持人皆來自黨部與軍隊是以「專案」方式

---

[39]　戚再玉(編)，《上海時人志》(上海：展望出版社，1947)，頁90。

[40]　改組後《申報》與《新聞報》高層由國民黨高層派人進駐，由於這些人在國民黨中屬於CC系，因此這兩份報紙給人是CC系報紙的印象，連美國外交文書中亦有提及此事。見高郁雅，《國民黨的新聞宣傳與戰後政局的變動》，頁45-56

[41]　戚再玉(編)，《上海時人志》，頁21。

[42]　劉國銘(主編)，《中國國民黨百年人物全書》，上冊，頁311。

[43]　王季深，〈光復後的上海新聞界(四)〉，《上海文化》，4(上海，1946.05)，

核准，可以看出政府努力扶持有利於宣傳的媒體。

　　比較特別的是《前線日報》原本是第三戰區[44]長官司令部所辦，[45]馬樹禮為江蘇人漣水人，留學日本與菲律賓，曾任中小學教員、主任、校長，後入第三戰區任政治部少將副主任。[46]雖然《前線日報》為國民黨軍方主辦的報紙，但轉呈次數也較多，沒有享有迅速發行的「優待」。

　　再看一些其它的例子，登記證 463 號的《真報》在 1946年 11 月申請，轉呈次數是 21 次，[47]登記證 561 號的《韓報》在 1947 年 6 月申請，轉呈次數是 33 次，[48]登記證 561 號的《糧食日報》在 1947 年 8 月申請，轉呈次數是 39 次，[49]以上申請時間與轉呈次數的說明，足以證明越晚聲請成立的報紙，轉呈

頁35。

[44] 第三戰區為1937年8月中日戰爭時所設，範圍為北京、上海、杭州，後又加入福建，總司令初為馮玉祥，後由蔣介石兼任，1938年1月由顧祝同任總司令，範圍調整為江蘇、浙江兩省。隨戰事變化作戰區域有多次變化，戰爭結束後負責杭州與廈門等地受降工作，1946年該戰區撤銷。見張憲文(主編)，《中華民國史大辭典》(南京：江蘇古籍出版社，2001)，頁1663。

[45] 王季深，〈光復後的上海新聞界(二)〉，《上海文化》，2(上海，1946.02)，頁13。

[46] 戚再玉(編)，《上海時人志》，頁112。

[47] 《真報登記申請書和調查表》，上海檔案館館藏號：Q6-12-96-39，1946年11月。

[48] 《韓報登記申請書》，上海檔案館館藏號：Q6-12-152-20，1947年6月11日。

[49] 《糧食日報申請書》，上海檔案館館藏號：Q6-12-153-74，1947年8月23日。

次數越多。

學者研究內戰時期地方政府行政效率不彰，大多引自當時的報紙或回憶錄，如 Odd Westad 引用陳立夫的回憶錄說到：即使像陳立夫這樣的人才(able administrator)也無法使政府的各部會通力合作為將來的發展制定計劃，各部會乃至於各部長之間，總是為了職位在爾虞我詐，浪費大量的時間，[50]而透過報紙審查轉呈次數，可以在官方發布的資料中找到證據，說明行政效率確實越來越差。由此帶出一個值得關注的問題：當時國民黨究竟掌握多少種報紙？茲將戰後上海市主要報紙政治背景整理如下：

表3-2-2：上海主要報紙政治背景分析 (1946年3月)

大報 17 種

報紙名稱	負責人	內幕及背景
◎中央日報	發行人：馮有真 總經理：沈公謙 總編輯：程玉西	該報係本黨黨報，與中共站對立方面，對本黨活動及政府施政披露頗多，係本黨對外宣傳之刊物。
◎中華時報	發行人：左舜生 總主筆：周謙沖 總編輯：崔萬秋	該報係青年黨機關報，言論純以該黨為主要立場，對中共取卑視態度而略接近本黨，該黨普通記者及編輯大半由中國新聞專科學校第一屆畢業生充任。
◎正言報	發行人：王晉綺 總經理：徐亞倩	該報幕後主持人為吳紹樹，言論以本黨為立場，內容偏於黨政及國際時事之記

---

[50] Odd Arne Westad. *Decisive Encounter: The Chinese Civil War, 1946-1950*, 75.

	總編輯：伍特公 胡道靜	載，經濟商情另闢有專版，黨商各界讀者頗多。
◎民國日報	發行人：胡樸安 總經理：管際安 總編輯：葛潤齊	該報之主持首創人為葉楚滄氏，內部係公司組織，言論偏向於本黨，該報略重於司法之刊載特闢有法言一欄，專事法律研討並組有覺悟社收羅並吸引司法人士，性情趨向於佛門清靜之徒另闢有「覺悟」欄，多發表靈玄幽逸之文學作品。
◎和平日報	發行人：黃少谷 總經理：羅敦偉 總編輯：楊彥岐	該報係屬軍事委員會政治部，幕後主持人為陳部長，言論均站在本黨方面，對中共抨擊極為典型之政府機關報紙，故內容偏重於政治社會之登載。
◎東南日報	發行人：胡建中 總經理：錢○風 總編輯：杜紹文	該報董事長為陳果夫，常務董事許紹棣，係一以本黨為言論依據之日報，對國內外政治方面新聞之刊登，較其它報紙為詳多，該報與中共刊物站在對立地位。
◎前線日報	發行人：馬樹禮 總經理：曹聚仁 總編輯：曹聚仁 宦卿	該報原係第三戰區顧司令祝同所創辦，為一內容亦完備之小報，對政治社會經濟各方面均有較平衡之刊列。即藝術戲劇科學文學作品亦有評論，頗為一般學生界文藝界所喜購。惟該報言論頗不滿現實，間有左傾性文章發表，該報編輯鄭振鐸係左傾作家之一，事務大部由其主持，該報近已擴充篇幅改出版為大報銷路不弱。
◎時事新報	發行人：張萬里 總經理：胡鄂公	該報主持人為孔祥熙，因孔氏在野與政府淵源較切，言論大抵跟時局為動向不若其它各報之放言無忌，該報近因銷行日弱，財政拮据，現正極力加強圖謀挽救，該報副刊係由吳文棋主編。
◎神州日報	發行人：楊嘯天 總經理：王枕安	該報言論似偏向本黨方面，每日出紙一張，內容無任何特色，銷路平常。該報

	總編輯：謝東平	係中華海員黨部之報紙,楊虎為其背景。
◎商報	發行人：駱清華 總經理：嚴諤聲 總編輯：祝百英 業務經理：趙增祺 總務經理：諸尚	該報董事長為杜月笙,社長為駱清華,係工商業報刊物之一。內容偏重商業經濟方面,故該報收羅有撰述經濟論文專家多人,平日對政治言論多偏向本黨。
※文匯報	發行人：嚴寶禮 總主筆：儲玉坤 總編輯：朱雲光	該報言論左傾偏向於中共,而以本黨為攻擊對象,對本局施政多有不利之批評。該報專闢有「讀者的話」一欄由左傾作子家柯靈主編,常有挑撥群眾攻擊政府之言論及赤化宣傳。內容記述各項均有均衡之發展,文化、工人、智識界之朋友頗多。
※時代日報	發行人：匜開莫 總編輯：姜椒三	該報係蘇聯在滬之赤化宣傳機關,常刊載有蘇聯及中共之各項消息。該報編輯姜椿芳、陳秉彝等均屬左傾分子,中共新華日報出版之宣傳冊刊多借該報印刷。中共活動分子亦時假該報社集會,該報實為在滬中共分子之活動掩護機構,典型赤色宣傳刊物。
大公報(日報)	發行人：李子寬 總主筆：王芸生 總編輯：徐鑄成	該報係無黨無派人士胡政之所主持,素守中立,故攻擊時弊最為出力,惟近對中共指責頗多,該報對國內外時事頗多評論與分析。
◎申報(日報)	發行人：陳景韓 總經理：陳訓畬 總主筆：潘公展 總編輯：趙君豪	該報以獨資商標生財作股,股東對象較為簡單,董事長為杜月笙,言論偏向本黨,因該報資本雄厚,故新聞內容各部均平衡發展,頗銷行與商場界,該報一度有官商合辦傳聞。亦傳聞其副刊「自由談」現改由卜少夫主編。
◎益世報	發行人：劉航深 總編輯：陳德徵	該報幕後主持人為于斌,社長為詹澄波為天主教所辦之報,言論偏向本黨,內容無甚特色,讀者以教友居多。

◎新聞報	發行人：張翼樞 總經理：詹文滸 總主筆：趙敏恆 總編輯：程滄波	該報記載偏重於廣告，新聞言論頗偏向於本黨，該報董事長為錢新之，汪伯奇副之，一度傳謂有官商合辦消息，惟該報在內部未改組前仍係一商業典型之報紙。
僑聲報	發行人：朱培璜 總經理：陳祖康 總編輯：曾沐休	該報係華僑集資所辦，內容偏重於僑務之刊載，對政治則多站在人民方面，惟對臺灣行政頗多攻擊。

小報6種

◎大晚報	發行人：汪萬里 總經理：聞天聲 總主筆：汪倜然	該報幕後主持人為孔祥熙，言論立場與時事新報同。
◎大眾夜報	發行人：翁率平 總經理：陸東生 總編輯：胡漢軍	該報言論趨向本黨，印刷方面與前線日報合作。
◎華美晚報	發行人：張志韓 總經理：胡傳樞	該報無任何背景，惟報內編輯與負責人對中共亦不甚同情，故其言論偏向本黨。
◎新夜報	發行人：潘公展 總經理：孔道聖 總編輯：湯鎮○	該報言論站在本黨方面，其編排與各晚報大同小異。
※新民晚報	發行人：陳銘德 總經理：趙超構	該報言論偏向左傾，時刊中共消息及文章，其刊編者多旁敲側擊，詛咒政府激動群眾，對本局亦時有不利之批評。
※聯合晚報	發行人：王紀華 總編輯：陳翰伯	該報言論偏向中共方面，且間有刊載延安之電訊，其副刊生活由林漢達主編，似為中共之宣傳之機關。

說明：按原史料將大報與小報分為兩個表格呈現，各按其字首筆劃多寡排列，有◎記號者代表被認為立場偏向國民黨，有※記號者代表被認為立場偏向共產黨。

資料來源：《上海市社會局對報紙、雜誌、通訊社、政治、經濟等情況的調查》，Q6-12-195，1946年3月。

　　上面這張表格來自於社會局的內部調查,約在1946年3月前後,是目前僅有關於上海各主要報紙的政治立場的調查報告,前面已經提過的數種在戰後初期即獲得出版的報紙中,除了《辛報》、《鐵報》未在調查之列外,其它幾種報紙毫無疑問的在報告中皆指出言論偏向國民黨。

　　另外《中華時報》社長左舜生,復旦大學教授,是行政院政務委員兼農林部長,是青年黨(政治態度上親近國民黨)的重要人物。《神州日報》發行人楊虎,曾任淞滬警備司令及國民黨中央監察委員。《華美晚報》張志韓曾任昆明《中央日報》社長,國民黨中宣部專門委員與上海市參議員。[51]

　　立場親向共產黨的報紙中,《新民晚報》總編輯趙超構1934年任南京《朝報》編輯,1944年訪問延安,發表連續通訊報導《延安一月》,介紹延安所見所聞,因此被社會局認為親共。[52]陳翰伯畢業於燕京大學新聞系,1936年2月加入共產黨,1946年4月,受中共代表團委派,協助潘梓年籌辦《聯合晚報》。[53]

　　4種被認為立場傾向共產黨的報紙命運不同,《文匯報》、《聯

---

[51]　以上個人簡歷見戚再玉(編),《上海時人志》,頁30、149、141、21。
[52]　關於趙超構之生平,請參見趙則玲,《報界宗師:趙超構評傳》(杭州:浙江大學出版社,2009)。
[53]　關於陳翰伯之生平,請參見高崧、胡邦秀(編),《報人出版家陳翰伯》(北京:人民出版社,1990)。

合晚報》在1947年5月25日停刊，[54]《時代日報》在1948年6月3日也被勒令停刊。只有《新民晚報》於1947年5月一度停刊後同年7月底日接受中宣部條件獲得復刊。[55]

表3-2-2所列出23種報紙中，至少有17種報紙的政治立場被認為偏向國民黨。被認為偏向共產黨的只有4種報紙。儘管不是所有親共黨的報紙全部被禁絕，但是葉再生認為1948年7月以後，中共領導和影響的報紙「幾乎」全部封禁，[56]所以戰後上海新聞界，就報紙而言，國民黨的優勢極為明顯。

(二)雜誌

雜誌的部分由於數量龐大，社會局沒有做過分類統計，也無法以主要負責人的經歷來判斷親國民黨的刊物究竟有多少？只能對雜誌進行大致的分類，以瞭解當時出版界的動態。

圖3-2-1：聲請雜誌類別統計(1945年11月-1947年1月)

54　淞滬警備司令部命令原文是「查該報連續登載妨害軍事之消息，及意圖顛覆政府、破壞公共秩序之言論與新聞，應予取締，依照戒嚴法規定，著令該報於明日起停刊，毋得違誤，此令」。〈文匯聯合新民三報 警備部著令停刊〉，《新聞報》，1947年5月25日，第4版。

55　葉再生，《中國近現代出版通史》，頁340、344。

56　葉再生，《中國近現代出版通史》，頁333。

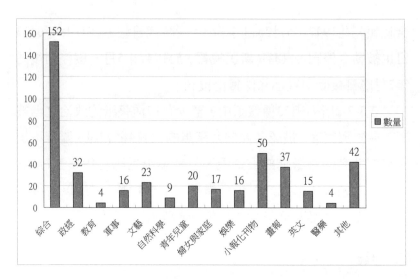

說明：期別(一)至(十二)代表《上海文化》第一至十二期。資料來源：上海
文化月刊資料室(調查)，〈上海期刊調查表(一)至(十二)〉，1-12(上海，
1945.12-1947.01)頁8-9；15；25；38-39；42；52；56；64；76；82；86；89。
(12組頁碼按期別排列)。

　　圖3-2-1是《上海文化》月刊[57]對1945年11月至1947年1月間
對上海當地現有雜誌作的調查。援引這個刊物的數據原因在於

---

[57] 《上海文化》月刊於1945年12月至1947年1月間共發行12期，發行人王彥
　　　存為上海大美電台經理，主編王季深為立達圖書公司總經理，1945年12
　　　月成立時資本約20萬。就內容而言，大多評介當時上海出版界動態為主，
　　　包括報紙、雜誌、書籍的評論，包括知名作家老舍、曹禺、胡山源，社
　　　會學家費孝通都曾為該雜誌撰文。見《上海文化月刊雜誌聲請登記書》，
　　　上海檔案館館藏號：Q6-12-10，1945年12月。

社會局沒有類似有效的統計，[58]那麼這個數字的有效性如何呢？若將表3-1-1中雜誌類的批號1至批號24相加，得出1945年11月至1947年1月雜誌申請數為397種，與圖3-2-1合計437種似乎有不小的差距。然而如果查閱夏錦濤所提供的雜誌聲請清單，可以發現社會局的雜誌統計中不包括大部分的畫報，如果將圖3-2-1中37種畫報扣除，所得到的數字為400種，兩者則十分接近，所以《上海文化》對期刊的數量的調查，應該有一定的準確度。

就圖3-2-1進行分析，可以得知以綜合性雜誌最多，占總數的38%，也就是說1/3以上的雜誌都屬於此類，所謂綜合性雜誌是以包含所有各種領域的文章，如當時最知名的《觀察雜誌》即被歸入綜合性雜誌，而小報化刊物在《上海文化》中並沒有清楚的定義，根據判斷可能大多都是以週刊的形式，報導前一周的時事為主，也占總數12.5%。教育與醫藥類的雜誌最少，各有4種，占總數1%。

---

[58] 在社會局創刊號中有一文名為〈上海市社會文化的動態〉，由專門委員的蔡殿榮(主管書報審查)所寫。該文統計1945年11月至1946年6月間，共有430種雜誌出版，但根據表3-1-1的雜誌聲請案統計，同一時段只有236件雜誌申請案，而且也與夏錦濤的上海市新聞紙通訊社及雜誌二年來登記概況〉一文落差過大，而夏錦濤的文章與原始社會局檔案較接近故採用其數據。而蔡殿榮的文章則僅供參考。蔡氏所做的統計見《社會月刊》，1(上海，1946.07)，頁22-23。

　　最後必須強調一點：圖3-2-1可能包括一些發行後，又遭到
社會局取締的雜誌，但由於資料的限制及核對上的困難無法加
以抽離出來。原因在於夏錦濤與《上海文化》所提供的資料雖
然都有清單(有雜誌名稱與發行人)，但考慮雜誌名稱可能重
覆，社址或發行人可能變更，導致不確定因素更多。所以在此
特別說明圖3-2-1是這個時期另一種聲請登記雜誌數量的統
計，不全然是正式核准發行的數量。基於瞭解當時上海出版界
動態的需要(也反映市民的喜好)仍將相關統計列出做為日後進
一步研究的參考。[59]

　　與社會局管理相關的，與前面討論報紙時相同，1945年下
半年聲請發行的雜誌轉呈次數較少，1946年下半年以後轉呈次
數逐漸增加，至1947年年底時，聲請書須經過30次以上的轉呈，
方可領到登記證。如：《五金半月刊》在1945年11月聲請登記，
呈轉次數2次；[60]《人生信箱》在1945年12月聲請登記，呈轉次
數2次；[61]《七日談》在1946年2月聲請登記，呈轉次數6次；[62]《寒

---

[59]　根據新聞局所發布的統計，截至1947年12月為止，全國共有1426種雜誌，
　　　其中上海256種，南京197種，廣東115種，北平97種，為前四名。見行政
　　　院新聞局(編)，《新聞局一年來業務統計概要》，頁37。這個數字比社
　　　會局的聲請件數統計還要低得多，由於原統計只有公布數字，沒有其它
　　　資料可供比對，所以無探知其原因。

[60]　《五金半月刊聲請登記書》，上海檔案館館藏號：Q6-12-35-5，1945年
　　　11月12日。

[61]　《人生信箱聲請登記書》，上海檔案館館藏號：Q6-12-1-40，1945年12

光月刊》在1946年8月聲請登記，呈轉次數17次；[63]《時與文》在1946年10月聲請登記，呈轉次數19次；[64]《水準》1947年1月聲請登記，呈轉批數25次；[65]《川康之聲》在1947年8月聲請登記，呈轉次數39次。[66]上面舉出7份雜誌聲請登記的時間與轉呈次數，用意在說明雜誌與報紙相同，出現呈轉次數越來越多的情況。

若將同時間聲請的報紙與雜誌相比較，1946年11月發行的《真報》(日報)，轉呈次數是21次，與《時與文》(雜誌)的19次相近。而1947年8月發行的《糧食日報》(日報)與《川康之聲》(雜誌)轉呈次數一樣都是39次。可發現同時間聲請的報紙或雜誌轉呈次數接近甚至相同，就官方審查者的角度來說，多次的轉呈意味審查日漸嚴格，但轉呈的次數越多所產生的權責不明與效率低下等負面效應，也是不爭的事實。

月1日。
[62]　《七日談聲請登記書》，上海檔案館館藏號：Q6-12-3-10，1946年2月1日。
[63]　《寒光月刊聲請登記書》，上海檔案館館藏號：Q6-12-72-14，1946年8月10日。
[64]　《時與文聲請登記書》，上海檔案館館藏號：Q6-12-93-16，1946年10月24日。
[65]　《水準聲請登記書》，上海檔案館館藏號：Q6-12-35-32，1947年1月4日。
[66]　《川康之聲聲請登記書》，上海檔案館館藏號：Q6-12-4-66，1947年8月。

(三)通訊社類

　　最後一部分是通訊社，將1946-1947年主要通訊社名稱及負擔等資料列表如下：

表3-2-3：上海主要通訊社一覽(1946-1947)

	登記證號	通訊社名稱	負責人	發稿類別	呈轉次數
	542	上海通訊社	馮懿	本市社會新聞	15
	41	大中通訊社	徐惜今	一般新聞	4
◎	536	大公通訊社	朱屏安		30
◎	53	大光通訊社	邵協華	黨政消息	3
◎	424	中央通訊社上海分社	馮有真	國內外電訊及一般新聞	19
◎	55	中國新聞通訊社	陳高傭		9
	426	中國新聞攝影社	焦超	專門提供照片	19
◎	54	中國經濟通訊社	沈秋雁		7
◎	288	申時電訊社	孔令侃	國內電訊	13
◎	54	光明通訊社	王維馹		3
	332	建設通訊社	俞墉	本市一般新聞	15
	425	神州電訊社	米星如	國內電訊	19
	42	國光通訊社	張葆奎	體育新聞	4
◎	333	晨光通訊社	吳英		15
	562	現代經濟通訊社	楊蔭溥		33
◎	47	華東通訊社	沈秋雁	本市一般新聞	專案

說明：1.按通訊社名稱字首筆劃排列；2. 有◎記號者代表負責人具有官職或黨職，可能立場較親近國民黨。資料來源：夏錦濤，〈上海市新聞紙通訊社及雜誌二年來登記概況〉，《社會月刊》，2:11-12(1947.12)，頁57-59。「發稿類別」欄位的資料來自於吳農花(編)，《上海統覽》(上海：出版者不詳，1948)，頁154-155。

在列出的16家通訊社中，至少有9家通訊社負責人具有官職或黨職，立場較親國民黨。如華東通訊社的沈秋雁是國民黨上海新聞黨團的成員之一，[67]中國新聞通訊社的陳高傭是市參議員、中國新聞專科學校校長，被視為CC派一員，[68]現代經濟通訊社的楊蔭溥為經濟學家，時任證券交易所所長，[69]晨光通訊社的吳英出身中央軍官學校，為社會局專員兼提藍橋區區長。[70]申時電訊社的孔令侃是孔祥熙與宋藹齡的長子，時任揚子建業公司董事長。當然其中規模最大的是中央通訊社上海分社，毫無疑問是立場是偏向政府的。

另外，值得一提的是大公通訊社，該通訊社為國民黨專門為宣傳勞工政策及勞工新聞而設，最早成立於1932年5月，中日戰爭期間，曾遷往香港及漢口。1945年9月底即上海恢復，由朱

---

[67] 〈上海新聞黨團會報第五次會議記錄〉《上海新聞黨團會議記錄》，上海市檔案館館藏號，Q431-1-313，1948年2月20日。

[68] 書報通訊社(編)，《上海概況》(上海：書報通訊社，1949)，頁61。

[69] 戚再玉(編)，《上海時人志》，頁182。

[70] 戚再玉(編)，《上海時人志》，頁56。

屏安(即朱學範)[71]任社長,其後繼任社長的有鄧紫拔與邵心石。[72]與前面報紙與雜誌不同,通訊社的審查轉呈次數似乎並沒有隨著時間而增加,不過現存於上海檔案館的通訊社聲請書不完整,無法清楚的排列出相關聲請案的時間順序,不過就通訊社而言,中央通訊社上海分社的獨大應該是可以確定的。[73]

第三節　查禁、註銷與不准登記的出版品分析

本節使用的史料依然是前面提到的「清單」中,被註記為「查禁、註銷及不准登記」的報紙、雜誌與通訊社。就文字上的意義來說,「註銷」指的是原先核准發行,但發行後因逾期未出版或其他原因,登記證被廢止。查禁原本獲得官方核准,但發

---

[71] 朱學範(1905-1996),浙江省嘉善縣楓涇鎮(今屬上海市金山區)人,1924年入上海郵政局為實習生,1928年加入中國國民黨,並拜杜月笙為師,1932年任上海總工會主席,1935年任中國勞動協會常務理事,1940-1943年任立法委員。1946年7月因勞動協會是否接受中共代表及重慶分會財產問題與國民政府意見分歧,1947年8月遭到政府通緝,1948年在香港成立中國國民黨革命委員會並擔任常務執行委員。中華人民共和國成立後,朱學範任郵電部長,直至1967年8月。見陸象賢,劉宋斌,《朱學範傳》(北京:團結出版社,2005),頁467-493。

[72] 《大公通訊社聲請登記書》,上海檔案館館藏號:Q6-12-15,1945-1947年。

[73] 除了《上海統覽》一書外,周鈺宏主編的《上海年鑑》(1947)及屠詩聘主編的《上海市大觀》在記錄當時通訊社概況時都首先提及中央通訊社上海分社,而且就《上海統覽》所記錄的供稿類別,也只有中央通訊社上海分社有向國外發送電稿,足見其具有的規模與領導地位。

行後內容立場違反政府規定而被強制禁止發行。而「不准登記」
則是聲請案因為種種理由沒有被核准，所以不核能登記證，按
法令的規定是不准發行的。在本節中將儘量區分這三種情況，
並做出統計。

(一)報紙類

從 1945 年下半年到 1947 年 12 月為止，共有 56 種報紙被
類為「查禁註銷及不准登記」，清單如下：

表3-3-1：查禁、註銷及不准登記的報紙清單

登記號數	名稱	刊期	發行人	備註
8	市民日報	日刊	葛福田	無固定住址轉部註銷
10	大英夜報	日刊	翁率平	無固定住址轉部註銷
12	民國日報	日刊	胡樸安	註銷
13	立報	日刊	嚴服周	重行登記轉部註銷
14	影劇日報	日刊	葉惠勳	無固定住址轉部註銷
16	上海自由西報	日刊	東佺保	改出自由論壇報呈請轉部註銷
19	國際新聞畫報	三日刊	李鴻鳴	無固定住址轉部註銷
21	金融導報	日刊	何伊仁	註銷
22	滬報	日刊	郁慕俠	註銷
24	民權新聞上海版	日刊	周炎光	無固定住址轉部註銷
25	上海夜報	日刊	鄭子良	無固定住址轉部註銷
26	民報	日刊	陳孝威	無固定住址轉部註銷
27	僑聲報	日刊	朱培璜	註銷
29	世界晨報	日刊	來鳳生	註銷
31	中法日報	日刊	汪代璽	重行登記轉部註銷

34	工商新聞上海版	日刊	張常人	註銷
35	聯合日報	日刊	劉遵棋	停刊註銷
36	聯合日報晚刊	日刊	王季華	36年5月26日警備部飭停刊
37	新浦東報	日刊	王艮仲	無固定住址轉部註銷
38	聯合週報	週刊	王紀華	停刊註銷
197	消息	半週	謝易	無固定住址轉部註銷
251	文匯報	日刊	嚴寶禮	36年5月26日警備部飭停刊
282	循環報	日刊	張祥麟	無固定住址轉部註銷
285	商務報	日刊	楊培新	無固定住址轉部註銷
331	甦報	日刊	金瀟泉	停刊過期
379	英文新聞	週刊	沈維泰	無固定住址轉部註銷
380	行總週報	週刊	沈維泰	無固定住址轉部註銷
381	學生日報	日刊	王學哲	停刊註銷
388	國民午報	日刊	葉元	停刊過期
427	強報	日刊	梁華	停刊過期
428	大風報	日刊	金寶仁	停刊
447	兒童世紀報	週刊	曹吼	註銷
480	光報	日刊	姚吉光	查禁註銷
	新華日報	日刊	潘梓年	取締
	華報	日刊	戎有方	不准登記
	天報	日刊	周天籟	不准登記
	Jewish Voice of Far Eastern	三日刊	Philip Pkahn	無國籍之猶太人不准登記
	中國學生時報	六日刊	葉莊	不准登記
	雜糧市聲	日刊	嚴一萍	不准登記
	江寧區報	週刊	吳忠達	發行人資格不合未便登記
	經濟通訊	日刊	沈秋雁	暫緩登記
	明報	日刊	江豪	暫緩登記
	金融晚報	日刊	何伊仁	暫緩登記
	虹口導報	旬刊	朱桂林	暫緩登記
	見聞週報	週刊	陳繼貞	暫緩登記
	俄語日報	日刊	哥羅西給	奉令不予轉咨

		屋一吉	
福爾摩斯報	日刊	姚蟒	奉令不予轉咨
文匯週報	週刊	孫伏園	久未聲復銷案
道報上海版	日刊	梁廷武	久未聲復銷案
社會晚報	日刊	姚森	久未聲復銷案
太平洋新聞	晨晚午刊	趙之誠	久未聲復銷案
神州日報	日刊	田淑君	已停刊
上海各貨市價單	日刊	段鼎勳	類別不明不登記
風馬牛	日刊	王念忱	不准登記
衛生新報	五日刊	厲誠芳	不准登記
金庭民報	月刊	徐棣華	久未聲復銷案

說明：按報紙名稱字首筆劃排列。資料來源：夏錦濤，〈上海市新聞紙通訊社及雜誌二年來登記概況〉，《社會月刊》，2:11-12(1947.12)，頁 54-56。

圖3-3-1：查禁、註銷及不准登記的報紙原因統計圖

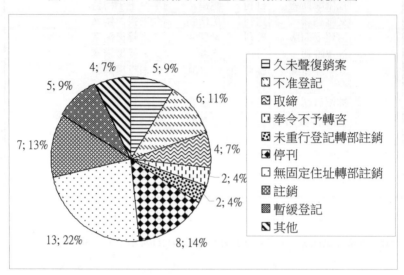

資料來源：根據表3-3-1繪製而成。

　　從上面兩張圖表可以發現：雖然被歸類為「查禁、註銷及不准登記」有 56 種之多，占總聲請案的 121 種的 46%以上，但個別原因實有進一步分析的必要。首先，最常見的理由是「無固定住址轉部註銷」，本章第一節曾引用〈報紙雜誌通訊社登記須知〉說到：社會局收到聲請書後，最注意的有三：「資本有否充足」、「有無社址」、「社務組織是否健全」，所以站在官方的立場來說，沒有固定的發行地址是不被允許的。但丁許麗霞指出：未完成登記手續成為政府最喜愛的藉口來禁止雜誌的出版，引

用這個理由的次數遠較戰前頻繁，[74]所以應該將申請手續不完備視為社會局限制報紙數量的手段之一。[75]這 13 份報紙中以《上海夜報》的鄭子良較知名，他是青幫頭目，青幫社團俠誼社的社長，兼任雞鴨行商業同業公會理事長、輪船客票商業同業公會理事。[76]另外類似的理由包括「久未聲復銷案」5 件、「未重行登記轉部註銷」2 件、「暫緩登記」5 件，上述 4 類街可規類為廣意的手續不完備，共 25 件。

另外明顯確定因違反官方政策由遭到停刊，有幾種註記方式：註銷、取締、查禁註銷、不准登記、奉命不予轉咨，有 19 種，占總聲請案 121 種的 15.7%，[77]其中警備總部飭令註銷 2 件，奉命不予轉咨 2 件，可以說明軍方與其它單位確實也有出

---

[74] Ting Hsu Lee-hsia, *Government Control of the Press in Modern China, 1900-1949* (Cambridge: Harvard University Press, 1974), p. 175.

[75] 關於造成登記手續不全的結果，事實上也有案例顯示為申請者的問題，在檔案中有這樣的例子，有一個名為田玉振的山西人，同時聲請發行《上海日報》等4種報紙雜誌，社會局職員實地前往調查後發現，聲請書所填的地址是《僑聲報》的報社，《僑聲報》負責人朱培璜表示該位址沒有借給其它報紙發行，而田振玉本人又前往漢口不在上海無法約談，所以將4件聲請案暫時歸檔。由此看來，確實也存在若干社會局進行了實地訪查，但無法證實是否為社會局審查時的標準作法。請見上海檔案館館藏號：Q6-12-10，內附社會局程○○呈文，1946年4月5日。

[76] 戚再玉(編)，《上海時人志》，頁205。

[77] 前面已經提到對於1945年11月至1947年12月報紙的聲請案件數有兩個不同的數字，夏錦濤文章統計為127種，上海檔案館館藏號：Q6-12-200記為121種，現依據上海檔案的統計數字。

版品審查權,可以要求社會局撤銷登記。若將各種手續不完整的案件(無固定社址轉部註銷、重新登記轉部註銷、暫緩登記、久未聲復銷案、類別不明)也有 25 件也一併納入,未獲核准及取締案件數達 44 件,占同時期聲請件數 36.36%,值得注意的是以申請手續不完備而不准發行的報社還多發行後才被查禁的報社。

　　無法歸納入前兩類的有 12 例,包括因無法判斷自行停刊或被迫停刊者共 8 例。其中包括許多不同註記方式,包括「停刊註銷」、「停刊過期」、「已停刊」、「停刊」被歸為一類共 8 件,究竟這些停刊內情如何?由於資料不足不能肯定,但是根據《出版法》第 15 條:新聞紙逾所定刊期已滿三個月,尚未發行者,視為廢止發行。[78]也就是說《甦報》、《國民午報》、《強報》這三份報紙是可能因為過久未出刊而被以「停刊過期」註銷登記。另外像《神州日報》前面已經討論過負責人楊虎曾任黨職與軍職,立場應較親近國民黨。以個四個例子應該是自行行刊的可能性較高。

　　另外夏錦濤在 1947 年 6 月間提出另一種說法:一年八個月以來(指 1945 年 11 月至 1947 年 6 月),4 種登記的報紙,只有 1 種是在出版,主要原因當然是經濟方面的居多。但出版一種

---

[78]　劉哲民(編),《近現代出版新聞法規匯編》,頁136。

報紙而另有「預備證」的怪現象,和只求登記不求出版的「文化掮客」也不能不說是原因之一。[79]或許可以瞭解為何會有不少報紙因為停刊過期而被註銷登記。其它類 3 例的中有 2 例是發行人資格不符而未獲准出版的,改出新報紙有 1 例,與上述無法確定原因而停刊的 8 例,合計 12 例,占總聲請案 121 種的 9.09%。[80]

(二)雜誌類

總計有 171 種報雜誌類為「查禁註銷及不准登記」,由於清單過於龐大,在此僅將註記的各種原因統計如下:

表3-3-2:查禁、註銷及不准登記的雜誌原因統計

註記的原因	次數	註記的原因	次數
廢止發行轉部註銷	43	已自停刊	1
無固定社址轉部註銷	35	已停刊轉部註銷	1
暫緩登記	32	自行停刊轉部註銷	1
重行登記轉部註銷	15	改出月刊部令註銷登記	1

---

[79] 夏錦濤,〈最近書報登記概況〉,《社會月刊》,2:6(上海,1947.06),頁14。

[80] 除了文中討論社會局等單位利用登記證的核發與否做為控制手段外,行政院新聞局也確定會對報紙言論進行「審閱」,如有歪曲言論及不正消息會被「糾正」。從1947年6月至1948年5月止,上海一地共審閱6485份報紙,有82次被糾正的記錄。見行政院新聞局(編),《一年來新聞局業務統計概要》,頁35。關於此點由於不屬於社會局業務範圍,且執行細節尚不清楚,留待日後做進一步研究。

原聲請書表不合未遵令補呈	9	取締	1
不准登記	6	查禁	1
久未聲復	5	查禁註銷	1
查禁有案	5	停刊過期轉部註銷	1
轉部註銷	4	專案轉部註銷	1
名稱混淆久未聲復	3	發行人因漢奸嫌疑尚在審訊中不准登記	1
查明再核	2	發行人無不准登記	1
		飭改名再核	1

說明：按雜誌數量排列。資料來源：夏錦濤，〈上海市新聞紙通訊社及雜誌二年來登記概況〉，《社會月刊》，2:11-12(1947.12)，頁 77-86。

在這個統計表中，數量最多的是「廢止發行轉部註銷」有43 種，如同前面討論報紙時提到「停刊過期」一樣，引用的法源是《出版法》第十五條，雜誌逾所定刊期已滿六個月尚未發行者，視為廢止發行，換句話說停刊六個月就註銷登記證。夏錦濤所說只求登記不求出版的「文化掮客」，在出版雜誌時可能更多更明顯，如同第一節已經討論過，在 1948 年 3 月以前，雜誌的沒有最低資本的限制，登記門檻較低自然促使此種現象更為頻繁。夏錦濤也證實從雜誌的基金方面看，資金雄厚的很少，大都只在一千萬左右，[81]甚至只籌到一期刊費而出版的也有，

---

[81] 根據社會局於1947年6月所做調查，該月每石糧食價格為471,400元，則1000萬約可購買21.21石食米。見吉明齋，〈上海市糧食的來源和價格〉，《社會月刊》，3:6(上海1948.08)，頁59-60。

經費來源大多是捐助和廣告。[82]

　　曾經在南京任記者的葉再生也說：那時辦一份雜誌，要比辦一份報紙容易得多，只要付得起一二期紙錢和排印工價，幾個人編寫好了稿子，只要在封面或封底上註明：「本刊正在呈請登記中」，等印好後再往書店和發行所一送就行了。[83]以上種種皆是導致廢止發行非常多的原因。還有「已自停刊」、「停刊過期轉部註銷」及「自行停刊轉部註銷」各 1 件也是因為已經停刊，而被廢除執照，以上合計 46 種，這些雜誌極可能是因資金不足而停刊，停刊過久被廢止發行。占總申請件數 540 件的8.52%。

　　按社會局的觀點「無固定社址轉部註銷」的 35 件和「暫緩登記」有 32 件都是沒有完成申請手續，「重行登記轉部註銷」，是 1946 年 12 月沒有繳送出版品重行登記，原有登記證被廢止，有 15 件。另外在申請手續上有問題的包括：「原聲請書表不合未遵令補呈」9 件；「名稱混淆久未聲復」或「久未聲復」8 件；「查明再核」2 件，「改名後再核」1 件，以上幾項可以全部歸納為「申請手續不完備」共 102 件。

82　夏錦濤，〈最近書報登記概況〉，《社會月刊》，2:6(上海，1947.06)，頁16。

83　葉再生，《中國近現代出版通史》(北京：華文出版社，2002)，第四輯，頁353。

　　真正可能因內容被禁止發行的有「不准登記」6 件、「查禁有案」5 件、「轉部註銷」6 件、[84]「取締」、「查禁」、「查禁註銷」各 1 件，共 20 件。只占總聲請案 540 件的 3.7%，[85]與上一段討論報紙時相同，以「申請手續不完備」而不准發行的案例比發行後被取締的案例還多，兩者的差距更大。最重要的原因在辦雜誌比辦報紙容易，最低資本額限制較低的緣故。[86]將上述兩者合計總數為 122 件，占總數 540 件的 22.59%。其它原因包括發行人資格不符 2 件，改出月刊 1 件，不屬於上述討論的範疇。

　　除了上述社會局對報紙和雜誌作出版前審查及出版後取締外，警察局也時常以各種理由對書報攤進行抽查，以達到管制的目的。[87]如在曹家渡經營書報攤的王樹德就表示，警察常以「妨

---

[84]　包括表3-3-2中「轉部註銷」4件、「已停刊轉部註銷」1件及專案轉部註銷」1件，合計6件。

[85]　前面已經提到對於1945年11月至1947年12月雜誌的聲請案件數有兩個不同的數字，夏錦濤文章統計為553種，上海檔案館館藏號：Q6-12-200記為540種，現依據上海檔案館的統計數字。

[86]　以申請手續不完備限制報紙雜誌登記並非只有上海一地，1946年10月1日，重慶市社會局以「未行登記或登記手續未完備」，禁止20家報刊發行，王文彬，〈國民黨統治時期報業遭受迫害的資料〉，《新聞史研究資料》，第6輯，1981年6月，頁290。

[87]　社會局執行非法刊物的取締都是會同警察局辦理的，社會局主要的負責科員為任履之，見《上海市社會局關於查禁進步書刊(一)文件》，上海檔案館館藏號：Q6-12-166，1946-1947年。

害市容」的名義來干涉，或者由便衣警察來購買某項刊物，在買到以後，再派身穿制服警士拘提至警局，拘押兩三天後才釋放，[88]前面提到的《群眾》雜誌，也告訴讀者，如果在報攤上，買不到《群眾》雜誌，可以直接打電話或寫信到雜誌社，有專人負責處理，可知雜誌社亦知道警察的沒收行動。[89]由上述兩個例子看來，政府的新聞控制事實上不限於登記證而已，在銷售上也會受到阻撓，類似強制舉動不僅干預出版品的流通，也對販賣者帶來某種心理壓力，因為必須承擔出版品被沒收所造成的財產損失，對出版自由來說都是負面影響。

更重要的是對新聞記者的人身自由的威脅，新聞記者常因不明原因被補，《大公報》在 1947 年 6 月就曾報導 5 名記者被補的消息：《文匯報》記者蔡少楣(女)；《聯合晚報》記者黃冰(女)、姚芳藻(女)、楊學純；《新民晚報》記者張枕。該報還特別列出上述 5 人被補的地點。[90]被補的 5 人所屬的報社就是前面引用的那份社會局調查報告中，被認為報導立場傾向或同情中共的報紙，由此可知警察局確實有以限制記者人身自由的方式來控制新聞媒體。上海市參議會第三次大會還特別通過一項

88　上海文化月刊社，〈上海書報攤販座談會〉，《上海文化》，11(上海，1946.11)，頁12。也可參見Ting Hsu Lee-hsia, *Government Control of the Press in Modern China, 1900-1949*, pp. 172-173.

89　撰者不詳，〈讀者注意〉，《群眾》，13:3(上海，1946)，頁28。

90　〈本市記者被補五人〉，《大公報》(上海)，1947年6月3日，第4版。

決議：「建議中央通令全國各級政府暨軍警機關，切實保護當地新聞事業人員，以弘揚新聞自由之精神」，市政府也回覆：此案奉國防部飭令遵辦。[91]但在戰爭持續的狀態下，類似的公文往返究竟能發揮多大效用令人懷疑。

(三)通訊社

截至 1947 年 12 月為止，共計有 18 家通訊社沒有獲得聲請書，列表如下：

表3-3-3：查禁、註銷及不准登記的通訊社清單

登記號數	通訊社名稱	發行人	備註
48	人民通訊社	邱直青	無固定住址轉部註銷
	上海中國新聞社總社	蕭學武	禁止發行註銷登記
	上海商訊	張光圻	暫緩登記
	大同新聞社	徐景熙	暫緩登記
	大通新聞社	茹辛	不准登記
56	大陸通訊社	張正煒	無固定住址轉部註銷
	中國每日新聞社	朱熙	暫緩登記
45	民治通訊社	顧執中	奉令不予登記
	共和新聞社	王治平	暫緩登記
406	江海通訊社	焦鼎鎧	查禁
	西北通訊社上海分社	毛樹聲	總社未辦理變更登記分社應暫緩登記
	亞東通訊社	江繼五	暫緩登記

[91] 上海市參議會秘書處(編)，《上海市第一屆參議會第三次大會決議案辦理情形摘錄》(上海：上海市參議會，1947)，無頁碼。

	長江通訊社	戴廣德	暫緩登記
	現代經濟新聞社會	史致富	發行人資格不合不准登記
	新新新聞社	廖公劭	久未遵令聲復
43	新聯通訊社	趙邦鑅	無固定住址
	路聞通訊社	趙錯	暫緩登記
44	滬聲通訊社	張巴玲	無固定住址轉部註銷

說明：按通訊社名稱字首筆劃排列。資料來源：夏錦濤，〈上海市新聞紙通訊社及雜誌二年來登記概況〉，《社會月刊》，2:11-12(1947.12)，頁59-60。

　　根據這份清單，以「暫緩登記」為最多，共有 8 家通訊社因此而沒有領到登記證，其中江繼五主持的亞東通訊社，根據吳農花主編的《上海統覽》及屠詩聘主編的《上海市大觀》兩部出版於 1948 年介紹上海現況的書中都有列名,記載為為專發日本新聞的通訊社，應該已獲得成立。[92]至於其它 7 家通訊社是否隨後也都有成立則不詳。至於「無固定住址」或「無固定住址轉部註銷」有 4 家，其中新聯、滬聲、大陸 3 家通訊社曾經列名行政院新聞局 1947 年版的《全國報社通訊社雜誌一覽表》，[93]由於不清楚此史料與《社會月刊》的先後時間順序，所以無法判斷更進一步的細節，究竟這些所謂「無固定住址轉部註銷」的通訊社是否真的成立運作過。明顯因違反官方立場而

---

[92] 吳農花(主編)，《上海統覽》，頁154。屠詩聘(主編)，《上海市大觀》，頁中100。

[93] 上海新聞志編輯委員會(編)，《上海新聞志》(上海：上海社會科學院出版社，2000)，頁384。

被取締的理由有「不准登記、禁止發行註銷登記、查禁、奉令不予登記」共 4 家，占總聲請案 78 件的 5.13%，若再加上手續未完備的理由，總數達 17 家，占總數 21.79%，唯一例外是以發行人資格不符而沒有獲得許可，僅占聲請案總數的 1.28%。

讓我們以顧執中所成立的民治通訊社做一個例子，說明社會局職權被侵奪的情形。顧執中在 1947 年 5 月 19 日曾致函社會局，信中提到社會局已經在 1946 年 7 月 24 日以福二字第 12753 號通知，准予該通訊社成立，雖然一度准予先行發送新聞稿，但在 1946 年 10 月被要求停止發稿，已經過了好幾個月，顧氏希望社會局能夠儘快將登記證核發。但社會局內部的擬辦意見卻表示，此案因接獲市政府密令，要密切注意，登記證也還沒有製作。所以發文給顧執中時稱：內政部的登記證還沒到社會局，如果社會局收到後再通知負責人前來領取，並要求該通訊社在沒有領到登記證之前，不准發送新聞稿。[94]

由此可見，申請手續中只要有任何一個機關認為不妥，社會局原本的決定就有可能無效，而社會局面對申請人的詢問，也就會出現如這個案例中所發生的「以拖待變」的狀況，社會局就會以登記證沒有收到為藉口，不斷拖延時間，推翻先前決

定，要求申請者不得擅自發行。從這個例子可以得知，在整個申請手續中，社會局的上級機關——不論是市政府或內政部，都有權否決社會局的決定，目前已無法得知市政府為什麼做，但是社會局先准予該通訊社在未領登記證的情形下先發新聞稿，接獲市府密令卻又不能解釋政策轉變的原因，除了讓社會局成為申請人投訴與抱怨的對象外，應該也增加了這群知識人對社會局的不信任感。

儘管如此，對於報紙、雜誌與通訊社管理與審查，社會局的態度如何？可以從以下幾段文字中找到端倪：「社會局對於新聞紙的管理，依現行出版法，施行登記及調查外，還邀約報社負責人來談話，指示他們上宣傳和文化上應負的使命，在新聞自由的原則下，自然不妨礙他們的言論自由。如有觸犯國家法令的記載，警察局及司法機關自有應執行的任務。」[95]這是社會局戰後復員初期，第一任的第四處處長蔡殿榮所發表的文字，稍後也再次被重申。[96]

另一位科員夏錦濤的看法則是：「關於申請登記方面，發行人初無計劃，隨興之所至，任意填送表格，其本人資歷，既不

---

[95] 蔡殿榮，〈上海市社會文化的動態〉，《社會月刊》，1:1(上海，1946.07)，頁22。
[96] 冒莘叔，〈關於書報登記工作〉，《社會月刊》，1:6(上海，1946.12)，頁31。

合出版法之規定，發行旨趣亦多莫名其妙，資金等項更無準備，甚或未經核准即先擅自印行，藉以招收股款，預收訂費，一經查禁，則以政府摧殘文化為詞，掩飾其違法斂財之謀。至儘有其名，而無刊物出版者，亦戰後僅有之怪現象也。」[97]在另一篇文章中，社會局強調這項工作「可以隨時編造出版物的統計，並可以研究社會文化動態及出版事業的趨勢，作為改進文化的重要依據。」[98]

從上面三段文字可以知道：社會局認為書報審查工作是一種「調查」，而不是「審查」，用意在宣傳政策和普及文化，而負責科員夏錦濤極力痛斥若干不肖人士假借出版刊物之名，而行斂財之實，或是領證而不出版的現象。但從社會局自行公布的清單中，[99]事實上「調查」與「審查」兩者都有，而且從出版前以「手續不完備」不核發登記證，到出版後的查禁註銷也都有確定的案例。

以上大致分析了從 1945 年 11 月至 1947 年 12 月間報紙、雜誌、通訊社三者被查禁或不准登記的概況，由於有各類清單

---

[97] 夏錦濤，〈上海市新聞紙通訊社及雜誌二年來登記概況〉，《社會月刊》，2:11-12(上海，1947.12)，頁88。

[98] 冒莘叔，〈關於書報登記工作〉，《社會月刊》，1:6(上海，1946.12)，頁31。

[99] 1947年12月份所公布的這份清單不只刊載於《社會月刊》而已，吳農花主編的《上海統覽》也全文抄錄所有內容，見該書頁157-200。

保留至今，討論應該稱得上完整。然而 1948 年 1 月至 1949 年
4 月的情況，目前只能根據《上海市社會報刊審核小組會議記
錄》來做一較粗略的瞭解，茲將此時間內歷次會議記錄有關查
禁報刊的決議列表如下：

表3-3-4：1948年1月至1949年5月報刊審核小組會議記錄(關於查禁
刊物的決議)

會議編號	日期	會議決議內容
23	1948/1/6	《上海風光》等六種雜誌內容誨諡誨資，傷風敗俗應停止發行。《時代日報》違反記載，給予警告。《活報》刊載「靈肉之門」，內容誨諡，予以停刊三日。
26	1948/3/16	《風報》以違法刊載，臺灣醞釀離心運動消息一則，奉令應予以停刊兩月之處分，業於本月六日會同警察局執行。
27	1948/4/6	市府令奉內政部代電《國訊週刊》刊載為匪宣傳文字，依法應吊銷其登記證。查《世界知識》雜誌內容多攻擊友邦，挑撥國際情感予以警告。
28	1948/4/28	警局提《法文週刊》有時登載為匪張目之文字，決議由社會局將該刊嚴予審查。
30	1948/6/15	市政府訓令《時代日報》違法刊載為共匪張目，報飭予以停刊處分業經六月三日會同警察局執行。
34	1948/9/22	奉市政府令以准內政部代電，《風報》復刊以來內容多誨諡，應予嚴重警告。《時與文》雜誌歪曲事實為匪宣傳，應飭即停止發行
35	1948/10/5	《大風報》於九月廿四、廿五二日刊載違法言論，已飭令停刊並呈報市府
36	1948/10/26	《正言報》於本月十三日刊載違反言論已飭暫時停刊。

37	1948/11/30	《再告》旬刊違反出版取締。《辛報》刊載誨謠文學，飭令停刊一週。《群言雜誌》、《輿論半月刊》、《大眾夜報》、《新民晚報》言論違法，分別予以警告。
38	1948/12/28	《觀察週刊》譏評政府、為匪宣傳，應予永久停刊處分等因，業經會同警察局執行。
42	1949/3/30	《老百姓》等三種期刊租用郵政信箱一節經函請郵局停止租用，並視同新聞紙類遞寄，已准覆照辦。
43	1949/4/12	奉湯總司令通報《五重天》為反動漫畫週刊應予注意。

資料來源：《上海市社會報刊審核小組會議記錄》，上海檔案館館藏號，Q6-12-175，1948 年 1 月至 1949 年 4 月。

可以將上面表格，簡化成以下列 7 大項：(一)報紙類警告處分：《風報》、《大眾夜報》、《新民晚報》、《時代日報》。(二)報紙類短期停刊處分：《風報》、《辛報》、《活報》。(三)報紙類永久停刊處分：《時代日報》、《正言報》。(四)雜誌類警告處分：《世界知識》、《群言雜誌》、《輿論半月刊》。(五)雜誌類嚴厲審查處分：《法文週刊》、《五重天》。(六)雜誌類停止發行處分：《上海風光》等六種、《國訊週刊》、《時與文》、《觀察週刊》。(七)其它(出版品寄送問題)：《老百姓》等 3 種，以上合計共 7 種報紙，17 種雜誌。

「誨謠誨資」或「誨謠」是主管當局用來取締黃色書刊的常見理由，官方的說法是：「此類刊物為小型報紙的變相，內容以黃色趣味與低級新聞來吸引讀者，雖然常常遭到取締，但有銷

路所以屢禁不止。」[100]由表 3-3-4 也可得知,其它的政府機構都有權力會同社會局對出版品進行處分,如內政部、市政府、警察局、淞滬警備司令,當然在第一節時已經就法律條文(或行政命令)討論過這些單位是社會局的上級機關(內政部),或者是審查小組的成員(市政府、警察局、淞滬警備司令),在這份會議記錄裡,不再是局限於條文,更清楚的知道哪個單位通報,查禁了何種刊物。

在此我們以《世界電影半月刊》為例,說明社會局雜誌登記審核權確實被上級單位侵占,這個雜誌由姜福林發行,在 1948 年 9 月時向社會局申請登記,社會局已經同意並且也可以在沒有領到登記證的情形下先發行銷售,2 個多月後,該雜誌已經發行 7 期,卻被內政部引用《新聞紙雜誌及書籍用紙節約辦法》第四條之規定,[101]通知該雜誌將不予登記。姜福林雖然不斷向社會局請由求,由社會局出面向內政部說明該雜誌並無違法之事實,但社會局都以「所請未便照准」回絕。[102]正如同前面談到

---

[100] 袁文彰,〈上海市出版界的動向〉,《社會月刊》,1:4(上海,1946.10),頁31-32。

[101] 《新聞紙雜誌及書籍用紙節約辦法》第四條:內政部得根據事實需要,酌量調節各地新聞紙雜誌之數量,期於節約之中並收均衡文化發展之實效。見《上海市政府公報》,7:13(上海,1947.09),頁547。

[102] 《社會局雜件》,上海檔案館館藏號:Q6-12-225,內附姜福林1948年11月22日致社會局函及社會局1948年12月4日批文。

民治通訊社時一樣，社會局的決策又被否決，同樣也對社會局的職權與形象造成傷害。

1949 年 2 月至 3 月「報刊總清查」時，社會局、警察局等五單位進行「聯合審查」，根據一份檔案資料顯示，該會議至少進行過 3 次，第 1 次在 1949 年 3 月 5 日(其餘 2 次日期不詳)，總計對 17 種雜誌進行了程度不一的處分。如《紐司》因有一篇名為〈蔣李孫間的三角關係〉，被認為「描述蔣在奉化作幕後操縱及李孫間之裂痕」，被認為有製造分裂破壞團結的嫌疑，被處以警告處分。而《世界知識》在 1949 年 3 月出刊的文章中有多篇被認為「鼓吹無條件投降的片面和平，誣蔑蔣總統為主戰者違反國策」，因此被處以停刊處分。在這份清單中，幾乎所有描述政府部門不和的文章，都被以「挑撥離間」為由，遭受不同程度的處分，批評政府政策則被認為「違反國策」加以處分。[103]

現在以《觀察》週刊[104]與《時與文》[105]兩份雜誌為例來更進一步說明官方用什麼理由來禁止出版。查禁的公文都是由內政部發出的。《觀察週刊》查禁公文如下：

---

[103] 《上海市社會局關於報刊審核小組會會議記錄》，上海檔案館館藏號：Q6-12-175，內附「上海市書刊審查表」(1949年3月)。

[104] 關於《觀察》週刊的研究請參見陳依，〈《觀察》週刊之研究〉(臺中：東海大學歷史研究所碩士論文，1993)。

[105] 關於《時與文》雜誌的研究請參見孫猛，〈《時與文》及群體記〉(上海：華東師範大學中國近現代史專業碩士論文，2005)。

內政部(37)安三字第18416號電代開：查觀察週刊言論態度一貫反對政府同情共匪，曾經本部予以警告處份在案。查該刊近且變本加屬，繼續抨擊政府，譏評國軍，為匪宣傳，擾亂人心，實已違反亂員戡亂國策，依國家動員法第22條及出版法第32條之規定予以永久停刊處分，相應電請查照辦理飭繳原領登記證送部注銷。[106]

《時與文》查禁公文則是：「查上海發行之《時與文》雜誌，屢做歪曲事實為匪宣導之言論，前經予以停刊10期之處分在案，[107]茲查該刊不改前非，仍屢做歪曲事實之言論，為匪宣傳，動搖人心，意圖破壞公共秩序，尤以最近數期言論更為偏激，茲依據出版法第32條之規定予以永久停刊處分，相應函請查照，並將該刊登記證繳部註銷。」[108]根據《國家動員法》第22條規定：「政府於必要時，得對報紙、通訊社之設立，報紙、通

---

[106] 〈上海市政府訓令〉，滬新(37)字第2743號，《上海市社會局關於查禁觀察週刊事與該刊與上海市政府、警察局的往來文書》，上海檔案館藏號：Q12-160-72，1948年12月。儲安平在1948年底在《觀察》被停刊後，以該刊有萬餘訂戶，無法倉促停刊，向社會局要求出版休刊號。社會局以該刊已明令禁發行並經具結在案，此請應無庸議加以拒絕。此函件日期1948年12月29日。

[107] 根據《時與文(週刊)聲請登記書》，該週刊在被查禁之前至少兩度遭到社會局處以短期停刊處分，第一次在1947年12月20日至1948年1月19日停刊1個月，另一次在1948年5月13日至7月12日停刊2個月，見上海檔案館館藏號：Q6-12-93。

[108] 撰者不詳，〈停刊告別讀者〉，《時與文》，3:23(上海，1948)，頁1。

訊及其它印刷物之記載,加以限制、停止或命其為一定之記載。」[109]而《出版法》第32條則授權內政部對報紙或雜誌所刊載內容,認為「情節重大」者,得定期或永久停止報紙或雜誌之發行。什麼是情節重大?根據同法21條,包括(1)意圖破壞中國國民黨或違反三民主義者;(2)意圖顛覆國民政府或損害中華民國者;(3)意圖破壞公共秩序者。據此可知凡是被認定有「為匪宣傳」、「為匪張目」的報紙或雜誌,多是以違反上述第一、二兩款被查禁的。

　　面對國民政府以上述理由查禁報紙,吳敬敷就毫不客氣的以「國府摧殘新聞自由」為題,撰文表達指責,文中認為出版法二十一條所列出的三款查禁要件,「是多麼違反時代精神,是多麼容易入人於罪的規定呀!現在是實施憲政的新時代,國民黨的特權早被取消,這個保障特權的規定,也應該被廢除或徹底修正,仍然引用這些條款實在是大開倒車。徒見政府當局蓄意摧殘新聞自由而已。」[110]另外多位學者評論到:這樣廣泛的規定,極寬闊而無邊際,極易入人於罪,這些名詞可由行政人員去自做解釋,一用文字發表言論,不免動輒得咎。[111]國內的

---

[109] 三民主義青年團中央團部(編),《國家總動員》(出版地不詳,三民主義青年團中央團部,1942),頁31-32。

[110] 吳敬敷,〈國府摧殘新聞自由〉,《中美週報》,294(紐約,1948),頁6-7。

[111] 韓德培,〈評出版法修正案(一)〉,《觀察》,3:15(上海,1947.12),頁

政治、經濟、軍事以至社會新聞，有不順眼處，一經挑剔便可構成罪狀，[112]都是對出版法限制言論不假辭色的批評。也有新聞界[113]與學者[114]主張廢除出版法，政府雖然也動員了一批文人試圖為法令辯護，[115]但引起的正面回響甚微。

　　戰後新聞界在官方掌握多數報紙及通訊社，還有對出版品的事前登記與事後取締等等的情形，曾擔任《時報》、與《新聞報》記者的顧執中(就是前面提過的民治通訊社負責人)就以「官僚新聞事業」來形容這種由官方獨大並主導的新聞報導的情

　　6。

[112] 純青，〈論新聞出版自由〉，《中國建設》，6:6(上海，1948.06)，頁6-8。

[113] 〈社論：言論自由與「出版法」〉，《新聞報》，1948年8月12日，第2版，就以言論自由的利益遠大於流弊，凡是妨害或限制言論自由的制度與法律，我們均應竭力反對，主張根本廢除出版法。另外上海各報館曾組織一個「上海報館時事座談會」中就有律師傅況麟發言希望廢止出版法。見《大公報》(上海)，1948年8月11日，第4版。關於此次座談會楊秀菁的《臺灣戒嚴時期新聞管制政策》(臺北：稻鄉出版社，2005)，頁77-82討論甚詳。

[114] 儲安平，〈評出版法修正案(二)〉，《觀察》，3:15(上海，1947.12)，頁8-10。文中對登記手續中種種不合理之處加以批評，反對另設出版法約束出版事業。方秋葦，〈反對出版法〉，《時事評論》，1:7(上海，1948.08)，頁10-11。也認為出版法承襲自北洋政府，在憲政時代不應繼續，要加以廢除。

[115] 由馬星野任主編的《報學雜誌》曾在1948年7月24日於南京召開一個「出版法與出版自由」的座談會」參加者有黃少谷(中宣部部長)、陶希聖(中宣部副部長)、雷嘯岑(和平日報總主筆)等人。該座談會中，與會者大多支持出版法及對出版言論做規範，見《報學雜誌》，試刊號(南京，1948.08)，頁3-9。

況，並指出：中國官僚新聞事業的強大，其報導的「格調」是最低下，最不為人所重視的，因此很難獲得人家的信仰和宣傳上的效力，反而削弱了國家在國際上宣傳的力量。另外，官僚新聞事業最大的缺點，就是只知有官，不知有民，新聞事業只是官僚用來完成其政治企圖的工具，完全代表官僚的利益。當任何事件與官僚有衝突時，新聞會百分之一百站在官僚立場，向老百姓放出不利的有毒攻勢。[116]

　　顧氏的觀點很清楚對戰後上海新聞界(甚至是整個中國新聞界)提出了沉痛的批評，指出由官方主導的新聞出版界只說出的政府及官僚單方面的聲音，卻忽視了民意。顧執中的用字遣詞是委婉的，他提出的建議是：勸導官僚結束他們對官僚新聞事業無限制的擴張，停止他們對民間非官僚新聞事業的統治、壓迫和為難。另一方面，也希望有抱負的新聞從業者不要受到官方的利誘與威脅。這一段話顯示出戰後許多新聞從業者都已經認識到，國民政府確實掌握多數的新聞媒體，同時這批文人也敏銳的觀察到這些「官僚新聞事業」因為言論過於偏向政府，反而得到反效果，造成民眾的離心。

　　《大公報》記者徐盈也說：「奴隸的鎖鐐沒有打開，新聞記

---

[116] 顧執中，〈官僚新聞事業論〉，《上海文化》，10(上海，1946.11)，頁22-23。

者的自由也就有限，……他還懂得隨時以最大的警覺來對付獵槍與獵鉤，而這些兇器並不以原型出現，又得隨時能撕破砒霜外包的糖衣。」[117]這篇名為〈砒霜與糖衣〉的文章，事實上是用比喻的手法，諷刺政府用金錢誘惑與武力威脅兩手策略企圖操縱出版界，徐盈的文章沒有對政府做任何的勸說，與顧執中一樣，希望新聞從業者能夠有高度的「自覺」，避免種種外界的干擾。

　　另外有人提出：新聞界正面臨兩重桎梏，一是經濟落後、缺乏機器和材料的困窘。二是政治欠開明，報紙開天窗，報人殉難，報館封門。在此種環境下，新聞界操縱在政治的野心家，或經濟壟斷者之手，他們收買、指使報紙的發行人、編輯人、撰稿人，這種報紙根本做不到為民喉舌，也根本談不到新聞自由。[118]當時知名的編輯與出版人張靜廬曾以山西快板的形式，作詩一首，名為「出版難」，當中有幾句是：既怕生活高，又怕好書好，好書為啥少，一是作家生活不安定，沒有心緒寫好稿，二是通貨膨脹發大鈔，攪得造貨成本高，三是「出版完全自由了」，太多書刊犯禁條。你要向前進，他要向後拖，文化運動三

---

[117] 徐盈，〈砒霜與糖衣〉，《上海文化》，7(上海，1946.08)，頁27。
[118] 黃一裳，〈中國新聞事業史上的兩重桎梏〉，《再生》，199(上海，1948.01)，頁5。

十年，文化水準只看低。[119]

由以上四則當時出版事業相關人物的描述可知，政府利用各種手段控制新聞出版業，正如同種種的圍籬，限制了新聞事業的發展，使得出版業不能暢所欲言，使得張靜廬這個經歷過五四運動的當事人，也不免慨嘆五四運動過了近三十年，文化水準在政治與經濟的打擊下，不但沒有進步反而日益下降。

本章小結

本章以報紙、雜誌與通訊社的管理與審查為主題，就管理的層面來說，在戰後接近四年的時間裡，共舉行了三次大規模清查措施，分別是 1945 年 9 月的「重行登記」、1946 年 12 月的「換領新證」，到 1949 年 3 月「報刊總清查」。前面兩次的清查，主要是以核發登記證為主要控制手段，但具體成效不詳。在《國家總動員令》發布後，統一對中國共產黨的稱呼，也要求警察局協助社會局進行相關審查，擴大審查小組的規模。就現有史料來看，執行較嚴格的是最後一次的「報刊總清查」，成立巡邏隊到各報攤檢查，直接沒收非法出版品。

國民黨在戰後接收了《申報》與《新聞報》，掌握至少有17 家以上報社，而通訊社以中央社上海分社獨大，國民黨擁有

---

[119] 張靜廬，〈出版難〉，《讀書與生活》，2:2(上海，1947.02)，頁44-46。

媒體的絕對優勢。雜誌類以綜合性雜誌最多，1/3 以上的雜誌都屬於此類。戰後三年多的時間裡，總計共有 135 種報紙、691種雜誌，118 家通訊社聲請登記，上海出版界在戰後初期曾出現高峰，以 1946 年 5 月為分界，此後則逐漸沒落。就獲准發行的報紙與雜誌來說，都出現聲請案隨著時間而轉呈次數逐漸增加的趨勢，說明社會局職權被侵占。

查禁、註銷與不予登記的報紙、雜誌中，以「無固定社址」為成為不核發登記證的主因，對官方來說是手續上的不完整，但卻成為限制報紙雜誌數量的主要手段，在數量上甚至還多於因報導違反法令或政策而被強制取締者。至 1947 年 12 月為止，上述手續不完備與事後因言論立場遭查禁的兩者，皆至少占報紙、雜誌和通訊社總聲請案件數 2 成以上。1948 年以後也有部分清單證實，有多種報紙或雜誌遭到不同程度的處分。

雖然社會局職員將大部分報紙雜誌的停刊歸因於經濟因素，但事前以手續不完備來管制出版，到事後以用富有解釋空間的法律條文來加以查禁，兩者皆是限制言論的手段。不可否認戰後國民政府限制出版與言論的企圖與作為仍處處可見，也正因為如此使得政府遭受更多批評。

第四章　電影、戲劇的管理與審查

　　本章所討論的電影、戲劇的管理與審查，與前一章所分析的報紙、雜誌、通訊社管理與審查都屬於社會局第十科的主管範圍。社會局所負責的「戲劇」審查包括電影、京劇、地方戲、話劇及各種的公開表演。本章將引用實際的申請書來說明，社會局究竟如何進行審查，審查的重點包括哪些項目。其次統計獲准放映及被禁止放映電影數量，探討電影審查標準，指出其主要的指導思想為何。並深入討論電影《假鳳虛凰》的放映糾紛，說明其所代表的社會文化意涵。最後一節則包含話劇《樑上君子》風波及其它戶外表演，本章以實例說明戲劇審查的標準與特色。

第一節　劇院、劇團登記手續與數量統計

(一)劇院、劇團登記手續

　　首先必須釐清的問題是：社會局所定義戲劇管理的範圍究竟為何？根據相關法令綜合來看，包括電影、劇團、票房、俱樂部四項。不論放映電影或者劇團、票房、俱樂部從事戲劇的採排及表演都需要向社會局申請核准，方可進行相關活動。這裡所謂的「申請核准」包括兩個層次：首先在演出的場所(硬體)上，需向社會局索取聲請書，申報場地、設備、資金來源等。其次在放映電影或演出戲劇的影片或劇本(軟體)，也必須經過社會局的審核，方能放映或演出。先從影片及劇本的審查規定談起：

表4-1-1：放映電影或演出戲劇的影片審查規定

電影放映	1.	社會局依據電影檢查法之規定，凡上海市內各電影院於映演新片前，應將內政部電影檢查處所發該片所給之執照，逐呈社會局主管科核驗，驗畢發還。
	2.	送驗准映執照時須附電影上映審查表及劇情說明書各一份，毋須另行備文。
劇團上演	1.	社會局依據劇團登記規則規定，劇團上演十日前應將全部劇本及唱白送局審查。
	2.	劇本及唱白經批准後，方可上演。
	3.	劇團及劇院於送審劇本時，須附呈登記證書號碼。
	4.	各劇院劇場轉借他人演出，須憑社會局對該演出人之批示為之。
票房及俱樂	1.	票房及俱樂部採排需於採排前七日將新排節目或劇情

部採排		說明送局審查。
	2.	採排節目或劇情說明經批准後方可採排。
	3.	票房及俱樂部送審採排節目時，須附呈登記證書號碼。
義演	1.	凡各社團義演戲劇，須將募捐之事實及理由，預定募捐數目，募捐開支等，依照統一募捐辦法之規定，事先來局向第九科領取私立救濟設施向外募捐申請表，填呈備案，方可演出。
	2.	義演結束後須將收支情形列表呈報，並應將賬目登報公告並印製徵信錄。
	3.	義演前十日應將劇本送審。

資料來源：趙廷鈺，〈戲劇上演及音樂廣播〉，《社會月刊》，2:7-8(上海，1947.09)，頁38-39。

　　從相關規則中得知，社會局對電影影片的審查某種形式上的複審，主要審查權(影片內容)屬於內政部電影檢查處，社會局審查的重點在放映的電影院名稱及地址，內政部發給的准演執照是否相符，放映的日期、每日放映幾場，還有必要繳交該電影情節大綱的說明書進行確認。[1]劇團及票房、俱樂部審查社會局是主要的審查機關，所以對審查負較大的責任。審查強調的重點有二：一是表演內容，包括所有劇本、科白與節目流程都要申請核准方能表演。二是所有團體必須經過社會局立案，未立案的團體不准演出。至於義演的部分，也必需是已核准成立的團體(不限是劇團)，才可以發起義演，而且需事先填寫募

---

[1]　見〈上海市社會局電影上映審查表〉，《社會月刊》，2:7-8(上海，1947.09)，頁39。

捐的事實及理由、籌款方式、預計開支、捐款用途等。[2]

　　社會局的職員趙廷鈺對於這樣的審查工作有一段話值得注意:「戲劇上演及音樂廣播時,應該完成一項手續,不然得不到保障,會受到干涉和審查,我們站在宣揚藝術的崗位上,行動語言都能影響民間,所以只有步上正軌才算盡了責任,一點麻煩的手續,我們是不會不樂於服從的。」[3]這一段話足以顯示當時社會局的立場(或者是社會行政的思想)是將戲劇上演及音樂廣播視為引導社會風氣的活動。而且照他的看法,先完成審查的手續才可以獲得政府保障,強調政府在相關活動中應該有的監督與管理。至於硬體的部分,牽涉到劇院、票房的硬體設施,如衛生及消防設施等等,下面以實際的申請書來做說明。

---

[2]　見〈上海市私立救濟設施統一募捐辦法〉,《社會月刊》,2:7-8(上海,1947.09),頁41。該辦法中最後一條規定募捐結束後一個月內,應將募捐情形呈報社會局備查並登報或用印刷品公布。

[3]　趙廷鈺,〈戲劇上演及音樂廣播〉,《社會月刊》,2:7-8(上海,1947.09),頁38。

表4-1-2：劇團登記申請書(黃金大劇院)

劇團登記申請書		（號數　　）	
名稱	黃金大劇院	竊具呈人周信芳，在臨安路一號創辦黃金大劇院，謹呈具申請表式兩份，呈請鑑核，轉呈內政部核發登記證，實為德便。 謹呈上海市社會局 　　　　　　　具呈人周信芳 卅四年　十二月　六日	劇團登記申請書
地址	臨安路一號		
創辦日期	三十三年十月		
創辦人姓名及住址	周信芳 蒲石路282號		
負責人姓名及住址	周禧如 菜市街107弄1號		
資金	國幣三萬五千元		
備註			

資料來源：《黃金大劇院卷》，上海檔案館館藏號：Q6-13-313，1945年至1947年2月。

表4-1-3：上海市社會局劇院調查表(黃金大劇院)

上海市社會局劇院調查表				（號數　　）	
名稱	黃金大戲院	地址	臨安路一號	電話	84114
創辦時間		恢復時間		性質	京戲、話劇、地方戲、遊藝
	姓名	籍貫	姓別	年齡	職業

周信芳	寧波	男	53	伶	蒲西路280號	75831
葉涵青	吳縣	男	42	商	麥特司脫路8號	
何雍麟	廣東	男	48	商	成都路康○里8號	

法人名稱									
組織	獨資、合夥、公司		董事姓名					住址	
資金	法幣五百萬元整			每股金額	每股五十萬元				
負責人姓名	周禧如	籍貫		吳縣	姓別	男	年歲	35	職業	商

創辦後是否有改組或轉讓	民國三十五年一月一日起歸宏昌公司經營					
曾否向主管機關登記	(已　未)		登記機關	前在法工部局登記	登記號數	貳號
範圍			房屋間數	前臺一間後臺一間	座位數目	1995
職員人數	前臺73名		待遇等級	6等 (最高 94000元　最低10000元)		
營業狀況	盈虧金額（每日平均數	接辦未及一月尚未清算	盈餘幾元	同上	虧蝕幾元	同上
	每日平均演出	每日一場每逢假日加演一場	每日售票平均	三成	最近票價與等	分9等, 1920, 1800, 1600,1540,　850, 460,　400,　300,

186

	廠數			數		級	200。
影片來源				向何公司承租			
衛生設備如何		上下廁所8間 磁石建築 抽水便桶					
消防設備如何		太平門上下10扇 滅火機4只 皮帶箱7只 均全					
建築情形		老式洋房 紅磚水泥建築 三層樓					
審查員意見		查該戲院組織尚無不合擬准登記					
備註							
調查日期 35 年 2 月 24日 被調查人簽名 周信芳 調查人簽名 趙廷鈺							

資料來源：《黃金大劇院卷》，上海檔案館館藏號：Q6-13-313，1946年2月24日

立案文書。

表4-1-4：上海市社會局俱樂部及票房申請登記表(三蝶華社票房)

上海市社會局俱樂部及票房申請登記表							
							(號數 372)
名稱	三蝶華社票房		地址	靜安寺路靜安里5號		電話	36510
性質	票房			創辦時間	卅六年二月一日		
創辦人	姓名	籍貫	職業	略歷		住址或通訊處	電話
	包小蝶	浙江吳興	商	中南銀行		靜安寺路靜安里5號	36510
	包尚蝶	浙江吳興	商	中央信託局		仝上	36510
	包幼蝶	浙江吳興	商	國華銀行		仝上	36510

沿革	政府備案	年　月　日			備案機關	
	是否曾改組及整體情形	本年成立				
	最近改選日期及次數					
負責人	姓名	職別	職業	略歷	住址或通訊處	電話
	包小蝶	社長	商	中南銀行人事處副處長	靜安寺路靜安里5號	36510
	包幼蝶	副社長	商	國華銀行庶務科主任	仝上	36510
	許伯明	常務幹事	商	江蘇省銀行總經理	浙江路江蘇銀行	11277
	李世文	常務幹事	商	浙江建業銀行秘書	山西路浙江銀行	
	趙元慶	常務幹事	商	江蘇省銀行秘書	浙江路江蘇銀行	11277
組織概況	推舉社長、副社長、常務幹事，下設劇務、庶務、會計三組					
會員分類及人數	限制40人分永久社員、普通社員(社長、副社長、常務幹事為永久社員)					
經費來源及數目	由創辦人籌措伍百萬元，經常開支由採排時會員認定之					
消防設備	裝有滅火彈					
衛生設備	完全					

工作概況	每日下午六時至十一時練習
今後計劃	利用公餘時間練習戲劇，提倡正當娛樂，為社會慈善事業服務。
備註	
登記日期	卅十六年五月廿七日　　負責人　　包小蝶(簽名蓋章)
審查意見	擬准

資料來源：《三蝶華社票房申請文書》，上海檔案館館藏號：Q6-13-422，1947年5月。

表4-1-5：上海市社會局俱樂部及票房申請登記表(魯社)

上海市社會局俱樂部及票房申請登記表

(號數　315)

名稱	魯社	地址	西門路429號山東同鄉會	電話	84314	
性質	京劇俱樂部		創辦時間	卅五年九月一日		
創辦人	姓名	籍貫	職業	略歷	住址或通訊處	電話
	訾瑞霖	山東章邱	商	駿大華行	廣東路175號	
	張玉峰	山東商河	商		蒲西路238號	
	陳滋淏	山東昌邑	商	吉昌五金號	天津路長鑫里9號	
沿革	備案日期	年　月　日			備案機關	
	是否曾改組及整體情形	未				

189

	最近改選日期及次數					
負責人	姓名	職別	職業	略歷	住址或通訊處	電話
	訾瑞霖	職員	商	駿大華行	廣東路175號	
	李鵬飛		商		復興中路玉振里75號	
	楊清河	職員	商	益豐商店	中正南路173號	
	王郭五	職員	商		重慶南路顧家弄14號	
	趙崧泉	畫家	商		西門路永〇里76號	
組織概況						
會員分類及人數	基礎及普通兩種　計男女41人					
經費來源及數目	由社員擔任　每月約15萬元					
消防設備	有					
衛生設備	有					
工作概況						
今後計劃	研習平劇　聯絡同鄉感情					
備註						

登記日期	卅十五年十一月九日	負責人	訾瑞霖(簽名蓋章)
審查意見	查山東同鄉會內之魯社，是山東同鄉所組織之京劇俱樂部，其分子大多係商界老年票友，核與上海市俱樂部及票房登記規則尚無不合請鑒核。		

資料來源：《魯社卷》，上海檔案館館藏號：Q6-13-493，1946 年 11 月

　　為什麼用整整 7 頁的篇幅，鉅細靡遺的重繪這 4 個表格，用意在反映社會局對相關登記的調查與審核究竟詳細到何種程度。另外也是為了提供一些當時生活史研究的史料。黃金大劇院創辦人周信芳(1895-1975)，名士楚，字信芳，浙江寧波人，藝名「麒麟童」，為麒麟派(或稱麒派)老生創立者，知名的劇目有《四進士》、《清風亭》等。[4]劇團登記申請書事實上頗為簡略，只記載了最基本的人物、時間、地址等資料。重點在於「資金」這一項，申請書與調查表兩者數目差異極大，詳情已無法查證。考慮當時的物價，應該以調查表的數字比較可信。調查表就是由那位負責撰文介紹影劇審查的科員趙庭鈺，經過實地調查所填報的，在原始檔案中有他的簽名。

　　可以發現社會局在調查表的設計上，確實十分詳細，包括房間屋數、座位數目，職員人數、薪水等級。以薪水為例，該戲院的最高薪的演員月薪是 94,000 元，這個數字介於 1946 年

---

[4]　淮洲，〈名人相冊——周信芳〉，《檔案與建設》，2005:5(南京，2005.05)，頁30；劉厚生，〈周信芳的藝術成就和演劇思想〉，《中國戲劇》，2005:1(北京，2005.01)，頁11-12。

2 月社會局簡任八級至薦任一級文官生活補助費之間。[5]換句話
說當時上海知名的京劇演員(如周信芳本人)，需要相當於一個
高級文官(如社會局秘書)月薪才聘請常駐劇團表演。但是劇團
薪水最低只有月薪 10,000 元，比社會局最低職等的委任十六級
辦事員月薪 47,150 元還少得多，[6]相差 4.715 倍。另外也可以從
票價中發現一些有趣的事情，票價分為 9 等，相差近 10 倍，若
以一個委任十六級的公務員來說，他可以用月薪觀看 235.75 場
最低票價的戲，但若是月薪 10,000 元的劇場小演員，只能看
50 場。但社會局的調查也不是沒有問題，比如說對於消防設備
的調查，是否有更具體的消防與衛生規定，來幫助調查人判斷
設備是否充足，目前在社會局檔案中並不清楚。

　　至於三蝶華社的創辦人包小蝶，以唱青衣出名，甚至有「票
友界的梅蘭芳」[7]的稱號。社會局的職員劉守筠在調查報告中寫

---

[5]　內戰期間公務員主要工資收入稱為生活補助費，分為兩大部分，一為基
　　本費，二為按薪加乘數，基本費為一固定數字，按薪加乘數為按官俸高
　　低乘上一固定之倍數。1946年2月基本數為40,000，按薪加乘數為130倍。
　　見《上海市社會局生活補助費》，上海檔案館館藏號：Q6-16-723，1946
　　年 1 月 至 12 月 。 簡任八級官俸為 430 ， 按上述公式得出
　　430*130+40,000=95,900， 薦任一級官俸為 400， 按上述公式得出
　　400*130+40,000=92,000
[6]　按基本數為40,000，按薪加乘數為130倍，委任十六級之官俸為55，則基
　　本數與按薪加乘數為40,000+55*130=47,150。
[7]　楊 明 ， 〈 氍 毹 夢 痕 ： 近 代 梨 園 「 蘭 芳 譜 」 〉 ， 見
　　http://blog.yam.com/yeungming/article/19244078 (2009/4/5)。

到「三蝶華社票房申請登記一案,經查該票房負責人為包小蝶,現服務於中南銀行,地址設於靜安寺路靜安里 5 號樓下(即包之住所內)設備情形,尚稱整潔,社員均屬銀行從業員及有正當職業之人士,組織情形尚無不合,擬准予登記。」[8]事實上類似的票房大多是由工商業者、自由職業者、中高級的專業人員所組成,從 1920 年代數目就已經不少。[9]三蝶華社也是如此,都是由銀行職員組成。再舉數個例子,如聯義票房發起人佟金銘是工程師,參與者是商行經理,[10]膠社票房是由橡膠業經營者所發起,[11]綢業票房由綢緞商人所組織,[12]都證明此類組織依舊沿續戰前的風氣,是高級的職員階層的休閒活動。

俱樂部的部分,由前面所舉的例子可知,魯社是山東人所組成的「京劇俱樂部」,參與者是一群老票友,這三蝶華社的組成分子除了籍貫不同外,組織者的興趣與活動都一樣,可見票房與俱樂部區分不嚴格。

---

8   《三蝶華社票房申請文書》,上海檔案館館藏號:Q6-13-422,1947年6月14日。

9   徐劍雄,〈近代上海的京劇票友、票房〉,《史林》,2006:04(上海,2006.10),頁91。

10   《聯義票房》,上海檔案館館藏號:Q6-13-421,1949年3月。社會局職員的調查報告是:經查該票房確係業餘娛樂組織,以研究平劇為宗旨,負責人及其餘各分子均有正當職業,組織及設備情形尚無不合,擬准登記。與三蝶華社大同小異,重點在強調發起人有正當職業。

11   《膠社票房卷》,上海檔案館館藏號:Q6-13-491,1947年7月1日。

12   《綢業票房卷》,上海檔案館館藏號:Q6-13-489,1948年2月3日。

再以烏克蘭俱樂部作說明。該俱樂部是由烏克蘭人史維迪(J. V. Sweet)所發起，社會局的調查是「經查該俱樂部係在滬之烏克蘭僑民所組織，會員有 188 人，經費由會員捐助，負責人史維迪為一郵票商，外僑居住証係 071040，會內各項組織及設備均可，核與俱樂部登記規則尚無不合，擬准登記，惟該俱樂部係外僑組織，擬請第五科會簽」。從此批文中可以得知，這是社會局確實約詢過史維迪本人，否則無法在呈文中寫出這個人的外僑證號，另外文中提到的第五科主管商業公會及各種社團，這裡也可得知由外國人組織的俱樂部，在社會局的眼中不單純只是一個俱樂部而已，也被視為一民間社團，由兩個主管單位加以管理。這個俱樂部存在時間很短，從 1948 年 9 月成立到 1949 年 3 月 1 日停止活動，具體活動的時間只有 5 個月。[13]

　　最後談一下劇團的登記，劇團調查表與劇院調查表十分類似，申請人同樣必須說明資金來源，主要演員、導演姓名、聘請顧問等資料，與劇院調查表較不同的是沒有消防與衛生設備的檢查，取而代之的是需要說明利用哪一家劇院進行表演。

　　總體來說，上述登記手續並不複雜，申請書、調查表及演員略歷表(記載演員個人基本資料)一共不過三份表格，社會局

---

[13]　《烏克蘭票房》，上海檔案館館藏號：Q6-13-543，1948年9月至1949年3月，文章中提到的呈文時間是1948年9月13日。

還強調此項登記不收任何費用。而就所引用的例子來看，社會局也確實做到實際調查或約談負責人的規定。而且比報紙、雜誌通訊社相比，影劇審查的單位比較集中，主要負責單位就只有社會局而已。[14]

(二)劇院、劇團的數量統計

在登記手續之後，根據社會局檔案及刊物統計出影劇團體的數量，請看下表：

表4-1-6：上海市劇院及表演團體數量統計

類別\年月	戲院	劇社					合計
		書場	票房	劇團	俱樂部	音樂團體	
1946年2月	79	19	16	85	n/a	n/a	199
1946年10月	80	13	34	97	3	4	231
1947年5月	127	17	41	67	n/a	6	258
1948年	80	14	n/a	n/a	n/a	n/a	94

資料來源：1946年3月數據見《上海市社會局關於上海市劇團登記規則》上海檔案館館藏號：Q6-13-614，內附趙庭鈺呈稿，1946年2月26日；1946年10月數據見

---

[14] 社會局於1945年11月開始辦理戲劇審查時，曾一度呈文市政府，提出成立「上海市電影戲劇檢查所」，規劃由中宣部、電影戲劇審查所、警察局政治處，市黨部編審科，各指派一人或二人為委員，並聘請戲劇專家數人為檢查員，但是沒有看到市政府的回覆，不知道該案是否被市政府採納。見〈為擬聯合有關機關並聘戲劇專家組織上海市電影戲劇檢查所呈請鑒核示遵由〉，《報紙雜誌通訊社戲院劇團宗教團體等名單》，上海檔案館館藏號：Q6-12-198。內附簽呈，社會局第八處處長顧仲彝撰，1945年11月6日。

《社會月刊》，1:6(上海，1946.12)，頁58；1947年05月數據見《社會月刊》，

2:5(上海，1947.05)，頁42-51；1948年數據見吳農花(主編)，《上海統覽》，頁

321-324。

表4-1-7：上海市各類劇院數量統計

類別 年月	戲院						合計
	電影院	京劇院	滬劇院	越劇院	淮揚劇院	其它	
1946年2月	33	7	4	28	3	4	79
1947年5月	40	5	12	34	21	15	127
1948年	45	5	地方劇院合計30				80

資料來源：1946年3月數據見《上海市社會局關於上海市劇團登記規則》上海檔

案館館藏號：Q6-13-614，內附趙庭鈺呈稿，1946年2月26日；1947年05月數據見

《社會月刊》，2:5(上海，1947.05)，頁42-51；1948年數據見吳農花(主編)，《上

海統覽》，頁321-324。

上面表格中所指的劇院是指包括電影院、京劇院、地方劇院(滬
劇、粵劇、常錫劇、江淮維揚戲、越劇)、滑稽劇院。書場就是
表演說書的場地，內容以野史、稗官小說為主。[15]票房或俱樂
部是業餘人士為從事戲劇所組成的團體，按照《上海市票房及
俱樂部登記規則》第一條之規定：凡稱俱樂部或票房，係以有

---

[15] 屠詩聘的《上海市大觀》有一段話很值得參考：書場就是先生說書的場
地，到上海來說書的有南北兩派。一為江北派，用揚州口音來講解，一
為江南派，用蘇州口音來講解。說書當中又有彈弦(彈詞)與評話之分，
還有單擋雙擋之別，單擋就是一個人，雙擋就是兩個人，彈詞就是除了
說詞之外還有彈唱，評話就只有一塊小木頭在桌上拍拍，他們叫作靜語。
見《上海市大觀》，頁下61。

正當職業人士，利用業餘時間共謀高尚娛樂研究劇藝，交換智識，聯絡感情，而不以營利為目的所組織之團體為限。但兩者如何區分則不清楚。[16]劇團係指業餘的話劇劇團，音樂團體則是公開演奏的樂團。

從表4-1-6得知，上海市劇院及表演團體的總數，從1946年2月(開辦登記後3個月)有199個，到1947年5月達最高峰有258個，成長29.65%，其中劇院及票房兩類是持續成長，書場數目變化不大，反而是劇團在1946年10月一度出現97個達到頂點，7個月後已經開始減少。社會局的解釋是：業餘的話劇團中，大半是學生或知識較高的職業青年所組成的，但是他們因為經費多不充分，而且話劇演出，成本重，賣價貴，所以現在劇團公演的很少。[17]至於表4-1-7各類劇院的數量來看，電影院數量不斷增加，即使在1948年也是如此。至於地方戲方面，上海本地的滬劇院數量反而不及越劇[18]及淮揚劇，[19]至於1948年以後，各

16　趙庭鈺，〈劇院書場劇團票房俱樂部申請登記〉，《社會月刊》，2:7-8(上海，1947.09)，頁38。

17　趙庭鈺，〈上海戲劇界鳥瞰〉，《社會月刊》，2:5(上海，1947.05)，頁51。

18　越劇即浙江東部的地方戲，又稱紹興文戲或篤班，早期以以男性演員為主，劇目多為才子佳人的民間故事，1920年代後半開始有女演員加入演出，至1940年代逐漸成為主流，知名劇目有梁山泊與祝英台、祥林嫂等。見屠詩聘的《上海市大觀》，頁下60。

19　淮揚劇是對江蘇地方戲的總稱，據趙庭鈺的描述，此種地方戲的興盛實得力於蘇北人，他們占上海勞工階層的大多數，而蘇北人的娛樂即是觀

種表演地方戲的劇院是否迅速減少，又以何種減少最多，目前
史料不足無法分析。

如果將1947年5月的144家劇院及書場作地點的分析，有12
家在南京路上，也有12家在中正路（今淮海路）上。電影院中
以大光明戲院規模最大，[20]負責人胡治藩為浙江實業銀行（中
國第一家民營銀行）創辦人胡濟生之子。胡治藩同時也是知名
的小說家及票友。[21]還有一人也值得一提，即季固周。季氏為
上海人，電影院商業公會理事，身兼多家劇院的負責人，是當
時的電影院大亨。[22]

第二節　電影審查與放映糾紛

(一)電影審查的數量與審查標準

前面談到電影審查就影片的內容而言，審查權在內政部中
央電影檢查所，社會局僅做形式上的複審。現存的社會局檔案

賞淮揚劇。趙庭鈺，〈上海戲劇界鳥瞰〉，《社會月刊》，2:5(上海，
1947.05)，頁47-48。

[20]　根據屠詩聘的《上海市大觀》所提供的上海市電影院座位數表，大光明
戲院有1,951個座位，為當時上海市容納觀眾人數最多之電影院。同樣由
胡治藩任負責人之國泰戲院容納人數為1,000人，見該書頁下40。

[21]　李楠，《話說胡治藩》，《書城》，2008:6(上海，2008.06)，頁85-88。

[22]　中國經濟資料社(編)，《上海工商人物志》(上海：中國經濟資料社，1947)，
頁91。

中對 1946 年至 1948 年間有影片審查資料保存很完整，基於研究的完整性在此一併加以分析，茲將各月份統計資料列表如下：

表4-2-1：審查電影數量統計表(1946年5月-1948年7月)

年月 \ 出品國	中國	美國	英國	蘇聯	其它	禁片	小計
1946/05	59	158	1	8	0	3	229
1946/06	31	114	1	6	0	1	153
1946/07	52	75	13	4	0	0	144
1946/08	44	75	3	2	0	0	124
1946/09	53	62	5	1	0	2	123
1946/10	37	78	13	6	0	3	137
1946/11	37	73	3	12	0	0	125
1946/12	23	131	30	3	0	4	191
1947/01	20	66	14	5	0	1	106
1947/02	13	73	24	18	0	1	129
1947/03	13	77	7	4	5	2	108
1947/04	17	70	14	21	1	0	123
1947/05	18	53	9	8	0	1	89
1947/06	11	55	5	6	0	0	77
1947/07	15	62	11	17	0	0	105
1947/08	15	64	12	15	0	0	106
1947/09	16	87	8	8	2	1	122
1947/10	21	50	13	15	10	1	110
1947/11	18	75	7	10	3	2	115
1947/12	27	71	23	22	1	1	145
1948/01	23	52	9	11	1	1	97
1948/02	24	53	9	15	0	1	102
1948/03	11	40	8	0	7	1	67
1948/04	18	65	8	2	1	0	94
1948/05	28	64	10	6	4	0	112
1948/06	16	46	16	31	15	1	125
1948/07	19	47	7	3	2	1	79
合計	679	1936	283	259	52	28	3237

平均數	25.15	71.70	10.48	9.59	1.93	1.04	119.89

資料來源：《電影片檢查一覽表》上海檔案館館藏號：Q6-13-627，1946年5月1948年7月。

圖4-1-1：送審電影片國籍比例圖

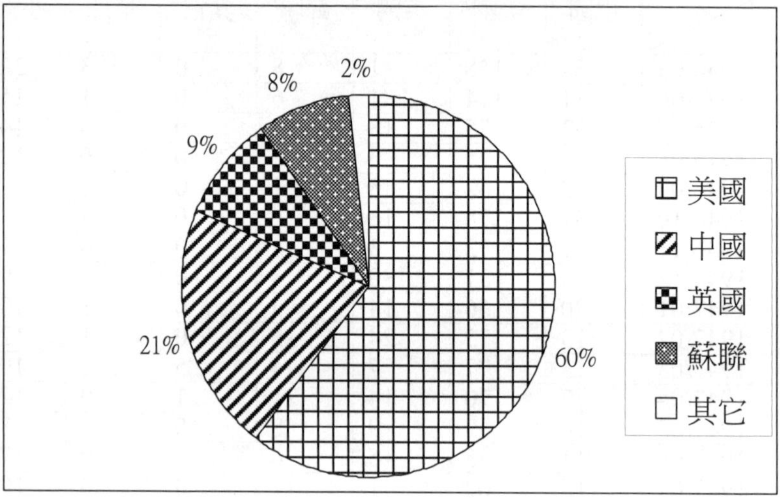

資料來源：根據表4-2-1數據繪製而成。

就總數來看，美國影片1936部占60%，其次才是中國影片679部占21%，英國影片283部占9%，蘇聯影259部片8%，其它國家以法國為主，義大利及韓國電影只有零星的個位數。就個別月份而言，以1946年5月為最多，有229部，大部分每月審查數量在100部以上，單月審查少於100部影片的月份只有6個月份。總計27個月平均每月審查119.89部影片。總數3237部電影

中遭到禁演的只有28部，占總數0.86%[23]。那麼審查的標準是什麼呢？將電影審查標準列表如下：

表4-2-2：電影審查標準表

甲、有損中國民國之國體者	1.	意圖危害中華民國者。
	2.	惡意詆毀國民政府者。
	3.	違反最高建國原則三民主義者。
	4.	侮辱國家元首者。
	5.	挑撥離間國內外各民族感情者。
	6.	表演有損我國榮譽之情事者。
乙、妨害善良風俗及公共秩序者。	1.	表演兒童犯罪之情節而無教育之意義者。
	2.	表演重犯及履犯行為而結論不予法律制裁者。
	3.	對於犯罪描寫過分同情者。
	4.	描寫淫穢之情態者。
	5.	描寫對異性施以引誘或強暴手段以達姦淫之目的之情形者。
	6.	描寫或暗示亂倫之情形者。
	7.	表演全部裸體者。
	8.	以不正當方法表演男女脫卸衣褲暴露肉體引起性感者。
	9.	表演生產臨盆或墮胎之情景者。
	10.	表演性衛生暴露性器官而無嚴正醫學立場者。

---

[23] 汪朝光有〈戰後國民黨政府的電影檢查〉一文也對戰後電影審查數量做出統計，雖然使用同一批史料，但可能出自檔案彼此重疊原故，汪先生的統計缺少1948年7月的的數量，已由本書的統計表中補足。另外汪先生的統計還包括1948年8-9月，所以在影片總數上多了129部(內含2部禁片)，汪朝光，〈戰後國民黨政府的電影檢查〉，《南京大學學報》(哲學、人文科學、社會科學版)，2001:06(南京，2001.12)，頁120-121。另外汪朝光的另外兩篇論文就戰後電影娛樂的興盛及美國電影在上海放映情形有很深入的討論，見〈上海電影的現實主義品格與娛樂風格──由戰後上海電影業的興盛說起〉，《電影新作》，2006:6(上海，2006.12)，頁19-22；〈戰後上海美國電影市場研究〉，《近代史研究》，2001:1(北京，2001.02)，119-140。

	11.	描寫自殺行為而無道德上之積極意義者。
	12.	描寫暗殺行為足以引起模仿行為者。
	13.	描寫貪汙行為而結論不予法律制裁者。
	14.	陳設恐怖屍體之情景者。
	15.	描寫虐待人類及動物者。
	16.	非情節所需要而過分表演賭博狹妓等足以誘惑青年之情事者。
	17.	非情節所需要而過分描寫盜匪流氓等擾亂社會秩序及妨害公共治安而有海盜之意識者。
	18.	描寫個人或團體不正當之爭鬥行為者。
	19.	描寫施用殘忍工具殺人及處決罪犯之恐怖情形者。
	20.	描寫殘忍之決鬥而使人恐怖之情形者。
	21.	表演動物殘害人類者。
丙、提倡迷信邪說者	1.	表演怪異徵兆及無稽邪說而有提唱迷信之情事者。
	2.	專以迎神賽會及崇拜偶像等為主題表演迷信無知行為者。
	3.	表演迷信而其情節非根據文藝文著所改編者。
	4.	描寫奇異傳說而無童話寓意者。

資料來源：中國第二歷史檔案館(編)，《中華民國史檔案資料匯編》，第五輯第三編　文化，(杭州：江蘇古籍出版社，1999)，頁421-422。

表4-2-3：1946-1948年禁演電影一覽表

國別	片名	申請公司	出品公司	禁演原因	初/複檢	檢查日期
中國	歌臺艷史	中國影業聯營社	天一	以內容不合戰時需要禁演有案，茲依照前案暫予禁演。	複	1946/05/04
美國	嫡女俗緣	聯美	聯美	以內容違反檢查標準，丙項第一條之規定應予禁演。	初	1946/05/17

中國	隱身女俠	藝華	中服處	以內容違反電影檢查標準，丙項一、二兩條之規定應予禁演	複	1946/05/20
中國	女殭屍	樂群	藝華	以內容全部違反電影片檢查標準丙項各條之規定，應予禁演。	初	1946/06/24
美國	豺狼精惡鬥科學怪人	環球	環球	以內容違反電影片檢查標準丙項之規定應予禁演。	初	1946/09/02
美國	煉屍巨魔	黑格	萬國	以內容違反電影片檢查標準丙項之規定應予禁演。	初	1946/09/28
美國	歌舞女郎	萬國	新德世	以內容違反電影片檢查標準丙項各條之規定應予禁演。	初	1946/10/15
美國	萬國舞姿	萬國	新德世	以內容違反電影片檢查標準丙項各條之規定應予禁演。	初	1946/10/15
中國	七重天	國華	國華	以內容違反電影片檢查標準丙項各條之規定應予禁演。	複	1946/10/19
美國	清歌妙舞	萬國	愛基斯	以內容違反電影檢查標準乙項第四、七、八各條之規定應予禁演。	初	1946/12/06
中國	芭蕉葉上詩	天一	天一	以內容違反電影檢查標準甲項第六條之規定予禁演。	複	1946/12/07

美國	赤膽忠心	聯合	聯合	以內容描寫日人侵略性之法西斯的思想及黷武主義，雖有序言說明攝製該片意義，然對本國觀眾仍不足消除其不良影響。當今盟國管制日本○○○○，○此項極端偏狹思想之時○○鼓吹戰敗國家盲目勝利之影片不宜放映，應予禁演。	初	1946/12/13
美國	義結金蘭	米高梅	米高梅	以內容違反電影片檢查標準乙項第一條及第十七條之規定應予禁演。	複	1946/12/10
中國	地獄探艷記	中服處	新華	以內容違反電影檢查標準丙項第一條之規定應予禁演。	初	1947/01/21
蘇聯	宣誓	新藝	脫比里斯	以內容有挑撥階級仇恨之情節，且以農工階級聯合起來之口號，向各國之農工進行煽動性之號召，值此舉國一致力謀團結及實現民主之時，此種情節之影片實不宜在本國映演且片中描寫法國外交部長龐納之各種舉動過於卑劣亦失真實性，核與電影檢查標準不合，應予禁演。	初	1947/02/04

說明：從1947年3月的禁演電影表，多了一個欄位及「類別」，故將表別分割成為二，以利讀者瞭解。

國別	類別	片名	申請公司	出品公司	禁演原因	初/複檢	檢查日期
美國	奇情	黑夜孤魂	哥倫比亞	哥倫比亞	以內容觸犯電影檢查標準丙項第一條之規定應予禁演。	初	1947/03/12
法國	奇情	永結同心	義大利	法國	以內容觸犯檢查標準乙項及丙項之規定應予禁演。		
美國	恐怖	聊齋外記	派拉蒙	派拉蒙	以內容描寫鬼怪觸犯電影檢查標準丙項第一條之規定應予禁演。	初	1947/05/08
美國	恐怖	木乃伊復仇	環球	環球	該片觸犯電影檢查標準乙項第十四條及丙項第一條之規定應予禁演。	初	1947/09/19
美國	習稽	現見鬼	環球	環球	以內容違反電影檢查標準丙項第一條之規定應予禁演。	初	1947/10/07
蘇國	新聞	北朝鮮	亞洲	中央紀錄	內容核與本國當前國策相抵觸且觸犯電影檢查標準甲項第三款之規定應予禁演。	初	1947/11/05
美國	偵探	賣命記	華西	眾星	內容觸犯電影檢查標準乙項第十七條之規定應予禁演。	初	1947/11/16

中國	倫理	辣手蛇心	嶺峰	嶺峰	內容觸犯電影檢查標準乙項第四款及十六款之規定應予禁演。	初	1947/12/5
美國	喜劇	太虛道人	哥倫比亞	哥倫比亞	內容觸犯電影檢查標準丙項第一款之規定應予禁演。	初	1948/01/12
美國	武俠	英雄本色	聯美	聯美	內容觸犯電影檢查標準乙項第二及十七條之規定應予禁演。	初	1948/02/03
中國	社會	三姊妹	天南	大生	內容觸犯電影檢查標準甲項第三、七兩條之規定應予禁演。	初	1948/03/03
美國	恐怖	再世人妖	福斯	福斯	內容觸犯電影檢查標準丙項第一條之規定應予禁演。	初	1948/06/22
美國	家庭	兩對夫妻	長虹	商業	內容觸犯電影檢查標準乙項第四、八兩條之規定應予禁演。	初	1948/07/14

說明：按時間先後排列。資料來源：《電影片檢查一覽表》，上海檔案館館藏號：Q6-13-627，1946年5月1948年7月。

　　先從電影審查標準談起，共計三大類 31 條條文，乍看之下

似乎條文甚多，但實際上，卻大多定義不清，特別是丙類提倡
迷信邪說者的 4 項條文，而且讓人有無所適從的感覺，比如說
丙項第 3 款，表演迷信而其情節非根據文藝文著所改編者，不
禁令人想問：如果題材源自文學作品中的神話故事是不是就不
算迷信，那麼又如何不會牴觸丙項第一款所稱的「有提唱迷信
之情事」。而迎神賽會與表演迷信無知行為劃上等號恐怕會有爭
議。[24]蕭知緯研究戰前的電影檢查制度時曾說：電影檢查雖然
是以法律條文來加以規範，但電影檢查從來不是法律問題，因
此電影檢查的法律條文也刻意的模糊與令人難懂(deliberately
vague and elusive)以便檢查機關能依據環境的需要來詮釋法律
條文。[25]戰後電影檢查標準雖然經過若干簡化，[26]但條文仍給予
主管機關很大的詮釋空間，所以在表 4-2-3 中許多部電影被禁

---

[24] 國民政府如何看待迎神賽會不在本文的討論範圍之內，不過在此指出一
點：在中日戰爭時，政府為提倡節約，曾制定《取締迷信用紙辦法》，
將迎神賽會所焚燒的紙錢，視為「迷信用紙」，要求印刷廠必須改印其
它出版品，也是一個將迎神賽會活動視為迷信的例子。見《國民政府公
報》，渝字第791號(重慶，1945.06)，頁11-12。

[25] Xiao Zhiwei, "Film Censorship in China, 1927-1937" (Ph.D. dissertation,
University of California in San Diego, 1994), p. 260.

[26] 1932年版的電影檢查標準共分5大類46條，最大不同在於違反三民主義被
獨立為一類還有其它禁止事項，1932年版的條文刊載於教育內政部電影
檢查委員會(編)，《電影檢查委員會公報》，目前臺灣各圖書館並未收
藏，僅能根據蕭知緯所作的英文翻譯作初步的解讀，無法詳細比較條文
差異。見Xiao Zhiwei, "Film Censorship in China, 1927-1937" (Ph.D.
dissertation, University of California in San Diego, 1994), pp. 300-302.

止放映的理由,也僅僅註記為「以內容觸犯檢查標準乙項及丙項之規定應予禁演」,這種僅註明甲乙丙哪一項而不指名具體的那一款的情形,也可以說明主管機關事實上也運用的這種條文中的詮釋空間。

　　早在 1928 年國民黨擬定的電影審查條例草案中,就已經出現後來在歷次電影審查標準中,重複出現重要條文,如關於國體者,有「損及國家尊嚴者禁止」及「損及民族尊嚴之行動如叩頭、跪香等等狀態者禁止」;「關於風俗人性者」一項,共有 40 項目,如兒童犯罪、及生產或墮胎之描述禁止,所以說 1928年這個電影審查條例草案是一個重要的參考指標。

　　其中「關於風俗人性者」的前 10 項包括:(1)佞神拜佛之描寫禁止;(2)禮經懺、放燄口、作道場、還願、香會、打醮等一切迷信行為之禁止;(3)教會儀節之描寫禁止;(4)關亡、圓光、扶乩等一切人鬼交通之描寫皆禁止;(5)陰陽、五行、性命、風水、葡筮等一切迷信風俗之描寫皆禁止;(6)一切與迷信有關之職業―如冥器、紙錢商之描寫皆禁止;(7)殭屍及屍變之描寫皆禁止;(8)鬼狐之變幻之描寫皆禁止;(9)停屍床上之景象禁止;(10)涉及鼓勵群眾神怪之信仰者不得藉口於因果報應之說,以自處於其愚惑群眾之罪過。[27]

---

[27] 盛澤,〈我國最近之電影審查條例〉,收入於盧夢殊(編),《電影與文

　　以上 10 點對於瞭解國民黨認定「迷信」應該有很大的幫助
(相較於表 4-2-2)，特別是殭屍、屍變與鬼狐的描寫是禁止的，
以後歷次的電影檢查規則中雖然沒有再次出現禁止描寫殭屍與
鬼狐的條文，但這個條文的作用仍一直存在，如此便不難理解
在查禁的電影中有「木乃伊復仇記」、「現見鬼」這些很明顯與
上鬼怪有關的電影被查禁。

　　1928 年的電影審查草案主要的執筆者是朱應鵬，是 CC 派
的成員之一，當時擔任市黨部監察委員，也是 1930 年代「民族
主義文學運動」的作家之一，[28]國民政府的文藝政策一直高舉
「民族主義」的大旗，從 1930 年 6 月潘公展、朱應鵬的〈民族
主義文藝運動宣言〉到 1942 年 9 月張道藩發表的〈我們需要什
麼樣的文藝政策〉，當有其一脈相承的特點：那就是強調國族至
上，文藝的最高使命就是發揮民族的精神和意識，並且不專寫
社會黑暗，不挑起階級仇恨，不寫不正確的意識。[29]

藝：銀星號外》(上海：上海良友圖書公司，1928)，頁89-95。

[28]　民族主義文學運動是1930年代，由親近國民黨文人為對抗共產黨的左翼
　　　文學而發起，主要刊物有《前鋒週報》、《前鋒月刊》、《現代文學評
　　　論》等，畢豔、左文，〈"左聯"時期國民黨文藝期刊淺探〉，《中國文
　　　學研究》，2006:1(長沙，2006.04)，頁69。

[29]　關於國民政府的文藝政策，請參見李瑞騰，〈張道藩先生「我們所需要
　　　的文藝政策」試論〉，《臺北市立圖書館館訊》，6:1(臺北，1988.09)，
　　　頁96-103。倪偉，《「民族」想像與國家統制──1928-1948年南京政府的
　　　文藝政策及文學運動》(上海：上海教育出版社，2003)。胡芳琪，〈一
　　　九五〇年代臺灣反共文藝論述研究〉(新竹：國立清華大學臺灣文學研究

　　在這樣的政策下，歷次的電影檢法規查始終有不得描寫社會黑暗面的條文，如不得描寫賭博狹妓的情節也就不足為奇。從這個角度思考，在國民黨部分文人的眼中，迎神賽會、進香還願等行為，也可能算是暴露社會黑暗面，或反映一般民眾無知行為而不准出現在電影中。誠如披露這個電影審查條例草案的盛澤說的一句話:「我們要使中華民族真確地自信民族的尊嚴與偉大，自信能力不弱於歐美的民族，便不得不將阻礙自信民族能力的一切思想行為禁止宣傳。」[30]國民政府的歷次電影檢查標準，從 1928 到 1949 年都以宣傳民族主義為中心思想，凡是被認為有宣傳陳舊的、迷信的、腐化的、卑劣的思想與行為，都是違反民族主義精神的，都在禁止的範圍。[31]

　　總計戰後 4 年間 28 部查禁電影中，援引甲項各條的有 3部，乙項各條的有 6 部，乙丙項皆有的 2 部，丙項各條的有 14部，特別說明的有 3 部。除了丙項前面討論過或許可以總稱為

所碩士論文，2007)。張大明，《國民黨文藝思潮──三民主義文藝與民族主義文藝》(臺北：秀威資訊公司，2009)。

[30]　盛澤，〈我國最近之電影審查條例〉，頁95。

[31]　此種政策在電影檢查中屢見不鮮，在許多中國自製的電影中，被運用的更加頻繁。再舉一例說明：在1947年9月由聯華電影公司出品的電影《賽金花》中，就有八國聯軍殺害中國人和被認為對李鴻章過份侮辱的鏡頭，被電影檢查處刪除，都可以視為一種民族主義文化政策的運用。見《電影片檢查一覽表》，上海檔案館館藏號：Q6-13-627，1946年5月1948年7月。

「提倡迷信」之外，曾被援引的條文還有甲項理由有違反三民主義及有損中國榮譽、乙項則是描寫淫穢及鬥毆情節。以影片出版國來看，美國片有 16 部占絕大多數，其中多數是被歸納為恐怖片的科幻電影。在查禁的外國電影中，由於檔案沒有註明英文片名，造成查證上的困難。

圖 4-1-2：Frankenstein Meets the Wolf Man 海報[32]

　　不過《豺狼精惡鬥科學怪人》一片，應該是環球電影公司
於 1943 年拍攝的 *Frankenstein Meets the Wolf Man*，[33]因為中文
電影片名是直接翻譯自英文片名，所以較為肯定。實際觀賞該
電影後發現：該部影片有以下幾點可能被認為有迷信的嫌疑：

---

[32] 資料來源：翻攝自2001年版DVD之封面。

[33] 劇情摘要如下：兩名盜墓者企圖偷取陪葬品，卻意外使死亡的人復生，
該人復生之後變成狼人，並在月圓之夜殺死當地居民。狼人亦知到自己
在月圓之夜有殺人的「惡習」，藉由一吉普賽老寡婦幫助逃到另一個村
落，希望尋求怪人科學家的幫助能不再變身為狼人，但該名科學家卻早
已去世，狼人再殺人後為村民追補時，意外喚醒由去世的科學家製造的
怪獸，並發現科學家遺留的日記，狼人希望與怪獸交換以尋求永生，在
另一名醫生的協助下展開實驗，醫生因個人私心欲見識怪獸的最大威
力，故進行新的實驗，最後由狼人與怪獸展開打鬥，同一時間居民破壞
水壩，狼人與怪獸一起淹沒在滾滾洪水中。

(1)主角在死亡 4 年後復生並變成狼人；(2)主角變身成為狼人後共有 3 次不明原因的殺人，並以畫面或對話描述以咬斷被害人喉嚨的手段致人於死；(3)電影最後有狼人與怪獸格鬥的場面。上面(1)點都極可能被視為「表演怪異徵兆」(丙項第 1 條)，因為人無法死而復生，月圓之夜也不會變成狼人，而(2)點可能涉及「表演動物殘害人類者」或「描寫施用殘忍工具殺人」(乙項19、21 條)，第(3)點與第(1)相同，因為人類無法製造出巨型怪獸，更不可能與現實世界中不存在的狼人相互攻擊。[34]前面已經說過雖然戰後電影檢查刪除了禁止殭屍、屍變與鬼狐的條文，但實際上政府仍是不允許類似情節，從這一部電影中也可以得到印證。

可以再從另一個角度觀察電影的審查，民光劇院是 3 家公營的電影院之一，由公營劇院管理委員會負責管理。公營劇院需將電影播放情形、營業收支及人事進退等資料，由管理委員會編製月報表送社會及教育兩局備查。而所謂「電影播放情形」有劇情記載一欄，包括影片名稱、性質、主題(劇情摘要)、宣傳意義等四個項目，現以 1946 年 7 月份海光劇院呈報的電影劇情記載來做例子：

---

[34] *Frankenstein Meets the Wolf Man.* DVD, dir. Roy William Neill (1943; Universal City: Universal Studio, 2001).

表4-2-4：1946年7月份海光劇院電影劇情記載

劇名	性質	主題	宣傳意義
金粉世家	社會片	見所呈之說明書	少年處世稍越規矩即失足成千古恨
奈何天	社會片	仝上	年青男女與惡劣社會掙扎終獲成功
卓別麟傳奇	滑稽片	仝上	諷刺社會人情之矛盾與虛偽
璧玉簪	故事片	仝上	敘述古代婦女在專制社會淫威下飽受荼毒
大家庭	社會片	仝上	敘述大家庭之日趨沒落
孟麗君	故事片	仝上	暗示中國古代人民之男女平等思想

資料來源：《上海市社會局關於民光、海光劇院業務概況》，上海檔案館館藏號：Q6-16-337，第二卷(海光劇院)，1946 年 7 月之月報表。

可以從表 4-2-4 中看出：至少在公營劇院放映的電影中，都必須被賦予某種「正面」的宣傳意義才能獲准放映。這種「正面」的意義不外乎符合正當的社會規範，如不得有違反法律的行為，即使社會有黑暗的一面，但個人只要憑藉努力能改變命運等訊息。社會局十分重視戲劇所負擔的教育大眾的任務，除了前面引用趙庭鈺的說法，蔡殿榮也說公營劇院在社會文化方面，它擔任兩種使命，在其本身為提高映演水準，減低民眾娛樂消費；在教育及社會文化方面，則輔助正常之活動。[35]

目前現存的檔案中以民光、海光這兩家公營劇院所保存的表單最為完整，也保存部分電影大綱的說明書，證明社會局確

---

[35] 蔡殿榮，〈上海市社會文化的動態〉，《社會月刊》，1:1(上海，1946.07)，頁24

實有進行放映前的審查(包括劇情說明書,放映時間,准演證號碼),但類似表 4-2-4 這樣電影劇情記載是否有推行至其它民營劇院還不清楚。

這樣「宣傳意義」的描述事實上是很模糊而隨意的,如《孟麗君》[36]一片在 1947 年 7 月再度在海光劇院上映,宣傳意義改寫成「民間尊重女權的故事,惟有奮鬥才能成功」,[37]《孟麗君》故事的原型來自於清代才女陳端生的談詞《再生緣》,故事大意為孟麗君女扮男裝營救遭到奸人陷害的丈夫。諷刺的是:用一個歷史上根本不存在的女子,用不合常理女扮男裝的方式當上高官並且解救自己的丈夫,來宣傳「民間尊重女權」,實在是牽強附會的成分居多。像這樣在「宣傳意義」在填入迎合官方意識型態的說明,可以看做劇院的經營者在對於社會局審查政策所作的應變措施,就是俗語所說的「上有政策,下有對策」。所以說不只官方在電影檢查的法律有很大的詮釋空間,電影院的經營者們也在呈報相關送審資料時,有「自由發揮」的空間。

---

[36] 《孟麗君》此部電影在1940年由國華影片公司拍攝,由知名演員周璇、舒適等人主演,導演為張石川,為1940年代極受歡迎的古裝電影。以上資料參見《上海市社會局關於民光、海光劇院業務概況》1947年7月月報表中對《孟麗君》一片的呈報文件。

[37] 《上海市社會局關於民光、海光劇院業務概況》,上海檔案館館藏號:Q6-16-337,第二卷(海光劇院),1947年7月月報表。

(二)電影《假鳳虛凰》的放映糾紛

電影《假鳳虛凰》是由文華電影公司[38]於 1947 年所拍攝的一部喜劇片，內容描述一對青年男女都想透過徵婚，嫁(娶)有錢人來改變自己的經濟狀況，但男主角所飾演的理髮師與女主角飾演的寡婦在交往的過程中，卻不斷露出破綻，最後終於結婚卻也發現對方並非有錢人，在一陣爭吵後終於覺悟，攜手展開新生活。上海市理髮業職業工會認為男主角所飾演的理髮師在言語及肢體動作上，有侮辱理髮師的嫌疑，要求刪減 9 處不適合之處，並具體向社會局陳述理由如下：

表4-2-5：電影《假鳳虛凰》的爭議鏡頭與理由

爭議鏡頭	上海市理髮業職業工會所持的理由
(一)張經理說鑽戒戴在理髮匠手上即是假的，如戴在公司經理手上便是真的。	此點顯然諷刺業理髮者無戴鑽戒之資格，足徵對我業有鄙視。
(二)三號手上頭上擦汗時說聲乖乖。	此常為外埠人用以諷刺蘇北土語者，採用此種土語且出言時故意作

---

[38] 文華電影公司成立於1946年8月，該公司的編劇導演大多是對中日戰爭期間「苦幹」話劇團的成員，包括黃佐臨(即《假鳳虛凰》一片之導演)、柯靈、黃紹芬、石揮(即《假鳳虛凰》一片之男主角)等人。當時的劇評家對文華電影公司出品的電影多持正面評價，認為文華公司的片子不僅超過我們的估計，且維持了相當的水準，劇本的抉擇，導演的認真，演員的賣力，攝製錄音的良好，都是成功的要素。見柳小鳳，〈從「假鳳虛凰」起家的文華電影公司〉，《大地週報》，93(北京，1948.01)，頁11。而後來的研究者也認為該公司作品創作性高，具有獨特的藝術色彩。見鍾大豐，《中國電影史》(北京：中國廣播電視出版社，1995)，頁77。

	態過甚，究其用意已甚明瞭。
(三)三號理髮師向同店店員借款時數數及借衣服與鞋子。	此處極力形容理髮業同人之與廢微，繪聲會色，見之難堪。
(四)三號理髮師求婚時用剃刀自殺	此處係諷刺理髮者不配穿西裝，譏其不能自重，竟在領帶上盪刀，自暴甚醜，且本業中沒有用剃刀自殺之事實，此種動作給予本業中人極惡劣之影響。
(五)匠字應改為師字。	自國民革命軍發動薙髮後，本業之業務與地位皆已特別進步，業中人莫不力爭上游，此舉為世所公認，該片將本業中人貶為匠字之稱，故意壓迫本會同人之願望。
(六)三號理髮師雙手伏在女客肩頭上。	此點極端形容本會之同人對女顧客之輕侮，不但使端重之婦女對理髮望而卻步，抑足引起其男性配偶之疑妒，至於本業之影響實有不可思議之害。
(七)七號理髮師咖啡館當衣後不應只穿汗衫。	據此諷刺理髮業中人行為卑鄙之甚實覺難堪。
八)耳朵上香菸不應放。	片中理髮者將吸餘之捲煙屁股由地拾夾於耳邊上，諷刺我業之人不恤品格以至於此。
(九)三號理髮師對張經理說：你太太說你外面有女朋友。	此以太太之身分對理髮者誇其夫之秘事，令人懷疑女顧客對理髮者何以如此親暱，並疑示我業中人專事探討他人密事，藉此形容本業同人之輕佻，使受世人之唾罵與毒恨。

資料來源：《影片假奉虛凰糾紛案》，上海檔案館館藏號：Q6-13-629，內附上海市理髮業職業工會於 1947 年 6 月 16 日呈社會局文件。

　　從工會所陳述的理由看來，大部分是主張該影片醜化了理

髮師的形象,將理髮師描繪成卑微、受人歧視,不配穿西裝、戴珠寶,且喜歡窺探顧客隱私的社會下層人物。特別是第二點,影片中模仿蘇北人說「乖乖」的腔調,被認為是外埠人用以諷刺蘇北土語,有侮辱蘇北人的嫌疑。而第五點「理髮匠」與「理髮師」一字之差,也成為爭議點,但目前沒有找到相關法令證明國民政府有對類似的稱呼作出明確規範。對此文華公司對此的答覆很簡短:「客觀上均無合乎譏評誹謗之條件,自無將該影片修改之必要,是非曲直社會自有定評。」文華公司的立場顯然是:理髮工會所持的理由多是主觀的感受問題,但「客觀上」電影公司沒有這樣的意圖。

理髮業職業工會於1947年7月1日,再度去函文華公司及社會局。再度要求文華公司刪除上述爭議的鏡頭,同時宣稱:「該片與理髮師關係彌深,本會惟恐引起衝突,請將該片停映較為妥善,並提九點修正在案。迄今事經半月,全市理髮師不明究竟,親自來會或書面諮詢者日必數十人。相應函請迅將該片上映與否及是否業經修改,3日內詳細函復,否則如遇意外事故本會概不負責。」[39]

工會的態度十分堅持,不惜以威脅的口吻逼迫文華公司讓

---

[39]　《影片假奉虛鳳糾紛案》,上海檔案館館藏號:Q6-13-629,內附上海市理髮業職業工會於1947年7月1日呈社會局文件。

步,但文華公司不為所動,在7月11日試映會中果真發生衝突,
社會局職員陳肅撰寫報告提到:「奉市政府令以處理理髮業職工
會呈關於『假鳳虛凰』一片案飭查明具報,惟恐迭起糾紛影響
社會秩序,初經分別召集談話定於大光明試映,乃因各報透露
消息,理髮業前往要求參觀試映者逾2000人,當時秩序欠佳,
恐滋意外,遂囑大光明經理許伯掛牌『談判未妥暫停試映』,並
由第二處魏鏞同志勸散。」所以這一場試映會便被迫中止。

《申報》對此事的記載則是:「大光明戲院竟為本市理髮業
職業工會會員及理髮業同業公會會員包圍,所有出入口均被派
員把守,凡遇觀眾持束入場均遭阻擋門戶,一時觀眾莫名所以,
如墮五里霧中。」[40]

事情並未落幕,陳肅接著寫到:據所得情報,有奸人從中
作弄,擬定三步驟:(一)發動罷工罷市造成流血慘案;(二)搗毀
文華公司,打爛上映戲院;(三)挑撥職工會與理監事之情感,
務達停映該片之目的,又誣蔑其受賄答應改組工會。且又有訟
棍擬借此向文華公司索詐。另一消息:又有人以利用此一事件
聯絡一部份職工會會員故意與本局為難,任意增加其糾紛。由
此看來,單純的影片糾紛可能演變為工會內部的理監事糾紛及

---

[40] 〈髮師封鎖大光明　李麗華石揮扮鬼臉〉,《申報》,1947年7月12日,
第4版。

暴力威脅文華公司與大光明戲院,甚至還包括發起罷工事件,
要給社會局難堪。

　　大光明戲院衝突發生後,理髮業又發表一發《告全市各界
士女書》當中說:「關於文華公司攝製之《假鳳虛凰》一片,本
業所受的影響極大,所得的污辱極深,本業同人在滬人數極多,
超過數萬之眾,不能忍受。」特別強調該影片所描繪「理髮業
負面形象」,影片為社會教育工具,具有歷史性之啟示作用,對
觀眾有潛移默化的力量,該公司為什麼不用正面宣傳,而用負
面宣傳,使觀眾留下不良印象,而且「醜態怪況,蓄意詆毀,
是向本業挑戰之行為。」[41]文華公司也對大光明戲院糾紛表達
歉意,同時再度表示《假鳳虛凰》內容在揭露社會虛偽風氣,
並闡揚勞工神聖之真諦,對於任何職業及其從業者,絕無攻訐
之意,已送內政部電影檢查處審查通過,領有准演執照在案。[42]

　　內政部電影檢查處處長杜桐蓀於7月21日對外表示:《假鳳
虛凰》業經本處檢查通過,並發給准演執照,凡有准演執照之
影片,均可在本國演映,但在電影檢查法以外的糾紛,本處無
權處理。理髮工會所提的各點,均無不合電影檢查標準之處,
故本處不能再對該片進行修剪。杜氏也說了一段自己的感想:

41　　《影片假奉虛凰糾紛案》,上海檔案館館藏號:Q6-13-629,內附1947
　　　年7月11日抄件。
42　　〈文華公司緊要啟示〉,《新聞報》,1947年7月12日,第1版。

實在說,《假鳳虛凰》並無污辱理髮同業之處,片中表演同業的互助精神,表演憑手藝自食其力,表演兩男兩女最後取下假面具而真情結婚,這都是好的描寫。至於表演職業上習慣的動作,那是藝術上不能不有之描寫,絕不會被人認為有污辱之意。[43]由杜桐蓀的發言看來,電影檢查處認為自己堅守電影檢查標準,不願主動介入調解該糾紛。

杜桐蓀認為《假鳳虛凰》沒有污辱理髮業的意圖,並非只是官員的個人發言而已,當時還有許多雜誌有有類似的言論。例如某本婦女雜誌就認為:戲劇電影是反映與批評現實的藝術作品,為了要達到喜劇上的效果,在表演上自不免有若干誇張之處,婦女團體不會仿照理髮師工會那樣認為該片有辱婦女而提出抗議(指劇中女主角愛慕虛榮,假裝有錢人)。[44]另一篇評論則說:行業中的習慣動作並不構成侮辱,要是認為受到侮辱,一定是心理上自己先有了缺憾。方言也是這樣,若是引用幾句方言就認為侮辱,那顯見自己先有了成見。[45]上述兩例說明有若干人以純粹戲劇的角度來看這部電影,甚至認為理髮業者小題大做,缺乏幽默感。[46]

---

[43] 〈為「假鳳虛凰」一案影檢處長發表意見〉,《新聞報》,1947年7月22日,第4版。

[44] 愛陽,〈漫談假鳳虛凰〉,《現代婦女》,9:6(上海,1947.09),頁20。

[45] 之爾,〈我看假鳳虛凰〉,《藝聲》,2(上海,1947.09),頁18。

[46] 唐密,〈假鳳虛凰〉,《智慧》,28(上海,1947.08),頁2。該文就說:

在有可能發生大規模工潮及電影檢查處無意主動出面的情形下，至此社會局為了避免事態進一步惡化，遂邀集淞滬警備司令部、市政府新聞處、教育局、市參議會、市商會、總工會、市黨部、電影院商業同業公會、戲劇院商業同業公會、內政部電檢處等10個單位及理髮業職業工會與文華公司於7月24日舉行第2次試映會(在光華戲院)。[47]

在社會局兩位處長(王家澍、袁文彰)及兩位科長的斡旋之下，文華公司正式邀上述各單位(包括理髮業工會及同業公會代表50人)出席試映會。為了避免再次發生混亂，社會局還要求工會及同業公會代表必須一同到社會局再與社會局代表到光華戲院，所有門票都要蓋有社會局戳記方可入場。

7月26日在社會局舉行座談會，文華公司終於讓步，同意刪減3處 (表4-2-5所列(四)、(六)、(七)鏡頭)，並於片尾加上下列的說明：「本片旨在揭露社會的虛偽風氣，同時宣揚勞工神聖的真諦。在本片裡面借了理髮師善良而可愛的性格，來扮演我們

這一場公案充分表現，在動盪時代的中國，一般的人已經失去他們的幽默感。

[47] 在1947年7月22日，記者公會曾向文華公司商借放映此部電影，也發生理髮業人士五百餘人一度包圍戲院，情勢再度緊張，最後由淞滬警備司令部、記者同業公會與理髮業同業公會勸說下，人潮方逐漸散去，影片順利播出。見〈理髮業請制止未果 戲院門前一度緊張〉，《申報》，1947年7月23日，第4版。

的故事。最後我們的劇中人毅然捨棄了假面具，以自食其力的精神來諷刺那些，飽食無事（沒有正當職業）[( )內為社會局處長袁文彰加字]儘想投機發財的寄生蟲，這是尤其值得我們同情和敬愛的。」[48]

圖4-2-1：《假鳳虛凰》上映時的廣告

資料來源：《新聞報》，1947年8月5日，第8版。

綜觀此案，社會局原本的態度並不積極，在理髮業工會7月1日發出「後果自負」的信函之後，沒有介入協調，所以導致7月11日初次試映會時，發生大批群眾擁入戲院最後放映被迫中止的事件。社會局原先所持的理由就是影片內容的審查，不屬於社會局的職權，文華公司也以影片已通過電影檢查為依據不願讓步。直到社會局收到相關訊息，知道可能擴大為罷工風潮後方積極協調，在多個單位的聯合壓力下，迫使文華公司讓步，

48　以上關於事件經過的報告，是由第十科職員陳肅所撰，時間約在1947年7月底，同樣引自《影片假奉虛凰糾紛案》，上海檔案館館藏號：Q6-13-629。1947年7月26日座談會議記錄另見《上海市政府關於電影審查的文件》，上海檔案館藏號：Q1-12-1471。

在社會局多名高級官員的調解下，先完成了試映，最終雙方妥協，以刪減部分鏡頭及附加字幕說明的方式結束這場風波。社會局的態度的轉變，來自於公會與工會的壓力，以穩定社會秩序為出發點所做出的介入與調解，但也因此真正介入了電影內容的審查。

類似的影片放映糾紛還有影片《玉人何處》，與《假鳳虛凰》類似，只不過對象換成駕駛員，社會局將此案轉交由工人福利委員會負責(社會局成立的工會指導機構，負責工人推動福利及工人訓練)，並由該會主任委員陸京士出面，也以刪減部分鏡頭增加字幕的方式，平息爭議。[49]蕭知緯指出：這些抗議事件的原因多出自於某個團體的公眾形象受到傷害，抗議行動的目的是維護團體的社會尊嚴。更宏觀的說，民間的社會組織及公共空間獲得拓展的同時，政府權力也在擴大。抗戰勝利以後，大多數抗議電影事件都是政府出面解決的，其真正目的是要引起官府的注意和介入，是做給政府看的。[50]這樣的看法固然是不

---

[49] 《玉人何處糾紛卷》，上海檔案館館藏號，Q6-13-628，1947年10月至1948年5月。該案的爭議點有(1)稱司機為「汽車伕」；(2)對白中有：「汽車伕」的女兒有什麼了不起；(3)「汽車伕」都愛偷油。與《假鳳虛凰》類似，都被相關職業工會人士認為有侮辱從業員的嫌疑。經協調後上述對白刪除，並片尾加上「打破階級關念，改善勞工地位」的字幕，見該卷宗附件1948年5月2日工人福利委員會給社會局的公函。

[50] 蕭知緯，〈電影史外史──從民國時期對電影的抗議看民間社會與公共空間的消長〉，《當代電影》，2008:2(北京，2008.02)，頁119。此文主

錯，但必須指出：工會請求官方介入，大多找上社會局，而不是內政部的電影檢查委員會，原因或許來自社會局是人民團體的主管單位，社會局在某些特殊的情況下會以「協調」的方式，要求電影片商刪減若干鏡頭，而不是以「審查」的名義來進行，但是卻有相同的效果。

第三節　劇本及表演審查

(一)劇本審查

　　本節討論焦點是除了放映電影以外，其它幾種的戲劇及表演審查。這個部分由於資料零散，社會局沒有做過相關的統計資料，無法瞭解具體的審查數量，所以只能從各個劇團的檔案卷宗以舉例的方式來做討論。

　　整體來說，京劇或地方戲劇本大多改編自歷史故事，所以較易通過社會局的審查。黃金大劇院在1946年1月底準備演出由周信芳改編的歷史劇《革故鼎新》，呈文給社會局第十科：「敝

要是藉由電影抗議事件論述民國時期公共空間的擴大，並不特別突出官方角色，與本研究在途徑上有所不同，而對《假鳳虛凰》電影抗議事件細節的討論也各有不同。另外該片在重慶及天津也同樣引起抗議事件，請參見歐陽平，〈陪都《假鳳虛凰》事件〉，《紅巖春秋》，1997:6(重慶，1997.12)，頁46-47。金立山、謝鶴聲，〈轟動天津的電影《假鳳虛凰》事件〉，《縱橫》，2003:11(北京，2003.11)，頁62。

院周信芳君為破除迷信起見,重編商紂歷史,定劇名為革故鼎新,含正風勵俗之意,擬於正月初七日夜場演出,今奉附簡略劇情,幸祈鈞查,屆時再當呈奉座券以便派員臨場檢查並懇指導。」[51]由文中可以知道《革故鼎新》是新編的京劇,源自於商朝末年最後一個皇帝紂王的故事。審查人的意見則是:「查該劇係商紂歷史之新編,正風勵俗,內容尚可擬准公演」,評語可說是非常的簡短。

呈文提到邀請社會局人員到場檢查一事,社會局職員趙廷鈺在1947年2月的一件呈文中提到:平劇、話劇、粵劇等地方戲劇,或涉及淫穢,或涉及思想問題,擬仍照成案,分令各家戲院每家呈送長期入場券4張,後經副局長李劍華批示改為2張。[52]文中提到這個措施是「成案」也就是在此之前就有慣例向戲院索取門票,據此可知社會局除了審查劇本外,也可以隨時派員前往戲院做查核。[53]現在該將戲院1946年呈報審查的劇本名

51　《黃金大劇院卷》內部抄件,1946年1月31日,上海檔案館館藏號:
　　Q6-13-313。

52　《上海市社會局關於影劇檢查辦法》,上海檔案館館藏號:Q6-13-613,
　　1946年2月3日趙廷鈺呈文。

53　到了1949年4月京滬杭警備司令部直接發文給各劇場要求該司令部文教
　　委員會成員得持證件,直接進入戲院進行戲劇審查。見《上海市公用局
　　關於放映幻燈片廣告的規定和上海市社會局抄發修正電影檢查法的訓令
　　及其有關文書》,內附京滬杭警備司令部給電影院同業公會函件,1949
　　年4月8日。

稱、送審時間與通過時間製表如下：

表4-3-1：黃金大劇院1946年呈送的劇本與審查時間

劇名	送審時間	通過時間	劇名	送審時間	通過時間
《革故鼎新》一集	1946/01/31	1946/02/15	《徽欽二帝》	1946/03/28	1946/04/17
《革故鼎新》二集	1946/02/12	1946/02/26	《頭本文素臣》	1946/05/06	1946/05/10
《革故鼎新》三集	1946/03/15	1946/03/26	《二本文素臣》	1946/07/17	1946/07/22

資料來源：《黃金大劇院卷》內部抄件，上海檔案館館藏號：Q6-13-313，1946年。

　　這個表格的意義在於說明：黃金大劇院確實做到了將上演劇本送審的規定，而劇目的內容則大多是周信芳改編的歷史劇。除了《革故鼎新》之外，如《徽欽二帝》在1937年首演，因劇中人物張邦昌念白，被認為有影射幫助日本工作之中國人，一度引發日本上海統治當局的關切。《文素臣》系列劇目，也是在1939年首演，為明代的傳奇故事。[54]

　　除了劇目本身是改編歷史故事較易獲得審查通過外，在送件時被審查人也會刻意強調這些劇目在戰前已經公開出過，也較容易通過查。從歷次審查時間與通過時間看來，最短的不過4天，最長的20天，劇本審查意見都類似《革故鼎新》，多有「內

---

[54]　劉文峰、周傳家，《百年梨園春秋》(北京：中國經濟出版社，2000)，頁131-132。

容尚可擬准公演」的字樣。

　　相較於各種戲曲，話劇表演似乎比較受到市政府的注意，曾發布訓令要求社會局必須嚴加注意，文稱：「據報近來上海市之平劇、話劇其劇情大多以諷刺政府無能，暴露窮困現實為主題，匪特有損政府威信兼以動搖社會人心，長此以往如不加以取締而正視聽以遏邪風，則無異替奸黨作廣大之宣傳，危機之大莫可言喻，特電請注意取締為荷。」[55]而社會局的回覆很簡單，強調所有劇本都經過審查，「查本市各平劇院上演之新編綵豆豆戲（即連本戲）為『太平天國』、『荒江女俠』等，及話劇院上演之話劇劇本均經本局事先審查有案，除嗣後加緊注意外，本案擬存查。」[56]社會局的立場很明顯，認為所有的劇本都有經過該局審查，應該沒有問題。另外還有一個淞滬警備司令部的電文值得注意：

　　　　據報奸黨為企圖掌握上海各業餘戲團，俾便於利用為宣
　　　　傳工具，故奸上海黨務指導員吳迪之指令夏衍，暗中派
　　　　員向上海各業餘劇團活動，今悉夏衍已向下列劇團活
　　　　動：(一)學藝戲劇社，負責人林軒，住康定路441號；(二)

---

[55] 〈上海市政府訓令〉，滬新(36)字第10327號，1947年4月30日。《上海市社會局關於查禁有損政府威信戲劇文件》，上海檔案館館藏號：Q6-13-621。

[56] 《上海市社會局關於查禁有損政府威信戲劇文件》，上海檔案館館藏號：Q6-13-621，內附抄件。

未央劇藝社，負責人李新時，住西門路741號；(三)筆青
劇藝社，負責人趙耐慧，住姚源路41弄3號；(四)一人劇
團，負責人馬鐵涯，前曾去蘇北匪區工作，住中正路上
海聾啞學校內；(五)女子劇團，負責人陳公夏、李毓松，
住林森路428弄68號；(六)中國電影劇研究學院，負責人
陳啟鶴，住中正路嘉定大樓3樓。我已飭查上列各劇團內
部組織及發展動態中等情，希注意為要。[57]

電文中提到的人名，只有夏衍 1 人是確定的，他原名沈乃熙，
1900 年出生於浙江杭州，1921 年赴日留學時就曾加入左翼團
體，1924 一度加入國民黨，1927 加入共產黨，1929 年參加左
翼作家聯盟。此後便一直是支持中國共產黨的重要文化人之
一，1949 年上海接管時，夏衍曾擔任文化教育委員會文藝處處
長。[58]在該卷宗內沒有找到社會局回報的記錄。但在 1947 年 5
月份的劇團清單中，查到趙耐慧的筆青劇藝社仍然列名其中(位
址也相同)，[59]據此推測：淞滬警備司令部來函的用意只是要社

---

[57] 〈淞滬警備司令部快郵代電〉，參二字第1087號，1946年1月31。《上海
市社會局關於戲劇審查事項文件》內附抄件，上海檔案館館藏號：
Q6-13-620。

[58] 中共上海市委黨史研究室、上海市檔案館(編)，《接管上海》(北京：中
國廣播電視出版社，1993)，頁81。

[59] 趙庭鈺，〈上海戲劇界鳥瞰〉，《社會月刊》，2:5(上海，1947.05)，頁
50。

會局注意上述 6 個劇團的活動，並沒有展開取締行動，否則筆青劇藝社不會名稱、地址都沒有更動同樣列名在清單之中。另外也必須瞭解劇團與票房由於是業餘團體，常常以私人住宅做為登記的地址(前面討論的三蝶華社票房就是如此)，流動性極大，容易造成管理與取締上的困難，只要更換個人名和地點就可以重新登記(甚至不登記)，社會局也有展延登記期限的舉動，都可以說明此項管理工作確實無法徹底落實。[60]

目前唯一知到被查禁的話劇是知名作家茅盾(沈雁冰)的《清明前後》，該劇是以 1945 年財政部黃金加價舞弊案為背景，[61]劇中主人翁跟隨政府將工廠遷至重慶，卻因政府沒有提供資金周轉困難，週遭的朋友因舞弊案而獲得暴利，亦出賣小職員當代罪羔羊，自己卻置身事外。查禁的電文是由國民黨中央宣

---

[60] 《上海市社會局關於上海市劇團登記規則》，上海檔案館館藏號：Q6-13-614，內附趙庭鈺呈稿稱：案查本市戲院、劇團、自辦理登記以來迄今四月來，其中仍有少數戲院仍未辦理登記，深恐市區廣大少數戲院容有未知，擬展期至3月底止，以免遺漏，但登報公告所費甚鉅，故擬利用市府新聞發布組發表，1946年2月26日。

[61] 財政部為了遏止通貨膨脹，以黃金儲蓄回收法幣，原本以中央、中國、交通銀行及中央信託局四個金融機構承辦黃金儲蓄業務，原本規定每存入法幣2萬元即可兌換黃金一兩。1944年3月28日開會提決定提高至3.5萬，原本預定隔日實施，但消息提前洩露，造成事先知情者搶購黃金以賺錢差價，事後若干官員遭到懲處，但仍引起不少民怨，認為處分層級過低，處分太輕。見劉呂紅，《從五億美元借款的使用看國民黨的腐敗》，《四川師範大學學報》(社會科學版)，23:3(成都，1996.07)，頁141-142。

傳部以密電的發式發布的：

> 中央文化運動委員會張主任道藩十月卅日函，為茅盾（即
> 沈雁冰）所著之清明前後劇本，內容多係指摘政府暴露
> 黑暗而歸結於中國急需變革，以暗示煽惑人民之變亂，
> 種種影射既極顯明而誣衊又無所不至。請特加注意等
> 語。查此類書刊發行例應禁止。惟出版檢查制度業經廢
> 止，對該劇本出版不易限制，用特電達。倘遇該劇上演
> 及劇本流行市上時，密飭所屬暗中設法制止以免流傳播
> 毒。[62]

這個劇本戲明顯批評國民黨執政缺失而被查禁，至於電文
段半部稱：「查此類書刊發行例應禁止，惟出版檢查制度業經廢
止，對該劇本出版不易限制，用特電達。」是令人疑惑的，按
照前一章的分析，上海市社會局從1945年11月12日已經開統計
報紙、雜誌、通訊社的數量，張道藩的函件是10月30日，社會
局收文日是12月14日，首次的統計作業已經完成，應該不是完
完沒有管制的狀態，為什麼中央黨部會不知道該這件事，還說
出版檢查制度已經廢止，暫時找不到合理的解釋。不過中央宣
傳部也承認劇本散布確實不易管理，只能希望社會局以秘密的

62　該函由上海市黨部轉發社會局，見《上海市社會局關於劇本「清明前後」
　　設法禁止上演文件》，上海檔案館館藏號：Q6-13-630，社會局收文日為
　　1945年12月14日。

方式加以制止。

試舉幾個核准演出話劇的例子，中華國語學社在1949間3月呈請審查話劇《心獄》，社會局的批文是：「據送心獄劇本內容為描述抗戰期間，一般公務員遭受之經濟壓迫與艱苦之情景，抗戰期間於大後方公演多次，擬准備查並批飭具呈人金風。」[63]東北旅滬同鄉會在1949間4月申請演出話劇《國家至上》，社會局的批文是：「據申請上演國家至上乙劇，查該劇情為回漢攜手共同抗日，故回教人士均樂觀其演出，往日曾在渝(重慶)、港(香港)、西昌，成都昆明等處上演多次，擬准備查。」[64]

從以上兩個例子看來，一直1949年的3、4月間，社會局的劇本審查工作仍然持續著，也就是說政府的功能並沒有喪失，中華國語學社預定的演出日期是4月3日，社會局通過審查的日期是3月23日，確實作到了法令所規範的一週前送審，再加上前面討論黃金大劇院歷次劇本的審查時間，總體來說，社會局的行政效率沒有變慢，更沒有因為內戰的因素而停止運作。從社會局的批文也可以看出兩部話劇都是在中日戰爭期間已經演出過的劇目，這點是與京劇表演相同。至於為什麼話劇表演大部

---

[63] 《上海市社會局關於中華國語學社演出"心獄"申請批准文件》，上海檔案館館藏號：Q6-13-403，社會局的批文在1949年3月23日。

[64] 《上海市社會局關於東北旅滬同鄉會出演"國家至上"申請批准文件》，上海檔案館館藏號：Q6-13-405，社會局的批文在1949年4月4日。

分都是舊的作品呢？是否意味著新的話劇創作減少，還是劇本審查壓迫了新作品的創作空間呢？

　　曾將阿Q正傳改編為話劇的作家許幸之，將電影與話劇在戰後的消長對照，指出抗戰勝利後話劇失去了組織觀眾情緒的價值，同時又缺乏反映戰後現實的劇本，在演出形式及水準上不求進步，公式化、庸俗化，低級趣味及色情主義入侵，是導致話劇沒落的主要原因。[65]但也有人認為電影同樣缺乏好劇本主要是因為：社會動盪、物價高漲，人心不安、購買力薄弱，外片充斥起著本質的決定性作用。甚至傳神的說到：要是劇作家可以不必邊寫邊想到明天的柴米油鹽的出處，就不會寫出來的東西文不對題。要是今天真的是太平盛世，絕不會一個大餅要價五萬元。[66]兩則的時人評論都承認不管是話劇或電影在戰後的數年間都缺乏好劇本，但著眼點不同，許幸之認為電影較能反映真實生活所以比話劇受歡迎，唐軻將缺乏新劇本歸因於整體政治經濟環境的惡化，使劇作家無法安心寫作。

65　許幸之，〈論電影的躍昇與話劇的降落〉，《求是》，4(上海，1948.09)，頁11。

66　唐軻，〈電影危機聲中話劇本〉，《春秋》，5:4(上海，1948.09)，頁144-145。

(二)話劇《樑上君子》風波

話劇《樑上君子》糾紛與前面討論的《假鳳虛凰》放映糾
紛類似,被律師公會認為有侮辱律師的嫌疑,要求社會局加以
取締。主要的爭議點在以下幾幕表演或台詞:(一)律師之秘書
稱律師室內之珍貴陳設多為「犯人」之「報酬」(並非斷語,第
一幕)。(二)年青之律師秘書向律師之妻妹求吻求歡,問「看過
金瓶梅」嗎(第一幕)。(三)律師好出風頭,素喜自詡辯才,利用
偷兒探聽消息,招攬生意,一次又化妝成偷兒誤被拘捕嘗受鐵
窗滋味(第一幕及第二幕)。(四)副警官愛慕律師之夫人,欲以「敲
詐案之證據」為求好之條件(並無曖昧事實),偷兒因藉此「秘
密」以對抗警官平素對彼之「威脅」(第二幕)。(五)偷兒試易律
師之衣服,冒替律師赴宴竊物,律師以「名譽受損」至為懊惱,
偷兒仍為警捕(第二幕及第三幕)。

此案原本由律師公會呈文給警察局,警察局再轉發文給社
會局的。律師公會用詞十分強烈「查黃佐臨編《樑上君子》劇
本寫作技術惡劣,內容充滿淫穢,對律師、警察極盡侮辱能
事,⋯⋯經本會第二次理監事聯席會議決議,礙難同意演出」。
[67]律師公會原本的用意可能是劇中有涉及侮辱警察的劇情,希

---

[67] 上海律師公會的抗議文字引自警察局轉發社會局之公文,見《上海市社
會局關於演出"樑上君子"審查文件》,上海檔案館館藏號:Q6-13-675,

望警方與律師公會站在同一陣線，一同要求社會局禁演該劇。

社會局的職員劉守耘負責此案，除了仔細列出五處爭議點之外，並詳細記錄了是出現在第幾幕，及若干說明：如「並非斷語」、「沒有曖昧事實」，證明至少社會局有若干職員確實十分用心在進行劇本審查。還有他在列出五項爭議點之前，對這齣話劇也有簡短的介紹：「查樑上君子一劇，係匈牙利劇作家莫納原著，黃佐臨編譯，大意寫一偷兒本性純良、機警有識，劇中有律師及副警官，一以好名，一以好色，致均為偷兒所侮辱，純屬滑稽鬧劇，並無政治背景，勝利後已在本市數次公演，為流行話劇之一種」。

從這段說明得知《樑上君子》是翻譯是外國劇作家的作品，而翻譯者黃佐臨，正是電影《假鳳虛凰》的導演，同時這部話劇其實已經演出過許多次受到市民的歡迎。在呈文的最後一段，劉守耘寫到：「該劇主旨原在規諫人心，雖有涉及律師與警官之私德及色情之處，但未混淆善惡，違反常情。原著及譯作人在法律上應付何種責任，殊難定斷。如予禁演似有未便。既該律師公會認為有侮辱之嫌，似可依法控訴，擬函復警局轉飭知照。」換句話說，社會局認為該劇並沒有混淆是非善惡的價值觀，所以不會取締，同時也建議律師公會不如直接採取法律

警察局公函日期1948年1月29日。

行動。

　　以上將劉氏的呈文分成數段詳細討論，用意在說明社會局的公務員中，至少有若干人是審慎處理劇本審查(這份公文是以非常整齊的小楷毛筆字寫成)，而這些基層的公務員們也很認真的對劇本的內容進行瞭解，對相關細節有很留意(如以前是否公演過及作品來源)，最後做出不取締的決定並且得到社會局高層的支持。[68]

　　這個例子說明除了電影之外，話劇也有涉及侮辱特定職業的從業者所引起的抗議事件，而且抗議者還是受過高等教育的律師。從《假鳳虛凰》、《玉人何處》及《樑上君子》都反映出戰後上海社會各個行業，十分注意自身「行業的公眾形象」，不容許電影或話劇有侮辱公眾形象的演出。三個例子都是由公會(或工會)提出抗議，在某種程度上也說明人民團體確實很活躍。

　　在主管戲劇的職員眼中，話劇其實頗受好評，蔡殿榮就說：「話劇場所上演的劇本多通過社會局的審查，這類劇本在藝術上來說是水準很高的。」[69]趙庭鈺則是認為業餘劇團純粹以意識

---

[68] 以上關於劉守耘呈文的內容引自《上海市社會局關於演出"樑上君子"審查文件》，上海檔案館館藏號：Q6-13-675，劉氏呈文日期1948年2月28日。

[69] 蔡殿榮，〈上海市社會文化的動態〉，《社會月刊》，1:1(上海，1946.07)，頁24

或藝術為目標，不全然以營利為目的，水準自然是比較高的。[70]
他甚至還建議將公營劇院免費租給劇團，以提供表演場地。社
會局也確實訂定「戲劇創作獎金辦法」，以1947年3月的一次
公告來看，第一名獎金有50萬元。[71]

(三)戶外表演與展覽

　　最後再舉3個例子來說明戲劇審查範圍包括各種的戶外表
演及展覽，首先是1948年12月上海舉辦熊貓展覽，由青年軍上
海支部所舉辦：

> 本會(即青年軍支部)四川支會會員由峨嵋山捕得熊貓一
> 隻，雄性，為世界第一頭，[72]熊貓公子已於最近乘機抵
> 滬，承各方友好之敦促，欲一顯我國寶之真象，俾得各
> 界人士得有賞識之機，特定於本月20日起至27日止展覽

---

[70] 趙庭鈺，〈上海戲劇界鳥瞰〉，《社會月刊》，2:5(上海，1947.05)，頁
51-52。

[71] 《上海市社會局關於戲劇創作獎金辦法》，上海檔案館館藏號：
Q6-16-740，1947年3月。

[72] 青年軍上海支部在申請書中所說發現世界第一頭熊貓，並非事實，根據
介紹，法國傳教士Armand David(1826-1900)於1869年在四川省寶興縣已
經發現熊貓，而且在1937年就有一支名為「蘇琳」的熊貓被帶出中國，
並在美國芝加哥的布魯克菲爾德動物園供人參觀。廣州動物園，〈大熊
貓 的 發 現 〉， http://www.gzzoo.com/news/20070918102632_0.htm
(2011/12/12)。

一星期，並為青年軍聯誼會籌措經費及彌補展覽費用，

訂定徵收入場券價金三元一種，特用函請查照備案。

社會局的批文是：「查熊貓展覽係含教育意義，擬准備查並擬覆函查照，關於籌措經費及收取入場券乙項，擬請二九科核簽，擬准收金圓3元，募捐收支仍應報核。」[73]社會局原本規定義演需演出日10日之前申請核准，但青年軍上海支部申請案是在12月17日提出的，距離預定展覽日只剩3天，依然獲得核准，而門票金圓券3元是很便宜的(按社會局調查1948年11月中等一市石白米價格是337.83金圓券)。[74]

另外一個例子是鄧國慶技術團的飛車特技(1947年9月)，社會局還找來戲劇院商業同業公會理事長唐平凡問話，最後批示：「表演純為技術性質，並無文字節目，門票約收一萬元整，場址業已談妥等語，擬准予備查。」[75]而在一個白熊展覽的案例中，起因於湖北省學生希望藉由展覽來籌措生活費及學費，也獲得社會局同意，而且所得也不需要再繳稅。[76]由以上的3例

---

[73] 《熊貓展覽卷》，上海檔案館館藏號：Q6-13-675。青年軍上海支部呈文日期：1948年12月17日。

[74] 〈上海市中等白粳價格(1946/01-1948/11)〉，上海檔案館館藏號：Q6-16-493，內附抄件。

[75] 《鄧國慶技術表演(飛車特技)卷》，上海檔案館館藏號：Q6-13-674，社會局批文日期：1947年9月18日。鄧國慶技術團在當時應頗為知名，屠詩聘的《上海市大觀》中也有介紹，見該書，頁下67。

[76] 《上海市社會局白熊展覽卷》，上海檔案館館藏號：Q6-13-605，呈文日

得知：公開表演或展覽有必須得到社會局的批准，特別是有收門票的商業行為還要事前申報門票金額，及事後將帳目送交社會局核對。

但街頭藝人的表演是否有經過審查，目前則不清楚，在檔案中還有這樣的例子：在天宮溜冰場舉辦「奇人展覽」，社會局職員趙庭鈺奉命前往調查，在他的報告中說：「經查該奇人係一發育不健全之矮人，兩腳癱軟，不能起立，身長僅一尺三寸，惟性情相當聰慧，能唱越劇，善說傳奇，尤精棋藝。」面談時這位民眾表示「家境清寒，以賣唱為生，以賣唱講述傳奇及對奕等收入以為生活。茲為號召觀眾起見，名曰奇人展覽，實則與普通賣藝相同，此項行動絕對出於自願，並無販賣或強迫情事，務請照准，以免餓死。」[77]

這個呈文原本的目的是社會局接到檢舉，認為「奇人展覽」可能有違反人道的表演，所以派員調查。趙庭鈺原本建議向內政部請示，是否要加以取締，但主任秘書潘忠甲卻認為：「矮人展覽似無背人道，不必呈部批示，因事實上業已實行也。」也就是說社會局認定不違反人道，可以繼續表演。上海檔案館關於戲劇審查的檔案卷宗，絕大多數都是以表演團體的名稱來分

期：1948年11月11日。

[77] 《上海市社會局關於舉辦變態奇人展覽文件》，上海檔案館館藏號：Q6-13-607，呈文日期：1946年5月11日。

類的，類似這樣的街頭賣藝尚未找到相關的管理辦法。從這個
「奇人展覽」的例子看來，當時街頭賣藝的人數應該不少，否
則也不需要要這樣聳動的標題來吸引觀眾，而社會局也考量現
實需要沒有取締這次的表演。

本章小結

社會局的影劇審查包括電影、京劇（含各地方戲曲）、話劇
和公開表演，其中電影審查屬於形式審查，而劇曲及公開表演
則必須呈報劇本及流程。就電影而言，它的審查標準雖然比戰
前稍為簡化，但條文語義不明，讓主管機關有許多法令上的詮
釋空間。在3237部電影中，只有28部影片被禁演，比率非常低，
大部分是美國的科幻片因為提倡迷信而遭到取締，主要原因在
於國民黨提倡民族主義文藝政策，不允許揭露民族弱點的情節
出現。

京劇與話劇的劇本審查由於缺乏完整的統計，無法得知被
取締的數目。但有一個明顯的現象：戰前已經演出過的劇本可
能較容易通過審查，所以不論是京劇或話劇都有將戰前上演過
的劇本再次送審的記錄。目前唯一知道被查禁的話劇只有知名
作家茅盾的《清明前後》，但社會局並沒有回報取締狀況。不管
是電影或話劇，都出現因為侮辱特定職業從業人士引起的抗議

事件，社會局成為人民團體投訴的對象，反而導致社會局不得不介入調解。從若干案例中發現社會局對劇本審查非常用心，也沒有任意取締與禁演。

　　整體而言，戲劇審查比報紙、雜誌和通訊社審查顯得較為寬鬆，原因有二：首先是官方的態度，與報紙、雜誌通訊社相比，官方沒有清查與重登記的措施，雖然法令允許限制劇團數目，但社會局從來沒有實施過，部分社會局職員甚至認為業餘劇團藝術水準很高應該獎勵。另外還必須考慮到業餘的票房或劇團，登記的地址大部分是負責人的住家，很容易轉移或換人重新登記，造成主管單位管理或取締上的困難，都是造成影劇審查較為寬鬆的原因。

第五章　調整工人工資與調解勞資爭議

　　戰後國民政府授權各地方政府，依據各地物價按月發布工人生活費指數，再乘上1937年6月份的底薪，做為調整工人工資的依據。本章將首先討論1945年9月至1949年3月間工人生活費指數與糧食價格的變動關係，並根據社會部所做的各行業工人工資調查，評估上海市政府是否刻意壓低工人生活費指數。也以工資收入是否可以購買固定數量的食米，用來說明工人生活惡化的情形。

　　其次則討論社會局及新成立的勞資評斷委員會如何處理勞資爭議，同時統計1945年8月至1948年10月的勞資爭議的案件數、牽涉職工數，並與戰前的勞資爭議做比較，探討戰後在勞資爭議的規模及行業類別上是否有什麼特殊之處。最後再以三

個個案做具體分析，詳細討論勞資雙方的要求，並比對和解書，從而判斷社會局或評斷委員會所做出的調解或裁決是否公正。本章所探討的工資調整與勞資爭議是社會局最重要的職權，也與當時絕大多數的上海人生活密切相關。

第一節　工人生活費指數

(一)1945年9月至1946年1月的工人生活費指數

中日戰爭勝利後，上海工人工資的變遷經過幾個時期：(1)汪精衛政權(俗稱汪偽)中儲券與法幣折算時期(1945年11月至1946年3月)；(2)採用生活費指數逐月調整時期(1946年1月1947年2月)；(3)凍結工資時期(1947年2月至5月)；(4)二次採用生活指數時期(1947年5月至1948年8月19日)；(5)金圓券時期(1948年8月19日至1949年3月)。上述幾個時期牽涉到3種貨幣的兌現及因應貨幣貶值而發布生活費指數(Cost of Living Index)，[1]做為發

---

[1]　生活費指數的定義是某一階級在一定消費品與一定消費量之下所需的費用，與某一個固定的時間點(基期)，兩者相差的倍數。市政府採用的計算的公式稱為加權綜合式，算式為：$\Sigma P_1 Q_c / \Sigma P_0 Q_c$，算式中$Q_c$代表各種物品的消費量，做為固定權數，$P_0$代表基期物價，$P_1$代表計算期物價。先將計算期的各種物品價格乘上消費數量，得出一個消費值，再將包括所有物品的消費值累加，得出計算期消費總值，而計算期的消費總值除以基期消費總值所得之商數，即為生活費總指數。見張韻秀，〈生活費指數是怎樣計算的〉，《生活費指數是怎樣計算的》(上海：中華書局，1949)，

放薪資的指標。[2]

　　分別敘述如下：汪精衛政權統治上海時，以中央儲備銀行所發行的貨幣(俗稱中儲券)作為交易的媒介。戰爭勝利後，國民政府於1945年9月公布兌換比率，明定中儲券與法幣的兌換比率為200:1，即中儲券200元兌換法幣1元。[3]期限從1945年11月1日至1946年3月31日止，逾期一律作廢。[4]一個多月後，社會部公布〈收復地區調整工資辦法〉，其中以第四條最重要：各地工資之調整，應參照當地生活費指數之增加之倍數，做合理之評定。上項指數之編訂，應以民國二十六年六月為基期，因情形

頁4。朱鶴齡，《上海生活費指數》(上海：現代經濟通訊社，1949)，頁15-16。

2　市政府定期發布的生活費指數應該有3種，除工人生活費指數外，尚有職員生活費指數及公務員生活費指數。又發布生活費指數並非開始於戰後，北平、南京與上海三個城市的官方機構於1927、1929及及1930年開始編制工人生活費指數。見李丹，〈生活費指數的研究〉，《中國研究》，3:3(上海，1946.12)，頁26-33。戰前工人生活費指數的詳細數字請見上海市社會局(編)，《上海市工人生活費指數：民國十五年到二十年》(上海：上海市社會局，1931)。

3　張嘉璈指出根據1945年8月的物價指數，在上海及重慶中儲券與法幣合理的兌換比率為48:1，其它地區則為35:1，同時指出過高的兌換比率雖然暫時抑制法幣數量的增加，但卻降低民眾消費的意願。見Chang Kia-ngau, *The Inflationary Spiral: The Experience in China, 1939-1950* (Cambridge: Technology Press of Massachusetts Institute of Technology, 1958), 70.

4　《偽中央儲備銀行鈔票收兌辦法》第一、二條，昌明書屋(編)，《收復區特種法令匯編》(上海，昌明書屋，1946)，上編，頁32。

特殊不適宜採用上項基期之地區，得呈請變更之。[5]

　　該條法令要求各行業工人以1937年6月的薪水(稱為基薪或底薪)乘上市政府按月公布的工人生活費指數，做為戰後逐月應得的薪水。上海市政府於1945年9月恢復公布工人生活費指數，每月月初或月底發布於《上海市經濟統計簡報》中並由各大報登載以供各界參考。[6]既然市政府所發布的生活費指數被當做一種發放薪水的標準，我們首先便要取得市政府發布的工人生活費指數的數字，才有可能瞭解上海工人的工資。

　　關於工人生活費指數的數字，需要特別加以說明的有2點，第一，因為僅存的一份第一手史料《上海市經濟統計簡報》並不完整且閱讀十分困難，所以必須引用其它材料加以補足。關於1945年9月到1946年1月的工人生活費指數最早見於1946年1月27日的《新聞報》，公用局長報告法商電車工人罷工情形，始

5　〈收復地區調整工資辦法〉，昌明書屋(編)，《收復區特種法令匯編》(上海，昌明書屋，1946)，下編，頁42。

6　《上海市經濟統計簡報》，目前僅見收藏於上海檔案館的部分卷期，從1946年6月到1949年4月。各期所發布的統計資料並不統一，以1946年8月為例，主要包括下列四大部分：(一)上海物價趨勢圖；(二)上海市物價金融變動說明；(三)物價指數；(四)金融行市及物價。 其中工人生活費指數即歸內於上述第三類中，第三類所發布其它指數還包括躉售國貨及外國貨價格指數、機關辦公用品價格指數、各重要物價總指數。至於第四類則包括躉售零售各項物品價格、躉售中等白米價、各重要城市金融物價行市。見《上海市政府統計處關於1946年上海市經濟統計簡報》，上海檔案館館藏號：Q1-18-401至Q1-18-403，1946年到1949年。

為外界所知。[7]而1946年10月28日《申報》刊載上海歷年工人生活費指數,也提到1945年9月到1946年1月的指數與《新聞報》1946年1月27日報導相同。[8]另外糧食部發行《糧政旬報》曾刊載1945年9月至1946年5月的指數,並且註明該指數由上海市政府提供,[9]上述3份報紙或期刊所刊登數字是完全一致的,所以確定市政府已於1945年9月恢復發布該指數。

至於1946年2月到1946年5月的數字則以《新聞報》、《申報》、《糧情旬報》互相佐證,3者皆註明史料源自市政府且數字相同。1946年5月後,筆者除了參考《上海市經濟統計簡報》外,再加上《新聞報》、《申報》,再加上社會局的檔案材料中也完整揭露了1946年5月到1947年8月的工人生活費指數。[10]除了《統計簡報》外,另外3份材料皆註明資料來自市政府且數字皆相同,所以就數字本身來說是可信的。

1948年8月至1949年3月的數字也同樣參考《上海市經濟統計簡報》、《新聞報》、《申報》3份材料外,再參考中國科學院上海經濟研究所編《上海解放前後物價資料匯編》。如同前述,除

---

7 〈照生活指數發表看工資增多十倍〉,《新聞報》,1946年1月27日,第4版。
8 〈十年來生活指數的增加〉,《申報》,1946年10月28日,第6版。
9 〈上海市工人生活費指數表〉,《糧政旬報》,238(南京,1946.06),頁8。
10 《上海市社會局關於近三年來上海市之勞資爭議文件》,附錄:上海市工人生活費指數,1945年9月到1948年7月。

了第一手史料《統計簡報》外，其它幾份材料也都註明引自市政府，而且數字都一致。上述幾種材料所刊載的數字相同，證明這個數字在當時確實在各種報紙、雜誌間刊登，也正因如此終於得知完整1945年9月至1949年3月的工人生活費指數。

　　第二，前一段詳細說明了如何取得市政府所公布工人生活費指數，藉由多種刊物的比對，「數字本身」應該是可以確認的。這裡所說的「數字本身」意思是1947年5月政府發布指數為23500，而不是23600，應該是確定的。至於市政府在編製指數時是否確實按照計算公式運作，目前不得而知。市政府面對外界質疑雖然曾在1946年對外說明：工人生活費指數是以1942年305家工人家庭的家計調查所得出的平均消費量，但是政府沒有公布具體消費量究竟是多少。市政府也對外說明，調查物價的區域在東區(虹口一帶)，南區(打浦橋一帶)，西區(曹家渡大自鳴鐘一帶)。但每次調查的結果是不公開的，[11]因此有不少人質疑市政府在指數中「動手腳」。[12]

　　現在已經沒有辦法重新計算當時每個月「真實的」工人生活費指數，因為無法找到市政府統計室負責科員的底稿，所以只能就市政府公布的指數本身來做討論，沒有辦法進行重新計

---

[11]　〈生活指數編製方法〉，《申報》，1946年10月20日，第5版。
[12]　例如齊振華，〈上海的工資問題〉，《中國建設》，2:6，(上海，1946.09)，頁33。

算。需要特別說明的是，報紙及檔案資料中所刊載的工人生活費指數多以1936年等於100來發表，但實際操作上，發放薪資時是以1936年的指數等於1來計算工人薪資的倍數。[13]

因為工人生活費指數從1945年9月已經開始恢復發布，所以將上述5個時期的時間略做修正，上修至1945年9月，將(A)1945年9月到1946年1月做為第一個時期，因為這5個月工人生活費指數平均漲幅超過同時期內糧食月均價格。

而1946年2月以後，工人生活費指數開始定期發布，則按照上述以1947年及1948年兩次重大經濟政策分為：(B)1946年2月到12月為首次採用工人生活費指數逐月調整時期；(C)1947年1月到1948年8月指數短暫凍結與恢復；(D)1948年8月到1949年3月則是金圓券時期。上述(B)到(D)時期共同的特徵是：工人生活費指數平均漲幅落後同時期內糧食月均價格。現在將1945年9月至1946年1月工人生活費指數與糧食價格表列如下：

表5-1-1：上海市糧食價格與工人生活費指數的比較(1945年9月至

13　如《新聞報》報導法商電車公司1946年1月罷工案「工人於十二月份中，最低之薪津每人31,570元，完全依據社局生活指數945倍計算，工人已感不敷。」這就是將市政府所公布的工人生活費指數除以100後取整數的結果。按市政府原始數字為94507.0見〈法商電車公司工人昨又怠工兩小時〉，《新聞報》，1946年2月7日，第3版。及《上海市社會局關於近三年來上海市之勞資爭議文件》，附錄：上海市工人生活費指數(1945年9月到1948年7月)，上海檔案館館藏號：Q 6-12-191，1948年8月。

1946年1月)

日期	糧價 (A)	糧價漲幅 (B)	工人生活 費指數(C)	工人生活 費指數漲 幅(D)	(D)/(B)
1945 年 9 月	3,752	1.00	299.23	1.00	1.00
1945 年 10 月	6,750	1.80	441.42	1.48	0.82
1945 年 11 月	10,250	2.73	1,021.9	3.42	1.25
1945 年 12 月	7,625	2.03	945.07	3.16	1.55
1946 年 01 月	8,550	2.28	1,062.45	3.55	1.56
平均值					1.24

說明：(1)糧價漲幅演算法：以1945年9月之數字為基準，將各月糧價除以3752得出。(2)工人生活費指數漲幅演算法：以1945年9月之數字為基準，將生活費指數除以299.23後得出。(3) D/B將各月工人生活費指數漲幅除以糧價漲幅；(4)糧價為每市石之每月平均價格。資料來源：(A)糧價數字見吉明齋，〈上海市糧食的來源和價格〉，《社會月刊》，3:6(上海，1948.08)，頁59-60。(B)工人生活費指數見《上海市社會局關於近三年來上海市之勞資爭議文件》，附錄：上海市工人生活費指數(1945年9月到1948年7月)，上海檔案館館藏號：Q 6-12-191，1948年8月；上海市政府，〈上海市工人生活費指數表〉，《糧政旬報》，238(南京，1946.06)，頁8。

選擇糧價做為比較的標準，原因在於糧食價格是最重要的參考指標。中國俗語說：民以食為天，更何況上海本身產米量

十分稀少，食米絕大多數來自其它地區或自外國進口，糧食價格的穩定與否直接關係著上海這個當時中國最大都市的安定。至於糧食價格的數字引自吉明齋的調查，他是江蘇嘉定人，從1946年7月開始直到1949年5月為止，一直擔任第四科科長主管糧食行政，《社會月刊》中多篇有關糧食價格的文章均由他執筆，是社會局中糧食問題的專家。[14]

　　由表中可知上海市政府在戰後不久即按照法令恢復公布工人生活費指數，做為工人調整工資的依據，但是在戰後的最初數個月，似乎沒有定期公布，一直到1946年1月底，因為法商電車公司發生罷工案，公用局局長趙增珏報告該公司工人薪資調整情形，才完整為外界所知。[15]據《新聞報》報導：市府鑑於目前工資問題為勞資糾紛之癥結，最近已成立生活指數運用委員會，根據指數調整工資，其辦法為工資在50元以下者，依照生活費指數之增漲倍數調整工資。[16]目前生活指數運用委員會的具體運作情形不詳，但是至少可以確定市政府希望全面推廣

14　〈上海市社會局委任以上職員名冊〉，見上海檔案館館藏號：Q1-4-148，1948年12月。

15　例如1945年10月份的生活指數，一直到1945年12月3日才有《新聞報》報導，見〈本市十月份生活指數激增〉，《新聞報》，1945年12月3日，第4版。

16　〈錢市長對本市工潮希望糾紛早日解決〉，《新聞報》，1946年1月27日，第5版。

工人生活費指數來做為調整工人薪資方法，企圖減少勞資爭議。

就戰後最初的5個月來看，以1946年11月價格最高，單月均價已經突破每石10,000元，相較9月時上漲2.73倍，12月時受到糧食部赴蕪湖購糧及泰國米即將抵滬之影響方才回跌。[17]這個時期工人生活費指數的漲幅甚至超過糧價漲幅，5個月的平均值是1.24，也就是說工人生活費漲幅高過糧價24%。而1945年11月，當糧價較上個月上漲51.85%，工人生活費指數一口氣調升2.32倍，應該可以說市政府在戰後最初的5個月內，沒有壓低工人生活費指數。

(二)1946年2月至12月的工人生活費指數

以下仿照前例，將1946年2月至12月的工人生活費指數與糧食價格表列如下：

---

17 〈糧部在蕪湖一代已購就大量食米〉，《新聞報》，1945年12月9日，第4版；〈暹米兩月後抵滬每令合四千元〉，1945年12月19日，第4版。

表5-1-2：上海市糧食價格與工人生活費指數的比較(1946年2月至 1946年12月)

年月	糧價(A)	糧價漲幅(B)	工人生活費指數(C)	工人生活費指數漲幅(D)	(D)/(B)	生活費指數來源：《申報》
1946年02月	9,650	1	1,845.72	1	1	1946年3月1日，第3版。
1946年03月	26,900	2.788	2,754.22	1.492	0.535	1946年3月29日，第3版。
1946年04月	30,500	3.161	2,694.3	1.460	0.462	1946年5月1日，第4版。
1946年05月	50,000	5.181	4,095.79	2.219	0.428	1946年6月1日，第4版。
1946年06月	46,730	4.842	4,040.65	2.189	0.452	1946年6月30日，第4版。
1946年07月	63,390	6.569	4,494.2	2.435	0.371	1946年7月30日，第4版。
1946年08月	58,000	6.010	4,536.75	2.458	0.409	1946年8月30日，第4版
1946年09月	59,400	6.155	4,967.4	2.691	0.437	1946年9月28日，第4版。

1946年10月	59,920	6.209	5,218.56	2.827	0.455 1946年10月29日,第6版。
1946年11月	58,257	6.037	5,684.64	3.080	0.510 1946年11月29日,第6版。
1946年12月	59,070	6.121	6,470.33	3.506	0.573 1946年12月31日,第6版。
平均值					0.512

說明:(1)糧價漲幅演算法:以1946年2月之數字為基準,將各月糧價除以9650得出。(2)工人生活費指數漲幅演算法:以1946年2月之數字為基準,將工人生活費指數除以1845.72後得出。(3)D/B將各月工人生活費指數漲幅除以糧價漲幅;(4)糧價為每市石之價格。資料來源:(A)糧價數字見,吉明齋,〈上海市糧食的來源和價格〉,《社會月刊》,3:6(上海1948.08),頁59-60;(B)生活費指數來源:《申報》,請參見表格最右側註明之日期與版次。

　　從上表中可知:1946年12月與1946年2月相比,每石糧食價格成長了6.12倍,其中以2月至3月間,漲幅最為驚人,相差了2.79倍,4月到5月間也成長63.93%,6月到7月間再成長35.65%,也就是說1946年2月到7月間,糧價已經上漲6.57倍之多。8月以後則稍有回跌,但仍維持上漲6倍的幅度。至於工人生活費指數,2月到12月只成長了3.5倍。從個別月份來看差距更大,當2-3月間,米價上漲279%,工人生活費指數卻只調升49.22%,兩者差距5.67倍。6月到7月糧價成長

35.65%，工人生活費指數卻只調升 11.22%。

　　表格中的第五個欄位，工人生活費指數漲幅與糧價漲幅的差距顯示出工人生活費指數調升的幅度只有同一時間糧價漲幅的 0.512(11 個月平均值)，比起 1945 年 9 月到 1946 年 1 月的平均值 1.24，下降 0.728。由這樣比率看來，工人生活費指數的漲幅確實隨著時間，越來越落後於糧食價格上漲的幅度。特別是工人生活費指數漲幅與糧價漲幅的比率在 1946 年 7 月的數字只有 0.371，這個數字越低，代表工人必需將薪水中拿出更高的比率來購買糧食，方足以維持生活。

　　這裡有個十分重要的轉捩點，前面提到 1946 年 1-2 月間法商電車公司罷工，此後市政府按時公布工人生活費指數，《新聞報》與《申報》也從 1946 年 3 月開始按時登載該月工人生活費指數，但也是從這個時間點開始，政府逐步壓低生活費指數。1948 年 6 月，社會局公布了 1937 年 6 月及 1946 年 12 月上海各業工人工資調查表援引如下：

表5-1-3：1937年6月及1946年12月上海各業工人工資調查表

行業別	最高工資(單位：元法幣)			最低工資(單位：元法幣)		
	1937/06	1946/12	增減金額	1937/06	1946/12	增減金額
修造民船	21	55.5	+34.5	18	46.5	+28.5
製革	30	50	+20	10	30	+20
橡膠	40	90	+50	6	30	+24

自來水	100	114	+14	22	30	+8
皂燭	47	55	+8	6	27.3	+21.3
棉紡織	37	63	+26	18	27	+9
製藥	50	49.5	-0.5	12	25.4	+13.4
製帽	25	50	+25	12	25	+13
造漆	42	55	+13	18	25	+7
電力	100	120	+20	22	25	+3
印刷	100	122	+22	10	24.25	+14.25
化工	21	81	+60	7.5	23	+15.5
製釘	36.45	72	+35.55	15	22.5	+7.5
毛紡織	45	80	+35	9	22.5	+13.5
電工器材	42	90	+48	3	21	+18
機器	99	114	+15	6	21	+15
電車	93	120	+27	16.5	21	+4.5
絲織	40	96	+56	12	18	+6
罐頭食品	80	62	-18	8	15	+7
造紙	60	72	+12	12	15	+3
針織	45	74	+29	5	15	+10
火柴	n/a	45	n/a	n/a	12.6	n/a
內衣	30.5	66	+35.5	5	12	+7
紙盒	20	72	+52	4	12	+8

捲煙	105	115.7	+10.7	10	12	+2
製針	60	75	+15	10	10	+0
搪瓷	45	88	+43	6	10	+4
熱水瓶	70	130	+60	2	9.5	+7.5
飲料	15	36	+21	2	8	+6
染織	66	72	+6	14.26	6	-8.26

說明：依1946年12月最低工資由高至低排列。資料來源：章永欽,〈幣制改革後的工資問題〉,《社會月刊》,3:6(上海,1948.08),頁53。

先從最高工資的部分看起,戰前最高工資的行業是：捲煙、電力、印刷、自來水這四個行業都超過 100 元,戰後最高工資的前四名是熱水瓶、印刷、電車、電力,其中電力與印刷兩業是重覆的,而超過 100 元月薪的行業也增加至 7 個。最低工資的部分,戰前工資最低的四個行業是：飲料、熱水瓶、電工器材、紙盒,在 30 個行業中有 13 個行業工人最低月薪不足 10 元。戰後工資工資最低的四個行業是：染織、飲料、熱水瓶、製針及搪瓷(並列第四),只有 3 個行業工資不到 10 元。[18]

---

[18] 目前尚未找到表5-1-3所統計的原始檔案,所以無法回答為什麼最高工資與最低工資都有熱水瓶這個行業,但根據社會局在1947年9月的一項勞工統計中,顯示該行業的男性製瓶工人每日工資為8,931.28元,但該行業的女性裝配工每日工資只有2,721.60元,單日工資相差3.28倍說明這個行業工人工資差距極大。見上海市社會局(編),《上海市勞工統計》(上海：上海市社會局,1947),頁65。

　　雖然提供這個統計的章永欽說：若逐一比較(戰後的工資)，確已比戰前高得多了。[19]這句話只是就數字上的增減上來說的，除了染織工人的最低底薪是負成長以外，其它 28 個行業都是正成長(火柴業無法比較)，也就是說底薪至少都有不同程度增加。

　　但成長後的底薪夠不夠生活呢？我們假定 1 人每月最低食品類(含米、蛋、肉、蔬菜、水果)支出為 5 斗，[20]支持這個標準的史料有數則：

　　A. 查閱戰後的《申報》可知，凡是發給工人實物配米者，大多高於每人每月 5 斗，如京滬、滬杭鐵路局每月職員與技工配米 8 斗，普通工人配米 6 斗，[21]上海頤中煙草公司每月配有食米補貼 5 斗。[22]

　　B. 1947 年 2 月中央政府頒布「經濟緊急措施」，社會局長吳開先原本對外表示 1947 年 2 月將以實物發給每個工人 5 斗

19　章永欽，〈幣制改革後的工資問題〉，頁51。

20　社會局科員有另外一種人均月食米消費量的計算方式，為每人每月食米0.14石，但這應是僅就食米一項的最低消費水準，考慮到1日3餐不可能只吃米，還有其它蔬菜、肉類與蛋類，個人食品類支出絕對超過0.14石。見王善寶，〈上海市食米消費量之研究〉，《社會月刊》，3:5(上海，1948.06)，頁36。

21　〈千餘鐵路工人怠工臥軌　兩路交通一度癱瘓〉，《申報》，1948年4月21日，第4版。

22　〈各業糾紛多　社局調處忙〉，《申報》，1948年11月19日，第4版。

米，100 斤煤球與每半年 2 丈布。[23]但正式實施以後卻改成以一家 3 口計算，以米 8 斗、150 斤煤球與每半年 5 尺布。[24]可以發現，雖然改為以家戶來計算，但平均而言，每人的配額都有下降，而且不發實物改發現金。我們以原先寬裕的標準來每人 5 斗為準，正好符合上述若干工廠的米貼標準。

C.《群言雜誌》在 1948 年 7 月對 2800 位教師做月薪調查，月薪 500 萬以下的占絕大多數，其中又以 100-200 萬者最多，以 150 萬元計算，1948 年 2 月可買 5 斗米，1948 年 4 月減為 3 斗 5 升，1948 年 6 月再減為 7 升半。編輯寫到「拿 5 斗米一個月的還勉強可以養活一個人，收入只有 7 升半的，連自己吃飯都不夠了，叫他們如何活下去。」[25]文中所提到的一個人每月至少需要 5 斗米，5 口之家就需要 2.5 石米。[26]

---

[23] 〈本月工資如何發給 日內即可商討決定〉，《申報》，1947年2月22日，第4版。

[24] 〈差額補貼 社局釋疑〉，《申報》，1947年3月2日，第4版。

[25] 撰者不詳，〈老師苦 老師苦 老師吃不飽〉，《群言雜誌》，1948:2(上海，1948.07)，頁12。

[26] 《新聞報》曾有一則報導，上海市政府曾經要求各局處將一家五口最低生活費用折合成食米，說明當時市政府也確實有以薪資折合食米來衡量最低生活標準。但該報導列出的一家五口最低生活費用為8石食米，筆者認為過高，因為以1946年12月為例，購買8石食米需472,560元，而當月工人生活費指數6470.33，需要73.03元底薪，方足以8石食米。表5-1-3中所有行業之最低薪工人均遠低於此標準，不符合理。見〈市府員工待遇太低 一律發給水電津貼〉，《新聞報》，1949年2月28日，第4版。

D. 1946 年 12 月《新聞報》報導，成衣業最低工資底薪 23 元，另外依照銷售成績抽佣 3 成。[27]將 23 元底薪乘上同月的工人生活費指數 6470.33，得出實際薪水為 148,817.59 元，約可購買 2.52 石食米，接近 2.5 石的水準。可以佐證 2.5 石是很低的標準，銷售員必須要努力銷售以扶養家人。

若 1 個人每月最低食品類支出為 5 斗，則 1 家 5 口一個月最低食品類支出為 2.5 石，而以食品類支出的兩倍為即 5 石，為 1 家 5 口每月維持正常生活的最低標準。[28]則最少需要 46 元方足以維持 1 家 5 口的正常生活。對照表 5-1-3，30 個行業中只有造修民船一個行業所的足以購買 5 石食米，換句話說，大

---

[27] 〈衣商業凋零冷落　高利貸下抬不起頭〉，《新聞報》，1946年12月30日，第4版。

[28] 此處受益於恩格爾係數的啟發，恩格爾係數是由恩格爾法則(Engel's law)而來，最早由德國經濟學家Ernst Engel於1857年提出，他發現隨著收入的增加，食品類的支出占總收入或總支出的比率會下降。自從這個法則提出後，有許多學者對此提出進一步的分析。如必須考慮到地區及文化差異，還有教育及醫療支出的比率隨著社會進步而增加。都會使得家庭支出的類別與比率產生變化。見郭長安、王浩林，〈對恩格爾係數幾個相關因素的分析〉，《寧波工程學院學報》，19:3(寧波，2007.09)，頁15-18+38。尹海潔、唐雨，〈貧困測量中恩格爾係數的失效及分析〉，《統計研究》，26:5(北京，2009.05)，頁54-58。又按照聯合國農業糧食組織(Food and Agriculture Organization of the United Nations)所提出的標準，以全部食品支出占總收入之比率高低為標準，恩格爾系數在59%以上為貧困，50-59%為溫飽，40-50%為小康，30-40%為富裕，30%以下為最富裕。見趙良慶、李道芳、路江，〈論恩格爾系數中的食品支出〉，《現代經濟》，2007.08(昆明，2007.08)，頁21。

多數工人都處於貧窮狀態中，這些人必須以其它食物代替米來當主食，或者減少未成年人口扶養的數目。值得注意的是，火柴與飲料兩個行業的最高薪也買不到 5 石食米，可能代表著整個行業都處於貧窮狀態中。即使將 5 石食米減半，也需要 2.5 石，但表 5-1-3 中，有 18 個行業達不到這個估算的門檻，占調查行業的 60%，所以說在 1946 年 12 月至少有 2/3 的最低薪工人處於極度貧困的狀態中。

(三)1947年1月至1948年8月的工人生活費指數

1947 年 2 月 16 日，國民政府公布「經濟緊急措施」，凍結生活費指數在 1947 年 1 月的數字，重要民生用品由地方政府發給差額代金做為補貼。社會局說明如下：中央社南京十二日電，自經濟緊急措施方案公布後，關於工資部分，除京、滬兩市(南京、上海)經政院指定為嚴格管制物價之地點，凡職工工資按生活指數計算者，一律以本年一月份生活費指數為最高指數，並由工廠定量配售糧食、布匹、燃料、油、鹽與糖六種實物，按本年一月份價格與當月份價格補給差額金。[29]

---

[29] 〈上海市社會局查案說明〉，《社會月刊》，2:4(上海，1947.04)，頁94。差額金原本設計的用意在於生活費指數凍結後，因物價仍持續上漲，由資方發給一筆津貼做為補償。據《申報》記載，1947年2月及3月差額金為73,000元，4月為114,000元，見〈四月份必須品差額發表 實發十一萬

實施 3 個月後，因物價漲幅持續增加，政府被迫宣布恢復原有政策。一般認為此項政策的失敗是必然的，原因在於：它的作用範圍有限，沒有普遍貫徹實行，只在少數大都市推行，而且只限定於少數民生用品。造成的結果是糧食的產地價格超過了城市的售價，城市的糧食供應不足，上海出現民眾搶米的暴動。另一方面，儘管大城市的民生物品價格凍結，但其它物品價格則持續上漲，差額代金根本無法維持生活。[30]

社會局也收到許多工會理事長的呈文，要求「解凍」工人生活費指數，如第三區絲業產業工會理事長陶雲山就表示，「目前物價已超過(1947 年)一月份 1 倍以上甚至 2 倍，以致所入工資不敷支付，請求政府體念勞工為艱，從速解凍生活費指數以維持勞工生活。」

具有公營色彩的上海機器一廠措詞更為強烈:「查工等以生活指數支取工資以維持最低生活，現被凍結為致命打擊，實向勞工宣判無期徒刑。」該公會的理事長顧亮同時批評差額代金的項目只有六種根本無濟無事，所以請求早日恢復按月發布工人生活費指數以調整薪水。[31]

七千〉，《申報》，1947年4月29日，第4版。

[30] 費正清(主編)，章建剛(等譯)，《劍橋中華民國史》(上海：上海人民出版社，1994)，頁807。

[31] 以上兩封呈文見《關於生活指數問題文件》，上海檔案館館藏號:Q6-8-3885，1947年3月。

　　這兩個工會理事長的呈文時間在 1947 年 3 月 1 日及 3 月 3 日，由此可知「經濟緊急措施」從 2 月 16 日發布不過 2 週的時間就已經遭受到勞工團體的壓力，希望解除限制，恢復原本按月發布工人生活費指數可以每月調整工資。

　　上海市政府於 1947 年 5 月恢復按月發布工人生活費指數並公布新的《上海市工資調整暫行辦法》，辦法中最重要的規定有：底薪在 30 元以下依照指數十足發給，底薪在 30 元以上至 100 元者，除 30 元照指數發給外，其餘部分以 10 元為一級，逐級遞減百分之 10 折扣。資方如不能負擔時，由勞資雙方協議減少，如協議不能成立時則由勞資評斷委員會評斷之。[32]根據勞資評斷委員會的會議記錄，行政院授權該委員會，如果確認資方因工人生活費指數過高不能負擔時，得由委員會將工人生活費指數打 9 折至 6 折。[33]

表5-1-4：1947年5月以後上海工人工資折算示例

底薪*工人生活費指數*百分比	30	40	50	60	70	80	90	100
30*235	7,050	7,050	7,050	7,050	7,050	7,050	7,050	7,050

---

[32]　《上海市工資調整暫行辦法》由全國經濟委員會物價委員會於1947年5月10日通過，詳細條文見《社會月刊》，2:6(上海，1947.06)，頁38。

[33]　《上海市勞資評斷委員會關於會議紀錄的文件》，檔號：Q20-1-228，1946-1949年，內附第十二會議記錄，1947年7月26日。

*100%								
10*235 *90%		2,115	2,115	2,115	2,115	2,115	2,115	2,115
10*235 *80%			1,880	1,880	1,880	1,880	1,880	1,880
10*235 *70%				1,645	1,645	1,645	1,645	1,645
10*235 *60%					1,410	1,410	1,410	1,410
10*235 *50%						1,175	1,175	1,175
10*235 *40%							940	940
10*235 *30%								705
合計	7,050	9,165	11,045	12,690	14,100	15,275	16,215	16,920

說明：單位 100 元法幣。資料來源：《社會月刊》，2:6(上海，1947.06)，頁 40。

　　政府的用意很明顯，就是訂出一個標準，底薪 30 元以下的不折扣，而對中上層勞工的底薪逐步打折，實際上是壓低了中高層工人的工資。以表 5-1-4 最高工資與最低工資做比較，未打折前兩者相差 3.33 倍(23500/7050=3.33)，經過打折調整後兩者相差 2.4 倍(16920/7050=2.4)，等於 100 元工資者被減資 28%。以下將繼續分析 1947 年至 1948 年 8 月上旬糧價與工人生活費指數的變動關係。

表5-1-5：上海市糧食價格與工人生活費指數的比較(1947年1月至1948年7月)

年月	糧價(A)	糧價漲幅 (B)	工人生活費 指數(C)	工人生活費 指數漲幅 (D)	調整比率 (D)/(B)	生活費指數 來源：《申報》
1947年01月	66,446	1.000	7,945.55	1	1.000	1947年1月31日，第5版。
1947年02月	98,430	1.481	7,945.55	1	0.675	指數凍結
1947年03月	109,780	1.652	7,945.55	1	0.605	指數凍結
1947年04月	138,530	2.085	7,945.55	1	0.480	指數凍結
1947年05月	323,780	4.873	23,500	2.958	0.607	1947年5月31日，第4版。
1947年06月	471,400	7.094	25,300	3.184	0.449	1947年7月1日，第4版。
1947年07月	409,100	6.157	28,700	3.612	0.587	1947年8月1日，第4版。
1947年08月	409,380	6.161	31,000	3.902	0.633	1947年8月31日，第4版。
1947年09月	540,200	8.130	34,400	4.329	0.533	1947年9月28日，第4版。

1947年10月	667,600	10.047	49,100	6.180	0.615	1947年11月1日，第4版。
1947年11月	686,300	10.329	53,100	6.683	0.647	1947年11月30日，第4版。
1947年12月	907,700	13.661	68,200	8.583	0.628	1948年1月1日，第4版。
1948年01月	1,356,500	20.415	95,200	11.982	0.587	1948年2月1日，第4版。
1948年02月	1,825,000	27.466	151,000	19.004	0.692	1948年2月29日，第4版。
1948年03月	3,484,000	52.434	217,000	27.311	0.521	1948年4月1日，第4版。
1948年04月	3,764,000	56.648	262,000	32.974	0.582	1948年5月1日，第4版。
1948年05月	5,377,000	80.923	337,000	42.414	0.524	1948年6月1日，第4版。
1948年06月	10,420,000	156.819	710,000	89.358	0.570	1948年7月1日，第4版
1948年07月(下)	29,890,000	449.839	1,860,000	234.093	0.520	1948年8月1日，第4版。
1948年08月(上)	58,333,333	877.906	3,630,000	456.859	0.520	1948年8月16日，第4版。

平均值				0.599	

說明：(1)糧價漲幅演算法：以1947年1月之數字為基準，將各月糧價除以66,446得出。(2)生活費指數漲幅演算法：以1947年1月之之數字為基準，由於2、3、4月指數凍結，所以漲幅不變，1947年5月後，將生活費指數除以7945.55後得出。資料來源：(A)糧價數字見吉明齋，〈上海市糧食的來源和價格〉，《社會月刊》，3:6(上海1948.08)，頁59-60。1948年8月糧價請見中國科學院上海經濟研究所(編)，《上海解放前後物價資料匯編》，上海：上海人民出版社，1958，頁296-298。(B)生活費指數來源：《申報》，請參見表格最右側註明之日期與版次。

　　1947 年 1 月至 1948 年 8 月改發行金圓券為止，總計有 20 個月，糧價成長了 877.9 倍，工人生活費指數只成長 456.86 倍。有幾個重要的時間點：從 1947 年 1 月到 5 月，糧價成長了 4.873 倍，可以清楚的看到，政府凍結指數根本無助於工人生活。米價仍持續上漲，到了 1947 年 6 月米價上漲 7.09 倍，已經超過 1946 年 2 月到 12 月的 6.12 倍。從 9 月到 12 月又上漲 68.03%，全年上漲 13.661 倍。到了 1948 年 1 月至 2 月間上漲 34.54%，2 月到 3 月間上漲 1.91 倍，4 月到 5 月又漲 42.85%，6 月至 7 月下旬又狂漲 2.87 倍，7 月下旬至 8 月上旬漲幅則是 1.95 倍。

　　相較之下，工人生活費指數調幅則只有糧價的 59.9%(20 個月平均值)，這個數字雖然比 1946 年 2 月至 12 月平均值的

51.2%，高出 8.7%，但這並不代表工人生活品質有所提升。下面援引一份社會部勞動局的上海工人工資調查表，說明在 1947 年 5 月內上海部分行業工人薪資的具體數字並討論食米購買數量惡化的程度。

表5-1-6：1947年5月上海工人工資表

（單位：萬元法幣）

公司工廠名稱	技術工人		普通工人	
	最高工資	最低工資	最高工資	最低工資
華一印刷	286		210	45
榮陽絲廠	90	30	60	30
○豐綢廠	155	35		
中央化工廠	45	36	36	21
軍裝廠四廠	100	42		
亞細亞鋼鐵	168	49	150	49
廣大搪瓷	211	49	141	30
天成玻璃	274	64	105	35
美光火柴廠	130	70		
電車公司	130	70		
中國內衣廠	140	70	85	47
英商自來水	232	70	190	70
中建電機	141	77	98	63

大東煙廠	150	80	60	30
義生橡膠	150	80	70	40
天章造紙	155	98	98	84
楊樹浦紗廠	210	119	155	63
中國蠶絲	300	120		
中紡機械廠	210	130	85	60
英商電力	355	148		
中紡紗廠	400	150	120	70

說明：按技術工人最低薪資由低至高排列，資料來源：《上海市產(職)業工人工資調查表》(1947年5月)，上海檔案館館藏號：Q6-19-2。

　　上面這張表格一共統計 21 家工廠或公司普通工人及技術工人的最高及最低薪資，主要第二級製造業占多數，另有 3 家公用事業(電力、電車與自來水)可以歸納於第三級產業。調查表中註明：「1947 年 5 月份生活費指數為 23500 倍，以底薪乘指數為實際工資數。」所以說表格內的數字是已經將各工廠工人底薪乘上該月工人生活費指數的實際薪資。

　　先從普通工人的最低工資開始看起，最低 21 萬，最高 84 萬，相差 4 倍，1947 年 5 月社會局所公布糧價為 323,780 元，21 萬元只能買 0.648 石糧食，以 1 個人食物類支出每月需要 0.5 石計算，食物類支出已占總收入 77.16%，連養活自己就已經感到吃力。以這個月份來說，需要多少工資收入方足夠維持最低

生活呢？若以前文所提到的標準來推估，以 5 石做為 1 家 5 口維持正常生活的最低標準，得出最少需要 162 萬元，方足以維持正常的生活需求。

在上表所列 21 家公司或工廠中，有 15 家工廠有普通工人最低薪資數字，所有行業的最低薪普通工人都達不到 162 萬月薪。而表格中 20 家工廠有最低薪技術工人薪資數字，也全部無法達到購買 5 石食米的水準。換言之與 1946 年 12 月時相同，所有最低薪的工人，不論是普通工人或技術工人，都買不到 5 石米，處於不能維持正常生活的情況。意謂著絕大多數行業的最低薪工人處於無法以米做為主食，而必須以其它食物來代替，以支應其它如住房、教育、娛樂等支出。

若是從最高工資的角度來看，最高薪普通工人中，只有 2 家工廠的最高薪超過 162 萬；最高薪技術工人中，有 10 家工廠的最高薪超過 162 萬。雖然各占總數 13.3%與 47.6%，但必須注意這是工廠家數的比率，能夠領到最高薪的工人肯是是工廠中的極少數。由此可知即使是社會部內部的統計，都無法否認絕大多數的低薪技術工人已經生活陷入困境，而且越來越多高薪技術工人也面臨所有薪水還不夠買 1 家 5 口所需的食米。

根據馬軍的研究，每年 5 月到 8 月，正是上海食米因季節

及船期變化,容易出現供應不足的時間。[34]按年度別來看,1946
年4月份開始直到11月的工人生活費指數調幅低於該年度的平
均值,在 1947 年的 4 月、6 月、7 月、9 月共有 4 個月份工人
生活費指數的調幅低於 20 個月份的平均值。而 1948 年統計的
8 個月份中,1 月、3 月到 8 月共有 7 個月份工人生活費指數的
調幅也無法達到上述平均值。上面的分析則顯示出,可能出於
民眾的預期心理,米價提前在每年 4 月已經上漲,直到 11 月時
糧食價格都處於相對高點,造成工人負擔加重,生活更加艱苦。

(四)1948年8月至1949年3月的工人生活費指數

1948 年 8 月 19 日政府發布「財政經濟緊急處分令」,發行
金圓券,並規定各地物價以 8 月 19 日為基準,各種物品與勞務
價格依比率折算成金圓券後,嚴格執行取締違反限價條例,其
有特殊原因者,非經主管機關核准,不得加價。[35]換言之以該
日為準,所有的商品價格及勞務價格均凍結,不能隨意調整。

上海市勞資評斷委員會於 8 月 26 日訂定「上海市各業員工
薪資折合金圓計算準則」:(1)各業薪資按原有折扣後之底薪分

---

[34] 馬軍,《國民黨政權在滬糧政的演變及後果》,頁108。
[35] 《整理財政及加強管制經濟辦法》第十四條,引自《社會月刊》,3:6(上海,1948.06),頁13。

別按八月份上期工人生活費指數計算為最高準則，以應得法幣折合金圓，如有爭議，由社會局審議處理之；(2)工人工資應以每月每日或每件為標準，延長工及加工所得不得折算為工資；(3)各業如經協議另有津貼者，仍從其協議，惟不得折算為工資；(4)各業發給薪資分月中、月底兩次，其日期以不超過 5 天為限，有習慣者從其習慣。[36]

　　以上 4 條的折算準則可以歸納為兩個特點，第一以原有工人生活費指數(1948 年 8 月上半期為 363 萬)為基準，並且以 1947 年 5 月所公布的公式折算底薪，以 3 百萬法幣兌 1 元金圓券的比率換算。換算時純粹以底薪為標準，所有加工(即加班，在勞資協議正常工作時間外的工作所得)與津貼(如勞資雙方協議的生活補助及工作獎金)不能納入換算標準。第二個特點則是原有發放薪資方式遵從各行業的習慣。以下將 1948 年 9 月至 1949 年 3 月間(發行金圓券時期)職工生活費指數[37]與糧價的變動關

---

[36]　「上海市各業員工薪資折合金圓計算準則」刊載《社會月刊》，3:6(上海，1948.06)，頁52。

[37]　1948年11月生活費指數恢復發布後，原有職員生活費指數取消，仍然維持每月發布兩次，調查物價的項目與類別及次數與1948年7月時相同，改稱為「職工生活指數」。1949年2月指數發布的前一天再增加一次物價的調查，1949年3月底，調查物品的種類由54種改為50種，每月調查物價8次。見〈職員生活指數取消　職工採取同一指數〉，《新聞報》，1948年7月14日，第4版。〈生活指數小組議決　改善編制指數技術〉，《新聞報》，1949年3月23日，第4版。

係製表如下：

表5-1-7：上海市糧食價格與生活費指數的比較(1948年8月至1949年3月)

年月	糧價(A)	糧價漲幅(B)	職工生活費指數(C)	職工生活費指數漲幅(D)	(D)/(B)	生活費指數來源：《申報》
1948年08月	19.44	1	1	1	1	無
1948年09月	22.26	1.145	1	1	0.873	無
1948年10月	39.22	2.017	1	1	0.496	1948年11月16日，第4版
1948年11月(下旬)	538.33	27.692	15.4	15.4	0.556	1948年12月1日，第4版
1948年12月(下旬)	460	23.663	18.3	18.3	0.773	1948年12月31日，第4版
1949年01月(下旬)	1,972	101.440	88.47	88.47	0.872	1949年2月1日，第4版
1949年02月(下旬)	15,321.67	788.152	643.26	643.26	0.816	1949年3月1日，第4版
1949年03月(下旬)	64,186.67	3,301.783	3,402.67	3,402.67	1.031	1949年4月1日，第4版
平均值					0.802	

說明：1948 年 8 月糧價按 58,333,333 元法幣除以 300 萬，得出 19.44 金圓券，其它演算法同前。資料來源：(A)糧價見中國科學院上海經濟研究所(編)，《上海解放前後物價資料匯編》，上海：上海人民出版社，1958，頁 296-298。但該資料所公布的數字為每百斤價格，為了統一計算起見，必須統一折合為每石價格。按該書提供之資料一市石為 145 斤，故將該書原始數字乘上 1.45 折算為每石價格。(B)生活費指數來源：《申報》，請參見表格最右側註明之日期與版次。

　　可以發現從 1948 年 8 月到 1949 年 3 月接近 8 個月的時間裡，糧價成長 3301.783 倍，從 1948 年 8 月 19 日到 10 月 31 日止，職工生活費指數是 1，但糧價的漲幅從 9 月份的 14%，暴漲到 10 月份的 201%，政府宣布解除限價的時間是在 1948 年 11 月 1 日，限價措施只維持了 2 個多月，不無諷刺的是和 1947 年 2 月的第一次限價措施(即經濟緊急措施)類似，都只維持 2 個多月。[38]

　　政府解除限價在 11 月 1 日，10 月到 11 月間，糧價從 39.22 金圓變成 538.33 金圓，漲幅達 13.73 倍，創下單月間漲幅記錄。

---

[38] 1948年8月到10月的限價政策失敗的原因與1947年2月到5月時第一次限價政策大致相同，因為限價措施只在少數沿海的重要大城市實施，造成商人不願意在那些城市中出售原物料及商品，造成供應不足。而城市與鄉村間的物資流動也陷入停滯狀態，政府高估了沿海城市吸收貨幣的能力及低估了鄉村地區自給自足的力量。見 Chang Kia-ngau, *The Inflationary Spiral: The Experience in China, 1939-1950*, 100-103.

1949 年 1 月到 1949 年 2 月間，糧價從 1,972 金圓變成 15,321.67 金圓，漲幅達 7.77 倍，上面 2 個時段的月間漲幅都超過 1946 年及 1947 年全年漲幅。

　　金圓券迅速走上法幣通貨膨脹的後塵，國民政府有沒有其它的辦法可想，又拿出定期公布生活費指數的老招數，沿續法幣時期的做法，由 1948 年 11 月起，授權地方政府每月公布兩次生活費指數(表 5-1-7 皆選用下半月的指數)。而職工生活費指數在 8 個月內調升了 3402 倍，首次出現生活費指數調整幅度大於糧食漲幅的情形，這當然是因為 1948 年 10 月金圓券購買力降到谷底，要利用幾個月的時間提升生活費指數，提高工資以設法維持工人生活。

　　1949 年以後，社會部勞動局已經停止發布上海工人的工資調查，我們只能根據該調查報告中 1948 年 8 月下旬發布的唯一金圓券時期的數字(半月薪)乘上職工生活費指數來進行推估，以瞭解工人工資收入的狀況。

表5-1-8：1948年8月下旬上海技術工人半月薪調查表

(單位：金圓券)

公司工廠名稱	最高工資	最低工資	公司工廠名稱	最高工資	最低工資
建亞水泥	41.14		華星化工	30.85	15.12
天成玻璃	70.65		申新第二廠	37.51	15.43
中紡第一絹織	50.82	7.50	中紡第一針織	38.1	15.45
榮陽針織	23.29	7.86	華豐搪瓷	44.74	16.64
大中華橡膠	42.35	8.47	新亞衛生材料	28.43	16.94
瑞興祥機器	27.30	9.15	英商自來水	78.75	18.15
明明火柴	32.70	10.95	上海電力	63.60	18.15
大有餘煉油	35.36	11.19	新光內衣	45.45	18.15
公信會計用品	25.77	11.8	日新製革	36.3	18.75
華一印刷	36.3	12.73	華生電器	42.95	20.57
正生石棉	32.70	12.75	大鑫煉綱廠	45.45	21.75
新康麵粉	32.7	12.75	興康煙廠	38.7	23.1
大利絲廠	16.15	12.80	英商電車公司	50.15	24.45
同昌車行	26.01	14.52	中紡六廠	40.53	29.95
天章造紙	43.50	14.55	上海公共汽車	42.35	30.13

說明：(1)表格內數字為半月薪；(2)按技術工人最低薪資由低至高排列，資料來源：《上海市產(職)業工人工資調查表》(1947年6月)，上海檔案館館藏號：Q6-19-2。

　　該報告註明：「8 月份下半月依照工人指數 363 萬倍，乘底薪，折合金圓券，所得實際工資(半個月工資數)」前面已經說過，發行金圓券後，上海工人薪水必須按照 8 月上旬工人生活費指數 363 萬，再除以 300 萬折算成金圓券，在這裡再次得到印證。而將底薪乘上工人生活費指數，則是政府戰後以來一貫的調整工人工資方式。

　　表格中顯示 1948 年 8 月下旬上海技術工人最低薪資者為中紡第一絹織 7.5 金圓券，換算為全月薪資為 15 金圓券。若以表 5-1-7 中最後一個月份 1949 年 3 月為例，該月下旬的職工生活費指數 3,402.67，則實得薪資為 51,041 金圓券，該月每石食米價格為 64,186.67 金圓券，1 家 5 口每月最低支出需要 5 石食米，約 320,934 金圓券，收入連所需支出的 1/6 都不到，根本無法養家。

　　按照前面所提的以能購買 5 石食米為 1 家 5 口生活最低標準，在這個月至少必須要月薪 94.32 金圓券才以維持最低生活。換言之半月薪必須高於 47.16 金圓券。[39]而在工資調查報告依然顯示出所有行業的最低薪工人都無法達到此一門檻，生活於貧窮狀況中。而在有最高薪技術工人薪水資料的 30 家工廠中

---

[39]　相關資料試算如下：每石糧食價格64186.67金圓券，5石需320,934金圓券，將320,934金圓除以1949年3月職工生活指數3,402.67得出94.32金圓券。

只有 5 家達到此一門檻，占總家數的 16.6%，就比率而言，較
1947 年 5 月下降很多。當然還是要再次強調，這是工廠家數的
比率，只要有最高薪技術工人就買到 5 石食米就會被列入，但
實際上能夠領到最高薪的工人肯定是工廠中的極少數工人。

　　戰後中央政府授權各地方政府按月發布工人生活費指
數，以指數乘上 1937 年 6 月的底薪來發放戰後逐月的薪水。本
小節將 1945 年 9 月至 1949 年 3 月間，由市政府公布的糧價與
工人生活費指數進行逐月漲幅的比對，可以發現：1945 年 9 月
到 1946 年 1 月，工人生活費指數沒有定期發布，但工人生活費
指數漲幅超過糧價漲幅，是戰後生活較寬裕的時期。1946 年 3
月以後政府開始定期發布工人生活費指數，但指數漲幅開始落
後於糧價漲幅，工人生活品質開始變差。

　　1947 年以後，以「經濟緊急措施」與「財政經濟緊急處分
令」兩個經濟政策為分期，兩者事實上都對工人工資有影響，
1947 年的政策對中上層的勞工工資強制做了打折，1948 年則以
新貨幣進行計算，欲以縮小紙鈔金額的方式企圖挽救民心。通
貨膨脹的陰影下，工人工資的食米購買數量確實逐年下降。兩
次經濟政策失敗後的頭一個月也都造成糧價大幅上漲，對勞工
生活帶來負面影響，也打擊政府信用。另外糧食價格變化有季
節性的因素，每年 4 月開始，因預期糧食可能短缺造成糧價上
漲，所以 4 月到 11 月工人生活就顯得貧困。

　　總而言之，市政府從 1945 年 9 月恢復發布工人生活費指數，要求各廠商以此乘上 1937 年 6 月的月薪來發放戰後各個月的薪水。儘管當政者不承認，但工人生活費指數從 1946 年 3 月開始的漲幅只有糧價漲幅的一半多，所以政府確實刻意壓低工人生活費指數。另外根據社會局或社會部所做的調查，列出各個行業工人的底薪，即使是官方的資料，也都顯示出在 1946 年 12 月幾乎所有行業的最低薪工人都無法買到 5 石食米以維持正常生活，1947 年 5 月與 1949 年 3 月也是如此。所以說儘管官方宣稱按工人生活費指數調薪，可以維持最低生活，但所有最低薪工人早在 1946 年 12 月時就已陷入貧窮。而且隨著時間向後延伸，越來越多工廠的最高薪技術工人也買不到 5 石食米，生活日漸困難。換言之貧窮的工人越來越多，它形成惡性循環：政府壓低生活費指數，工人底薪又偏低，工人無法維持生活，所以勞資爭議時常發生也就無法避免。

第二節　勞資爭議的處理程序與案件數統計

(一)勞資評斷委員會

　　勞資評斷委員會是社會局的附屬機構之一，它與社會局第八科同樣負責處理勞工爭議，但兩者有什麼區別呢？勞資評斷委員會成立於 1946 年 5 月 4 日，依據的法源是《復員期間勞資

糾紛評斷辦法》，同法第二條規定，該會的職權是(1)關於一般
工人之待遇調整事項；(2)關於勞資糾紛之緊急處理事項；(3)
關於交通、公用事業及公營事業勞資糾紛之處理事項。該辦法
第三條規定該委員會設委員 9 至 15 人，由當地社會、經濟、治
安、糧食、衛生行政主管人員，及參議會、商會、總工會、產
業職業公會，及其他有關機關負責人充任委員。以社會行政主
管人員為主任委員，綜理會務。[40]而該會的〈評斷暫行程序〉
第一條中也說：凡本市一整個業或公用事業、國營事業之糾紛
當事人一方或雙方申請申請評斷時，應向本委員會提出申請評
斷。[41]除了以上中央政府賦予的職權外，該委員會經上海市政
府核准增加職權如下：(4)關於督導工廠及公用企業組織之待遇
調整事項；(5)關於安定工人生活之計劃及實施事項；(6)關於防
止勞資糾紛之計劃及實施事項；(7)關於勞資爭議、停業、罷工
或怠工之制止事項。[42]

　　由上面的法令看來，勞資爭議評斷委員會處理的事項包
括：調整工人工資(本章第一節討論 1947 年 5 月及 1948 年 8 月

---

[40]　《復員期間勞資糾紛評斷辦法》第二、三條，國民政府文官處(編)，《國
　　　民政府公報》， 渝字1044(南京，1946.04)，頁3
[41]　《上海市勞資評斷委員會暫行程序》，第一條，見《社會月刊》，1:6(上
　　　海，1946.12)，頁92。
[42]　《上海市勞資評斷委員會組織規則》，第四條第四至七款，見《社會月
　　　刊》，1:1(上海，1946.07)，頁81。

兩次上海工人工資的折算辦法就是經過委員會通過)，包括上海市全職工人與計件工人的工資計算方式，另外也包括各種休假、解雇辦法等工作條件的規定在內。調解勞資爭議方面，以公用及交通事業為主，也包括牽涉到整個行業的重大案件。上海市勞資評斷委員會呈請核准增加的職權中，大多是針對原有法令的補充：如可以制定與實施若干計劃以改進工人生活與制止勞資爭議。原本成立勞資評斷委員會的目的在於各地勞資爭議層出不窮，社會局雖然是負責處理的單位，但有若干爭議沒有原則和成例，可以做為調解的依據，又省市政府對於勞資爭議不能收到預期的效果，是因為原有頒布的辦法缺乏主動性和積極性。[43]

　　所以該委員會的第一項功能便是制定法規，從 1946 年 5 月至 1947 年 10 月，共制訂法規 29 項。[44]《復員期間勞資糾紛評斷辦法》第七條強調：勞資爭議未經委員會評斷前，不得罷工或怠工，而經委員會裁定後，若任何一方有不服時，主管機關得強制執行。而社會局公布的勞資糾紛處理程序也說：依照勞資爭議處理之規定，勞資爭議事件，未經調解程序，不得提

---

[43]　顧祖繩，〈我們怎樣處理本市的勞資糾紛〉，《社會月刊》，1:3(上海，1946.09)，頁19。

[44]　顧祖繩，〈兩年來勞資爭相評斷概述〉，《社會月刊》，2:10(上海，1947.10)，頁6。

請仲裁,而一經仲裁裁定,不得聲明不服。而該委員會的第二個功能便是作為一個仲裁者對於經過社會局調解不能解決者,作出最終的裁決。[45]

由以上的兩段討論可以知道:勞資評斷委員會成立的目的有三個:(1)調整各地工人工資;(2)處理特定(交通、公用、國營事業)或關係到一整個行業的勞資爭議;(3)不服社會局調解的勞資爭議,由該委員會做最後裁決。茲將委員會名單表列如下:

表5-2-1:上海市勞資評斷委員會委員名單

姓名	職稱:委員15名	姓名	職稱:專門委員12名
吳開先	上海社會局局長(主委)	李劍華	上海市社會局副局長
錢乃信	上海市政府參事(常務)	趙班斧	社會局勞工處長
董仁貴	上海報業工會常務理事(常務)	蔡正雅	市政府統計室主任
蕭宗俊	上海百貨業同業公會理事長	沈寶燮	公用局技正
徐寄廎	上海市商會理事長	陶一珊	警備部處長
潘公展	上海市參議會議長	劉靖基	棉紡同業公會理事
譚煜麟	淞滬警備司令部參謀長	田和卿	工業協會上海分會總幹事
杜月笙	華商電氣公司理事長	夏恩臨	中國紡織建設公司福利委員
宣鐵吾	上海警察局局長	沈鼎	中國勞動協會書記長
趙曾玨	上海公用局局長	梁永章	上海市總工會秘書長

---

[45] 撰者不詳,〈勞資糾紛處理程序〉,《社會月刊》,2:7-8(上海,1947.08),頁30-31。

張維	上海市衛生局局長	周學湘	上海市總工會監事
水祥雲	上海市總工會理事長	王子揚	上海市參議員
余敬成	中紡十二廠工會理事		
吳蘊初	工業協會上海分會理事長		
查良鑑	上海市地方法院院長		

資料來源：上海市勞資評斷委員會(編)，《要案彙編(三十五年度)》，附錄：本
會委員暨專門委員姓名表，上海檔案館館藏號：Q20-1-236，1946年。

由名單得知，該委員會基本上按照法律所規定方式組成，27人
中有12人是具有官方身分的，包括市政府、社會局、公用局、
衛生局、警察局、淞滬警備司令部的主管，若要說有不合法令
之處就屬沒有糧食行政的官員了(理論上應該是社會局的糧食
科長吉明齊)。另外有7名同業公會或工業協進會代表，6名工會
代表，2名民意代表。1947年4月，上海總工會一度以「勞資雙
方顯失平衡，對評斷勞資糾紛事項，勢將發生偏差，呈請增加
勞方名額」，但沒有獲得政府回應。[46]

　　1947年6月，為了應付1947年5月「經濟緊急措施」廢除後，
各行各業紛紛請求重新制定工資計算標準，除了訂定《上海市
工資調整辦法》，另外設立五個工資評議組，各組委員以官員及

---

[46]　《上海市勞資評斷委員會、社會局聘任勞評會委員名單、加聘劉靖基等
　　五人為專門委員姓名表。委員暨專門委員姓名表工作概況報告》，上海
　　檔案館館藏號：Q20-1-1，上海總工會1947年4月12日函件。

勞工界、工商界代表各一人組成。各小組評議調查糾紛實際情
形，擬具評議意見書，仍須提交大會通過方得實施。[47]因為政
府官員的比重接近50%，可知這個委員會是由官方主導的。在
這個委員會之下設有28位職員(包括秘書、科長、科員、助理
員)，負責撰寫各式報告，供委員會作最後的評斷。[48]

　　一旦勞資爭議發生時，評斷委員會與社會局最大的不同，
在於評斷委員會設有調查科，調查科在三日內(緊急事項)，或
五日內(一般事項)，將下列事項調查清楚：(一)糾紛事件之內容
及其癥結；(二)當事人提出之內容及其它有關之事件；(三)當事
人雙方之現在狀況；(四)其它應調查事項。在進行調查工作時，
調查科可以(a)因事實之需要，定期通知當事人、證人或關係人
到會提出說明；(b)向關係之工廠商店等實地調查或詢問，必要
時得調閱該事件有關之證件，或請會計師審核其賬冊。[49]

　　而社會局則沒有調查的權力，只能邀請勞資雙方，進行調
解。社會局訂定的勞資糾紛處理程序第一條說：凡勞資(雇主與

47　〈勞資評斷委會議決 按業分設五評議組〉，《新聞報》，1947年6月20
　　日，第4版。
48　《上海市勞資評斷委員會、社會局聘任勞評會委員名單、加聘劉靖基等
　　五人為專門委員姓名表。委員暨專門委員姓名表工作概況報告》，上海
　　檔案館館藏號：Q20-1-1，1947-1949。
49　顧祖繩，〈我們怎樣處理本市的勞資糾紛〉，《社會月刊》，1:3(上海，
　　1946.09)，頁20。

工人團體或工人十五人以上)雙方之任何一方因發生糾紛,具文呈請核辦者,當由社會局指派人員核辦,按照具呈人所開列之地址,填發通知書,並指定代表人數,於規定日期來局徵詢,試行調解。[50]就條文分析起來似乎評斷委員會比較具有主動性,但根據顧組繩的記錄,評斷委員會從1946年5月到1947年10月召開會常會13次,臨時會2次,[51]根本達不到組織規則要求每個月開會一次的要求,[52]又怎麼能應付每月上百件的勞資爭議?[53]

因此評斷委員會最大的作用在調整工資與訂定勞動法規,或許達到原本中所宣稱的提供若干「成例與成案」的目標,但是如果說要預防勞資糾紛改善勞工生活條件,就勞資糾紛發生件數與頻率來看,只怕不能說是令人滿意的。該委員會的內部工作報告也說:本會成立以來,工作著重在防止勞資糾紛之措施,故訂定有關勞資糾紛之法規,都是經過委員會議的通過,

---

50　撰者不詳,〈勞資糾紛處理程序〉,《社會月刊》,2:7-8(上海,1947.08),頁30。

51　顧祖繩,〈兩年來勞資爭議評斷概述〉,《社會月刊》,2:10(上海,1947.10),頁6。

52　《上海市勞資評斷委員會組織規則》,第八條,見《社會月刊》,1:1(上海,1946.07),頁81。

53　據筆者查閱《新聞報》後得知,勞資評斷委員會從1946年5月到1949年4月止,總計只召開常會25次,見〈各工廠發給工資改按當期指數計算〉,《新聞報》,1949年4月24日,第4版。

分呈社會部與上海市政府備案後施行的，大多是現行勞工法令中遺漏而未規定的勞資關係問題。[54]也證實這個委員會的工作主要在制定行政法令，以補充中央法律之不足。

至於對勞資爭議做最終裁決，根據該委員會的會議記錄，至少有下列數個案件。第五次委員會通過 3 件特定行業裁決案：1.本市六大公用事業之一之英商煤氣公司工人要求發給工作衣事，議決該公司工人倘職務上有此需要，准每年發給工作衣一套。2.絲織業要求改低該業工人工資，經討論決議，該業貸款原料，均有著落，情況有轉，斷無減低工人工資理由。3.吳市長交議瑞士商華聯鋼精廠工人孫文清由技工調為小工，該工人不願事，經決議准予調換工職，惟工資不得減低。[55]上述三個裁決中，明顯都對勞方有利，特別是第 2 點絲織業資方要求減低勞工薪資遭到否決，便足以證明勞資評斷委員會不是國民政府鎮壓工人的工具，反而保護工人收入與權益。

這樣的例子並非孤證，在第六次委員會時皮鞋業資方也要

---

[54] 《上海市勞資評斷委員會、社會局聘任勞評會委員名單、加聘劉靖基等五人為專門委員姓名表。委員暨專門委員姓名表工作概況報告》，上海檔案館館藏號：Q20-1-1，內附工作概況報告，1947年。

[55] 〈勞資評斷會開會 社局解釋南京工資遠較上海為低〉，《新聞報》，1946年11月10日，第4版及〈本局對第一屆參議會第二次大會之口頭報告〉，《社會月刊》，2:1(上海，1947.01)，頁69-70。《上海市勞資評斷委員會關於會議紀錄的文件》，上海檔案館館藏號：Q20-1-228，內附第五次會議記錄，1946年11月9日。

求減低工資，吳開先對外表示：「皮鞋製造業確有倒閉，惟其原因在高利貸而不在工資，但願意繼續調查各工廠狀況。」[56]至第十四次委員會時，終於作出「因該業情況好轉，暫毋庸議」的決議，[57]雖然經過 8 個月才做出裁決，議事效率實在不高，但仍是對勞工有利的決議。從以上這些勞資評斷委員會對特定行業的最終裁決來看，要將該委員會視為國民政府打壓工人運動的機構是不能成立的。

另外尚需補充討論社會局調解勞資爭議的成效問題，周衛平引用《上海市年鑑》中1945年8月到12月中有70件罷工停業案件，這個數字也來自於社會局的統計。但問題在於：或許因為該年鑑把調處的組織名稱都省略，導致周衛平認為從1945年的資料來看，其中沒有一起案件是經過調解和仲裁的，1946年以後調解和仲裁案件受理情況不容樂觀。[58]

關於此點需要修正，根據《社會月刊》中資料，1945年8月到1946年6月共有262件罷工停業案件，經社會局和解或行政

[56] 〈皮鞋業減低工資問題 繼續調查再行決定〉，《新聞報》，1946年12月11日，第4版。《上海市勞資評斷委員會關於會議紀錄的文件》，上海檔案館館藏號：Q20-1-228，內附第六次會議記錄，1946年12月10日。

[57] 〈絲織工資維持原議 工人應即恢復生產 勞資評斷會決議數要案〉，《新聞報》，1947年10月22日，第4版。《上海市勞資評斷委員會會議記錄》，上海檔案館館藏號：Q400-1-1891，內附第十四次會議記錄，1947年10月31日。

[58] 周衛平，〈南京國民政府時期勞資爭議處理制度之研究〉，頁152-153。

處分者有199件，占總數75.95%。同時期1231件勞資糾紛中，經社會局和解或行政處分者有779件，占總數63.28%。[59]上述11個月，經由社會局處理的勞資爭議至少都有總數的60%以上。

1946年6月以後，雖然社會局的勞資統計不再按月統計勞資爭議是由哪個單位解決的，但是根據上海市政府向上海市參議會第二次大會所做的施政報告，1946年9月1日至11月15日止，累計勞資糾紛連同未結案件在內共536件，其中自行和解者157件，簽定和解筆錄者128件，尚在處理者123件，以程序不合等理由批斥者121件，社會局直接裁決者7件。[60]若將上述自行和解、簽訂筆錄、直接裁決3項相加共292件，也占總數54.48%。

參議會第六次大會時，社會局又報告1948年2月1日到5月31日，累計勞資糾紛連同未結案件在內共811件，其中自行和解者363件，以程序不合等理由批斥者190件，簽定和解筆錄者173件，尚在處理者83件，社會局直接裁決者2件。[61]自行和解、簽訂筆錄、直接裁決3項相加共538件，占總數66.34%。至少可以

---

[59]　1945年8月至1946年3月的統計來自《社會月刊》，1(上海，1946.07)，頁54；1946年3月至6月的數字來自《社會月刊》，2(上海，1947.08)，頁70。

[60]　上海市參議會秘書處編印，《上海市第一屆參議會第二次大會會刊》，頁19。上海檔案館館藏號：Q215-1-873。

[61]　上海市參議會秘書處編印，《上海市第一屆參議會第六次大會會刊》，頁46-47。上海社會科學院歷史研究所圖書館藏書，感謝馬軍教授提供該資料。

證明社會局還是處理勞資爭議(特別是沒有發生罷工案的勞資糾紛)的主要單位,但可以明顯發現一點,社會局以種種理由批斥不予受理的案件都占總數相當比率,這是無助於平息勞資爭議的,但社會局卻都列入「已解決案件」,實在是有過份誇大社會局調解效率的嫌疑。

(二)勞資爭議案件數分析

凡雇主與工人間,因雇傭關係的維持或爭執而發生之爭議,依照我國勞動法令,謂之勞資爭議。但勞資爭議實含有罷工停業與勞資糾紛兩種,前者情形較為嚴重,乃工人採取停止工作之行為,藉以要脅資方,而資方亦有以停工威脅勞工者,總之均欲以嚴厲之狀態,達到各人所要求之目的而已。至於後者,則雙方互相磋商,或由社會局居中調處,尚未至絕裂程度。而在爭議期中並不停止工作,始終以和衷共濟的態度,相互談判,其事較易解決。[62]

由上面一段話看來,社會局區分勞資爭議為兩種,以是否有罷工停業為標準,如果有則稱為罷工停業案件,因為勞資雙方以停止生產為手段,對社會局來說是「嚴重的」事件。如果

---

[62] 王善寶,〈勝利後上海勞資爭議統計〉,《社會月刊》,1:1(上海,1946.07),頁52。

沒有發生罷工或停業行為，則稱為勞資糾紛案件，由社會局或其它機關介入調解，則案件較容易解決。

在《社會月刊》中，幾乎每一期都會有當月或前一個月的勞資爭議統計，每個月的統計詳略不一，最多時高達7種：(a)類別：將勞資爭議分為罷工停業與勞資糾紛兩類，分別列出案件數、關係廠號數，牽涉的男工、女工、童工人數；(b)爭議原因與結果：原因分為勞動協約、工資、工作時間、雇用或解雇、待遇、廠規或工作制度、歇業或暫停營業，結果則分為勞方要求與資方要求，有完全接受、部分接受、不接受3種；(d)行業分類：分初級產業、次級產業、服務業3類，共27種類別；(e)資方國籍：如中國、美國、英國等；(f)關係廠號數：按爭議案件牽涉到的工廠或商號的多寡，分為5等，最小的1家，最多為至100家以上。(g)關係職工數：按爭議案件牽涉到工人的多寡，分為5等，最小的10人以下，最多至1萬人以上。(h)遷延日數：按爭議事件發生至結束經歷的時間長短，分為5種，最短的2天以下，最多為為101天以上。

以上7種表格不難看出社會局在統計上的用心，包含各種角度的統計都有。但是細讀7類表格後發現：(b)原因與結果統計及(h)牽延日數統計兩種統計，因為將以前未解決之案件，如在當月份解決則當入當月份的統計中，造成數字核對上的困難。除以上兩項以外，其它5種統計中，資方國籍大部分是中國，外

國廠商極少，所以可以不討論。而(f)關係廠號數與關係職工數
兩者與(a)類別中的男工、女工、童工人數兩者有所重複。最終
選定(a)類別、(d)爭議案件的行業類別這2項統計來進行分析，
將社會局所公布的數字進行累計並重新製表。《社會月刊》的統
計從1945年8月至1948年7月為止，另外再根據上海市政府秘書
處所發行的《上海市公務統計報告》，增補上1948年7至10月的
資料，總計39個月的統計。

　以下將兩種刊物的的勞資爭議統計，包括牽涉到案件數、
廠號數、關係職工數三種統計，分為罷工停業與勞資糾紛兩類，
分別製表如下：

表5-2-2：罷工停業案件逐月統計表(1945年8月至1948年10月)

| 年月 | 案件數 | 廠號數 | 關係職工數 | | | | 資料來源： |
			男工	女工	童工	總數	
1945年08月	1	1	1060	0	0	1060	1:1, p 59
1945年09月	6	6	4710	302	0	5012	1:1, p 59
1945年10月	17	945	48901	1530	0	50431	1:1, p 59
1945年11月	12	316	9994	5452	0	15446	1:1, p 59
1945年12	11	64	5983	840	0	6823	1:1, p 59

月							
1946年 01 月	32	2332	47186	37366	0	84552	1:1, p 59
1946年 02 月	49	1100	59443	36132	0	95575	1:1, p 59
1946年 03 月	60	3969	98013	39544	0	137557	1:1, p 59
1946年 04 月	36	1461	99103	9291	0	108394	1:2, p 56
1946年 05 月	29	828	24015	5162	0	29177	1:2, p 56
1946年 06 月	9	461	2863	8	0	2871	1:1, p 56
1946年 07 月	4	109	882	0	0	882	1:3, p 33
1946年 08 月	5	1165	10620	0	0	10620	1:4, p 57
1946年 09 月	12	1872	6653	1750	47	8450	1:5, p 65
1946年 10 月	10	55	3605	852	27	4484	1:6, pp. 50-51
1946年 11 月	9	127	5113	1395	98	6606	2:1, pp. 92-93

1946 年 12 月	27	35	4171	5807	473	10451	2:2, pp. 44-45
1947 年 01 月	14	263	2248	2046	100	4394	2:3, p 53
1947 年 02 月	6	6	126	2046	200	2372	2:3, p 56
1947 年 03 月	8	110	3598	350	0	3948	2:4, p 41
1947 年 04 月	6	78	1330	655	0	1985	2:5, p 65
1947 年 05 月	11	81	2765	1705	30	4500	2:6, p 47
1947 年 06 月	26	634	15465	7014	211	22690	2:7-8, p 91
1947 年 07 月	1	1	17	0	0	17	2:7-8, p 101
1947 年 08 月	9	93	4185	80	0	4265	2:9, p 49
1947 年 09 月	8	110	1601	115	0	1716	2:10, p 59
1947 年 10 月	8	266	3411	3181	0	6592	2:10, p 65
1947	4	4	2466	1502	0	3968	2:11-12,

年 11 月							p 91
1947 年 12 月	6	7	984	250	0	1234	2:11-12, p 107
1948 年 01 月	12	411	3756	1374	0	5130	3:1, p 81
1948 年 02 月	12	12	186	20	0	206	3:3-4, p 71
1948 年 03 月	22	40	1236	493	76	1805	3:3-4, p 77
1948 年 04 月	15	15	279	77	30	386	3:5, p 47
1948 年 05 月	14	26	796	1451	0	2247[63]	3:5, p 53
1948 年 06 月	14	322	1951	380	20	2351	3:6, p 63
1948 年 07 月	26	304	5211	657	1050	6828	3:7, p 67
1948 年 08 月	16	16	—	—	—	1099	3:8, p 53
1948	12	12	—	—	—	931	3:9, p.

---

[63] 《社會月刊》記載的總工人數字為3247，不知是加總或排印時出錯，現已更正。

年月							
年09月							47
1948年10月	10	62	—	—	—	1752	3:10, p45
總計	589	17719				658807	
月平均值	15.1	454.33				16892.4	

表5-2-3：勞資糾紛案件逐月統計表總表(1945年8月至1948年10月)

年月	案件數	廠號數	關係職工數				資料來源
			男工	女工	童工	總數	
1945年08月	60	63	9731	3864	30	13625	1:1, p 54
1945年09月	210	274	42999	12353	78	55430	1:1, p 54
1945年10月	161	523	22426	6644	0	29070	1:1, p 54
1945年11月	102	169	11042	10071	18	21131	1:1, p 54
1945年12月	57	202	20209	13804	0	34013	1:1, p 54
1946年01月	92	1031	66772	11818	0	78590	1:1, p 54
1946年02月	80	222	23117	7650	0	30767	1:1, p 54
1946年03月	78	1093	25365	15817	25	41207[64]	1:1, p 54

---

[64]　《社會月刊》記載的總工人數字為14147，不知是加總或排印時出錯，現已更正。

月							
1946年04月	152	560	37469	8851	1	46321	1:2, p 56
1946年05月	133	2003	74507	5458	510	80475	1:2, p 56
1946年06月	106	1540	18729	23056	94	41879	1:2, p 56
1946年07月	118	1514	24034	20715	140	44889	1:3, p 33
1946年08月	142	2915	41469	12516	0	53985	1:4, p 57
1946年09月	143	4181	36730	20884	51	57665	1:5, p 65
1946年10月	147	3811	29763	7081	718	37562	1:6, pp. 50-51
1946年11月	115	4593	19014	3792	437	23243	2:1, pp. 92-93
1946年12月	128	2446	42078	20523	1601	64202	2:2, pp. 44-45
1947年01月	136	3180	24404	7308	214	31926	2:3, p 53
1947年02月	151	4756	31195	4104	0	35299	2:3, p 56
1947年03月	129	1122	18494	7666	90	26250	2:4, p 41
1947年04月	146	2788	24319	2510	500	27329	2:5, p 65
1947	98	1433	14249	5566	0	19815	2:6, p 47

1947年05月							
1947年06月	244	2556	92780	30676	1795	125251	2:7-8, p 91
1947年07月	206	3288	27550	5147	114	32811	2:7-8, p 101
1947年08月	173	1708	15079	6981	7	22067	2:9, p 49
1947年09月	183	2380	23621	4962	221	28804	2:10, p 59
1947年10月	76	1181	14883	3025	1500	19408[65]	2:10, p 65
1947年11月	125	181	13183	6537	77	19797	2:11-12, p 91
1947年12月	189	5969	88073	55602	4190	147865	2:11-12, p 107
1948年01月	213	1927	31982	20280	694	52956	3:1, p 81
1948年02月	201	2258	19339	17167	690	37176	3:3-4, p 71
1948年03月	189	1509	16202	1833	432	18467	3:3-4, p 77
1948年04月	143	836	12743	920	501	14164	3:5, p 47
1948	158	1710	14564	3797	512	18373	3:5, p 53

---

[65]　《社會月刊》記載的總工人數字為19358，不知是加總或排印時出錯，現已更正。

年05月							
1948年06月	134	1148	15624	1574	620	17818	3:6, p 63
1948年07月	206	2091	28870	4521	328	33719	3:7, p 67
1948年08月	156	1110	——	——	——	17425	3:8, p 53
1948年09月	136	2738	——	——	——	32803	3:9, p 47
1948年10月	105	577	——	——	——	7729	3:10, p 45
總計	5521	73586				1480691	
月平均值	141.56	1886.8				39520.67	

　　先從罷工停業案件來看，在表列的39個月中，共有589件罷工停業案件，17,719家廠商，共計658,807人次發生罷工或停業。平均每月15.1件、平均每月有454.33家廠商與職工16892.49人涉及罷工或停業。在戰前1928年到1932年的5年間，總計有517件罷工停業，平均每月8.61件，[66]就按件數而言，戰後的月平均值較戰前成長75%。從表中可以發現1945年10月到1946年5月是高峰期，這7個月平均每月有30.75件，牽涉職工數65,994.35人，都為上述總平均值的數倍。其中以1946年3月至4月各有接近10

---

[66]　上海市政府社會局(編)，《近五年來上海之勞資糾紛》(上海：中華書局，1934)，頁15。

萬人涉入罷工停業為最高峰，原因在於百貨業及水木業的罷工停業風波。

先從百貨業談起，位於南京路上的十餘家百貨公司(包括最著名的先施、新新、大新、永安前四大百貨公司)的職工聯合於1946年2月23日向資方要求調高工資，一直沒有得到回應，職工們遂於3月6日下午3時至5時以怠工2小時表達抗議。[67]隔天資方也聯合宣布停業做為報復，3月8日又有永安公司職工糾察隊與高級職員互毆的衝突，[68]3月9日資方態度軟化，準備接受社會局的調解：

> 本市永安、先施等各大百貨公司工潮，自七日午資方自動停業後，八日中午永安公司又發生流血事件，市商會先後致函各公司當局，勸令復業。昨日又有工商業領袖吳蘊初及社會局張科長努力奔走，聞已得良好結果。資方允立即復業，並對社會局之調解裁定書，職員基薪六十元、候補職員五十元、練習生四十五元亦準備接受。[69]

67　在於1946年3月6日中午，社會局原本安排百貨業勞資雙方進行調解，但資方未到場，以致會議無法進行，所以當日下午職工發動怠工，做為「警告」(《申報》用語)。見〈百貨公司職工怠工〉，《申報》，1946年3月7日，第3版。

68　〈九家百貨公司宣布自動停業〉，《申報》，1946年3月8日，第3版與〈十大百貨公司仍停業　資方準備申請仲裁〉，《新聞報》，1946年3月9日，第3版。

69　〈百貨工潮情勢緩和　資方應允即復業〉，《申報》，1946年3月10日，

引文中提到的吳蘊初(1891-1953)是江蘇嘉定人，上海兵工學堂
畢業，曾任職漢治萍鋼鐵廠、武漢兵工廠。1922年創立天廚味
精廠，隔年中國人自製的味精開始生產，吳氏成為「味精大王」，
另外設立天元電化廠、天利氮氣廠，任總經理。其它職務包括
上海市工業協會理事長、上海市商會常務理事、上海商報董事、
國民大會代表。[70]張科長指的是張振遠，為江蘇昆山人，日後
擔任最後一任的社會局長。3月12日《申報》刊出對此次勞資爭
議最後一則報導：「本市百貨業十大公司工潮，自經各方解勸
後，已決定職工底薪最高六十元，依生活指數計算。永安公司
衝突流血部分則靜俟司法解決。」[71]至於水木業的勞資爭議則
僅見《申報》的一則報導：「本市水木業工潮業告解決，數萬職
工已全部復工，工資問題雙方已獲得協議，木工每日4,000元，
泥水工每日3,900元，學徒照慣例四折計算，可得千六百元之
譜，工作時膳食仍由資方供給。」[72]3月20日市政府新聞處召開
記者會，吳開先表示：

> 數月以來工潮迭起，其原因十九為經濟問題，凡物價變
> 動愈劇烈之月份，工潮亦愈多。故社會局現在倡導各業

第3版。

[70] 中國經濟資料社(編)，《上海工商人物志》(上海：中國經濟資料社，1948)，
頁56-57。

[71] 〈水木業勞資糾紛調解中〉，《申報》，1946年3月12日，第3版。

[72] 〈水木工潮結束〉，《新聞報》，1946年3月17日，第4版。

用生活費指數發薪,俾職工生活安定不受物價波動影響。如公用、紗廠、百貨、麵粉等業,都已應用生活指數,成效甚佳。此外提倡工廠會議制度,一切工廠福利加薪等事,皆可在此會議中解決。[73]

由此可知上海市政府雖然按時公布工人生活費指數,《收復地區調整工資辦法》也要求工資應參照該指數做「做合理之評定。」但實際上,各個行業的薪水計算方式差異極大,不是一紙法令所能解決的。從百貨業與水木業的例子就可以知道:百貨業調整的是底薪,同時雙方協議以生活費指數調整,水木業則以是固定的日薪計算,並沒有依據生活費指數調整。

吳開先的談話更是公開承認政府只能倡導的方式,希望各行業採用生活費指數按月調整工人工資。3月26日市長錢大鈞(1893-1982)也再度重申:最近大多數工潮已完全解決,工人待遇以生活指數為標準,今各業工人不僅參照生活指數,而且大部分依照生活指數,自不應再生不合理之要求,不能再有軌外之行動。

---

[73] 〈社會局長闡述工潮問題〉,《申報》,1946年3月21日,第3版。另外勞資評斷委員會成立後,在第二次委員會議時,通過《處理工潮五項辦法》,當中第五項為「廠方與勞方應舉行工廠會議消弭糾紛」,可見推行工廠會議已經由個人的談話,變成政策,但具體的實施情況仍然不詳,見《上海市勞資評斷委員會關於三十五年度要案彙編問題的文件》,上海檔案館館藏號:Q20-1-236,1946年。

同時市政府公布處理工潮四原則：(1)國營事業遵照中央規定，不得有罷工怠工行為；(2)罷工、怠工未經合法程序，應予取締；(3)要求條件如非今日生產狀況所能接受者應予拒絕；(4)非法越軌行動應予制裁。[74]錢大鈞的談話內容基本上仍是強調各行各業都應該採用生活費指數做為發放工資的根據。而從四項原則看來，政府是不允許罷工、怠工的行為的，不僅國營事業不可以，一般工廠在沒有經過調解而發動罷工與怠工是政府所不允許的(第二項原則提到「合法程序」指的就是社會局或其它單位的調解)。

1946年4月社會部部長谷正綱擬定一份大綱性的文件，名為「防止上海工潮要項」，包含8大項37條要目。其中第一大項就是確定處理勞資糾紛政策，包括下列3點：1.對於工人正當要求及合法要求，應盡量設法解決並予以保障，但以不妨礙生產事業發展為前提；2.勞資發生爭議應循合法程序解決，工人如有無理要求，破壞生產、擾亂社會秩序等越軌行動時，應以強硬姿態制止之；3.運用黨團組織力量配合政府措施，制止非法罷工怠工及越軌行為，為打擊異黨搗亂陰謀。[75]就谷正綱所擬之大綱看來，前面2點與錢大鈞所提出4項原則重覆，仍然再次

---

[74] 〈提示四項原則處理今後工潮〉，《申報》，1946年3月26日，第3版。
[75] 「谷正綱1946年4月15日呈函」，〈勞工事務〉，《國民政府檔案》，國史館藏，典藏號：001-055000-0002，入藏登錄號：001000004839A。

強調保障合法、取締非法。但最後一點則要求黨部與地方政府配合，則為錢氏發言所無，但具體執行情況仍然不詳。

　　雖然政府不斷強調沒有經過調解不能罷工，但就統計表來看，罷工、怠工每月都有新案件，根本無法禁止。而在1946年4月電機業與絲織業發生勞資爭議，勞工發動罷工，社會局反倒要求勞方先行復工，才願意介入調解。[76]說明市政府根本無力執行自己所訂定的原則去禁止罷工停業，只能在發生後才加以調解。

　　其次就勞資糾紛案件來說，在表列的39個月中，共有5,521件勞資糾紛，共有73,586家廠家，總計1,480,691人次。平均每月141.56件，平均每月有1,886.82家廠商與職工39,520.67人發生勞資糾紛。相比較之下，在戰前1928年到1932年的5年間，總計有1491件勞資糾紛，平均每月24.85起。[77]戰後勞資糾紛案件每月平均件數比戰前成長5.7倍，顯示出就案件數量而言，戰後勞資爭議比戰前要多出許多。

　　另外就勞資糾紛的規模來看，1928年到1931年勞資糾紛中，以每案關係職工數以不及10人者最多，五年來凡804起，占53.92%。其次為10至100人者共375件，占25.15%，101人至1,000

---

[76]　〈電機絲織工潮復工始能仲裁〉，《申報》，1946年4月12日，第3版。
[77]　上海市政府社會局(編)，《近五年來上海之勞資糾紛》，頁15。

人有237件,占總數15.90%,1,001人至10,000人70件,占4.69%,10,000人以上僅5件,占總數0.34%。[78]

　　1945年1948年勞資糾紛中,雖然仍以每案關係職工數以不及10人者2228起,占40.36%為最多數。10至100人者共1691件為次多數占30.63%,但比率已較戰前五年的統計有所增加。101人至1,000人有1330件,占總數24.09%,比率更是較戰前五年的統計上升8.19%。1,001人至10,000人259件,占4.69%,10,000人以上13件,占總數0.64%,1,000人以上的大型案件戰前與戰後比率相近。

　　上述兩個時段,勞資糾紛雖然都以每案職工數10人以下占多數,但是1945年1948年間10人到100人與101人到1,000人兩者相加有3021件,占總數54.72%,成為過半數的主流,顯示勞資糾紛案件規模有擴大的趨勢。[79]

　　由統計表中可知:以1947年12至1948年2月為最高峰,3個月間有603件勞資糾紛,10,154家廠號237,997名勞工發生勞資爭議,其中一部分的原因是年終獎金問題(或稱為年賞或年獎)。在1947年12月3日,就由陸京士召集各界代表舉行協調會,總工會代表章祝三表示:工人生活艱苦,年賞為工人一年希望

---

[78]　上海市政府社會局(編),《近五年來上海之勞資糾紛》,頁14。
[79]　1945-1949勞資爭議的規模統計,由筆者綜合各期《社會月刊》與《上海市政府公務統計報告》統計得出。

之寄託,如不妥善解決問題嚴重。紡織公司代表則稱:本年各紗廠並未賺錢,希望所發年賞能較去年為低,且全市各業年賞總數極鉅,勢非國家銀行加發大票不可,其後果如何頗值得考慮。[80]

市政府在12月12日公布〈上海市各廠商三十六年度年終獎勵金發給辦法〉共7點,其中最重要的原則是年終獎勵金以1個月為原則,但(1)各廠商得依營業狀況與勞方協議之;(2)各廠商如因營業不振無力負擔時得酌減之;(3)各廠商如因虧蝕經查明確實得予免發。還有年終獎勵金發給時依當月份生活指數計算,但有習慣者從其習慣。[81]但各方爭議仍然不斷,總工會與市工業協進會就因意見不同而發生爭執。[82]

12月18日社會局又成立「上海市年終獎金處理委員會」,由陸京士擔任主任、趙班斧為副主任,委員9人,包括沈鼎、樊振邦、淩英貞等社會局科長。至1948年1月31日止,該委員會共運作近50天,總共處理年終獎金糾紛163起。其中與一整個行業有

80　〈年賞問題激辯三小時 勞資代表各述苦況 研究委會將再研討〉,《申報》,1947年12月4日,第3版。

81　沈訒,〈三十六年度年賞問題〉,《社會月刊》,3:1(上海,1948.01),頁49。〈市政會議通過年終獎金發給辦法〉,《新聞報》,1947年12月13日,第4版。

82　〈年終獎金七辦法 總工會維持原議〉,《申報》,1947年12月15日,第4版。

關的包括粵菜、內衣、卡車運輸、捲煙、製茶等42件。[83]《申報》也有文章標題如「除夕糾紛多 工人要年終」及「各業年終糾紛多 紛呈社局請調處」都是與年終獎金糾紛有關的報導。[84]另外不與年終獎金相關的勞資爭議則有振豐毛紡織廠及電筒業等。[85]

至於勞資糾紛的第二個高峰則在1947年6月至9月，這4個月平均每月有201件，高於平均值甚多，特別是1947年6月勞資糾紛的牽涉工人數超過10萬人，是除了1947年12月外，另一個工人數超過10萬人的月份，這一波勞資糾紛與工人生活費指數的解凍有關。

在1947年6月8日《申報》就以「指數不能照實發給，各業起伏不定」為標題寫到：自生活指數解凍，五月指數公布後，各業勞資引起糾紛者，迄今已有機器製造業、西服業、鉛印業、針織業、染織、內衣製造、皮鞋業等數十起，均由社會局分別調處中。[86]《新聞報》也說：「自生活指數解凍，若干工廠無力

---

[83] 沈訒，〈三十六年度年賞問題〉，《社會月刊》，3:1(上海，1948.01)，頁49-50。

[84] 〈除夕糾紛多工人要年終〉，《申報》，1948年1月1日，第4版；〈各業年終糾紛多紛呈社局請調處〉，1948年1月11日，第4版。

[85] 〈十三家電筒廠罷工〉，《申報》，1947年12月11日第4版；〈振豐等綿紡織廠工潮接受勸告開始復工〉，《申報》，1948年1月27日，第4版。

[86] 〈指數不能照實發給 各業起伏不定〉，《申報》，1947年6月8日，第4版。

負擔巨額工資，發薪引發問題，若干本非按指數發薪者，勞方亦紛紛要求加薪，亦因此發生工潮，怠工、罷工接踵而至。」[87]

《大公報》則以〈工資負擔過重　工業家問關廠辦法〉為題，報導中說到一般工廠對五月份工資，大致尚可忍痛接受，但六月份如繼續增加則前途堪慮。一位紡織同業公會的理事長則表示，20支綿紗的工資成本在指數解凍前約40餘萬，指數解凍後則變成120餘萬。還有一點，紡織業在指數解凍前是以上個月指數發給本月工資，在指數解凍後改為當月工資須照當月指數發給，月底時若有不足則須補發，資方無法預計工資實際的支出，造成營運上的困擾。[88]

機器同業公會理事長也說：本人不反對生活費指數，也不反對底薪高，現在的問題是廠方根本拿不出，以自己經營的機器廠為例，指數解凍前工資總數7,000餘萬，按1947年4月指數則要1億4,000餘萬，五月份更要2億餘萬，如何能負擔。[89]但實際上，勞資評斷委員會對此點並非完全沒有考慮，該會就運用

---

[87] 〈工資協商期間　社局規定辦法〉，《新聞報》，1947年6月10日，第4版。

[88] 〈工資負擔過重工業家問關廠辦法〉，《大公報》(上海)，1947年6月3日，第4版；〈紡織公會討論指數問題〉，《大公報》(上海)，1947年6月7日，第5版。

[89] 〈生活指數激增後工業步入艱難狀態〉，《大公報》(上海)，1947年6月4日，第4版。

職權，對針織業、南貨業、輪船木料業在計算工人薪資時，將生活費指數做不同程度的打折，以減輕資方的負擔。[90]

　　但社會局的調解科長樊振邦就不客氣的批評資方，認為資方要為此波勞資爭議負責，因為機器業、筆墨業、洋傘業等沒有事先與該行業的工人協商，就以同業公會的名義，通知各會員廠商一律照四月份指數發薪，甚至連勞工主動與業主協商也遭到拒絕，雙方沒有交換意見就已經關係破裂，所以此類勞資爭議理應全歸資方公會負責。[91]

　　由此我們可以看出工人生活費指數不斷升高對資方所帶來的巨大壓力，但亦可知在社會局眼中，有部分的勞資爭議是由資方拒絕協商所引起的，1947年6月時屢屢有商會及工業協進會的代表，要求恢復1936年的底薪，不要以1937年6月為基準，藉以減低工資成本，但遭到局長吳開先拒絕。[92]

　　市政府宣布鑑於解凍生活費指數後，一部分工人因有「越軌」行為，由警察局與社會局會銜布告：嚴禁關廠、停工、罷工與怠工，也不得採取要脅、包圍、脅迫等手段，否則將以維

---

[90]　《上海市勞資評斷委員會關於會議紀錄的文件》，檔號：Q20-1-228，1946-1949年，內附第十二會議記錄，1947年7月26日。
[91]　〈未協商先扣薪資方不能辭咎〉，《大公報》(上海)，1947年6月9日，第4版。
[92]　〈恢復戰前底薪〉，《大公報》(上海)，1947年6月15日，第4版。

持社會秩序臨時辦法從嚴究辦。[93]但是這僅只於宣示作用而已，仍然有很多工人因生活費指數無法與資方取得共識而發生罷工，如針織廠工人包圍雇主，[94]也有九昌絲織廠與強華染織廠工人因指數糾紛進行絕食抗議。[95]由此可見政府財政措施的失當確實導致勞資糾紛的大量增加。

(三)勞資爭議的行業分析

以下將各行業的罷工停業案件與勞資糾紛案件，以半年為一期，製成表格呈現如後：

表5-2-4：罷工停業行業別統計(半年期)

	1945年 8-12月	1946年 1-6月	1946年 7-12月	1947年 1-6月	1947年 7-12月	1948年 1-6月	1948年 7-10月	小計
農業類	0	0	0	0	0	0	0	0
礦業	0	0	0	0	0	0	0	0

93　〈擅自停業罷工決予從嚴究辦〉，《申報》，1947年6月15日，第4版。國民政府於1947年5月公布《維持社會秩序臨時辦法》，全文共六條，主要在限制學生及工人罷課、罷工的權利，授權各地方主管機關，對上述行為得要求學生或工人強制解散，有違反刑法者送司法機關辦理。該辦法全文見，〈國民政府公布實行維護社會秩序辦法〉，《中央日報》(南京)，1947年5月18日，第2版。

94　〈正泰橡膠廠調解未成 針織業請願包圍雇主〉，《申報》，1947年6月8日，第4版。

95　〈指數糾紛 兩家工廠工人絕食〉，《申報》，1947年6月11日，第4版。

類							
1 木材製造業	0	4	0	0	1	1	2	8
2 傢俱製造業	1	5	2	3	0	0	0	11
3 冶煉業	0	1	0	0	1	1	0	3
4 機器及金屬製品業	0	14	3	3	1	14	4	39
5 交通用具業	0	6	0	2	1	1	0	10
6 土石製造業	0	1	0	0	0	1	1	3
7 建築工程業	1	3	1	0	0	0	1	6
8 動力工業	1	6	1	0	2	0	0	10
9 化學工業	0	9	2	8	2	8	7	36
10 紡織工業	17	43	7	18	9	26	11	131
11 服用品	8	17	6	7	4	9	12	63

業							
12皮革品業	1	1	2	0	3	0	2	9
13飲食品業	1	16	21	5	2	11	5	61
14造紙印刷業	1	11	4	7	0	7	2	32
15飾物儀器業	1	2	5	1	2	0	1	12
16其它工業	0	7	0	3	1	3	9	23
運輸交通業	6	23	3	9	4	1	1	47
1 貨品販賣業	5	10	5	2	0	0	0	22
2 經濟介紹類	0	0	0	0	0	0	0	0
3 產物賃貸業	0	0	0	0	0	0	0	0
4 金融保險業	0	7	0	0	0	0	0	7
5 生活供應業	4	17	4	3	3	5	6	42

公務國防類	0	4	0	0	0	0	0	4
自由職業類	0	4	1	0	0	0	0	5
家庭及個人服務類	0	4	0	0	0	1	0	5
總計	47	215	67	71	36	89	63	589

表5-2-5：勞資糾紛行業別統計(半年期)

	1945年8-12月	1946年1-6月	1946年7-12月	1947年1-6月	1947年7-12月	1948年1-6月	1948年7-10月	小計
農業類	5	4	5	4	0	0	0	18
礦業類	5	0	1	0	0	0	0	6
1 木材製造業	14	5	5	15	21	18	4	82
2 傢俱製造業	2	2	4	8	3	6	4	29
3 冶煉業	7	0	6	3	6	4	1	27
4 機器及金屬製品業	86	42	43	82	120	156	62	591
5 交	20	24	8	13	8	4	3	80

通用具業							
6 土石製造業	8	7	5	3	8	4	5	40
7 建築工程業	6	2	2	7	3	2	2	24
8 動力工業	9	10	24	11	13	10	1	78
9 化學工業	42	41	75	87	86	82	65	478
10 紡織工業	116	161	155	166	212	201	96	1107
11 服用品業	33	39	63	84	76	81	82	458
12 皮革品業	14	4	5	17	12	15	16	83
13 飲食品業	76	114	116	123	92	121	63	705
14 造紙印刷業	33	27	32	43	51	54	46	286
15 飾物儀器業	1	1	10	14	19	8	0	53
16 其它工	9	15	27	36	33	82	57	259

業								
運輸交通業	40	41	33	26	45	45	36	266
1 貨品販賣業	29	29	58	36	24	44	18	238
2 經紀介紹類	4	0	1	2	0	0	1	8
3 產物賃貸業	5	3	5	5	7	4	1	30
4 金融保險業	15	3	7	4	5	6	2	42
5 生活供應業	8	56	98	113	102	81	30	488
公務國防類	1	8	1	2	0	0	0	12
自由職業類	2	1	1	0	2	0	0	6
家庭及個人服務類	0	2	3	0	4	10	8	27
總計	590	641	793	904	952	1038	603	5521

資料來源： 1946年01月：1:1, p. 56, 61；1946年02月：1:1, p56, 61；1946年03月：1:1, p. 56, 61；1946年04月：1:2, p. 71；1946年05月：1:2, p. 71；1946年06月：1:2, p. 71；1946年07月：1:4, p. 60；1946年08月：1:4, p. 60；1946

年09月：1:5, p. 68；1946年10月：1:6, p. 52；1946年11月：2:1, p. 94；1946

年12月：2:2, p. 46；1947年01月：2:3, p. 54；1947年02月：2:3, p. 57；1947

年03月：2:4, p. 44；1947年04月：2:5, p. 68；1947年05月：2:6, p. 50；1947

年06月：2:7-8, p94；1947年07月：2:7-8, p98；1947年08月：2:9, p 52；1947

年09月：2:10, p. 62；1947年10月：2:10, p 68；1947年11月：2:11-12, p 104；

1947年12月：2:11-12, p 100；1948年01月：3:1, p. 84；1948年02月：3:3-4, p.

74：1948年03月：3:3-4, p. 80；1948年04月：3:5, p. 50；1948年05月：3:5, p.

56；1948年06月：3:6, p. 66；1948年07月：3:7, p. 71；1948年08月：3:8, p. 55；

1948年09月：3:9, p. 39；1948年10月：3:10, p. 47。

圖5-2-1：罷工停業案件行業比例分布圖

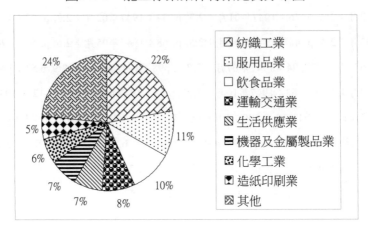

資料來源：根據表5-2-4繪製。

圖5-2-2：勞資糾紛案件行業比例分布圖

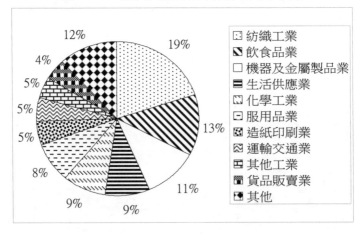

資料來源：根據表5-2-5繪製。

　　綜合上面的二張表及兩張圖得知：當時社會局勞資糾紛統計，已經使用三級產業分類法：即第一級農、林、漁、牧；第二級製造、建築、動力供應；第三級服務業(交通運輸、金融、房地產)，與現今通用之分類法較大的不同是將採礦業歸納為第一級。[96]以個別行業來看，紡織業為最多，分別占罷工停業案件總數的22.24%，與勞資糾紛案件總數的20.05%。罷工停業案件中，比率最高的5個行業是：紡織、服用品、食品、交通運輸、生活供應，合計占總數58.4%。勞資糾紛案件中，比率最高的5個行業是：紡織、食品、機器及金屬製造、生活供應、化學，合計占總數61.02%。兩者有三個行業是相同的：紡織、食品、生活供應，將這3個行業兩類案件相加，約占總數的41.47%。[97]

　　應進一步討論的是當時工人的產業分布，社會局曾在1946年8月間，聯合上海市政府統計處、中央銀行經濟研究處、資源委員會經濟研究室等單位組織一個「上海市勞工狀況調查委員

---

[96] 現在通用的產業分類法將採礦納入第二級產業，江蘇省統計局(編)，〈三次產業分類〉，《江蘇統計》，2003.06(南京，2003.06)，頁47。

[97] 在這裡要特別說明的是由於表5-2-4與表5-2-5統計的行業類別多達27種，繪製圓餅圖時，由於項目太多無法逐一呈現，不得不作若干折衷處理：若該行業罷工停業案件在30件以下者，及勞資爭議案件在50件以下者均一律納入其它類。

會」，進行勞工狀況相關統計。[98]選擇黃浦、滬南、閘北、法華、
洋涇5區為調查區域，以問卷調查的方式搜集40個行業、1589
家工廠的資料，其中關於工廠總數及人數表重新製表如下：

表5-2-6：上海勞工狀況調查委員會工廠總數及人數表

行業別	廠數	男工	女工	童工	總計
棉紡織	63	13968	41837	426	56231
染織	153	7730	12106	324	20160
捲煙	46	3100	14002	361	17463
公用事業	16	7406	270	9	7685
機器製造	237	4055	426	1337	5818
針織	209	1527	3709	187	5423
毛紡織	30	1799	3445	81	5325
絲紡織	139	2130	2328	88	4546
橡膠	21	1927	2344	38	4309
火柴	18	1046	1301	124	2471
玻璃	26	1391	23	506	1920
製藥	32	767	894	13	1674
電工器材	60	1029	338	227	1594
印刷	39	1155	72	217	1444
製針	26	600	297	221	1118
五金製造	69	694	154	264	1112
化工器材	14	833	248	0	1081
內衣	39	470	423	71	964
麵粉	4	918	1	2	921
翻砂	55	615	3	284	902
榨油	8	756	2	0	758
製革	82	597	2	152	751

[98] 上海市社會局(編)，《上海市勞工統計》(上海：上海市社會局，1946)，
吳開先序。

毛巾被毯	9	247	437	37	721
印鐵製罐	19	392	219	73	684
造船	4	544	0	38	582
熱水瓶	23	410	80	90	580
製帽	11	305	145	40	490
造紙	10	379	98	10	487
搪瓷	5	459	12	14	485
罐頭食品	10	282	187	15	484
電鍍	41	207	3	119	329
製傘	21	136	32	48	216
調味品	6	158	34	2	194
皂燭	8	168	24	0	192
製盒	16	103	5	30	138
造漆	9	109	8	3	120
酸鹼	2	0	95	0	95
駱駝絨	4	37	35	4	76
賽璐璐	4	54	4	5	63
鉛筆	1	19	25	4	48
總計	1,589	58,522	85,668	5,464	149,654

說明：按工人總數排列。資料來源：上海市社會局(編)，《上海市勞工統計》，頁16。

　　這個統計表除了上述有選擇特定區域的限制外，從統計表中也可以看出在調查對象的選擇上也有若干限制：沒有第一級產業，除了公用事業屬第三級產業以外，其它39個行業都是第二級產業。儘管如此，表5-2-6仍足以反映出當時上海二級產業中各行業的工人比率。將表格中棉紡織、毛紡織、絲紡織、染織、針織5個行歸納為紡織工業，共91,685人，則紡織工業總工人數占全體工人61.26%，如此將不難理解為何紡織工業的罷工

停業與勞資糾紛案件都高居首位。

　　食品工業是發生勞資爭議很多的行業,在表5-2-6中相關工人總數有19,820人(以麵粉、榨油、調味品、捲煙、罐頭食品五項合計),占總數13.24%,是除了紡織業外,工人比率次高的。據徐新吾與黃漢民統計,1947年上海工業產值中,紡織業[包括棉紡織、絲紡織、繰織(蠶織)]占總產值35.65%,而食品業[包括捲煙業及麵粉業]占總產值18.83%,[99]食品業工人數及產值均僅次於紡織業,所以該行業的勞資糾紛排名第二,也不令人意外。另外機器製造、五金製造、印鐵製罐3行業可以歸納為機器及金屬製造業,該行業的工人總數7,614人,也占全體的5.09%,是在紡織業與食品業以外的主要行業之一,如此便不難理解這個行業的勞資糾紛案件為何居前5名。綜合上述,不論是罷工案件或是勞資糾紛案件,與當時上海的產業工人分布及工業產值是密切相關的,主要集中在紡織業、食品業、機器製造業。

　　更進一步討論戰前與戰後紡織業在罷工案中的特點,裴宜理(Elizabeth Perry)引用戰前社會局的統計資料,從1918到1940年中,同樣是紡織工人,絲織業工人工資收入較高,參與罷工的人數也較多。棉紡業工人工資收入低,參與罷工的人數也較

---

[99] 徐新吾、黃漢民(主編),《上海近代工業史》(上海:上海社會科學院出版社,1998),頁296。

少。[100]但是戰後棉紡業工資已經超過絲織業,請看下表:

表5-2-7:棉紡業與絲織業工資比較(1932年與1946年)

行業別	1932年每小時工資	1946年每小時工資	增加倍數	1946年工資除以生活費指數後所增加倍數(1946年8月指數=4536.75)
棉紡業	0.044	608.62	13,832.27	3.05
絲織業	0.112	530.04	4,732.5	1.04

資料來源:1932年數字見裴宜理,《上海罷工:中國工人政治研究》,頁234。

1946年數字見上海市社會局(編),《上海市勞工統計》,頁23。

由表格中可知,戰前絲織業工人的每小時工資是棉紡工人的2.55倍,到了戰後,則出現翻轉,棉紡工人每小時工資比絲織業工人高出14.83%,兩個行業工資成長的比例,相差2.92倍,此點應是戰後上海紡織業的重要變化之一。

另外裴宜理認為戰前絲織業工人參與罷工的比率遠高於棉紡工人。這一點由於戰後社會局的統計資料中,沒有特別將紡織業內部的罷工及勞資糾紛做分別統計,無法做直接比較。不過,若將表5-2-6中,棉紡織、染織、針織、毛紡織、絲紡織5個行業相加,得出594間工廠,91,685名工人(全體紡織業工人總數)。而1945年8月至1948年10月,紡織業共有131件罷工案及1,107件勞資糾紛案(合計1,238件),可以統計出每1,000名工人參

---

100 裴宜理,《上海罷工:中國工人政治研究》(南京:江蘇人民出版社,2001),頁232-233。

與罷工或勞工糾紛的總數是13.5人[(1238/91685)*1000=13.5]，這與裴宜理統計中，戰前絲織業每1,000名工人參與罷工人數有20.8人低得多，但是與棉紡業每1,000名工人參與罷工人數2.7人相比，卻成長5倍。當然戰後的這個數字是結合5個相關行業的估計值，不過至少可以看出紡織工人在戰後罷工或勞資糾紛案件中參與的比率，與戰前相比確實增加不少。[101]

第三節　勞資爭議個案分析

本節討論的個案皆來自《社會月刊》，社會局選擇這些案件來發表於自己的刊物中，在某種程度上說明是有它的重要性。在這些案例中，因為大多附有調解書的全文(或重要條文)，使得我們可能了解勞資爭議的細節。本節將更進一步分析數件勞資爭議，來討論社會局及其它機構是如何調解(或裁定)勞資爭議。

(一)美光火柴廠案

美光火柴廠在中日戰爭時期曾為日本所管理，總大班(負責人)是瑞典人范倫德，戰後於 1945 年 10 月 1 日發還原負責人繼

---

[101]　裴宜理，《上海罷工：中國工人政治研究》，頁233。

續經營。勞資雙方原本約定 1946 年 1 月開始調整工資，但資方沒有履行承諾，甚至扣除底薪 2%，遂引發工人怠工，社會局於是介入調解。1946 年 1 月 22 月簽定和解筆錄如下：(1)自 1946 年 1 月起條整工資，計算方式以 1945 年 12 月各工人原有底薪為標準，按照市府工人指數計算。(2)年終賞金依向例辦理。(3)關於停工津貼一項，由廠方擬定辦法後，再行洽商。(4)嗣後如有糾紛，勞方應依法申請調解，不得於事前發生一切越軌行動。[102]到 3 月 26 日為止又有傅永康等三人解職問題與失業工人要求復工事件，造成勞資雙方關係緊張。

　　3 月 27 日勞方重新提出 14 項要求，限資方 3 日內答覆，為資方拒絕，勞方於 3 月 30 日開始怠工。至 4 月 29 日勞工接受社會局的折衷條件，雙方簽訂議定書如下：一、資方應自 1946 年 3 月 16 日起，各部分工人基本工資，按表分級分別調整之。調整辦法應依據調整底薪明細表所載自最低底薪增加百分之六十起，逐級遞減，至最高底薪增加百分之三十九止。調整後其工資即按照基薪乘與本市每月生活費指數計算所得給付之。二、勞方其它各項要求，另俟社會局召集繼續議處。三、勞資雙方自本議定書送達之翌日起，一律復工及開業。[103]

---

[102]　沈訒，《美光火柴廠勞資糾紛記(上)》，《社會月刊》，1:4(上海，1946.10)，頁49。

[103]　沈訒，《美光火柴廠勞資糾紛記(上)》，頁52-53。

　　需要深入探討第一項工資的計算方式，在未調整前該廠的工人時薪最低是 0.06 元，最高時薪是 0.165 元，勞方原本要求調高至每小時 1.5 元至 3 元，等於增加 18.18 倍至 25 倍。資方提出的版本是最低 0.06 元者加 60%，最高 0.165 元者加 19%，即工人每小時薪水介於 0.096 至 0.19635 元，雙方差距極大。而社會局的議定書對最低工資部分接受資方的要求，增加 60%，仍維持 0.096 元。倒是調高了最高工資的漲幅從 19%變成 39%，增加為每小時 0.22935 元。那麼勞方為什麼會接受這樣的條件呢？現將上述時薪，以每天 9 小時，每月 29 天計算，[104]則該火柴廠工人月底薪介於 25.06 至 59.86 元，比社會局公布 1946 年 12 月火柴工人底薪介於 12.6 至 45 元之間(見表 5-1-3)，分為高了 12.46 及 14.86 元，已顯得十分優惠。至 7 月 26 日雙方簽訂和解筆錄，現將該筆錄與原本勞方於 3 月 27 日的 14 點要求作成對照表如下：

表5-3-1：美光火柴廠勞方要求條件與和解筆錄之比較

勞方版本	1947年7月26 日和解筆錄版本
調整底薪最低限度以每日一元五角遞加至三元為止。	雙方同意遵照社會局三十五年四月二十六日調解決定書辦法，計件工人工資不得低於其每小時基本工資，但以盡力工

---

[104]　根據上海市社會局(編)，《上海市勞工統計》火柴業平均每月開工28.92天，平均每日工作8.92小時，現以整數計，取每月29天，每天9小時計算，見該書頁29、44。

	作為條件。
工資以日給計算,如照件工計算,亦須明白規定之。	正常工作時間以每工九小時為原則,超過部分則認為加工,加工時間除應給其基本工資外,另給薪資額百分之五十之加工津貼,計件工人加工時亦除應得計件工資外,再按每小時基本工資加給百分之五十之加工津貼。
國定假日及星期日一律休息,工資照給,如有工作者薪資倍給之。	國定假日一律休息作為例假日,如該星期日以前六日從不缺勤,或國定假日之前一日及後一日均在廠工作者,則發給相當正常工作應得之工資之休假津貼。
廠方自動停止工作者,薪津以三分之二撥付之。	由廠方主動減少工作時,廠方應給勞方每半個月內五十四小時以下之工作時間津貼,若係廠方主動繼續性之停工達一個月以上時,廠方得解雇其全部或一部職工,但需照政府法規辦理。
工作之賞金仍照廠方之原例辦理之。 工人年終須給予三個月之賞金,以最後薪津一個月計算之。	工人年終獎金每屆年終如政府有明文規定辦法者,遵照規定辦法。如屆時政府未有明文規定者,得照本廠向例辦理。
工人自動退職或資方藉口解雇者,資方應給予退職金或解雇金,以服務年資計算之。規定一年者需給予一個月之薪津,並依照最後一個月的薪津計算之。 資方不得無故開除職工,處分職工時,須依照服務規則辦理之。(由勞資雙方協同訂定)	如廠方因某工人年老或其它種種非係工人過失而不得不終止其職務時,除依工廠法予以預告外,並依其最後三個月工資率平均為標準發給退職金,最低不得少於服務每一足年給予半個月之退職金。

325

工人疾病時除花柳病外，由醫生驗明者，薪津照給，並由廠方負擔醫藥費。 工人因工作受傷而成殘廢者，應給予輕便之工作，如不能做輕便之工作者，當永久錄用。 工人死亡時，資方除給予最後之薪津四個月之喪葬費外，應給予其遺屬撫卹費，以最後之薪津兩年計算之。	勞方凡應執行職務而致傷病者，至廠方指定之中西醫院或中西醫師證明屬實後，廠方擔任其全部醫藥治療住院等費用並發給工廠法四十五條第一款規定之津貼。 勞方凡非執行職務而遇傷病，廠方雖無為之治療或給付疾病津貼或其它津貼之義務，但得斟酌情形為之治療，並個別酌情給予疾病津貼，對於死亡者除照給全部退職金外並予遺族相等戰前五十元購買力之喪葬費。
女工生產，廠方應給假前後八星期，薪津照給。	女工分娩照工廠法第三十七條規定，產期前後應共停止工作八星期，其入廠工作六個月以上者，工資照給，不足六個月者減半發給。
工人直系親屬婚喪等事，資方須貸款三個月之薪津，分六個月償還。	職工平時不得預支工資，或因本人婚嫁或直系親屬喪亡大故急須用款時，方向廠方預支一個月以內薪工，此向預支分三個月扣還之，扣還之數不足者直至償清債務為止。
資方應每月提撥職工福利事業費，依照職工津貼百分之五。	(1)廠方同意儘速依法辦理職工福利金，組織職工福利委員會，設立職工福利社。(2)廠方同意依工廠法舉行工廠會議商討該法所指定之事，以謀切實收得勞資合作之效。(3)廠方原則同意除已達經訂定之各該項職務之最高薪工額之職工外，對職工每年普遍加給薪資一次。所加多寡廠方得考核

	各人之勤惰、技術品性而酌量核定之。(4)雙方同意即行商定服務章程,呈請主管機關審核,以資遵守,在服務章程未蒙核准實施前,廠方遵照現行法令處理。職工倘發生爭執時任何一方均得呈請主管機關調解或裁決。

資料來源:沈訒,《美光火柴廠勞資糾紛記(上)、(下)》,《社會月刊》,1:4-5(上海,1946.10-11),頁 50-51;56-58。

由表列的兩個版本相比較,除了第一項關於工資的部分前面已經討論過以外,就其它的規定而言,和解書的所規定的內容,都對勞方提出的要求作了「折衷」,拿休假日來說,勞方原本要求國定假日及星期日一律休息,工資照給,如有工作者薪資倍給之。換句話說即休假日必須放假,也可以拿到九個小時的時薪。但和解書中卻規定,休假日雖然可以放假,但基本上不給薪水,除非該假日前連續工作六天,那麼該休假日可以領薪水。再以年老退休來說,勞工原本要求,以工作年資計算,每滿一年發一個月薪資(按最後一個月數字計算),和解書的規定改為每滿一年發半個月(按最後三個月平均薪水計算)。

照退休金看來,似乎與勞方要求差距頗大,是不是代表社會局偏袒資方呢?由於沒有該工廠最初的廠規或合約,所以無法知道在此次和解書生效前各項勞資協議,但既然雙方已達成協議,應該是和解書的各項條款已經比之前的協議更好,前面

討論工資時，勞方就已經獲得調高底薪 39%至 60%，似乎不太可能其它協議較之前的條件更差，否則勞方可以繼續怠工(在和解書簽定前勞方至少已怠工一個月)。

另外也應注意到表 5-3-1 的最後一項關於勞工福利部分，和解書提到要成立職工福利委員會一事，美光火柴廠是否有類似組織雖然不得而知。但社會局確實有鼓勵各工廠成立類似組織負責工人福利，1948 年 2 月有時 78 個福利會或福利社。[105]由此可看出，社會局在調解勞資爭議時，確實有意將政府政策推行至各工廠，企圖加深社會局的影響力。

(二)旅館業

上海市旅館業分為中式旅館及西式旅館，以中式旅館為大多數，中式旅館又多甲、乙兩級，甲等有滄州、大東、揚子、南京、中央、亞洲、爵祿、金山、大陸、遠東、東方等四十餘家，乙等三百餘家，共有職工一萬四千餘人。[106]旅館業糾紛案從1946年1月持續至12月，起因在於上海市警察局禁止旅館的茶役(客房服務員)向旅客收取小費，並將茶役的工資來源由小費

---

[105] 楊鉅松，〈上海市各工廠員工消費合作社組織概況〉，《社會月刊》，3:2(上海，1948.02)，頁11-15。
[106] 〈四百餘家旅館怠工〉，《新聞報》，1946年3月13日，第3版。

改成月薪制，但資方由於茶役過多，無法負擔月薪制，遂引起勞資爭議。[107]

勞資爭議的核心問題有下列3點：第一、薪工制(月薪制)如何確定；第二、由於過去旅社營業的畸型發達，茶役人數雇用漫無限制，如今人數過剩應如何確定解雇標準和辦法；第三、旅館茶役過去進店時，大多繳有保證金，解雇時應如何發還，共3大問題。[108]

1946年1月18日及24日勞資雙方分別在市黨部及警查局的調解下簽訂和解筆錄，要點如下：(1)各旅館照下列規定給付工資：A.甲等旅館：領班月支薪工國幣45,000元整、茶役月支薪工國幣31,000元整、出店(幫房客跑腿買東西之雜役)月支薪工國幣25,000元整。B.乙等旅館：領班月支薪工國幣30,000元整、茶役月支薪工國幣23,000元整、出店月支薪工國幣20,000元整。(2)規定甲等旅館每一茶役管理四房間，乙等旅館每一茶役管理五

---

[107] 目前尚未找到警局禁令的全文，最早的報導是「自當局明令取締旅館收受額外小賬後，旅館業職工會曾提出補救辦法。……惟過去兩成小賬，係侍役店員分派，故侍役多吃飯不取工資，目前小賬取消，房價調整，關於侍役等收入出處尚未經訂定。」見〈旅館調整房價取締額外小賬〉，《新聞報》，1946年1月6日，第4版。另外《申報》也報導：「自元旦日起，警局通令本市各旅店，取消額外小賬，……」見〈旅館業勞資糾紛雙方申請仲裁〉，《申報》，1946年1月7日，第3版。

[108] 顧祖繩，〈上海市旅館業勞資糾紛〉，《社會月刊》，2:2(上海，1947.02)，頁8。

房間，公寓每一茶役管理八房間(包括日夜班)，不管甲乙等均以茶役十人設一領班為原則，茶役五人以下及向未設有領班者，不設出店，視旅館事務之繁簡由資方自行增減。(3)旅館領班茶役經調整後，超額人員可由資方分批或一次遣散，但須發給遣散費，不論領班茶役出店及服務年資長短，均由資方發給薪金三個月。被裁人員保證金仍照前繳數額發還，另發紅利以資補貼，其發紅利標準，以前繳一百元者加發薪金一個半月，三百元者兩個月，三百元以上者同三百元計。[109]

由以上和解筆錄看來，旅館業職工的薪水並沒有採取底薪乘上生活費指數的計算方式，而一直採取固定數字薪水，對勞方較為不利。在官方的介入下，對旅館業茶役的人數做出限制，以一名茶役管理五間房為原則。公寓指的是整棟樓房出租者限制更嚴，則一茶役需負責八間房。以此為標準，茶役過多的旅館業者，必需發給遣散費，保證金部分依繳納金額多寡(文中所提的一百元應是指戰前的幣值)，按比例折合為1946年1月之月薪發還。

1946年3月糾紛再起，《新聞報》報導糾紛的原因是：2月16日起，各旅館房金統加五成，工資亦統加五成，但亦有少數不加足者。3月1日起各旅館房價所加成數不等，因而職工薪水

---

[109] 顧祖繩，〈上海市旅館業勞資糾紛〉，頁9-11。

所加成數亦不等。各職工會曾要求劃一增加房金與薪水的增加成數，因資方遲不答覆，於是決定怠工。[110]

由此可見，糾紛的起因是旅館房間的售價，已經在2月中旬調漲，所以勞方要求薪水也應該按照相同比率調漲。《申報》則說：勞方要求根據所簽調解筆錄，工資隨房價高低隨時升降，並要求各旅館茶役一律增加工資七成，資方則允增加四成。」[111]糾紛的最高潮3月13日，整個上海市的旅館大小職工，除了華懋等幾家西式的旅館外，一致拒絕新來的客人，所有業務幾全部陷於麻痺狀態。[112]隔天在社會局的調解下，雙方達成協議，房間售價與職工薪水一律增加六成，[113]協議還包有一點很重要：「此後勞方房價與資方工資之調整依據每月生活指數總指數之高低為標準，如總指數增高至百分之五十以上時，資方始得要求增加房價，如總指數降低至百分之五十以下時社會局得飭令減低房價，同時勞方應依比率增減。」[114]

---

[110] 〈四百餘家旅館怠工〉，《新聞報》，1946年3月13日，第3版。

[111] 〈社會局門庭若市 結隊請願日數起〉，《申報》，1946年3月14日，第3版。

[112] 〈旅館業不收房金〉，《新聞報》，1946年3月14日，第3版。

[113] 《上海市社會局勞資糾紛和解錄》，和字第二一八號，1946年1月15日，第二條，《上海市參議會關於旅館業勞資糾紛的文件》，上海檔案館館藏號：Q109-1-1656。

[114] 《上海市社會局勞資糾紛和解錄》，和字第二一八號，1946年1月15日，第三條，《上海市參議會關於旅館業勞資糾紛的文件》，上海檔案館館藏號：Q109-1-1656。顧祖繩，〈上海市旅館業勞資糾紛〉，頁11。

　　根據這項協議，只要生活費指數當月漲幅超過50%，旅館業者(資方)得向社會局要求調漲房價(客房價格)，而職工薪水亦得按比例增加，等於是將房價與工薪與生活費指數產生連動關係。據《新聞報》報導，5月5日社會局再度准予同時調高客房價格與勞工薪資60%。[115]就此次調整方式看來，社會局雖然說房價與工人薪水兩者都和生活費指數產生連動關係，但並不是自動調整，勞資雙方仍就必須將變動後的新價格呈報社會局經過核准後才能實施。

　　1946年9月旅館業商業同業公會與職業工會分別向上海市參議會投書，表達各自立場，主要爭議點有四：(1)薪工制是否造成茶役惰性；(2)茶役遣散費問題；(3)薪工制實施後，茶役勒索小賬問題；(4)其它行業職員以小賬為主要收入者甚多，為什麼單獨對旅館業實施薪工制。其中第4點很重要，資方認為除了旅館業以外，還有理髮業、浴室業、中菜與咖啡館、舞廳業都以小賬為服務員的主要收入，社會局在調解勞資爭議時從來沒有要求各行業廢除小賬制度，為何單純針對旅館業進行改革？

　　而勞方則說實行薪工制度，是改革社會不良習慣之先聲，自實行新制度以來，深覺改革舊風氣之必要，故對政府法令恪

---

[115]　〈旅館要加價〉，《新聞報》，1946年5月4日，第4版。

遵不渝,可見勞方較擁護新的工資計算方式。再以第 1 點來說,資方認為自實行薪工制度後,茶役有固定之收入,對於招待旅客則更漠不關心且傲慢無理,此種現象對旅館業的發展無疑是一種「慢性自殺。」勞方則說:旅客常常因職工招待週到,以找回的零錢做為賞賜,小賬收入可以證明職工之招待十分周到,雙方觀點可以說是南轅北轍。參議會對雙方的呈文表示「擬請大會維持主管機關原法定辦法辦理」,[116]等於是又將問題丟回給社會局及勞資評斷委員會。

雙方爭議仍然持續,到 11 月間,旅館業同業公會(資方)以固定工資會造成職工怠惰,及茶役遣散費及保證金過高無力負擔為理由,要求修改原協議,勞方亦提出新的勞資協約草案。上海市勞資評斷委員會於 12 月 10 日派員前往 24 家旅館調查各旅館當年的營業狀況,[117]最後做出四點裁決:(1)薪工制部分:該業茶役工資除已有勞資雙方協議拆賬制者外,以現行薪給百分之六十為基薪保持不變,其餘百分之四十,依營業收入比率

---

[116] 《上海市參議會關於旅館業勞資糾紛的文件》,上海檔案館館藏號:Q109-1-1656,1946年。

[117] 這個調查包括24家旅館,甲乙級各占一半,調查項目有1946年1-11月間各個月的營業成數(住房率)及同時間各個月職工薪水占營業收入的百分比,另外還有各旅館各類員工總數及薪水計算方式,其它收入(床被、電話),總計盈餘或虧損總數。24家旅館中有2家無資料無法判斷盈虧外,其餘22家旅館,17家有盈餘,5家虧損。見《社會月刊》,2:2(上海,1947.02),頁18-19。

計算，俟旅店裁遣茶役人數符合三十五年一月二十四日警察局調解筆錄第三款規定標準時，仍恢復原本薪工制，本項基薪折成制計算公式如下：(原定薪額*60/100)+(原定薪額*40/100*營業成數)=實際工資。(2)解雇金的部分：最低者為在工廠工作未滿三個月者，發給遣散費半個月；最高者為在工廠工作滿三年以上者，發給遣散費三個月。(3)保證金部分仍依 1 月 24 日和解筆錄辦理；(4)以上裁決自 1946 年 12 月起實施。[118]

最值得探討的當然是第一條，該條規定各旅館在達到遣散警察局規定的茶役人數之前，對於茶役工資採取部分的拆帳制(社會局稱為「工薪折成制」)，按 1946 年 12 月的數字，甲等旅館茶役 247,500 元，乙等旅館茶役 190,400 元。[119]以這個數字為基準，每月有 60%的底薪，另外 40%按營業成數決定。

記錄此案的勞資評斷委員會秘書顧組繩說：衡諸現在生活程度，及本市工資標準(茶役工資)不能認為過高，以相關資料試算如下：1946 年 12 月工人生活費指數為 6470.33，將兩種茶役的工資除以該指數，分別得出 38.25 元及 29.43 元(相當於戰前的底薪)，這兩個數字再與社會局 1946 年 12 月對各行業最低底薪所做的調查，只有造修民船、製革、橡膠及自來水四個行

---

[118] 顧祖繩，〈上海市旅館業勞資糾紛〉，頁21。
[119] 顧祖繩，〈上海市旅館業勞資糾紛〉，頁21。

業底薪等於或超過 30 元，高於茶役的 29.43 元，確實比大多數行業工人的最低底薪來得高，但必須考慮到其中有 40% 是浮動的薪水，以 29.43 元為例，每月至少可領 60%，則有 17.66 元，即使如此也高於同時 12 個行業的最低底薪，屬於中等水準，顧氏所言，確實不假(見表 5-1-3)。

事實上旅館業的勞資雙方都贊成依照營業狀況，對茶役的薪水做出調整，資方提出的方案名為「薪工拆賬制」，辦法為針對茶役定一最低底薪，房價定一最低營業總額，若該月營業狀況不及最低營業總額，則茶役領最低底薪。若超過最低營業總額，則超過部分換算為百分比，茶役薪水亦按同比例調整。勞方提出來的方案原名「彈性薪給制」，不論營業狀況，至少可以拿到工薪的 7 成，另外 3 成視營業狀況之比例調整。[120]社會局提出的方案，是實上是對勞方版本的修正，只是將原本至少可以拿到工薪的成數由 7 成改為 6 成，而將工薪中視營業狀況浮動的比例，由 3 成調高為 4 成。乍看來似乎對勞方較不利，但實際上資方提出的條件更為嚴苛，資方所提出的方案中，茶役的底薪底有甲級旅館 74,400 元，乙級旅館 55,200 元，[121]顯得易見，資方提出的底薪太低，是最終遭到拒絕的原因。以乙等茶

---

[120]　顧祖繩，〈上海市旅館業勞資糾紛〉，頁12-16。
[121]　顧祖繩，〈上海市旅館業勞資糾紛〉，頁13。

役而言，評斷會的裁決，茶役至少每月可得 114,240 元，比資方所提的版本，收入高出二倍，自然獲得勞方支持。

若是完全採用拆賬制，按照評斷委員會在這份調查報告中顯示，若茶役人數適當，則每名茶役可拿月薪 30 餘萬，甚至超過「工薪折成制」所規定的 247,500 元。所以完全採用拆賬制並不一定能減低資方負擔，反之拆賬制亦未必造成勞方收入減少，關鍵在茶役人數合理配置，而當茶役尚未達到合理配置之前，「工薪折成制」是勞資雙方共同都能接受的辦法。[122]

整個勞資糾紛案中有許多特點值得注意：(1)事件起因於政府欲改革旅館職工工資為月薪制並禁收小費而起，在爭議的過程中勞方是擁護改革的，認為完全依賴小賬做為茶役收入來源是不進步的。雖然勞方要求被打折，但是在資方條件更嚴苛的情況下，勞方選擇接受，這也是另一個說明勞資評斷委員會不是偏袒資方的證據。(2)在 1946 年 1 至 3 月共有市黨部、警察局、社會局三個機關介入調解，簽訂三份筆錄，說明社會局不是調解勞資爭議的唯一機關。

(3)1 月 24 日的筆錄雙方同意限制茶役數目，遣散多餘人力，但是一直到 12 月勞資評斷委員會做出裁決為止，至少經過

---

[122] 〈上海市勞資評斷委員會裁決書〉，三十五年度評字第六號，1946年12月。《上海市參議會關於旅館業勞資糾紛的文件》，上海檔案館館藏號：Q109-1-1656內附文件。

10 個月以上，仍有不少旅館未按規定遣散多餘茶役，所以才有裁決書中以拆帳計算工資的方式，希望到達成規定人數之前可以提供勞工雙方都接受的工資計算標準，可見調解沒有強制力。(5)官方的改革並不成功，首先要禁止茶役收小費執行困難，資方便多次提及這一點做為抗議。[123]而社會局在整個案件雖然將房價、工資與工人生活費指數產生連動關係，讓這兩者隨工人生活費指數而有增減，但就減少茶役人數來說卻帶來反效果，茶役底薪比同時間半數以上的工廠最低薪工人的底薪收入來得高，茶役不會有離職的意願，再加上資方無力負擔遣散費與保證金，使得減少茶役的目標更不易達成。

(三)鉛印業

鉛印業在 1946 年 3 月就發生過一次勞資糾紛，由社會局調解解決。[124]1946 年 12 月份起勞資雙方協議發放工人家屬津貼底薪 13.5 元(每日 0.45 元，每月以 30 日計算)，市商會原本要求勞資評斷委員會禁止此項協定，但因該協議為勞資雙方自行協議之條件，所以評斷委員會不予受理。[125]

---

[123] 這一點可由旅館業同業公會可社會局的呈文中得知，見顧祖繩，〈上海市旅館業勞資糾紛〉，頁13。

[124] 〈鉛印職工維持生活難〉，《申報》，1946年3月5日，第4版。

[125] 《上海市勞資評斷委員會關於會議紀錄的文件》，上海檔案館館藏號：

　　1947 年 6 月 3 日，因生活費指數解凍後，資方為減低負擔，要求停發工人家屬津貼，並增加扣除每月伙食費 4 元，引發工人罷工。[126]6 月 8 日，一批鉛印業工人，因為害怕其它同業不配合罷工，所以四處巡查，在中正南路公義印刷所與 17 名尚在工作的工人發生毆打情事。[127]至 6 月 9 日由社會局調解達成數點共識，原本已有協議 3 點：包括 1947 年 5 月薪資照工人生活費指數發給，伙食費每月 6 元，但工人家屬津貼 13.5 元保留再議。[128]因勞資雙方對 13.5 元津貼各執己見，於 6 月 30 移送勞資評斷委員會裁決。現在將資方要求與勞資評斷委員會的裁決要點列表如下：

表5-3-2：鉛印業勞資爭議資方要求與裁決書的條文比較表

	資方要求	裁決書
五月份薪資計算方式	(一)同業各會員,已發有工人家屬津貼十三元五角者,或僅發五元及八元者,自五月份取消,但生活指數,除照政府規定折扣外,不再予以折扣。(二)同業各會員,原無工人家屬津貼十三元五角者,除照政府規定折扣外,一律八折發給。	(一)底資(包括工人家屬津貼)應依照上海市工人薪資暫時調整辦法第三條及第四條計算之。(二)目前該業營業清淡,勞方應共體時艱,凡各公司廠商工人家屬津貼發足十三元五角者,依照市政府公布之生活費指

　　Q20-1-228，內附第八次會議記錄，1947年3月3日。

[126]　〈市聞一束〉第一條，《新聞報》，1947年6月5日，第4版。

[127]　〈指數解凍後工資降低　鉛印工人局部罷工〉，《大公報》(上海)，1947年6月9日，第4版。

[128]　〈鉛印業糾紛調解有成議〉，《新聞報》，1947年6月10日，第4版。

		數八五折計算。倘各公司廠商無工人家屬津貼者，依照市政府公布之生活費指數九折計算。又公司廠商雖有工人家屬津貼，其數額不足十三元五角者，得依本項折扣辦法(自九折自八五折)比例計算之
六月份以後薪資計算方式	自六月份起按照上月指數發給	每月上半月工資，依照上半月生活費指數計算，每月下月工資，依照當月生活費指數計算。
其它	膳食費按照實在支出計算。	應自本年六月一日起施行，至同年十月三十一日為止，期滿後由該業勞資雙方，照當時情形自行協議。

資料來源：陳英潮，〈鉛印業勞資糾紛之因果〉，《社會月刊》，2:10(上海，1947.02)，頁47、49。

　　按表格中所列出的，資方要求取消該項津貼，即扣除底薪13.5元，而且1947年5月之薪資依生活費指數打八折發給。而裁決書則規定，工人家屬津貼者底薪13.5元不能扣除，此外即使領全額工人家屬津貼底薪13.5元者，折扣最多八五折，沒有工人家屬津貼者則只能打九折，按工人家屬津貼比率調整。

　　在這個案例中，裁決內容對勞方比較有利，因為最高只能打八五折，對照資方要求，還工人還多領 5%的津貼。由資方要求至1947年6月起按上個月指數發薪，也被修正為分兩次發薪，上半月按上月指數，下半月按當月指數，也顯然對勞方較

為有利。

但是代表勞方的工會在 1947 年 11 月 10 號發函給社會局稱：鉛印會員奉悉勞資評斷委員會前項裁決後，不勝詫異，按會員工資加上十三元五角家屬津貼後，倘按照勞資評斷會折扣計算，所得反少於不加津貼，如此變項剝削工資辦法，鉛印會員實難接受，於是紛擾迭起，並曾一度發生怠工現象。[129]

但是鉛印工會的說法，可能是有問題的，若我們以社會局在 1946 年 12 月公布的印刷工人最低薪資 24.25 元為計算標準，加上 13.5 元家屬津貼後為 37.75 元，超過 30 元的部分要打九折，故實得底薪 36.975 元。而 1947 年 5 月工人生活費指數為 23500，八五折為 19975，故可得實際薪水 738,575.625 元。而完全沒有工人津貼，者因為底薪在 30 元以下，故不需要再打折，僅以 24.25 元乘上 21150(工人生活費指數打九折後的數字)為 512,887.5 元，兩者差了 225,688.125 元。

即使是只領 3.5 元家屬津貼者，以底薪 27.75 元乘上 19975為 554,306.25 元，也高於完全沒有家屬津貼者。只有家屬津貼在 1.5 元以下者才會受到影響，造成所得不增反減的情況，所以不是全部有領家屬津貼的人收入都會減少，因此勞方才會接

---

[129] 《上海市勞資評斷委員會關於鉛印業工資糾紛的文件》，上海檔案館館藏號：Q20-1-105，1947-1948年。

受勞資評斷委員會的條件。

此案還牽涉到鉛印業兩個工會彼此的猜忌與衝突，負責協調的陳英潮寫到：「勞方分為兩個組織：一個叫印刷業產業工會，另一個叫鉛印業職業工會，都各擁有一部分鉛印業職工，在接談過程中，勞方因信心與意志分歧，兩個組織之間彼此牽制，互相猜忌，所以千談萬談，越談越難。」[130]罷工行動在裁決未做出時便已開始，約在 6 月 9 日前後，一直持續至 7 月 12 日方結束。[131]按照法令，調解或裁決未完成之前不得有罷工、怠工、停業等行為，但從這個例子看來，社會局根本無力執行法令(雖然最後社會局對勞方的勸說成功罷工結束，但過程中有罷工卻是事實)。

還有一小個問題，負責記錄此案的陳英潮將它稱為「鉛印業勞資糾紛」按照社會局自己的定義，勞資糾紛是沒有發生罷工停業的案件為限，但是在此案中勞方曾經發動罷工，應該屬於罷工停業案件，用這樣的標題容易造成誤解。

---

[130] 兩個工會在此次勞資爭議的過程中，被社會局強制合併。據上海市政府訓令滬秘(36)字第23872號(1947年9月16日)將「上海市鉛印業職工會」與「上海市印刷業產業工會」合併整理為上海市印刷業產業工會，並指派社會局職員王振猷為指導員，該業工人王良生等11人組織整理委員會。

[131] 鉛印業資方欲扣底薪4元，拒發家屬津貼13元5角，雙方發生糾紛，一部分工人乃提前宣告罷工。見《上海市勞資評斷委員會關於鉛印業工資糾紛的文件》，上海檔案館館藏號：Q20-1-105。內附公文。

裁決書所規定的工薪計算方式至 10 月 31 日為止，但根據評斷委員會所存檔案，在 10 月 31 日前鉛印業的勞資雙方經過兩次協商，第一次由各廠自行勞資協議，凡營業較佳者，先行免除八五折扣。第二次協商，逐步恢復全部工人生活費指數，即 1947 年 11 月至 1948 年 1 月，最高按工人生活費指數打九折。1948 年 2 月到 4 月，按最高按工人生活費指數打九五折，至 1948 年 5 月起不再打折。[132]《申報》在 12 月 18 日的記載：「凡各公司廠商工人家屬津貼發足十三元五角者，依照市政府公布之生活費指數九折計算。倘各公司廠商無工人家屬津貼者，依照市政府公布之工人生活費指數九五折計算。又公司廠商雖有工人家屬津貼，其數額不足十三元五角者，得依本項折扣辦法(自九折自九五折)比例計算之。」[133]可見雙方的協議有逐步在推動進行。

本章小結

本章牽涉到兩大主題：調整工人工資與調解勞資爭議，就工人工資來說，由上海市政府發布工人生活費指數作為指標，

---

[132] 《上海市勞資評斷委員會關於鉛印業工資糾紛的文件》，上海檔案館館藏號：Q20-1-105。

[133] 〈鉛印業指數折扣經裁定解決辦法〉，《申報》，1947年12月18日，第4版。

以 1937 年 6 月的工資做為「底薪」，乘上工人生活指數後得出應得的實際工資。

　　本章前半部以討論糧價與工人生活費指數的變動關係，將 1945 年 9 月至 1949 年 3 月的工人生活費指數與糧價進行逐月分析。1945 年 9 月至 1946 年 1 月，工人生活費指數不定期發布，但指數調幅超過糧食價格漲幅，所以工人生活勉強可以維持。

　　1946 年 2 月以後，當市政府定期發布工人生活費指數後，工人生活費指數調幅卻開始落後於糧食價格漲幅，每月工資的食米購買數量開始隨著時間逐步下滑。按社會局的調查，在 1946 年 12 月，幾乎所行業的最低底薪的工人全部薪水尚不足以購買 5 石食米，生活陷入貧困。

　　1947 年 2 月到 5 月生活費指數首度凍結，但不久即宣告失敗，政策的失誤確實造成指數解凍後的第一個月，當月工人薪資可以購買的糧食數量大幅下降，此時不僅是最低薪工人，甚至是若干行業的最高薪技術工人也買到 5 石食米，生活陷入貧窮。到了 1948 年 8 月下旬到 10 月間，第二次限價措施也在短時間內宣告失敗，使得更多人陷入生活困境。

　　另外，季節性因素也必須被考慮在內，每年 5 到 8 月因播種及船期問題，糧食供應容易出現問題，民眾預期心理造成糧價提前在 4 月份上漲，所以 4 月開始至 11 月工人生活就顯得貧

困。

就勞資爭議來說，社會局將它分為兩類，以是否有罷工停業為區別，罷工停業案件在 1946 年 3 月最多，沒有罷工停業的勞資爭議案件以 1947 年 5-6 月最多，與年終獎金糾紛與限價政策失敗有關。兩類案件都是以紡織業工人占多數，與當時上海產業特徵相符。

1946 年 5 月成立勞資評斷委員會，主要由地方政府首長占多數，做為勞資爭議的最終裁決組織。該委員會主要工作重心在制定上海市勞工相關的單行法規，在這些法規中不必然對勞工不利，該委員會所做的最終裁決也有拒絕資方減低工資要求者，所以說勞資評斷委員會不是鎮壓工人的組織，但多數的勞資爭議仍是在社會局調解下解決。

以三個個案進行具體分析，案件的共同特點是都發生罷工或怠工，社會局並沒有能力阻止。雙方的和解筆錄也是一簽再簽，只有勞方或資方認為不妥，筆錄便形同廢紙，不過最終都能達成共識化解爭議，證明社會局及勞資評斷委員會仍然有部分的效果，勞資調解是在一個不安定的環境中，採取的較有效的辦法。

從三案件的最終和解筆錄研究，社會局確實如它自己所說盡力以折衷方式鼓勵勞資雙方達成協議，在美光火柴廠案中對勞方要求打折，在鉛印業糾紛中對資方要求也有打折，因此戰

後地方的勞資調解不是若干學者所強調的一律偏袒資方，是「代
表資產階級的利益」，是「鎮壓工人的工具」。

第六章　公會、工會與社會團體的管理

　　公會、工會和社會團體都是由民眾發起組織的，都屬於廣泛意義的「人民團體」。但三者間又有所不同：(1)公會是由資方組成的團體，可以區分為工業同業公會與商業同業公會，大抵前者由生產或製造商組成，後者由批發零售商組成；(2)工會是由工人(勞方)所組織，分為產業工會與職業工會，產業工會為同一企業(公司或工廠)內不同部門工人所組織，職業工會由同一職業之工人所組織。(3)社會團體在官方檔案中有時亦稱為社團，即一般民眾(可能包括公會或工會成員在內)自發的、出於興趣與某個目的所組織的團體。

　　公會或工會牽涉到特定行業中僱用關係的勞資雙方，從名稱上很容易判斷。而社會團體數量眾多，社會局沒有明顯分類，

基於討論需要，特別選出a.國民黨策動的團體、b.婦女團體、c.
幫會團體加以研究，原因在於這三類團體的成員在身分上引人
注目也較容易與其它團體區分，繪製示意圖如下：

圖6-1-1：人民團體分類示意圖

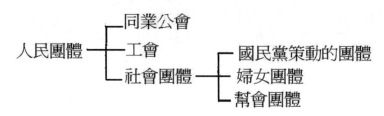

資料來源：昌明書屋(編)，《收復區特種法令匯編》(上海，昌明書屋，1946)，
下編，頁40-41。

　　本章將按照上圖所標示的順序，首先將這三類團體在戰後
復員的情形及數量做統計，其次則以若干資料較豐富的個案做
討論，以明瞭社會局對這三類團體的管理與互動。

第一節　同業公會的管理：以電影院同業公會為主

(一)同業公會數量

　　在進入本節主題之前，先敘述國民政府在戰後對人民團體
的管理政策，社會部在 1945 年 10 月 1 日公布了《收復地區人
民團體總登記辦法》，該辦法共有 8 條，主要的目的授權地方社

會行政機關對人民團體進行一次「總登記」。

登記的內容包括：團體名稱、負責人姓名、成立日期、組織沿革、工作概況、會員人數。並按照人民團體所在之地區，如在縣(市)政府繳送三份申請書，分送上級政府存查。若在(省)市政府則繳送兩份，以一份呈轉社會部備查。[1]

而社會局制定的《上海市人民團體調整及整理通則》，第二條規定:「本通則所稱之人民團體包括文化、教育、宗教、學術、公益、慈善、醫藥、漁牧、工會、農會、工商業同業工會、自由職業等團體。」對各人民團體除受敵偽指揮組織成立者一律予以解散外，其餘戰前或戰爭期間經黨政軍機關核准有案者分別予以調整，調整辦法分為解散、整理、改組、改選、復員、歸併、許可籌備、指導成立共八種情形，當中最重要的原則是「本市最高黨政機關認為有必要者，得進行相關之調整。」[2]

如同前面討論報紙及雜誌時相同，國民政府仍然是希望利用戰後復員的機會對所有人民團體進行清查，社會局原本希望這個清查的工作可以在 1946 年 1 月底結束，[3]但實際上可能又

---

[1] 昌明書屋(編)，《收復區特種法令匯編》(上海，昌明書屋，1946)，下編，頁40-41。

[2] 《上海市人民團體調整及整理通則》，第二條與第五條，《社會局制定上海市人民團體調整及整理通則》，上海檔案館館藏號：Q1-6-214，1945年10月22日社會局呈文內附抄件。

[3] 〈上海市各業同業公會整理暫行通則〉，第三條，《上海市人民團體調

延遲到 1946 年 3 月底,[4]至 1946 年 9 月社會局公布參加總登記
的工商業同業公會有 210 個。[5]現在將四個不同時間點的同業公
會數量,製表如下:[6]

表6-1-1:工商業同業公會數量統計表

時間	1946年9月		1946年11月	
項目	團體數	會員數	團體數	會員數
工業同業公會	40	5,562	56	6,873
部屬團體			0	0
商業同業公會	199	45,440	211	46,502
總數	242[7]	51,343	267	53,375
時間	1947年12月		1948年9月	

整及整理通則》,上海檔案館館藏號:Q1-6-214,1945年10月3日呈文內
附抄件。

[4] 至1946年3月底止,社會局統計共派員整理同業公會207個,許可組織同
業工會40個,可見整理工作尚在進行。見《上海市社會局關於上海市各
人民團體整理組織統計表》,上海檔案館館藏號:Q6-5-1232,內附1946
年3月底之統計表。

[5] 吳曙曦、陳肅,〈本市同業公會組織之檢討〉,《社會月刊》,1:3(上
海,1946.09),頁4。

[6] 除1946年9月份的數字外,其餘3個時間點尚未找到完整的清單,該清單
見吳曙曦、陳肅,〈本市同業公會組織之檢討〉,《社會月刊》,1:3(上
海,1946.09),頁5-10。

[7] 1946年9月的242個團體中,包括市商會、茶葉輸出公會及報業公會屬於
其它類。

項目	團體數	會員數	團體數	會員數
工業同業公會	57	5,999	63	7,251
部屬團體	23	3,454	24	3,772
商業同業公會	232	60,034	233	63,111
總數	312	69,487	320	74,134

資料來源：1946 年 9 月數字見吳曙曦、陳肅，〈本市同業公會組織之檢討〉，《社會月刊》，1:3(上海，1946)，頁 5-10；1946 年 11 月數字見上海市政府秘書處(編)，《上海市統計報告》，1:11(上海，1946.11)，頁 56；1947 年 12 月數字見上海市政府秘書處(編)，《上海市統計報告》，2:12(上海，1947.12)，頁 67；1948 年 9 月數字見上海市政府秘書處(編)，《上海市統計報告》，3:9(上海，1948.09)，頁 43。

　　表格中的數字取自市政府的《上海市統計報告》及《社會月刊》，提供資料的都是社會局，而「部屬團體」指的是經濟部得指定若干「重要的」工業同業公會，由經濟部直接管理。[8]目前已知的經濟部直屬工業同業公會有第一區橡膠工業同業公會、第四區肥皂工業同業公會等 19 個。[9]從表格中亦可得知：就數量上而言，確實逐漸增加，以團體數來說，從 1946 年 9

---

[8]　撰者不詳，〈工商業同業公會及社團組織程序〉，《社會月刊》，2:7-8(上海，1947.08)，頁26。

[9]　〈上海市社會局對參議會第三、四、五次大會之施政報告〉，《社會月刊》，3:3-4(上海，1948.04)，頁9、20、46。

月 242 個增加至 1948 年 9 月有 320 個，成長 32.23%，會員數由 1946 年 9 月 51,343 人增加至 1948 年 9 月有 74,134 人，增加幅度更高達 44.39%。

　　目前已知社會局管理工商業同業公會的辦法之一，是召開「上海市工商團體工作會報」參加會報之單位，其出席人員如下：(1)各工業商業公會理事長或常務理事(2)市商會常務理事暨商務科主管人員(3)主管官署有關各處課主管人員暨指導人員(4)目的事業機關及市黨部有關主管人員。會報每月舉行一次，其時間地點由召集機關訂定，先期通知。這是目前唯一找到的社會局與各同業工會互動的一種機制，按照社會局的規劃召開工作會報的目的在於討論下列事項：a.重要會務業務處理之情形；b.重要政令之推進情形；c.重要工作之檢討及未來計劃；d.關於會務業務及其它政令上之困難情形；e.關於法令之研究宣達、闡釋、質疑及實施並建議改進事項；f.關於團體組織工作推進事項；g.關於團體之間相互協調或聯繫事項。[10]但是在社會局的檔案中並沒有相關工作會報的會議記錄，所以不確定該會議是否真的定期舉行。[11]

---

[10]　吳開先，〈復員一年以來社會行政概況〉，《社會月刊》2:1(上海，1947.01)，頁23-24。

[11]　目前只知道社會局在1946年6月1日召開過一次「工業同業公會負責人談話會」，但並未見到會議記錄，所以無法確定其內容其成效。見《上海市社會局召集各工商業負責人談話會》，上海檔案館藏號：Q6-15-397，

(二)1947年會務報告書分析

　　選擇電影院商業同業公會為討論對象，原因有二，首先是該公會呈送 1947 與 1948 兩年的《會務報告書》[12]一直保存至今。報告書中詳細記錄該公會與市政府所屬各局(處)及市參議會、電影院職工會等單位往來的文書，按照年月編成，因為有此種資料存在，能清楚瞭解這個公會運作的狀況。其次，前面的章節中已經討論過電影審查的標準及兩次著名的抗議事件，再加上同業公會的往來文書中所牽涉到的娛樂稅[13]、票價問題，將以上幾點合併起來，是對戰後四年間的電影史及生活史極好的材料。

　　電影院商業同業公會成立於 1946 年 3 月 17 日，社會局當日指派專門委員封光甲出席指導。[14]據現有檔案來看，該會戰

1946年。

12　兩份報告書來源如下：《上海市社會局關於上海市電影院商業同業公會1947年度會務工作報告書》，上海檔案館館藏號：Q6-34-112，頁11-15。《上海市社會局關於上海市電影院商業同業公會1948年度會務工作報告書》，上海檔案館館藏號：Q6-34-113，頁23-33。本節討論除另行註明者外，皆來自上述2個檔案。

13　娛樂稅徵收的對象包括凡以營業為目的之電影、戲劇、書場、歌場、球房、溜冰場及其它娛樂場所均徵娛樂稅，但一切音樂演奏及不影營利為目的之娛樂，均免徵娛樂稅。見《國民政府公報》，2692(南京，1946.12)，頁3-4。

14　《上海市電影院商業同業公會》，上海檔案館館藏號：Q6-34-112，內附封光甲呈文，日期1946年3月20日。

後 4 年一直由梁其田擔任理事長，梁氏為廣東人，上海聖約翰大學畢業，上海亞洲影院公司董事兼經理，[15]同時擔任美琪與麗都兩間電影院的經理。[16]理事則有匡寶瑩(蓬萊電影院經理)、魏芸青(金門電影院經理)、周翼華(卡爾登電影院經理)等人。

上海市所有的電影院按市政府的規定屬於公共娛樂場所，[17]市政府對公共娛樂場所的營業有幾項值得注意的規定：一、電影院每日不得超過3場，星期日上午得加一場，其它場所(平劇院及地方劇院)每日不得超過2場。二、各場距離需在一小時以上；三、表演期間晚上不得超過12時，冬防期間不得超過11時，惟情形特殊時社會局得縮短或延長之。座票應開演3小時前發售，上海市公共娛樂場內除球場、溜冰場、跑馬場、戲馬場外均不得吸煙，不得使用熱面巾及攜帶一公尺以下之幼童入場。[18]現將1947與1948年的業務報告並與《申報》及《市政府公報》進行比對，以進行綜合討論。

1947年1月份的第一件文書是先前在電影審查時已經談過

---

15 中國經濟資料社(編)，《上海工商人物志》，頁163。

16 趙廷鈺，〈上海戲劇界鳥瞰〉，頁43。

17 《上海市公共娛樂場所管理規則》第二條：公共娛樂場所即指遊戲場、戲院、電影院、跳舞場、歌曲書場、彈子房、球場、溜冰場、跑馬場、戲馬場、音樂廳等供公眾娛樂之場所而言。上海市政府秘書處(編)，《上海市政府公報》，2:11(上海，1946.02)，頁279-281。

18 《上海市公共娛樂場所管理規則》第十一、十二、十三條，上海市政府秘書處(編)，《上海市政府公報》，2:11(上海，1946.02)，頁280。

的，所有電影在上映之前必須將核准的執照送社會局審查，在這裡再一次得到驗證。至於一月底至二月初之間，電影院票價有下跌一事，原因在於娛樂稅由40%調降至25%，[19]頭輪電影院最高票價從4,000元降為3,700元，降幅達7.5%。[20]從1947年1月31日的《申報》中找到以表演平劇為主的黃金大劇院(周信芳主持)，有一則廣告，標明該劇院在2月1日起也調降票價，最高票價由14,000調降至13,000，[21]降幅也有7.15%，據此推測：此次的降價行動可能是所有劇院(不論電影院或地方劇院)的共同行動。但僅維持二週，票價便大漲，頭輪電影院最高票價上漲至7,000元，二輪電影院最高票價上漲至5,000元。[22]

　　3月份書中有要求各戲院呈報座位總數及營業狀況一事，用意在於執行限價座政策，該政策最早在1946年6月28日的第三十六次市政會議決議通過，要求各戲院呈報座位總數並將座位數量的30%，按照社會局規定的最低價格出售。[23]關於電影院座位

19　《上海市財政局關於調整娛樂稅稅費》，上海檔案館館藏號：Q432-2-1915，內附鉛筆文件。

20　《上海市電影院商業同業公會關於調整電影票價問題向市政府社會局等主管機關的報批文書》，上海檔案館館藏號：S319-1-21，1946年1月至1949年4月。

21　〈黃金大劇院廣告〉，《申報》，1947年1月31日，第12版。

22　《上海市電影院商業同業公會關於調整電影票價問題向市政府社會局等主管機關的報批文書》，上海檔案館館藏號：S319-1-21，1946年1月至1949年4月。

23　〈上海市政府第三十六次會議記錄〉，《上海市政府公報》，4:2(上海，

數部分，公會確實呈報給社會局，但該史資料甚為模糊，不易統計，[24]但據《上海市大觀》一書中記載，1948年時，總計48家電影院有47,658個座位，[25]但限價座政策在此時應該尚未實施，原因在於電影院的抵制。[26]

1947年5月物價解凍後，電影院要求調整票價，社會局核准調高50-80%一事，獲得社會局同意，調整後的票價頭輪電影院最高票價為12,000元，二輪電影院最高票價9,000元，三輪電影院為7,200元。[27]同年7月該公會又向市政府呈請延長營業時間及減少娛樂捐，市政府最後同意延長營業時間至午夜十二時，但減少娛樂捐一事被駁回。

9月票價再度調漲。據《申報》記載：各電影院漲價調整後

24　1946.07)，頁55-56。

24　《上海市電影院商業同業公會會員影院座圖表》，上海檔案館館藏號：S319-1-22。

25　屠詩聘，《上海市大觀》，頁下40。

26　據社會局發給電影院商業同業公會的訓令[貿(36)字第7089號，1947年3月13日]：本局經飭令本市戲劇院商業同業公會遵照並將各戲院座席總數及百分之三十限價座席數量列單並報憑核在案，除令催令再令仰祈該公會遵照辦理為要。可見1946年6月市政會議通過限價座政策後，公會心存抵制，所以遲遲沒有呈報戲院座位總數，以致到1947年3月社會局還要重申前令。見《上海市電影院商業同業公會關於調整電影票價問題向市政府社會局等主管機關的報批文書》，上海檔案館館藏號：S319-1-21，1947年3月13日，訓令貿(36)字第7089號。

27　《上海市電影院商業同業公會關於調整電影票價問題向市政府社會局等主管機關的報批文書》，上海檔案館館藏號：S319-1-21，1946年1月至1949年4月。

之新價如下：首輪最高24,000元，最低12,000元。二輪最高18,000元，最低9,000元。三輪最高14,000元，最低6,000元。四輪最高8,000元，最低5,000元。[28]9月份還有另外兩件事也值得注意，第一個是營業時間由午夜12點再度改回11點，雖然電影院業沒有表示意見，但是以表演京劇及地方戲曲的戲劇院商業同業公會，就呈文給社會局要求收回成命，但並沒有被接受，足見此事應對各娛樂場所帶來負面的影響。[29]

同月廣東、廣西發生大水災，據南京《中央日報》載：廣東省受災縣份達59個，災民逾500萬人；廣西省受災縣份達53個，災民逾150萬人。[30]在社會局的召集之下，經過三次的協商，最後才決定賑災的金額是15億法幣。另外，美國與英國的主要電影公司也捐出3億元賑災。[31]

Odd Arne Westad批評國民政府透過對沿海城市的商人進行勒索與強制徵收(extortions and confiscations)來維持統治。[32]從業務報告的文字中也可以看出一些端倪，恐怕此次的賑災也

28　〈影戲院漲價終通過　首輪最高二萬四千元〉，《申報》，1947年9月6日，第4版。

29　《娛樂場收場時間》，上海檔案館藏號：Q6-13-617，內附上海市戲劇院商業同業公會理事長周劍星呈文，時間：1947年9月10日。

30　〈救濟兩廣水災〉，《中央日報》(南京版)，1947年7月8日，第4版。

31　〈市聞一束〉，《新聞報》，1947年9月20日，第4版。

32　Odd Arne Westad, *Decisive Encounter: The Chinese Civil War, 1946-1950*, pp. 4-12.

是如此，在官方的主導下，召集各工商業同業公會決定各行業的賑災捐款金額，再由公會所屬的會員按營業規模之大小攤派此次捐款額度。以官方的立場而言，固然可以說是社會局對同業公會有足夠的控制力才能以這樣的方式舉行大規模的社會救濟，但站在商業經營者的立場，卻可能是一次「不樂之捐」。

　　10月份討論冬令附加捐一事，出自於各縣市政府於每年10月至隔年3月需須舉行冬令救濟，救濟的對象包括：(1)鰥(夫)、寡(婦)、孤獨及殘廢者；(2)難民(在當地已有職業可以生活者除外)；(3)災民(以不能生活者為限)；(4)抗戰軍人家屬(家境可以生活者除外)；(5)生有子女5人以上家境赤貧者。[33]據該年度冬令救濟第一次工作會議記錄：「娛樂事業加捐兩成，據影業方面表示，對附徵捐稅辦法，難以接受」，另由外片商每月提出未上映九部，分為在首輪影院義映(慈善放映)，將全部收入，捐充冬令救濟經費，預計籌款60億元。」[34]

　　另據《申報》記載：「為冬令救濟費事，吳市長已接受西片商之建議由哥倫比亞(Columbia Pictures)、派拉蒙(Paramount Pictures)、米高梅(MGM/Metro-Goldwyn-Mayer Inc.)、雷電華(Radio Keith Orpheum Pictures)、二十世紀福斯(Twentieth

---

[33]　〈部頒各省市冬令救濟實施要點〉，《上海市三十六年度冬令救濟工作報告》，上海圖書館近代文獻閱覽室藏號：242785，頁15。
[34]　《上海市三十六年度冬令救濟工作報告》，頁7。

Century-Fox Pictures)、華納(Warner Bros Pictures)、聯美(United America Pictures)等9公司選出最佳影片一部(必須沒有在上海上映過的影片)，最做為義映，所有收入悉做冬令救濟支出。自12月23日起假大光明、大華、滬光、金門、國泰、卡爾登等影院義映，票價最低25萬元，通票(一次看9部新電影的票)200萬元。」[35]

由以上兩段的記載可知：不僅在突發的天災中，電影院商業同業公會被要求捐款，每年例行性的救濟活動中，各電影院也必須犧牲若干的營業時間，配合政策提供場地設備，從事救濟活動的籌款。該年度最後一件文書是從1948年1月1日起票價再漲百分之80%，據此可知調整後的新票價是45,000元。總計1947年雙方往來的24件文書中，以政令宣導的文書最多有9件，票價調整與勞資糾紛各有6件，協助捐款2件，放映電影糾紛1件。

(三)1948年會務報告書分析

1948 年 3 月份的調漲票價 80%案，據《申報》記載：「准自本月 5 日起施行首輪影院目前最高票價 45,000 元，調整後為

---

35 〈九部新片義演助賑 預計可得四十億〉，《申報》，1947年12月2日，第4版。

81,000 元。」[36]另外青年節實施早場優待票一事,前一年的業務報告書也有,所以應可視為政府例行性的政策,同月也首次出現利用電影院播放「剿匪」短片,也終於看到在國家總動員令發布之後,政府開始利用公共娛樂場所做為宣傳工具。4 月份票價原本同業公會之希望漲價 60%,核准調漲 50%,[37]據此推算頭輪影院最高票價應已達 120,000 元。相距不到一個月的時間,公會再度要求票價必需上漲 55%,方能維持營業,社會局報請市政府核定後只准調漲 20%,[38]此時頭輪影院最高票價應為 150,000 元,若與同年 1 月最高票價 45,000 元相比,已上漲 333%。

6月份第一件文書提到:西片商不滿30%的最低限價座的票價過低,要求按照生活費指數逐月調整一事,據《申報》記載:「本市各電影院最低票價座位,前經市政會議通過百分之30,票價限制6萬元,西片商對此竭力反對,並表示須以美金計價,頭輪最高票價希望漲至80萬元。社會局將該案提付市政會議討論,該會要求將最低票價按1937年售價乘上本月份指數調整為17萬元,聞社會局可能核定為10萬元。」[39]

36　〈影戲票準備漲價　最高八萬一千〉,《申報》,1948年3月3日,第4版。

37　〈影戲票准漲五成〉,《申報》,1948年4月13日,第4版。

38　〈電影漲價核准兩成〉,《申報》,1948年5月15日,第4版。

39　〈影院業請漲價〉,《申報》,1948年6月25日,第4版。

根據公會發出的緊急通告，確定頭輪電影院最低限價座政策自6月18日開始施行，包括大光明、國泰、金都、美琪等25家電影院，社會局與警察局擬定6項辦法，重點包括：電影院必需在門口張貼布告，標明最低限價座的區域及數量，電影院不得任意減少最低限價座的數目及變更售價，嚴格取締黃牛。[40]

事實上，1948年6月的兩則關於票價的文書中，清楚的發現一個轉折，從本月開始，由於實施30%的限價座與一般座位的票價差距太大，造成片商及電影院同業公會的不滿。在公會的力爭下，官方終於同意非限價座位由公會自行決定票價，而二、三、四輪電影院的限價座也由公會決定價格。[41]公會與社會局爭議的焦點從一般票價的漲幅變成頭輪影院限價座位的票價的高低。

所以從1948年7月起，一直到1949年4月，除了「八一九限價」的1個多月外，電影院票價也隨著政府每月發布兩次生活指

---

[40] 《上海市電影院商業同業公會關於調整電影票價問題向市政府社會局等主管機關的報批文書》，上海檔案館館藏號：S319-1-21，上海市政府給電影院同業公會的批文，滬秘(二)37字第11717號1948年5月31日，及電影院同業公會緊急通告，1948年6月17日手抄件。

[41] 公文原文是：為顧全二、三、四輪電影院營業，其限價席票價准由該業公會自行調整。嗣後電影院各級座位價格，概依上月職員生活指數之增減由公會比率調整，報局備案。見《上海市電影院商業同業公會關於調整電影票價問題向市政府社會局等主管機關的報批文書》，上海檔案館館藏號：S319-1-21，內附社會局訓令，貿(37)字第17801號，1948年6月26日。

數，每月調整二次。以1948年7月2日為例，頭輪限價座20萬元，其餘均調高10萬元，成為30、40、50、60萬元，[42]即限價座之票價只有最高票價的1/3。

6月下旬至7月間，又發生西片商停止供應新片的糾紛，起因正是不滿電影院票價過低，對頭輪限價座部分，片商要求以底數5角乘以職員生活費指數隨時機動調整，此項要求已為社會局拒絕考慮。[43]至1948年7月下旬，頭輪影院非限價最高票價為120萬，限價座只有45萬，限價座只有最高票價的37.5%，很自然造成兩者銷售上的差異，限價座經常客滿，非限價座則相對冷清。[44]在金圓券改革前，1948年8月上旬，頭輪影院的票價非限價座已經達到500萬元，頭輪影院限價座也達到120萬元。[45]

至於金圓券改革後，電影院同業公會呈報的新票價亦按照非限價座500萬，限價座120萬標準，除以300萬折算成金圓券，分別為1.6金圓及0.4金圓，1948年11月「財政經濟緊急處分令」廢除後，頭輪影院的最高票價已經變為12元，限價座也達到2

42　〈首輪影片再度漲價〉，《申報》，1948年7月2日，第4版。

43　〈西片僵局解決〉，《申報》，1948年7月13日，第4版。

44　〈影片營業慘淡　公會考慮自動減價〉，《申報》，1948年7月21日，第4版，本市各電影院自上週再度調整售價後，除限價座經常客滿，而其它各級票價之售座每日不及6成。

45　《上海市電影院商業同業公會關於調整電影票價問題向市政府社會局等主管機關的報批文書》，上海檔案館館藏號：S319-1-21，1946年1月至1949年4月。

元，分別上漲7.5倍及5倍。至1948年12月頭輪影院的最高票價再漲至35元，相較於金圓券發行初期的1.6元，已上漲21.875倍。[46]從1948年6月到12月間，社會局一改過去逐一規定各級電影院的所有票價的管理方式，變成只規定頭輪影院限價座的票價，最後在1948年12月25日放棄該措施。總計1948年公會與社會局文書有41件，其中22件是關於票價，13件是政令宣傳，其它(會務及放映糾紛)6件。另有1件關於捐款。

從以上兩個年度的會務報告來看，可以知道電影院商業同業公會與社會局往來文書的焦點在於票價的調整，現將1946年1月底至1949年4月間各輪電影院最高票價列表如下：

表6-1-2：1946年1月-1948年8月間上海市各輪電影院最高票價

(單位：法幣元)

日期	頭輪影院	二輪影院	三輪影院	四輪影院	頭輪限價座	備註
1946/01/30	920	600	360			Q6-13-6 18
1946/03/16	1,800	1,100	800	600		市 社 (35) 經 二 字 2633號
1946/06/01	2,500	1,500	1,200	800		市 社 (35) 經 二 字 6617號

---

[46] 《上海市電影院商業同業公會關於調整電影票價問題向市政府社會局等主管機關的報批文書》，上海檔案館館藏號：S319-1-21，1946年1月至1949年4月。

1946/09/03	4,000	3,000	2,000	1,200		市　社(35)　經二　字 23340 號
1947/02/01	3,700	2,200	1,800	1,400		貿 (36) 字　第 3853號
1947/02/16	7,000	5,000	4,000	3,000		貿 (36) 字　第 5203號
1947/05/17	12,000	9,000	7,200	5,400		貿 (36) 字　第 14846 號
1947/09/06	24,000	18,000	14,400	10,800		貿 (36) 字　第 26879 號
1948/01/01	45,000	30,000	25,000	20,000		貿 (36) 字　第 39411 號
1948/03/05	81,000	54,000	45,000	36,000		貿 (37) 字　第 5976號
1948/04/17	120,000	81,000	67,500	54,000		貿 (37) 字　第 10439 號
1948/05/07	150,000	120,000	90,000	70,000		貿 (37) 字　第 13649 號
1948/06/18	300,000	200,000		150,000	60,000	公會緊急通告《新聞報　》 1948/06 /18，第4 版

1948/06/26	300,000			150,000	100,000	貿 (37) 字 第 17801 號
1948/07/02	600,000	500,000	400,000	300,000	200,000	貿 (37) 字 第 18379 號
1948/07/17	1200,000				450,000	貿 (37) 字 第 20944 號
1948/08/07	3,000,000				630,000	貿 (37) 字 第 21998 號
1948/08/18	5,000,000	2,400,000	1,200,000	900,000	1,200,000	貿 (37) 字 第 23851 號

法幣與金圓券轉換基準

日期		頭輪影院	二輪影院	三輪影院	四輪影院
1948/08/30	限價座	1,200,000	600,000	400,000	300,000
		0.4	0.2	0.15	0.1
	非限價座	5,000,000	2,400,000	1,200,000	900,000
		1.6	0.8	0.4	0.3

金圓券時期

日期		頭輪影院	二輪影院	三輪影院	四輪影院	頭輪限價座	備註

1948/11/09	最高	12	6	4	3	2	貿 (37) 字 第 33366 號訓令
	最低	3	2.2	1.5	1		
1948/11/23	最高	15	6	5	3	3	貿 (37) 字 第 34046 號訓令
	最低	4	3	2	1.5		
1948/12/01	最高	25	13	10	7	N/A	貿 (37) 字 第 34046 號訓令
	最低	7.5	6	4	3		
1948/12/31	最高	35	20	15	10	12/25 限價座費除	此後無核准文書
	最低	10	8	6	5		

		頭輪影院	二輪影院	三輪影院	四輪影院
1949/01/16	最高	100	50	45	25
	最低	27	20	15	10
1949/01/27	最高	120	75	60	50
	最低	40	30	25	20
1949/02/03	最高	150	100	80	70
	最低	60	50	40	30
1949/02/10		100-250	75-180	50-120	40-100
1949/02/16		250-600	150-375	100-250	80-200
1949/02/28		450-1100	350-800	220-550	150-350
1949/03/11		600-1500	450-1100	300-800	350-600

1949/03/16	1,000-2,300	750-1,700	500-1,200	400-900
1949/04/01	2,500-7,000	1,700-5,000	1,100-3,500	900-2,500
1949/04/15	12,000-40,000	7,000-22000	5,000-12,000	4,000-11,000

資料來源：S319-1-21，《上海市電影院商業同業公會關於調整電影票價問題向市政府社會局等主管機關的報批文書》，1946年1月至1949年4月

　　上面的這一張格表完整的反映了戰後三年多上海電影院票價的變化，電影院票價除了1947年2月曾小幅度跌價之外，多數時間都是一路攀升。[47]若與平劇院相比，電影院票價仍是較低的。如1947年5月黃金大劇院最高票價是18,000元，[48]而電影院最高票價是12,000元，電影院票價僅為京劇院的票價66%，1948年5月中國大戲院最高票價為27萬元，[49]而電影院最高票價150,000元，兩者相差1.8倍。現在雖然沒有辦法掌握到歷次戲劇院(平劇及其它地方戲)調整票價的文書，但是根據上面兩個時間點的票價比較，也可以得到另一類戲院票價的上漲幅度。

　　再從另外一個角度來看，1948年8月上旬糧食均價是58,333,333元，1947年5月糧食月均價為323,780元，上漲的幅度

---

[47]　至於1945年8月至12的的電影院票價，目前僅發現一則史料，上海金都戲院在1945年11月時，票價分為法幣100、130、165元3級，見《上海市社會局關於金都大戲院設立登記事文件》，上海檔案館館藏號：Q6-13-127，內附社會局呈市政府文，1945年11月2日。

[48]　〈中國大戲院廣告〉，《申報》，1947年5月17日，第10版。

[49]　〈中國大戲院廣告〉，《申報》，1948年5月23日，第8版。

約180.16倍，同樣兩個時間點，電影院最高票價分別為500萬元與12,000元，上漲達416.66倍，也就是說電影院票價漲幅超過糧價。若以1949年4月15日最高的票價40,000金圓為基準，相較於金圓券發行初期的1.6金圓，上漲25,000倍。若再乘上法幣折算金圓的300萬，與1946年1月的票價920元相比，上漲的倍數高達130,434,782.6倍，十分驚人，也是那個時代通貨膨脹的真實寫照。

社會局推行限價座位的政策雖然干擾電影院的經營，但從官方的角度思考，至少在一段時間裡，讓多一點的市民能享受電影娛樂或許是制定這個政策用意所在。但如同前一章討論1947年2月年及1948年8月兩次經濟改革措施一樣，政府想要一紙行政命令凍結商品的價格，事實上推行阻力極大，最終也被迫放棄。另外就利用電影院播放宣傳短片一事，一直到1948年3月才出現上往來文書中，但是時間點來說，距離總動員令發布隔了半年之久，就發動宣傳的時間點來說似乎太晚了。

就這兩年度的會務報告來說，公會本身的運作根本不是雙方往來文書的重心，看不到社會局對公會運作有積極管理，改選理監事、調整會費、審核公會財務等關於公會內部事務的管理完全是由公會自行呈報，社會局沒有後續的審核與追查的動作，這是社會局明顯管理不足之處。綜合以上所述可以得知：社會局與電影院同業公會的互動主要在四件事情上：(1)宣傳政

府法令；(2)審核電影票價；(3)配合政府捐款；(4)同業公會呈報會務，其中又以前面2項為主。

第二節　工會的管理與工人福利的推動

(一)工會數量統計與社會局的管理政策

　　如同前一節討論同業公會時所說，所有人民團體必須進行總登記，工會也不例外。參加總登記的計有：上海市總工會、上海市郵務工會、華商電器公司產業工會等 63 個單位，其餘原有工會因為負責人附逆(戰時與日本人合作之工會或在日本人指導下成立工會)，或因工會久無運作，或者存在的條件已不具備，皆由社會局予以解散，另行指導組織工會。[50]參加總登記的只有 63 個工會，與前一節提到參加總登記的工商業同業公會有 210 個，差距極大。而根據工商部在 1930 年的調查，當時上海已有 129 個工會，會員 68,133 人。[51]從 1930 年到 1945 年已有十餘年的時間，工人數量應該大幅增加才對，沒有理由工會數目反而減少，所以戰後應該有相當多的工會因為沒有運作及

---

[50]　徐霖，〈本市工會組織之檢討〉，《社會月刊》，1:5(上海，1946.10)，頁21。

[51]　周楠，〈南京國民政府建立初期國民黨工會組織探析〉,《求索》,2008.11(長沙，2008.11)，頁209。

「附逆」而被解散，儘管如此工會在戰後的四年間迅速成長，請
看下面的兩張表：

表6-2-1：上海市各行業工會數及會員數(1946年9月)

類別	工會數	會員數
公用事業	11	12,567
紡織	51	43,403
染織	13	8,357
毛織	5	1,766
絲織	6	4,291
針織	5	2,982
製麻	2	964
縫紉	11	8,556
化工	6	1,942
用品	19	10,615
橡膠	5	2,953
傢俱	6	3,049
飲食	33	28,601
捲菸	24	18,688
造紙	6	1,542
造船	6	2,278
營造	9	11,034
機器	7	3,842
冶煉	1	1,023
文化	6	2,869
印刷	6	3,471
交通	6	5,275
運輸	14	17,063
居住	4	6,844
衛生	11	9,126
皮革	1	2,793
燃料	3	1,565
修理	3	1,508

其它	11	3,982
合計	291	222,949

資料來源：《社會月刊》，1:5(1946.11)，頁27-29。

表6-2-2：上海市各行業工會數及會員數(1947年12月)

分類	產業工會	職業工會	男工人數	女工人數	總計
棉紡織	74	0	25,550	109,553	135,103
交通運輸	0	30	86,101	102	86,203
修理建築	5	12	45,061	0	45,061
捲煙	36	0	11,564	29,504	41,068
飲食	24	25	31,739	1,127	32,866
染織	28	2	7,127	14,758	21,885
衣飾縫紉	9	20	18,975	1,205	20,180
文化印刷	7	6	13,438	1,315	14,753
針織	4	0	1,282	12,957	14,239
絲織	9	0	4,132	8,229	12,361
公用事業	12	2	11,749	282	12,031
傢俱用品	4	18	11,392	0	11,392
造船	5	3	9,839	0	9,839
其它	7	11	9,309	294	9,603
冶鍊機器	16	4	8,915	0	8,915
橡膠	8	0	2,528	5,425	7,953
毛紡織	15	0	1,962	5,984	7,946
衛生清潔	0	9	6,766	373	7,139
燃料	10	1	5,625	466	6,091
印麻織	2	0	1,558	4,406	5,964
化工醫藥	4	8	3,571	842	4,413
遊藝娛樂	0	6	2,998	1,353	4,351
造紙	8	0	2,637	463	3,100
特種	0	1	2,865	0	2,865
製革	6	2	2,178	0	2,178
總計	293	160	328,861	198,638	527,499

說明：按總人數由多至少排列。資料來源：邵心石(主編)，《上海市勞工年鑑》，
上海：大公通訊社，1948，頁 39。

　　這兩張表格分別記載兩個不同年份各種行業的工會數目及
會員人數，由於分類不完全相同，所以只能以繪製成兩個表格
的方式呈現。若就總數而言，工會的總數從 291 個成長至 453
個，成長 1.56 倍。會員總數從 222,949 人成長至 527,499 人，
漲幅達 2.37 倍。從個別行業來看，多數的行業工會數目與會員
數目都是成長的，如毛紡織業工會數由 5 個變為 15 個，會員數
成長 4.5 倍；交通運輸業工會數由 20 個變為 30 個，會員數成
長 3.86 倍。造船業工會數由 6 個變為 8 個，會員數成長 4.32
倍。公用事業與皮革業會員數則略有減少，但幅度並不大。

　　工會組織的數量在 1947 年 12 間應該已經達到頂點，根據
社會局最後一次發布完整統計資料的 1948 年 9 月，工會總數再
增加至 499 個，但會員總數只有 510,297 人，[52]已經較 1947 年
12 月的數字上小幅下滑。可以瞭解到戰後工會的組織除了極少
數經過重新登記外，絕大多數是戰後新成立的，最高峰在 1947
年底，工會數目約有 450 餘個，會員數約 50 萬人。

　　根據社會局歷次向市參議會呈報的施政報告，佐以各年度

---

[52]　上海市政府秘書處(編)，《上海市統計報告》，3:9(上海，1948.09)，頁
　　43。

的工作計劃書，發現社會局對工會管理上有下列幾個問題：

工會基層組織問題，社會局原本擬訂指導各區工會配合保甲組織，編成小組，每組設組長一人，並分組造送會員名冊。亦規定各產業工會或職業工會，依照工會法，每二十人編成一組，每組必須選定正副組長各一人，以資健全領導。工會基層組織編組一事，就目前掌握的史料來看，成效並不好。在 1946 年 10 月，就有社會局職員撰文指出：「許多工會號稱會員數千人，沒有嚴密基層組織，但是許多工會在表面上編了組，實際上一個工會會員究竟是第幾分會、第幾支部、第幾小組，很少能答覆得出來的。」[53]

到了 1946 年 12 月 26 日到 1947 年 2 月 4 日，負責管理工會的社會局第六科派員視察 268 個工會，在科務會議上，科長凌英貞有一段總結發言：我們對於視察各工會成績之優劣，以「健全」、「尚健全」、「不健全」三種評語做為考核的標準，視察結果差不多都是不健全者占 60%強，尚健全者占 35%強，健全者占 3-4%。[54]雖然不清楚具體的評斷標準，使得健全不健全這樣的描述過於抽象，但至少可以肯定一件事：即使是社會局

---

[53] 徐霖，〈本市工會組織之檢討〉，《社會月刊》，1:5(上海，1946.10)，頁22。

[54] 〈三十六年度第二次科務會議記錄〉(1947年2月24日)，《上海市社會局勞工處六科科務會議紀錄、重要法令與日記簿》，上海檔案館館藏號：Q6-6-1007，1946-1948年。

本身也不能不承認多數工會存在眾多問題。讓我們舉一個報業
工會的例子：

表6-2-3：上海報業工會所設支部、小組名單(1946年3月)

支部名稱	小組數量	工人人數	所屬單位	成立日期
第一支部	設36小組	男460	《新聞報》	1946/03/07
第二支部	設12小組	男235	《申報》	同上
第三支部	設4小組	男67	《正言報》	同上
第四支部	設6小組	男124	《中央日報》	同上
第五支部	設4小組	男71	《時事新報》	同上
第六支部	設3小組	男50	《前線日報》	同上
第七支部	設3小組	男68	《東南日報》	同上
第八支部	設4小組	男77	《益世報》	同上
第九支部	設3小組	男61	無資料	同上
第十支部	設3小組	男46	《商報》	同上
第十一支部	設7小組	男125 女8	美靈登印刷公司排字分部	同上
第十二支部	設5小組	男91	《自由論壇報》	同上
第十三支部	設4小組	男73	《字林西報》排字印刷分部	同上
第十四支部	設3小組	男58	《大陸報》排字印刷分部	同上
第十五支部	設3小組	男62	《大美晚報》	同上
總計	100小組	1676人		

資料來源：《上海市工福會灑菜業主任委員呈報黨團指導委員會要密捕甘田
由事》，上海檔案館藏號：Q6-31-56，1946年。

在這一張表格中總共有 15 個支部，包括《申報》、《新聞報》、《中
央日報》等主要報紙，甚至還包括一家印刷公司的排字工人，
總計 100 個小組，1676 人，平均每組 16-17 人，確實接近前面

所說工會法所規定每組 20 人的規定。但是問題在於：仍然有不少報沒有建立建立支部與小組，1946 年 9 月的材料顯示上海市報業同業公會有 23 個會員，[55]但卻只有 14 個報館組織了支部與小組，顯然仍有許多報社沒有組織類似的組織，比如說《民國日報》、《和平日報》、《神州日報》在 1946 年 3 月已經在上海出版，可見不是所有報社都有組織工會，更不必說要完成同一行業內所有工會的編組。

在 1949 年的工作計劃書中，有這樣的記載：針織業工會自於上(1948)年 5 月份由各區工會合併成立以來，糾紛迭起，經於上年 11 月間規定辦法 4 點，轉飭雙方工人遵辦，業於本年 2 月 5 日整頓完成，雙方工人亦已融洽，至支部小組劃編因本市進入戰時狀態尚未開辦。[56]由此可知：針織業至 1948 年 5 月才完成整個行業工會數量的調整工作，而工作計劃也坦承：因為國共內戰的影響，工會內部的編組沒有進行。根據表 6-2-2，針織業工人有 1 萬多人，相較於其它職業，工會數及會員數並不算很多，但社會局在戰後復員後 2 年多(從 1945 年 10 月至 1948 年 5 月)才完成針織業工會的調整工作，到 1949 年工會工人編

---

55 吳曙曦、陳肅，〈本市同業公會組織之檢討〉，《社會月刊》，1:3(上海，1946)，頁5-10。

56 《上海市社會局三八年一月至五月五日工作計劃實施概況表》，上海檔案館館藏號：Q6-15-335。

組都沒有進行，這樣的效率確實令人無法恭維的。

另外，社會局也三令五申要求各工會，不得有非從業人員或失業工人假借名義參加工會組織，但具體成效不明。[57]與此事相反，也有合法從業人員不願意加入工會，1948 年 12 月社會局曾擬定「加強工人入會辦法」，[58]當中規定，工會對於未入會工人，應以書面通知，限期入會，可派 3 人至該工人工作場所予以勸導，若仍拒絕加入工會者，最嚴重可以處以停止工作1 個月的處分。[59]但社會局科員在擬定此項辦法時，也坦承目前已有工會組織而尚未入會者為數頗多，如何在該辦法施行後一個月就交出成果，倘若真按照規定處分未入會工人，又會增加失業問題，實際上是困難重重。綜合上述，工人入會與工會編組問題可能僅限於少數行業中的若干工會而已。

訓練會計員與建立工會會計制度問題，按社會局的規劃各工會會計員均經社會局製發調查表，交各工會填報登記，並由社會局分別予以考核，各工會會計員亦需填寫保證書呈報社會

---

[57] 〈本局對第一屆參議會第一次大會工作報告〉，《社會月刊》，2:1(上海，1947.01)，頁22。

[58] 《上海市社會局有關加強工人入會辦法，催造工會工作計畫及經費收支預算(訓令)》，上海檔案館館藏號：Q6-6-1097，1948年12月。

[59] 這個處分的法令依據為1948年3月25日修正通過之《工會法施行細則》第十條：工人拒絕加入工會時，經勸告、警告仍不接受者，得由工會依章程規定或會員大會(或會員代表大會)予以一定期間之停業。見國民政府文官處(編)，《國民政府公報》，3093(南京，1948.03)，頁5。

局存查。社會局確實訂定〈上海市社會局監理財務實施辦法〉，當中規定：各工會會計員應將收支每月向工會監事報告一次，每半年向社會局彙報一次。[60]不過社會局的職員也承認工會的會計制度「尚待督導推行。」[61]1949年的工作計劃書中也寫到：「本局曾於本(1949)年2月底通飭各業工會依照會內實際情形擬定工作計劃及預算呈核，業召一小部分工會呈報來局，大部分尚在催辦中」。[62]如此看來工會會計制度的推行極有可能是在一種有法令卻無力執行的狀況。

　　辦理工人幹部訓練不足，按照社會部長谷正綱原先的規劃，將訓練的對象分為高級幹部及中下級幹部，高級幹部包括各工廠勞工行政人員、黨務指導員、人事管理員、福利事業委員、會計人員。低級幹部則可能包括基層的組長、領班。[63]

　　社會局所辦的工會幹部訓練工作至1947年底為止，只舉辦4次，訓練工會幹部1048人次。[64]課程的內容包括：國際勞工

---

[60] 上海市政府秘書處(編)，《上海市政府公報》，3:25(上海，1946.06)，頁441-442。

[61] 徐霖，〈本市工會組織之檢討〉，頁22。

[62] 《上海市社會局三八年一月至五月五日工作計劃實施概況表》，上海檔案館館藏號：Q6-15-335。

[63] 「谷正綱1945年4月15日呈函」，〈勞工事務〉，《國民政府檔案》，國史館藏，典藏號：001-055000-0002，入藏登錄號：001000004839A。

[64] 〈本局對參議會第五次大會之施政報告〉，《社會月刊》，3:3-4(上海，1948.04)，頁40。

組織、工會法、公文程序等，另外也組織小組討論。議題包括：如何妨止奸黨活動，怎樣辦理工會會員訓練工作，以及工人幹部對工運黨團應有的努力。[65]參加社會工作訓練班的人應該都是工會的上層幹部，但只有 1000 餘人，遠低於谷正綱原先預期的在 1946 年時即達到 3,000 人次的目標。[66]

區工會改組廠工會問題，這個政策是戰後社會局管理工會最主要的手段之一，社會局所持的理由是：戰前各產業工會，由國民黨市黨部領導，大部分為了配合黨務區域而組成區工會，結果在一個區工會之下，包含了許多相同行業的各個工廠，若其中一家工廠發生勞資糾紛，往往導致同區內各工廠採取一致行動，群起抗爭，如此便容易形成大規模的工人抗議事件(即工潮)。

為了避免出現類似問題，社會局擬訂四項辦法：要點在於工人在 300 人以上者得組織廠工會，國營、交通、公用事業雖人數不足 300 人亦得在核准後組織，有特殊情況者也可以專案核准。[67]1946 年底解散 30 個區工會，另外成立 67 個廠工會，

---

[65] 《上海市社會工作人員訓練班關於第四期各種講義》，上海檔案館館藏號：Q6-31-522，1947年

[66] 「谷正綱1945年4月15日呈函」，〈勞工事務〉，《國民政府檔案》，國史館藏，典藏號：001-055000-0002，入藏登錄號：001000004839A。

[67] 徐霖，〈本市工會組織之檢討〉，《社會月刊》，1:5(上海，1946.10)，頁21。

1947 年共由 54 個廠工會是依此途徑產生的。[68]照這樣看來，廠工會可能是由區工會加以細分而獨立，但數量變多後社會局一樣會面臨前面所說無法建立基層分組與工人訓練不足的問題。

還有店員職工組織問題，社會局戰後初期曾因為沒有法源依據一度限制公司或商店職員組織工會，[69]但根據《上海市勞工年鑑》的記載，應該在 1946 年 3、4 月以後陸續開放糖果西點業、茶樓等行業組織工會，例如冠生園食品便有獨立的職業工會，在 1947 年 9 月成立，會員 320 人。[70]但是商店的職員究竟如何管理，是否與工人相同，社會局一直沒有明確界定。

綜合上述，社會局在工會管理上，面臨的主要問題有 4 點：(1)工人加入工會意願不高，強制入會不易執行，且易生衝突；(2)各種工會如何調整進度緩慢，由區工會獨立出更多更小的廠工會增加管理難度，如何處理商店職員成立的工會一直模糊不明；(3)工會基層組織無法有效編組，多數工人不知道自己在工會中究竟是扮演什麼角色。(4)幹部訓練不足，即使是擔任工會幹部的工人，受政府訓練的只是其中的少數人，這些幹部如何有效傳達政府政策不無問題。

---

68 〈本局對市參議會第三、四、五次大會施政報告〉，《社會月刊》，3:3-4(上海，1948.04)，頁9、20、46。
69 〈社會局工作報告〉，《社會月刊》，1:5(上海，1947.01)，頁21。
70 邵心石(主編)，《上海市勞工年鑑》(上海：大公通訊社)，1948，頁175。

(二)工人福利委員會與工人福利措施

　　社會局另行成立了專門的工人福利機構——「上海市工人福利會」，該會的宗旨是「輔導勞工，推進福利設施，協調勞資關係，安定生產秩序」，[71]1946 年 3 月間籌備，到 6 月間正式展開工作。根據社會局向市政府會計處轉送的請款單，在 1947年 8 月份該委員會每月向社會局請領人民團體補費 4600 萬，[72]足以證明該委員會是官方主導之團體，現在將委員名單列表如下：

表6-2-4：上海市工人福利會委員名單

	職稱	姓名	學經歷
1	主任委員	陸京士	上海法學院畢業，社會部組訓司長、中央黨部農工部副部長、立報社社長、立法委員。
2	副主任委員	周學湘	國民黨上海市黨部執行委員、市參議員。
3	副主任委員	趙班斧	東吳大學肄業、黃埔軍校畢業，社會局處長、副局長。
4	委員	童行白	社會局副局長、市參議員。
5	委員	李劍華	社會局副局長、上海市政府參事。
6	委員	王先青	上海市黨部常務委員、市參議員。
7	委員	水祥雲	上海市總工會理事長、上海市勞資評斷委員會委員。

---

[71] 《上海市工福會組織規程》，上海檔案館館藏號：Q6-31-155，1947年12月。

[72] 《上海市政府會計處關於社會局人民團體補助費》，Q124-1-803，1947年12月。

8	委員	王家樹	中國公學法律系畢業,社會部科長、代理組訓司司長,上海市社會局第二處處長。
9	委員	沈鼎	上海法學院政經系畢業、重慶市黨部社會科科長、上海市社會局第三處處長。
10	委員	葉定	華北大學畢業,社會部專員 。
11	委員	范才騋	國立稅務專門學校畢業、社會部駐滬工運指導員、上海市黨員工團主任委員、上海市參議員。
12	委員	姜光昀	中訓團黨政班26期,社會部計劃委員。
13	委員	邵心石	江南學院法律系畢業、華東通訊社記者、大公通訊社社長。
14	委員	狄介先	中訓團黨政班7期,上海特別市黨部秘書。
15	委員	孫方	社會部督導,國民黨虹口區黨部常務委員。
16	委員	劉瑞隆	中訓團社工班2期、社會部督導。
17	委員	曹培隆	市黨部科長。
18	委員	鄧紫拔	上海法學院畢業、社會部重慶服務處幹事。
19	委員	嚴棐賢	陸軍大學參謀班、參謀副團長。
20	委員	周幼襄	國立北平師範大學史學系畢業、上海社會局第六科科長。
21	委員	梁永章	上海電話公司產業工會理事長。
22	委員	陸蔭初	市黨部設計委員、第四區黨部常務委員。
23	委員	吳曙曦	社會局第五科科長。
24	委員	康濟民	中國勞動協會常務理事。
25	委員	顧若峰	浦東煙廠產業工會理事長。
26	委員	葉翔皋	市參議員、市總工會常務理事。
27	委員	方如升	總工會常務理事、市參議員。
28	委員	周雲江	華商電車公司產業工會理事長。
29	委員	章子衡	上海煤氣公司產業工會理事長。
30	委員	邵子英	法商水電公司產業工會理事長。
31	委員	王震百	上海郵務工會理事長。
32	委員	江志蘭	
33	委員	翁率平	大英夜報發行人。
34	委員	倪錫榮	上海電話公司產業工會常務理事。
35	委員	江承隆	三區百貨業職工會理事。

36	委員	姚立根	頤中煙廠產業工會常務理事。
37	委員	蔣宗光	首善印刷產業工會。
38	委員	董仁貴	上海市報業職業工會常務理事、市參議員。
39	委員	蔣福鈞	
40	委員	范守淵	上海勞工醫院院長、市參議員。
41	委員	沈福林	
42	委員	陳伯良	中訓團黨政班第12期、上海市參議員。
43	委員	錢俊儒	國民黨虹口區黨部監查委員。
44	委員	魏榮萊	
45	委員	吳序新	
46	委員	鄭彥之	上海中國紡織公司第十二廠廠長。
47	委員	李信	中訓團社工班第6期、中訓團代理科長。
48	委員	徐嘉麟	中國勞動協會秘書長。
49	委員	顧力軍	立報董事。
50	委員	龍沛雲	上海市第一區造船業產業工會理事長。
51	委員	魏鏞	上海電信工會理事
52	委員	陳曦	中訓團社工班第6期、暫派社會局視察。
53	委員	鄭曦	中訓團社工班第6期、暫派社會局視察。
54	委員	張東權	中訓團社工班第8期、暫派社會局視察。
55	委員	張鼎中	中訓團社工班第3期、工人服務隊。
56	委員	徐霖	立報董事。
57	委員	范維綱	中訓團社工班第2期、社會局視察。
58	委員	平天鶴	吳江師範學校、失業工人救濟委員會。
59	委員	吳健	安徽大學。
60	委員	遊雪生	東南體專畢業、中大學教員。
61	委員	吳月明	英士大學畢業，浙江省社會處。

資料來源：邵心石(主編)，《上海市勞工年鑑》，上海：大公通訊社，1948，頁27。〈本會職員名冊〉，《上海市工福會職員名冊》，上海檔案館館藏號：Q6-31-144，1947年10月。

在 61 人中，目前僅掌握約 55 人的身份，大約可分為三類：

一是具有政府及國民黨黨職者，代表約有 25 人，社會局主管工會及勞資糾紛的第二及第三處及底下的多名科長，還有若干人以「社會部督導」、「暫派社會局視察」等名義加入該會，應該可以視為陸京士從中央社會部帶來的人馬。25 人中有 10 人填入了「中訓團」的受訓班別，中訓團全名為中央訓練團，成立於 1939 年 3 月，為了因應中日戰爭對人才的需求，對黨政幹部實施召集訓練，設有各種不同名稱的訓練班，其中最重要者為「黨政幹部訓練班」，共辦理 31 期，每期訓練時間約 1 個月，訓練 23,752 人。[73]由上表中看來，戰後中央訓練團成員似乎被分派到上海負責推動工人運動，但是否有推展至其它地區還需要進一步研究。

其次則是工會的理事長，如上海電話公司、法商水電公司、華商電車公司，這些工會比較明顯的特點是大多屬於公用事業約有 16 人，第三類則是市參議員，有 7 人，也多出身自工會理事長，就第二類與第三類人物來看，工人福利委員會有相當一部分的工人代表，應該是目前已知在官方成立的各種委員會中，勞工代表參與最多的一個組織，目前已知該委員會曾辦理勞工福利活動「京士杯」工人足球賽，而陸京士也介入調解多

73　馮啟宏，〈抗戰時期中國國民黨的幹部訓練：以中央訓練團為中心的探討(1938-1945)〉(臺北，國立政治大學歷史系博士論文，2004)，頁66-72。

起勞資爭議。[74]

　　上海市工人福利委員會有自己獨立的一套工會組織體系，將上海的工人依照職業分為 24 類，包括公用事業、棉紡、毛紡、針織、絲織等。每一類設置一個「領導小組」，每個領導小組設有召集人、協助人、聯絡員，並且在各重要工會設有領導人(多為工會理事長)，領導人之下則分為一級、二級和三級幹部。

　　以公用事業領導小組為例，該組召集人為水祥雲、協助人為梁永章、周雪江，都是列名於表 6-2-4 中所列工福會 61 名委員之中，其它的領導人還包括上海煤氣公司產業工會的章子衡、閘北水電公司的吳順甫。檔案材料中顯示，公用事業有 16 個工會，工福會都設有領導人，另外有 51 名一級幹部。這是否意味著工福會的組織深入各工會的基層呢？此點恐怕令人質疑。

　　就總數而言，總共有 95 名領導人、一級幹部 782 人、二級幹部 2227 人、三級幹部 3144 人，總計不過 6248 人，與 52 萬工人相比，一名幹部要管 83 名工人，依舊過多。還有一個問題，組織最頂層的領導人，時常一個要領導多個工會，如市參議員周學湘擔任領導人的工會多達 41 個，社會局科員王振猷是 32 個工會的領導人，參議員范才騤要領導 19 個工會，在這些人都

---

[74]　邵心石(主編)，《上海市勞工年鑑》，頁111。

另有多個兼職的情形下,是否能同時管理這麼多個工會,實在不無疑問。[75]

上海市工人福利會另外組織有護工隊,護工總隊由陸京士任總隊長,下設 19 個大隊,大隊下設中隊、區隊、分隊;此外還設直屬交通大隊、直屬中隊和直屬區隊各一個,並配有一部分短槍等武器。其組織形式以廠為單位,500 人以下的工廠設一分隊,500 人以上者依人數之多少比例增設。每個分隊設隊長一人,隊副一人,隊員 14 人。每三個分隊成立一中隊,每五個中隊成立一大隊。護工總隊隊部,分設總務、組織行動、訓練、宣傳和交通偵查四個組,分管各項事務。[76]有一份檔案材料表明,護工隊設於總隊長下設有視察、政訓、軍需、副官四室,共 10,810 人。

就行業類別來說集中在棉紡業、公用事業、毛紡業、交通運輸、染織業、機器製造六大行業,占總數的 70%,若將棉紡業、毛紡業、染織業歸納為廣義的紡織業則三個行業的護工隊人數相加占總數 38%,與前一章討論勞資爭議時相同,都是以紡織業為最多數,但是護工隊中紡織工人比率更高,據此推測:

---

[75] 《上海市各業公會領導小組及一級幹部名冊》,上海檔案館館藏號:Q6-14-495,1949年3月。

[76] 李家齊(主編),《上海工運志》(上海:上海社會科學院出版社,1997),頁244。

官方可能希望藉此穩定若重要紡織業生產秩序，避免發生罷工事件。就護工隊員的年齡分布來說，以 21-30 歲的工人最多，占 62%，17-20 歲的工人也有 6%，換言之，近 70% 的隊員都在 30 歲以下，應該都是中低階層的工人才是。[77]

另外一份由護工隊向淞滬警備司令部申報駐房地點的檔案中顯示，護工隊曾一度擴充至 11,128 人，擁有 314 隻手槍，彈藥 2198 發，以駐守的工廠而言，包括公營的中國紡織第十二、十四、十五、十九廠，也包括部分的民營工廠如仁豐染織廠、先施百貨公司等。[78]至於護工隊的訓練方式，請見下列信函：

圖6-2-1：陸京士為訓練工人給美光火柴公司之信函

77　《上海市護工總隊關於隊員年齡職業、籍貫、編制等統計表》，上海檔案館館藏號：Q6-31-617，未註明年月。

78　《上海市護工總隊駐地表》，上海檔案館館藏號：Q127-1-8，未註明年月。

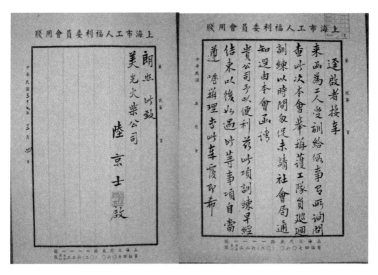

資料來源：這封信函原為上海市長寧區的毛治剛先生所有，由毛先生拍攝並同意
提供本研究使用，特別致謝。

　　據該封函件看來，護工隊確實是由上海市工人福利委員會
所領導，以分批訓練各工廠工人的方式來運作，工人接受訓練
時資方必須准假。吳開先在悼念陸京士的一篇文章中提到：對
於共黨操縱、脅迫工人停工之電氣工會，由京士與社會局組成
護工隊，衝入廠中解除共黨工人之武裝(木棍、大刀)，使工人
在不受威脅之下，各就原崗位繼續工作。[79]社會局的處長王家
樹則說陸京士「以農工部副部長身分長駐上海指揮工運，成立

---

[79] 吳開先，〈痛悼故友陸京士兄〉，《陸京士先生紀念集》(臺北：出版項
　　不詳)，頁66。

工人福利委員會，組織護工隊與共匪展開搏鬥。」[80]由此看來護工隊實為一有武裝配備之工人組織，在各工廠中肅清共產黨工人。護工隊的經費與上海市工人福利委員會相同，以「人民團體補助費」的名義，按月支付，以 1947 年 8 月為例，有 6000 萬元。[81]

陸京士一直是主導上海工人運動最重要的人，他之所以出掌工人福利委員會，與他在 1945 年 8 月擔任社會部京滬特派員及軍事委員會上海工運特派員有關。但是陸軍總司令部一份密函指出，在上海戰後復員不久，陸京士的領導權就遭到挑戰，其中包括周學湘領導的總工會系統，周佛海領導的特別行動隊，還有周克昌等第三戰區駐滬聯絡員。函件中還表明陸京士大量招攬失業工人加入忠義救國軍，成員多穿便衣而配有槍械，使人民頗感恐懼。而周佛海的特別行動隊，每人津貼每月20 萬元實力雄厚。市黨部由王先青、龔雨亭負責工人運動，但成效並不顯著。[82]由上面的工福會委員名單中得知，雖然陸京士將原本相互競爭的對手納為自己的手下，但不能保證彼此一

---

[80]　王家樹，〈敬悼陸京士先生〉，《陸京士先生紀念集》，頁93。

[81]　《上海市政府會計處關於社會局人民團體補助費》，Q124-1-803，1947年12月。

[82]　〈滬市工運現狀〉，《上海市社會局1945年10月至1946年3月的工作報告》，上海檔案館館藏號：Q1-6-86，內附陸軍總司令部函，1945年11月。

定能相互合作。

裴宜理引用臺北法務部調查局的一份檔案資料也證實陸京士主持的工人福利委員會與護工隊，內部矛盾重重，以陸京士、吳開先為首的「上海幫」，和社會部社會人員訓練班的「南京幫」，彼此勾心鬥角，還有效忠於朱學範的，還有其它見風轉舵的小派系。[83]另外護工隊還遇到的困難還包括：各工廠經營者不願意支付受訓勞工薪水，還有參加訓練的工人以護工隊的名義免費搭乘交通工具導致一般民眾印象不佳。除了內部派系問題外，也必須面臨三青團上海支部及中國勞動協會(中統局所成立的勞工組織)的相互競爭，以上種種都使得工人福利委員會及護工隊實際作用有限。[84]

綜合以上所述大概可以知道：上海市工人福利委員會和護工隊是國民黨希望以「辦理工人福利」的名義，成立另一個有系統的工會領導組織。由陸京士聯合社會局職員與部分工會理事長組織做為領導中心，並在各個工廠成立分支機構。6,000名工人幹部與 10,000 名武裝工人的規模，與前面社會局統計約450 個工會，52 萬工會會員相比，充其量只能說工會上層幹部

83　裴宜理，《上海罷工：中國工人政治研究》，頁175。
84　Elizabeth J. Perry, *Patrolling the Revolution: Worker Militias, Citizenship and the Modern Chinese State* (New York: Rowman and Littlefield Publishers, 2006), pp. 125-135.

可能有加入工人福利委員會，工人幹部訓練部分只調訓 1000
多人，更是少數中的少數。從工福會的檔案中發現，雖然有比
較清楚的分類與分層領導，但幹部要管理的工人依然過多。不
管是社會局或是工人福利委員會都沒有改變工會基層組織掌握
不力的事實。

除了以全上海市為管轄範圍的上海工人福利委員會外，社
會局亦有輔導各工會(或工廠)成立各自的工人福利委員會，並
頒布「上海市社會局推進職工福利設施管理辦法」，具體的作法
是工廠工人在 200 人以上，或工會會員在 200 人以上者，應組
織職工福利委員會，並於福利委員會設置福利社，若工廠或工
會人數不足 200 人者，得聯合其它工廠行號或其它類似職業及
相同地區者聯合設立。[85]

至 1948 年 2 月為止,社會局統計上海市各工廠有成立員工
消費合作社(即福利社)只有 78 個，總計社員 63,954 人，78 間
合作社社員資金總計 43 億 2224 萬餘元，資方提撥的資金只有
2 億 5 千萬。[86]1947 年 6 月上海的工廠總數為 2,570 家，[87]前面
提到上海是在 1947 年底工人約有 52 萬人，所以成立並加入員

---

[85] 〈上海各工廠暨各工會辦理福利社施須知〉，《社會月刊》，2:1(上海，1947.01)，頁130。

[86] 楊鉅松，〈上海市各工廠員工消費合作社組織概況〉，《社會月刊》，3:2(上海，1948.02)，頁15。

[87] 蔣乃鏞，《上海工業概覽》(上海：學者書店，1947)，頁6。

工消費合作社的工廠或工人都只是極少數。就合作社的資金來說，1948 年 2 月每石糧食約為 1,825,000 元，全部的資金集中起來，約可買 2,505.33 石米，按 1 石等待 145 斤計算，約合 363272.85 斤米，每個社員可分到 5.68 斤米，只可供一個人 3 天生活所需。

這是對全部資金購買力的評估尚且如此，難怪社會局的科員也承認：資金最多者只有 3 億 1000 多萬(資金最多的一間合作社)，實難展開業務。資金不足的原因還有資方不願意提撥資金，這一點可以從資方所出的資金只有 2 億多元就可看出。總之就勞工福利而言，大部分工廠並沒有成立合作社，即使有成立福利社的工廠也存在資金不足運作困難等問題。除了合作社之外，其它種類的工人福利設施還包括：診療所、工人子弟學校、補習班及俱樂部，[88]擁有這些勞工福利設施的工人，應該都是大型工廠。[89]

---

[88]　〈本局對參議會第四次大會之施政報告〉，《社會月刊》，3:3-4(上海，1948.04)，頁17。

[89]　雖然多數工廠工人福利設施不佳，仍有少數大工廠擁有較好的工人福利。以中國紡織公司第十九紡織廠(國營企業)為例，該廠有3,350工人、115名職員。工廠內就設有一所學生人數350人的員工子弟小學、勞工補習班、員工技術訓練班等教育組織，還有理髮室、衛生室、簡易農場及動物園等福利設施。榮宗敬的申新第九紡紗廠有6,000名以上的工人，有設有申九小學(295人)及工人補習夜校(509人)兩種教育組織，同時設有育樂中心與健身房等休閒設施。社會月刊社(調查)，〈上海市各工廠福利設施概況〉，《社會月刊》，3:2(上海，1948.02)，頁54-64。

社會局曾於 1946 年 5 月組織「勞工福利視察團」，對上海數種行業的工廠進行實地抽查，調查報告提到上海工人的工作狀況如下：

● 紡織業目前雖頗發達，生產效率逐漸提高，但勞工福利缺點甚多，該業女工較多，哺乳室雖多已設置，但舉辦托兒所者仍少，工人工作時並非帶上口罩，影響身體健康至為重大。

● 機器業無論在資本設備各方面均極慘淡最為落後，概此業已根本整個動搖，整個問題端賴政府速籌救濟辦法，以奠定我國重工業之基礎。

● 橡膠各廠藥粉亂飛，碳酸氣充斥廠內，工人在廠內進食有礙衛生，應由廠方另闢食堂，滬西各廠自來水大都尚未接通，工人飲用井水，妨礙健康甚大，應請公用局設法將水管接通，以防意外。

● 化工各廠機器年代已久，應予更換以減少工人傷害，工人因缺乏衛生常識時生疾病，應多設診療所避免危險及明瞭衛生常識。

● 煙草業國營者規模尚可觀，民營者則不可同日而語，大抵均係極簡陋短小之廠房，住於卑溼陋巷中，建築純係木質磚瓦，稍一不慎則易生火災有礙安全，尤以廠中煙屑飛騰，易使人生肺病。

報告中提到 5 個行業其中有 4 個行業描述了工人具體的工作環境，共同之處便是環境髒亂容易使工人生病。雖然視察報告也建議要請相關單位改善，如請資方設立診療所，請公用局接通自來水，但是否有後續追蹤則不得而知。至於希望化工廠汰換舊有機具，更非短期可以實現。所以該報告也坦承「各業勞工福利之設施難以滿足人望。」[90]綜合上述，社會局及工人福利委員會對工人福利的爭取事實上是有心無力，特別是資方不願提供資金而社會局也拿不出補助的情形下，多數工廠沒有福利設施且衛生條件很差，工人多在極易生病的環境下工作。

(三)富通印刷所事件及後續工會改組風波

富通印刷所事件是 1947 年 9 月間，上海市警察局破獲由中共組織的一個印刷所，並逮捕多名共產黨人。由於被逮捕的人當中有多名上海電力公司工會成員，引起該公司其它工人不滿引發罷工，隨後又有英商電車公司工會、三區百貨業工會及法商水電公司工會，被社會局以共黨分子滲透工會、教唆罷工為理由下令改組。以下將以《申報》為主要材料，探討一連串事件中社會局所扮演的角色，更進一步說明社會局在管理工會上

---

[90] 《上海市社會局關於社會局派員督導職工福利設施辦法及勞工福利視察團工作報告》，上海檔案館館藏號：Q6-7-620，1946年5月。

的問題。

所有事件的源頭來自富通印刷所，上海市警察局在 1947年 9 月 19 日深夜，至富通印刷所逮捕共產黨人二十餘人，其中有上海電力公司工會負責人吳可文、張仲之、王海林、封寶魁、康耀坤、王家熊等六人參與工作，並在吳可文身上搜出中共中央密令數封。[91]

逮捕行動在 9 月 19 日，但直到 9 月 24 日消息始廣為人知，電力公司員工 23 日曾派代表赴社會局請願，要求釋放工人。吳開先表示：「工人等經查明無政治背景，所印刷之刊物無反動文字，當向警局交涉保釋。」工人代表不滿吳開先的答覆，下午二時該工會糾聚工人二千餘人再赴社會局請願，同日晚間於社會局前廣場召開臨時理事會議，決定罷工。23 日至 24 日間電力公司工人在工廠聚集但不工作，社會局以急件發布處理方式：「特令電力公司產業工會即時復工，否則准許公司當局無條件開除不工作工人並解散工會。」

吳開先稍後對外表示：「去年(1946)一月本人接事之時，電力公司適在怠工之中，至二月十二日局方召集勞資雙方簽訂和解筆錄，其中有一條：『勞方允向社會局及公司保證，以後如有

---

[91] 〈身懷共黨密令 工人被補〉、〈兩度到社局請願要求釋放工人〉，《申報》，1947年9月24日，第4版。

勞資爭議事件，在調解或仲裁期間，依法絕無罷工怠工行為』。一年以來工潮迭起，動輒怠工，經此次警局發覺以後，始知該廠工潮之屢起，實係少數共匪把持工會，作有計畫之破壞。」[92]社會局於25日下令重心改組上海電力公司工會，重新指定工會幹部，並指派范才驟為指導委員(范氏為市參議員、工人福利委員會委員)。從吳開先的談話中得知：社會局根本無法防止共產黨人成為工會幹部，也不能事先防止罷工，只能在警察局進行逮捕後重新改組工會。

9月27日法商水電公司電車部門職工2,700餘人全部罷工，社會局聞訊派員前往勸導無效。勞方要求：(1)職員加薪等級，請公司明確規定標準；(2)改善工人子弟學校設備；(3)不請假升工每月兩天(當月全勤者工資多給兩天)；(4)中秋節借款每人五十萬元，分期扣還。吳開先表示：「法商水電公司工人要求增加底薪十五元並提高等級，提高底薪乃違反中央法令，況彼等未經仲裁手續即行罷工，並限公司當局於中午十二時前答覆，以上霸道行為不但違反勞工法，且違反政府總動員令，顯與上海電力公司開除共黨工人有關，茲已令飭有關方面嚴查。」[93]

92　〈電力職工遵令全體恢復工作〉，《申報》，1947年9月24日，第4版。
93　〈法商汽車電車停駛　社局勸導無效〉，《申報》，1947年9月28日，第4版。

　　法商水電公司罷工後隔日又有英商電車八路停駛，理由是市政府發布的工人生活費指數不準確，吳開先嚴正駁斥並表示「保證其絕對精準可靠」，[94]工會對罷工事先毫不知情，工會理事長仇長江稱：「外來力量壓迫一部分工人受其利用所致，隔日恢復正常行駛。」[95]仇氏為國民黨重要的工會領導人之一，從工會總登記時便擔任英商電車工會理事長，且是國大代表。工會理事長對罷工事件一無所知，只能以「外來力量」當作藉口，也可以看出即使在國民政府主導的工會中，控制力仍然十分不足，所以才有這樣的突發性的小規模罷工事件產生。

　　10月1日社會局下令改組第三區百貨業工會，社會局所頒布的訓令原文是：「查本市自破獲共匪機關，據偵查結果，發覺該工會負責人多名，亦與匪黨勾結，意圖擾亂，該業屢次工潮，均為彼等所策動，危害治安，淆亂人心，實有予以整理之必要，著即停止活動，茲派龔祥生為整理委員，並派本局專員方顯民為整理指導委員。」[96]該段文字中顯示，在官方的立場而言，此次的改組行動顯然是富通印刷所事件後續的清理行動之一，

94　〈吳開先昨發表談話　保證指數計算準確〉，《新聞報》，1947年9月28日，第4版。

95　〈法商電車汽車昨未恢復　英商電車突又息工〉，《申報》，1947年9月29日，第4版。

96　〈陰謀擴大工潮十人被補　下令改組三區百貨工會〉《申報》，1947年10月1日，第4版。

但對該工會改組目前僅見此一篇報導而已。

　　將焦點轉回法商水電公司罷工案，9 月 30 日該公司資方宣布開除朱俊欣、周國強等 16 名工人。[97]其中工會理事長朱俊欣列在第一位，事後證實朱俊欣確實是共產黨人，並在 1940 年已經入黨，1945 年任中共法電工會書記，是中共在法商水電公司地下黨部的負責人。[98]但在他被上海市警方通緝逃亡之前，曾被社會局指定為該公司工會整理委員會主委，向社會局進行總登記，[99]同時當選上海市總工會第五屆常務理事兼視導室副主任，[100]能夠入選官方色濃厚的上海市總工會，證明朱俊欣原本頗受國民黨的重視。在開除工會中的共產黨人後，罷工也沒有立即結束。10 月 1 日社會局下令改組工會，訓令中提到：「查本市自破獲共匪機關，捕獲共黨吳可文等數十人，據鞫訊結果該工會(指法商水電公司產業工會)負責人多名竟與吳等早有勾結，共圖擾亂，實屬不法已極。日前該工會無端提出要求，限公司兩小時內答覆，並不依法申請本局核辦，遽爾罷工，顯係

---

[97]　《上海市社會局鎮壓法商電車公司工潮情形》，上海檔案館館藏號，Q6-31-69，社會局於9月29日給法商電車公司的訓令。

[98]　中共上海市委黨史研究室(編)，《中共上海黨史大典》(上海：上海教育出版社，2001)，頁275。

[99]　徐霖，〈本局工會組織之檢討〉，《社會月刊》，1:5(上海，1946.11)，頁25。

[100]　邵心石(主編)，《上海市勞工年鑑》，頁83。

該工會奸匪分子畏罪煽動，企圖掩飾，似此擾亂治安，違反總動員法令，斷難再予姑容。」[101]

因此社會局指派工人福利委員會委員之一的徐嘉麟為指導委員，並重新任命工會幹部。隔日並在社會局召開一次「重要會議」決定善後方式，市長吳國楨表示：「法商電車工潮拖延數日，大多數善良工人因受外來威脅，不能恢復工作，當局為公眾利益著想，公共交通不能長此停頓，並曾通知職工如不復工，當無條件解雇，政府並準備一切，公共汽車可由駕駛兵團士兵駕駛，電車可由失業工人遞補工作。」[102]10月3日又有工會整理委員至工廠視察時，被不明人士攔阻，司機孫金祥被毆傷，吳國楨聞訊後說出重話：「凡今後有攔阻車輛毆打司機者，當場予以格殺勿論。」[103]按照10月2日會議的規劃，原本計劃招募失業工人取代原有工人，但又改為准許罷工工人以重新登記的方式恢復工作，至10月6日止，2700餘工人，只有40餘人尚未復工。[104]原因可能在於駕駛電車的專門技術，並不是經易可以取代。誠如 Charles Tilly 所說：技術是一種談判的身分，也

---

[101] 〈社局派員接收法商水電工會〉，《申報》，1947年10月2日，第4版。

[102] 〈當局商定電車工潮對策〉，《申報》，1947年10月3日，第4版。

[103] 〈攔阻復工搗毀電車 九六名被捕 無辜三八名釋出 四打手解警備部〉，《申報》，1947年10月4日，第4版。

[104] 〈社會局調查保釋被迫附和搗亂工人 獎勵罷工期間工作者〉《申報》，1947年10月7日，第4版。

取決於工人與雇主的關係，技術工人很難被取代因此不是可有無的，非技術工人可以被取代所以可有可無。[105]社會局應該基於電車駕駛所需的技術以及不想增加失業工人的考量下，同意讓參加罷工的工人恢復工作。

10月6日，法商水電公司產業工會整理委員會在上午推派代表與公司商定：1.中秋節與公司預借之五十萬元，分 3 期一個半月扣還；2.罷工期間工資依法不給；3.在罷工期間照常工作之水電部職工，由公司衡情予以獎勵。[106]至此全部事件結束。

富通印刷所事件爆發後，從 1947 年 9 月 23 日至 10 月 6日止，14 天之中，除了第三區百貨業沒有發動罷工外，其餘上海電力公司及法商水電公司，再加英商電車公司，都發生規模大小不一的罷工。

誠如先前討論勞資爭議時已經提過，按照法令規定，雇主或勞工在未經社會局調解或勞資評斷委員會評斷之前，不得因任何勞資爭議停業關廠或罷工怠工。[107]即使是國家總動員令發

---

[105] Charles Tilly, "Solidarity Logics: Conclusions," *Theory and Society* 17:3 (May 1988): p. 453.

[106] 〈法電被補工人二十名保釋〉，《申報》，1947年10月8日，第4版。

[107] 《復員期間勞資糾紛評斷辦法》，第七條，國民政府文官處(編印)，《國民政府公報》，1044(南京，1946.04)，頁3；《動員戡亂期間勞資糾紛處理辦法》，第七條，見國民政府文官處(編印)，《國民政府公報》，2971(南京，1947.07)，頁7。

布後，社會局(或者是市政府)依然無力防止罷工事件。從這一
連串的罷工事件中，社會局所做的只是在警察局通緝工會中的
共產黨人後，再以一紙行政命令下令改組工會，從吳開先對上
海電力公司罷工案的評論，還有仇長江對英商電車公司罷工的
發言，可以看出社會局對工會的控制力不足，或者說充其量局
限在少數工會的領導階層而已。用行政命令改組工會並進行工
人重新登記，是社會局處理類似事件的固定方法，除了上述法
商水電公司外，1948 年 2 月的申新紡織九廠罷工案中，也是以
同樣的方式來解決。[108]但類似的手段是否真的能防止共產黨人
滲透並且不再發生罷工，成效令人懷疑。

第三節　社會團體的管理

(一)管理辦法與數量統計

　　社會團體與同業公會、產業職業工會一樣，在戰後初期也
進行過一次總登記，據社會局「復員工作報告書」記載：「本市
人口眾多，知識水準亦高，故對一般社團組織極富興趣。舉如：

---

[108] 此次罷工事件請參看，鄭慶聲，〈1948年上海申新九廠大罷工真相〉，
《世紀》，2004.01(上海，2004.02)，頁22-25。社會局下令改組工會及工
人重登記見〈申新九廠登記工人　農曆初五恢復工作〉，《申報》，1948
年2月7日，第4版。

國際文化、醫藥、體育、衛生、學術文化、自然科學、工程、政治、法律、經濟、僑務、公益、藝術等類皆有組織，勝利以後本局亦按收復地區人民團體登記辦法辦理登記。」[109]關於社會團體總登記一事，目前並不清楚共有幾個團體參加總登記。

但是根據社會局於 1947 年 2 月份的一份清單中顯示，戰後第一個獲准成立的社會團體是「上海市畫人協會」，由王展昌任理事長，成立於 1945 年 10 月 10 日。[110]由此推斷不管戰前該團體是否已經成立，戰後都必須重新登記，所以才會出現所有社會團體的成立日期 1945 年 10 月以後，換句話說所有社會團體必須全部重新登記與審核，但不清楚是否有經過同業公會與工會那樣由社會局派員重新整理的過程。

上海市政府 1947 年 12 月 31 日頒布《上海市社會團體組織規則》，要點如下：(1)社會團體在同一區域內，除法令另有規定外，同性質者以一個為限；(2)社會團體之名稱應依其宗旨明確擬定；(3)社會團體之組織應有三十人以上之發起，並填具發起人略歷表一式兩份向主管官署申請許可；(4)凡申請組織社會團體，具有下列情形之一者，主管官署得不予核准，或令其改

---

[109] 《上海市社會局復員工作執行報告書》，上海檔案館館藏號：Q6-15-265，1946年8月31日。

[110] 《上海市社會局關於社會團體組織總報告》，上海檔案館館藏號：Q6-5-1229，1947年2月。

正後再行核准。(a)發起人學識、能力與所組織團體宗旨全不相符，顯難達成任務者；(b)違反公共社會秩序善良風俗者；(c)以同一業務結合而與法定職業團體相牴觸者；(d)以聯誼為目的而會員無一定範圍，或已有範圍之團體許可在先者；(e)有假名招搖藉眾斂財之企圖者。(5)本規則所稱主管官署為上海市社會局。[111]

　　若將《上海市社會團體組織規則》與前一個適用的法令《非常時期人民團體組織法》[112]相比較，可以發現許多直接沿用的例子，如同一區域內，同性質的社會團體以一個為限，及發起人須 30 人以上。但《上海市社會團體組織規則》有一個很不同的地方，就是增加了 5 項審查標準，卻沒有明確的處分規定，[113]1947 年 12 月，國家總動員令已經發布，但是在法律的層面來說，看不出國民政府有對社會團體有進一步限制數量，或是相關罰則變嚴格的情形。根據 1949 年 1-2 月份社會局內部的工作計劃書，在繼續發展人民團體的項目中，被註明「奉令停辦」，

[111] 《上海市社會團體組織規則》，第三、四、七及十二條，刊載於《社會月刊》，2:11-12(上海，1947.12)，頁122。

[112] 《非常時期人民團體組織法》，公布於1942年2月10日，見國民政府文官處(編印)，《國民政府公報》，渝字第439(重慶，1942.02)，頁6-9。

[113] 如《非常時期人民團體組織法》第十八條：人民團體違反法令、妨害公益或急忽任務時，主管機關得分局施以下列處分：(1)警告；(2)撤銷其決議；(3)整理；(4)解散。

[114]據此判斷在 1949 年 1 月後社會局沒有核准設立新社會團體。

1946 年 8 月社會局有「復員工作執行報告書」，其中有一段文字：「本局對於社會團體組織，遵照中央扶植民權之宗旨無不妥為指導期其健全，惟亦頗有宗旨不定，專藉聯絡感情而發起組織團體者，藉圖便利私圖，本局一律從嚴審查，不輕許可，截至(1946 年)八月底止正式成立之社會團體共有 117 單位。」[115] 下面將三個時間點的社會團體數量及會員人數列表如下：

表6-3-1：上海市社會團體數量及會員人數

	1946年11月		1947年6月	
	團體數	會員數	團體數	會員數
社會團體	177	90,345	269	90,669
婦女團體	n/a	n/a	n/a	n/a
全國性婦女團體上海分會	n/a	n/a	n/a	n/a
總計	177	90,345	269	90,669
	1947年12月		1948年9月	
	團體數	會員數	團體數	會員數
社會團體	315	151,854	386	169,049
婦女團體	11	64,549	12	52,794
全國性婦女團體上海分會	7	52,644	9	64,621
總計	333	269,047	407	286,464

---

[114] 《上海市社會局民國三十八年一月至二月十五日工作計劃實施概況表》，上海檔案館館藏號Q6-15-321。1949年2月。

[115] 《上海市社會局復員工作執行報告書》，上海檔案館館藏號：Q6-15-265，1946年8月31日。

資料來源：1946年11月數字見上海市政府秘書處(編)，《上海市統計報告》，1:11(上海，1946.11)，頁56。1947年6月數字見秦孝儀(主編)，《中華民國社會發展史》，臺北：中央文物供應社，1985，第二冊，頁1039。1947年12月數字見上海市政府秘書處(編)，《上海市統計報告》，2:12(上海，1947.12)，頁67。1948年9月數字見上海市政府秘書處(編)，《上海市統計報告》，3:9(上海，1948.09)，頁43。

　　由表格中得知，1947年12月以後，社會局將婦女團體獨立出來統計，但婦女團體仍是社會團體中的一類，故合併計算。社會團體在戰後的三年多的時間裡也持續成長，以1948年9月與1946年11月相較，團體數成長230個，達2.3倍，人數成長196,119人，達3.17倍。1948年9月時每個社會團體平均參加人數約為703.84人。

　　社會局在 1947 年 12 月間，曾聯合市黨部、市商會、市工業協會對工商業同業公會及社會團體，進行一次「視導工作」，總計工業同業公會 36 單位，商業同業公會 56 單位，社會團體48 單位。在事後的報告書中提到：上述團體有 5 項共同的缺點：(1)極少數團體之會務，操諸秘書一人之手，理監事絕少到會領導；(2)理監事多有兼職，以致到會辦公時間較少，影響會務；(3)會中賬冊，大部分沿用舊式記賬，單據不全，支付不照手續；(4)理監事對會員請求或政府委辦事項，往往僅有少數人勉力負責，久了以後轉使負責者亦趨消極；(5)團體聚會所設於私人住

宅，造成公私不分。[116]此次的視導工作是僅有的一次由社會局對工商業同業公會及社會團體進行的調查，由上述 5 點看來，與前一節討論工會時相同，同業公會與社會團體也有會計制度不全的問題，此點應該可視為所有各種類型團體的通病。

視導工作報告書針對社會團體，提出數點「剖析」：(a)社會團體主要分子或為朝野名流學長，或為金融工商各業鉅子，具有潛在勢力及左右作用；(b)本市社會團體初以核准組織之尺度稍寬，凡超乎同業公會及工會範圍所限定者，則變更名義，組織社會團體，實質則為某業之變相組織；(c)以綜合性組織，摻雜多方面關係，造成特殊形勢者，如同鄉會同學會等團體，以聯絡鄉誼學誼為宗旨，運用潛勢力，發揮群眾力量，本屆各項競選，頗有以此基礎而獲致成就者；(d)社會團體多以某協會、某聯誼會名義，由各業主管人員倡導，吸收從業人員，遇有事故，即以法人團體身分，向各界呼籲或向政府請願；(e)社會團體每由錯綜複雜關係組合而成，除少數略具基礎外，大半無固定經費，以致無固定會址，辦事乏人。[117]

這五條剖析是除了上述法令外，社會局管理社會團體唯一一段綜合性的評論，其中有兩點提到社會團體被不少行業的領

---

[116]　社會局社會組織處，〈本市人民團體視導工作報告〉，《社會月刊》，3:5(上海，1948.05)，頁41。
[117]　社會局社會組織處，〈本市人民團體視導工作報告〉，頁42-43。

導者視為發展個人勢力，培養文化權力網絡的場域，使部分社會團體變成在同業公會與工人工會之外，另一種勢力結合而成的團體。同時社會局也承認人民團體的領導者大多是知名人士，因此這些團體的影響力讓官方不得不重視。

　　現有社會局關於社會團體的檔案中，絕大多數都是申請立案的文書，以及理監事的簡歷(姓名、年齡、籍貫、住址、經歷、是否為國民黨黨員)等。而各社會團體的運作狀況(如舉辦那些活動、團體經費收支)的報告很少。因為檔案的限制，以下的討論將以個案方式，分析社會局對不同類型的社會團體成立時審查評語，以驗證上述法令究竟如何運用在實際的審查中。除了審查評語外，並統計各社會團體的理監事究竟有多少是具有國民黨黨員身份的，藉此可以瞭解國民黨對各個人民團體的控制力。當然這樣的統計是不完整的，即使有若干國民黨策動的團體也因為沒有相關社會團體的活動記錄，無法確實得知道特定團體的具體表現，不過在目前絕大多數檔案只有審查評語與理監事的簡歷的情形下，這可能是不得不採取的辦法。

(二)國民黨策動組織的團體

　　戰後國民黨在上海有多少黨員，無法精確統計，目前

僅見《申報》在 1948 年有 1 則報導,約有 9 萬多人。[118]這些基層黨員應該是負責組織一般人民的要角,因此首先討論由國民黨策動組織的社會團體,請看下表:

表6-3-2:部分由國民黨策動組織的社會團體名單

社會團體名稱	成立日期	社員數及黨員數	資料來源:上海檔案館藏號
上海市正義社	1946/04/15	1946年發起人30人均為黨員;籌備員11人均為黨員;社員131人均為黨員。	Q6-5-75
正社	1946/06/19	1946 年發起時 30 人全為黨員。	Q6-5-36
上海市雪社	1946/11/03	會員數:1947 年 150人,1948 年 200 人;1949 年 3 月 250 人均為黨員。	Q6-5-54
凱社	1947/04/15	發起人32人均為黨員;會員約300餘人。	Q6-5-57
上海市正民社	1947/07/24	發起人30人中有20人具有國民黨籍。	Q6-5-75
甯社	1947/08/28	會員 30 人,內有國民黨籍 20 人。	Q6-5-55
上海市勵仁社	1947/10/15	1947年發起時理監事共24人全為黨員;社員551人全為黨員。	Q6-5-192
少年宣講團	1947/10/19	1947年發起時會員41人,內有黨員17人。	Q6-5-915
上海市純誼	1947/10/21	1947年發起時理監事	Q6-5-18

118　〈國民黨黨員登記 全市共九萬餘人〉,《申報》,1948年3月14日,第4版。

| 社 | | 共24人全為黨員;社員共358人全為黨員。 | |
| 上海市群力互助社 | 1947/11/06 | 1947年發起時會員人數157人,國民黨員23人。 | Q6-5-29 |

說明:按成立日期先後排列。

　　表格中所列的 10 個團體,都是在申請成立時有國民黨上海市黨部的推薦函或會員全部具有國民黨籍者,如上海市正義社、就屬於此種類型,發起人、籌備人、社員等清一色具有國民黨籍。上海市雪社則註明「本社社員係由中國國民黨黨員與過去上海市保街團團員為組成分子,自保街團撤銷後,即參加本市義務警察即以維持地方治安為中心工作」,[119]據此判斷這個團體是國民黨策動的地方自衛武力團體。章程中還特別註明:本社以闡揚三民主義,加強民族意識,增進社員情感,共謀公共福利為宗旨。主要負責人為姜懷素,江蘇鎮江人,上海法學院畢業,為律師及參議員。[120]

　　上海市正民社的申請文件中,社會局的審查評語直接註明:「查該社為市黨部陳處長保泰策動在校學生所發起為青年運動之外圍組織,經本局於36年7月24日以組字22501號,准予組

---

[119] 《上海市社會局雪社關於申請登記的文件》,上海檔案館館藏號:Q6-5-54,內附組織章程。
[120] 戚再玉,《上海時人志》,頁99。

織現正籌備中，擬具以函復。」[121]正民社30名發起人中，有12名國立暨南大學(上海)的學生，有政治系、教育系及法律系等，據此推測可能是國民黨在暨南大學組織的團生團體。少年宣講團是戰後重新復員的國民黨外圍組織之一，社會局的審查評語是：「查該團有相當歷史，過去對黨宣揚頗具功績，負責人又忠貞不阿，因與敵偽對抗，致團務停止，擬准復員。」[122]

甯社也是另外一個國民黨外圍組織，社會局在調查後寫到：「施駕東同志到局談話，據稱該組織宗旨除倡導新生活，促進教育文化事業及舉辦社員福利活動外，並擬吸收本黨優秀同志參加，以冀加強連繫。該社為本黨外圍組織等語。」[123]甯社事實上是小型的菁英團體，參與者如侯雋人，正風文學院畢業，曾任上海市社會局專員、上海市參議員，現任國大代表(國民黨籍)。邵永生，浙江慈谿人，滬江大學畢業，曾任上海市參議員，現任萬有百貨號經理(國民黨籍)，總計30名會員中，有10名具有大學學歷，有5人曾擔任過市參議員。

就上述團體綜合來看，就正面的角度而言，國民黨策動的

---

[121] 《上海市社會局關於正民社申請登記的文件》，上海檔案館館藏號：Q6-5-75，社會局職員張則民簽呈，1947年3月4日。

[122] 《上海市社會局關於少年宣講團申請登記的文件》，上海檔案館館藏號：Q6-5-75，內附擬辦文字。

[123] 《上海市社會局關於甯社申請登記的文件》，上海檔案館館藏號：Q6-5-55，內附擬辦文字。

團體至少是守法的，都向社會局註冊登記，在「慎社」申請立案文書中有一段文字：「查黨團外圍組織經第六次民運會報決定，黨團外圍團體應呈請市黨部函轉本局核准等該紀錄在案」，[124] 由此看來對社會團體的審核權應該是統一規於社會局。對這些國民黨策動組織的團體來說，只要有市黨部的一封信函，社會局的審查只不過是種形式，目前沒有發現未通過審查的例子。

但就上述10個團體來看，有一個共同的問題：會員人數少且運作時間不長，除了勵仁社會員超過500人以外，其餘團體會員不多，正社與甯社會員只有30人，剛好達到組織社會團體的最低標準而已，有兩種可能性，其一是該團體成立後沒有按時呈報會員人數，出自於社會局沒有盡到確實督導的責任；其二是這些小規模團體人數確實不多，是地方菁英聯絡感情像俱樂部一樣的聯誼組織，果真如此令人不禁懷疑國民黨策動組織這樣的小規模團體究竟能發揮多大的影響力。另外關於黨員人數統計部分，在申請文書上無論是發起人、理監事、會員名冊上都有要求必須註明「是否為黨員」，在10個團體之中，除了群力互助社外，其餘團體確實會員中大多具有國民黨籍。

除了上面所談的10個由國民黨策動的團體外，事實上還有

---

[124]　《上海市社會局關於慎社申請登記的文件》，上海檔案館館藏號：Q6-5-61。社會局發文上海市三民主義青年團函件，1947年10月。

很多由工會代表選出的參議員所組織的社會團體，如毅社在
1946年8月由朱學範策動成立，朱學範與國民黨絕裂改支持共產
黨後，改由方如升領導，1948年3月時會員有800餘人，這個組
織是實上是變相的工會，該會的成員多來字中國紡織建設公
司、郵政局。[125]類似的例子還有葉翔皋的鵬社[126]，1947年10月
社員有246人，周學湘的勵社1947年7月時社員更超過500人。[127]
這些團體更可以說明這些參議員除了有特定的工會支持外，更
利用參議員身分成立跨越原本所屬工會的社會團體，藉以聯合
更多工人，形成自己的勢力，這些團體雖然不是由國民黨所策
動，但至少也得到國民黨的默許，形成在工會之外，另一種工
人的團體。

(三)婦女團體

　　根據表 6-3-1，1948 年 9 月社會局將婦女團體獨立統計，共有
21 個團體，會員 117,415 人。以下是針對婦女團體的部分統計，
同樣製表如下：

---

[125]　《上海市社會局關於毅社（三冊）申請登記的文件》，上海檔案館館藏
　　　號：Q6-5-9，1946-1948年。
[126]　《上海市社會局關於鵬社申請登記的文件》，上海檔案館館藏號：
　　　Q6-5-10，1947-1948年。
[127]　《上海市社會局關於勵社申請登記的文件》，上海檔案館館藏號：
　　　Q6-5-11，1947-1948年。

表6-3-3：部分婦女團體名單

社會團體名稱	成立日期	社員數及黨員數	資料來源：上海檔案館藏號
中國婦女互助社	1946/01/15	籌備人7人全非國民黨籍；發起人13人全非國民黨籍，沒有會員名冊	Q6-5-884
上海市婦女事業促進會	1947/04/17	發起人共33人，25人為黨員，理監事共17人，5人為黨員，會員共183人，都沒有註記是否為黨員故無法統計	Q6-5-880
上海市婦女運動協會	1947/04/17	理監事17人，內有黨員3人，會員數無統計。	Q6-5-893
上海市婦女工作促進會	1947/04/25	發起人33人，黨員13人；理監事17人，黨員4人；會員141人，黨員15人。	Q6-5-879
上海市婦女儉德會	1947/06/29	理監事29人內黨員15人，會員476人內國民黨員63人。	Q6-5-881
婦女共鳴社上海市分會	1947/07	發起人31人內黨員17人，理監事16人內黨員10人，會員72人內黨員15人。	Q6-5-863
上海市婦女建國協進會	1947/09	發起人30人內黨員5人，會員164人。	Q6-5-876
中國女青年社上海分社	1948/01/13	發起人32人內國民黨籍2人。籌備人13人內國民黨籍10人；理監事16人(含候補)國民黨	Q6-5-858

		籍7人；根據1948/05/31之報告表 會員約140人。無法統計黨員人數。	

說明：按成立日期先後排列

　　表格中所列的 8 個婦女團體，應該已經占當時婦女團體的總數 3 成以上(按 1948 年 9 月共有 21 個婦女團體)，但會員總計尚且不滿 1000 人，與社會局公布的會員數 11 萬多人相去甚遠，目前由於史料不足無法判斷，原因可能還是在於社會團體成立後，會員人數申報不確實有關。一份 1947 年 5 月的統計資料也顯示婦女團體有 8 個，已呈報會員數 2473 人，新增加會員數 31657 人，合計 34130 人。[128]由此亦可證明社會局所掌握的婦女團體會員名冊，只是極少數的一部分，可能僅限於成立初期。

　　表格中所列八個婦女團體中與國民黨關係密切的有兩個：一是上海市婦女建國協進會，社會局處長王家樹稱：「該會舉行成立大會時，因故未派員出席，現據補呈各項表件，經查該會各員均系本黨同志，擬准予補行備案。」[129]另一個是上海市婦女運動協會，社會局檔案中有：「本案係周學

---

[128]　〈上海市人民團體會員人數統計表〉見《上海市社會局關於上海市各職業團體婦女團體名冊》，上海檔案館館藏號：Q6-5-1233，內附抄件。

[129]　《上海市社會局關於上海市婦女建國協進會申請登記的文件》，上海檔案館館藏號：Q6-5-876，內附王家樹簽呈，1947年6月11日。

湘同志策動組織，經核尚合，擬准予組織，並飭剋日召開
發起人會議，推定籌備員報局核備。」[130]周氏為浙江餘姚
人，擔任市參議員、國大代表等職。[131]

這裡還存在一個問題，以中國女青年社上海分社為例，發
起人 32 人內國民黨籍 2 人；籌備人 13 人內國民黨籍 10 人；理
監事 16 人(含候補)國民黨籍 7 人。照常理來說，發起人、籌備
人當然是社會團體成立後的會員，但會員名冊中竟然完全沒有
黨員註記。由此可知社會局對於各社會團體的管理上不只對會
員人數掌握不確實，對已呈報的資料也沒有仔細核對，否則怎
麼會出現這種前後資料不一的情形。所以說除了國民黨策動的
社會團體可以確定多數為國民黨黨員外，對於其它類型的社會
團體的黨員身分註記或多或少會存在遺漏。

婦女共鳴社上海市分會是一個很有趣的例子，負責人為陳
逸雲(1911-1969)，廣東東莞人，密西根大學市政管理碩士。
1942-45 擔任第二、三、四屆國民參政會參政員，1948 年 5 月
當選第一屆立法委員。[132]現存檔案中有一封她在 1947 年 7 月
27 日給吳開先的信函，當中有一段話：「婦女共鳴社在申(指上

---

[130] 《上海市婦女運動協會會申請登記的文件》，上海檔案館館藏號：
Q6-5-893，內附擬辦文字，1947年4月14日。
[131] 戚再玉，《上海時人志》，頁77。
[132] 劉國銘(主編)，《中國國民黨百年人物全書》，下冊，頁1407-1408。

海)成立分社事,予以特別幫忙早予批准,……此次為選舉事,擬在各地成立分社,想在治下定能早日成立也」,由此可知上海婦女共鳴社正是陳逸雲用來競選立法委員所成立的社會團體,證明前面社會局那份「視導報告」中談到的,確實有國民黨菁英分子利用社會團體作為競選輔助力量,最後也順利當選。

(四)幫會團體

幫會團體與前面談到的由國民黨策動的社會團體,在社會局的公文中有時被稱為「特種社團」,到了1947年1月國民政府頒布《領導幫會與防止幫會組黨方案》,共兩大項18點,要點有:(1)許可各地幫會依據人民團體組織法,申請組織成為地方性合法社會團體;(2)改變過去防範與及制止黨員參加之政策,變為積極爭取積極領導。可以知道國民黨在戰後曾試圖將控制力深入幫會,並鼓勵黨員參加幫會爭取領導權。[133]

---

[133] 該方案全文請參見邵雍,《中國秘密社會》(福州,福建人民出版社,2002),第六卷民國幫會,頁346-347。唯該書註明史料日期為1948年3月1日,亦讓人產生誤解。據國史館檔案中呈請廢止該辦法時有一段說明:「中央聯秘處為防止各黨派利用幫會做政爭工具,曾於三十六年一月擬定『領導幫會防止幫會組黨方案』呈准實施」,據此該方案實施日期應為1947年1月。見〈一般資料—民國三十七年 (三)〉,《蔣中正總統文物》,國史館藏,典藏號:002-080200-00326-010,入藏登錄號:002000001715A。

　　而在這個時間點推動這個「方案」，應與中國新社會事業建設協會(以下簡稱新建協會)的成立有關。關於這個組織的運作概況，邵雍、丁留寶、羅國輝已經有所討論，[134]在此僅補充數點：1.上述兩篇文章皆指出，新建協會是在保密局(前身為軍事委員會調查統計局，簡稱「軍統」)的支持下而成立，而將新建協會成立後不久即被社會部取締，認為是「軍統」與社會部的鬥爭，可能簡化的若干問題。

　　事實上，社會部在新建協會成立之初，社會部還以發文要求該協會「呈送該會各地分會籌備員名單，請轉呈各地主管官署指導協助以利會務。」[135]文中所指的各地主管官署就是各省縣市的社會局。早在1946年9月21日，即新建協會在上海宣布成立後2天，社會局主管特種社團的專員方廉，上呈一份報告寫到：「奉派出席中國新社會事業建設協會成立大會，即遵前往。查該會為全國性社團，直隸社會部。本局代表係以貴賓身分列席，唯該會總會設於上海，本局有監督之責，擬飭填報會員名

134　邵雍，〈中國新社會事業建設協會探略〉，《民國檔案》，1993:1(南京，1993.04)，頁139-144；丁留寶、羅國輝，〈控制與疏離：國民政府改組幫會的最後嘗試〉，《信陽師範學院學報》(哲學社會科學版)，29:1(信陽，2009.01)，頁149-154。

135　〈社會部代電(京組四字022053號，1947年1月30日)〉，《上海市社會局關於中國新社會事業建設協會總會及上海公會申請登記的文件》，上海檔案館館藏號：Q6-5-154。

冊、章程及理監事略歷表以資參考。」[136]

方廉說新建協會直接由社會部管轄,因為該會屬於全國性的社會團體,所以才可以在各省市成立分會及在分會之下設立區會,但總部設於上海,所以要求該會按照程序向社會局登記。由此可知社會局及社會部並非有心抵制新建協會的成立,不然新建協會恐怕無法公開招收會員與活動。

2.關於新建協會在上海發展的規模,根據一份由該會自行呈報給社會局的資料顯示,該會在上海市8個行政區內(包括寶山、閘北、新市等)和黃浦江碼頭成立9個區會,連同管理各區會的上海市分會在內,583人已批准入會,另有267人正在辦理入會手續。[137]而且新建協會在上海還一度擁有自己的電台,做為宣傳工具。[138]

3.兩篇文章雖然都提到一份由游雪生於1947年5月15日所撰寫的簽呈,但討論不夠詳細。首先游雪生不是社會局的職員,他是上海市工人福利委員會61名委員之一,兼任浦東聯絡站主

---

[136] 《上海市社會局關於中國新社會事業建設協會總會及上海公會申請登記的文件》,上海檔案館館藏號:Q6-5-154,內附方廉於1946年9月21日呈文。

[137] 〈國民黨中國新社會事業建設協會上海分會各區會會員數目的統計表〉(日期不詳),《中國新社會事業建設協會上海分會所屬各區會之組織情況報告》,上海檔案館館藏號:Q130-10-4。

[138] 〈新建電台開幕廣告〉,《新聞報》,1946年12月15日,第7版。

任，[139]也是護工隊第九大隊大隊長，駐地也在浦東，[140]所以游雪生是浦東區的工人運動領導者之一。游氏在報告中講述了一個事件，有一群以方山斗為首的退役軍人，到浦東的美孚碼頭工作，想要自行籌組工會，但由於社會局只允許每一區同一種職業工人成立一個工會，方山斗等人遂以新建協會的名義，吸收工人。如此便與社會局授意的另外一批以彭明貴為首的工會組織者發生糾紛。游雪生邀集兩派人馬協商，要求雙方交出工人名冊，經過核對後，輪流工作。但他也說方山斗等人似乎仍心有不甘，一定要推翻原有工會，他也沒有把握雙方會履行調解方案。

報告中不客氣指責道「查該建設協會性質並非工人團體，何以參加工運，實屬不法。」由這個案例看來，至少可以說，新建協會侵犯了社會局及工人福利委員會在工人運動中的指揮權與主導權，使得社會局無法忍受，負責調解兩派碼頭工人的社會局第二處長王家樹就要求函請警察局取締新建協會浦東區會，而且要把該會上海分會的負責人叫到社會局來「告誡」一番，而雙方調解一事，原則上同意。[141]

---

139 〈本會職員名冊〉，《上海市工福會職員名冊》，上海檔案館館藏號：Q6-31-144，1947年10月。

140 《上海市護工隊駐地表》，上海檔案館館藏號：Q127-1-8，日期不詳。

141 《上海市社會局關於中國新社會事業建設協會總會及上海公會申請登記的文件》，上海檔案館館藏號：Q6-5-154，內附游雪生於1947年5月15

4.在1947年5月，社會部在10天內連發兩則密電，對新建協會態度有所轉變，第一封電文重申新建協會各分會區會需向各地社會局申請登記，但是各分會支會若真有不法情事，各地方政府自然應該取締。第二封電文則變成新建協會不准組織分會及區會，顯示態度丕變，與1947年1月時公開要求社會局予以協助的態度不同。[142]而上海市警察局在1947年6月9日有一封公文提到警員在浦東居家橋確實查到方山斗等人以10,000元的價格，兜售新建協會的會員證，遭到警員飭令停止活動。[143]可見在此時各地政府已有取締新建協會的行動。

5.新建協會正式被社會部撤銷立案是在1947年9月16日，而成立於1946年11月19日，合法存在的時間不滿10個月。[144]

6.新建協會被撤銷立案後，各地分會仍繼續活動，造成社

日呈文。

[142] 兩則電文的號碼為都機字2044號及都機字第2198號，第一封電文確切日期不詳，但上海市政府發布訓令的日期在1947年5月11日，據此應該在5月10日或9日發出。第二封電文則確定於5月17日發出。《上海市社會局關於中國新社會事業建設協會總會及上海公會申請登記的文件》，上海檔案館館藏號：Q6-5-154。

[143] 〈上海市警察局公函(市警行(36)字第76883號，1947年6月9日)〉，《上海市社會局關於中國新社會事業建設協會總會及上海公會申請登記的文件》，上海檔案館館藏號：Q6-5-154。

[144] 〈社會部代電(都機字第2527號，1947年9月16日)〉，《上海市社會局關於中國新社會事業建設協會總會及上海公會申請登記的文件》，上海檔案館館藏號：Q6-5-154。

會秩序混亂，如江西省主席胡家鳳在1948年6月就說：查中國新社會事業建設協會早於三十六 (1947) 年10月奉令撤銷，[145]實際各地幫會活動並未了結且變本加厲，到處開山授徒，濫取穀米、收購槍彈，甚至以緩兵減糧保家保身為口號，對無知人民威脅誘惑，無所不至。[146]社會部也在1948年7月再度通令上海市社會局取締新建協會。[147]

　　就整個新建協會的發展過程來看，該組織在中央政府情報機構的支持下成立，社會部也通令各縣市社會局予以協助。但是該會成立後卻利用全國性社團能夠在各地成立分會與支會的便利性，成為幫會發展自身勢力的工具，並且試圖插手工人運動，干擾社會局的職權。又有兜售證件詐財的情事，導致被認為破壞社會秩序，最終遭到政府撤銷登記，成為非法團體。但地方政府在時隔近一年後，後仍然無法有效取締該組織，所以說《領導幫會與防止幫會組黨方案》與新建協會的成立不但沒有達到預期的目標，反而更加深社會紛亂，更不利於政府維護

---

[145] 根據前文應為1947年9月。

[146] 「胡家鳳1948年6月15日致蔣介石電文」，〈一般資料—民國三十七年（七）〉，《蔣中正總統文物》，國史館藏，典藏號：002-080200-00330-045，入藏登錄號：002000001719A

[147] 〈社會部代電(社(37)組四字第021451號，1948年7月30日)〉，《中統局等單位關於防止及取締各黨派不依法組織黨和人民團體的密令》，上海檔案館館藏號：Q6-5-1212。

社會秩序。

另外在 1947 年的 7 月主管人民團體的職員于四民寫到：若干幫會及外圍團體年來深入中下社會，擴大徵收會員，只注意數量增加，不論素質提高。並且還發生毆打保長及從事非法活動等行為。被點名的團體包括俠誼社、華社、革新社、民治建國會。[148]社會局因此擬定 4 項辦法：1.各特種社團在本市行政區域內，依法不得設立分支會(社)，如為便利推行會務，必要設立分事務所者，應先呈局核准後辦理；2.各特種社團核准設立之分事務所應直接受各該社團理事會之指導，負責辦理會務，不得以其名義對外活動。3.各特種社團不得在本市行政區以外之其它各省縣市設立分支會(社)並活動。4.各特種社團應就其大會通過之章程規定宗旨及任務範圍，切實推行事業，不得辦理營利事業，及假名干預地方政府及其它社團會務，或藉詞滋事。[149]

這 4 條辦法的執行情況已不得而知，但就條文分析，雖然

---

[148] 戰後上海幫會團體活躍的情形請見邵雍，《中國秘密社會》，第六卷民國幫會，頁322-326。俠誼社的詳細討論請見吳學文，〈論民國幫會走向社團化、政黨化的原因〉，《西南交通大學學報》(社會科學版)，8:1(成都，2007.02)，頁130-135。

[149] 《上海社會局關於對特種幫會社團活動注意事項向海外捐款要經過批准的訓令》，社會局科員于四民呈文，上海檔案館館藏號：Q6-32-15，1947年7月8日，

社會部早就於 1946 年 7 月發布密令,不允許社會團體在登記的縣市之內另外成立分會。[150]但上海市社會局似乎曾允許特種社團在上海市內以「事務所」的名義成立分支機構,兩者容易造成混淆。另外從各項禁止條款,如不得在其它省市設立分支機構,不得干預其它社團及地方行政,似乎也透露這些特種社團對社會安定帶來負面影響,所以他坦白說:「(特種社團)會務活動每多逾越規範,又參加分子良莠不齊更發生招搖撞騙事,影響社會安全。」可見如何處理幫會問題一直困擾著社會局。

到了 1948 年 3 月,地方政府紛紛表示《領導幫會與防止幫會組黨方案》窒礙難行,現存檔案的電文頗為關鍵援引如下:

> 領導與防止幫會組黨方案前經奉核准通令遵照,乃實行以來據各地報告,窒礙甚多,請根本取締,以免擾亂秩序。提出經二月十三日黨政軍幹部聯席會議決議: (一)領導幫會與防止幫會組黨辦法廢止。(二)幫會分子有犯罪行為依法懲處。(三)幫會組織不必明令取締,但不准其備案。[151]

---

[150] 社會部代電(京組四字3491號,1946年7月13日)〉「所請社會團體分區組織或成立分會未便照准。」見《社會部關於組織調整和整理各人民團體的訓令代電》,上海檔案館館藏號:Q6-5-1218,1946年。

[151] 「陳立夫、谷正綱1948年3月3日呈蔣介石函」,〈一般資料—民國三十七年(三)〉,《蔣中正總統文物》,國史館藏,典藏號:002-080200-00326-010,入藏登錄號:002000001715A。

該秘密令可由社會部以機密電文發出，[152]由此可知，《領導幫會與防止幫會組黨方案》頒布之後，因地方政府表示執行困難，在時隔一年多後遭到廢止。隨後社會局又呈文上海市政府表示新辦法中的第三點有執行上的困難，原文如下

> 領導幫會與防止幫會組黨領發後，窒礙甚多，援經有關機關商討決定三項指定辦法等，自應遵辦。惟(三)項幫會組織不必明令取締但不准其備案，此項辦法不無困難。(一)本市幫會團體先後經本局核准備案者為數頗多，其負責人中不乏知名人士，平時對社會不無貢獻。依照指示，既不明令取締，似亦未便撤銷其備案，可否暫准皆維原狀。(二)嗣後凡組織幫會團體，或假借其它名義申請組織時，一律不予核准，以垂功令。[153]

社會局明確表示在新辦法施行前，有不少幫會分子組織的社會團體獲得該局審核已經成立，另外也坦承幫會分子對社會「不無貢獻」，要求上級機關解釋是否以新辦法通過的時間點為准，已經成立者繼續存在，尚未成立者不予核准。對此社會部在

---

[152] 〈社會部代電(都機字第2874號，1948年3月23日)〉，《中統局等單位關於防止及取締各黨派不依法組織黨和人民團體的密令》，上海檔案館館藏號：Q6-5-1212。

[153] 〈上海市社會局呈文(組(37)字10836號，1948年4月21日)〉，《中統局等單位關於防止及取締各黨派不依法組織黨和人民團體的密令》，上海檔案館館藏號：Q6-5-1212。

1948 年 5 月有一道指令發給社會局，表示：「各該團體如以幫會方式活動，自應依法取締，嗣後如有類似組織，應恪遵處理辦法第三項規定辦理。」[154]

　　以下將舉幾個例子來說明，除了新建協會外，社會局究竟如何審查幫會團體，首先以英聯互助會為例，社會局科員吳曙曦的擬辦意見稱：「查該會已有相當歷史，宗旨純正，擬組籌組應飭推定籌備員五人至九人，附略歷表四份，會名須加『上海市』三個字，金專員查明，該會係洪門組織，發起人曹香山業醫，為人尚純正。」副局長李劍華批示「惟洪門組織複雜應注意」，吳開先亦批示「如擬。」

　　由該會呈報的會員人數如下：1947年有184人，1948年為251人，1949年3月為250人。由此可見該會自從成立後便一直有運作，而且也按時呈報了會員人數。但1948年5月該會欲在蓬萊、洋涇兩區成立辦事處，卻沒有得到社會局批准。調查報告中說：「查英聯互助會為廣幫洪門（二房）之一，該會原有會員大部分為廣幫製茶業員工等分子，現任會長嚴仁文亦為製茶業職工會職員……該會呈請設立蓬萊，洋涇兩辦事處一案，與部令取締幫會團體活動（原件密令）之指示及本局前訓令指示不合，

---

[154] 〈社會部指令(都機字3046號，1948年5月10日)〉，《中統局等單位關於防止及取締各黨派不依法組織黨和人民團體的密令》，上海檔案館館藏號：Q6-5-1212。

擬不予備案,並飭停止該二辦事處活動。」

這一段話中有參點值得注意:首先,再次指出英聯互助會為幫會團體,並且以廣東籍製茶工人為主,據《上海市勞工年鑑》記載:製茶業職業工會有會員700人,會址在閘北區永興路,理事長為俞複明。[155]類似這種以相同籍貫組成,又多以相同職業謀生的幫會團體,是多重關係的結合,應是凝聚力很強的團體,很可惜該團體沒有留下詳細的業務報告,無法瞭解其運作情形,只知道該團體有舉辦會員小本貸款、職業介紹、醫藥顧問、貧病施診等活動。

其次,社會局否決英聯互助會設立辦事處的時間是1948年5月8日,文件中提到的「部令取締幫會團體活動(原件密令)之指示」,應該就是前面提到的1948年3月那一封社會部的秘密指令,所以社會局不予備案,但沒有派員強力取締,只要求自行結束運作。至此才終於瞭解到社會部開始有限制幫會團體活動的企圖,但是限制不等於取締,否則英聯互助會就不會在1949年3月還主動向社會局申報會員人數了。[156]

最後在社會局核准之前,事務所就已經成立了,所以社會局才會要求英聯互助會自行停止該事務所的活動,卻沒有看到

---

[155]　邵心石(主編),《上海市勞工年鑑》,頁177。

[156]　《英聯互助會卷》,上海檔案館館藏號:Q6-5-33,1947-1949年

社會局有後續的公文，所以執行成果不得而知。

　　另一個例子是洪順互助會的例子，該會成立於1946年8月，據《申報》記載：「本市洪順互助會成立於十九年(1930)四月，係洪門慈善組織之一，為楊文道所創辦。該會戰時遭兵燹，會所全毀，又因楊之被捕，會務陷於停頓。昨日下午特假北四川路廣肇公所，舉行復員大會，到場者計楊文道、朱增恂、司徒美堂、及朱家兆及新舊會員約千人。社會局方面派金東立到場指導，金君稱亦該會會員，致詞時對該會精神備極推崇。」[157]由此可知：洪順互助會是一個戰前已經成立，戰後又獲准復員的幫會團體，社會局在人民團體成立時會指派職員出席發表講話，而該名職員也主動表明自己是該組織的會員，這不禁使人懷疑，如果負責指導的社會局代表也是幫會成員，社會局如何監督幫會的不法活動？

　　洪順互助會在1948年3月間，向社會局申請成立事務所，社會局以「該會會員約600餘人，為數不多，於推進會務上似不必要分事務所之設置」加以拒絕。隨後又有國民黨市黨部常務委員陳保泰(後來擔任社會局長)出面，希望能核准，社會局又再度拒絕。[158]由英聯互助會與洪順互助會的例子來看，社會局

157　〈洪順互助會復員〉，《申報》，1946年8月5日，第4版。
158　《洪順互助會卷》，上海檔案館館藏號：Q6-5-32，1946-1948年。

在收到社會部1948年5月10日指令回覆前，在收到3月份的密令後即有意限制幫會活動，對兩個幫會團體成立事務所的申請都予以拒絕，但也沒有取締已經獲准成立的幫會團體。

還有一個名為「龍社」的幫會團體，在申請成立時被否決，社會局的批文是：「經查發起人甘青山等為中統會人，其組社雖有外圍作用，惟實際仍有幫會性質，本局迭奉社會部及市府訓令密飭限制幫會活動在案，茲擬與《上海市社會團體組織規則》第三條第六條規定不符，予以批駁。」[159]這個批文的日期是1948年9月23日，是在社會部1948年5月10日發文回覆社會局，解釋1948年3月密令以後的申請案。社會局也沒有批准龍社申請案，引用的兩條法令是同一地區域內，同性質團體以一個為限，還有舉辦事業為目之社會團體，應擬訂事業計劃及提供相當資金以備查驗。[160]可見在1948年3月以後社會局不允許新的幫會團體成立。但如同前面討論英聯互助會成立事務所時一樣，目前沒有看到社會局有主動取締幫會團體的動作，所以不能排除幫會團體私下運作的可能性。

更重要的是在1948年4月之前，早就有許多幫會團體已經復員，除了上面所舉的屬於洪門的英聯互助會與洪順互助會外，

---

[159] 《龍社卷》，上海檔案館館藏號：Q6-5-65，1948年。
[160] 〈上海市人民團體組織規則〉第三、六條，《社會月刊》，2:11-12(上海，1947.12)，頁122。

青幫首領黃金榮的榮社、杜月笙的恆社和鄭子良的俠誼社都已經成立。榮社在1946年6月間復員，還在《申報》刊登成立大會廣告，「本社奉上海市社會局組一字第4299號批示准予組織在案」，[161]明確標明是通過社會局核准的。恆社在1946年1月就舉行戰後第1次理監事會，[162]1948年2月舉行「同樂大會」，吳開先還是座上嘉賓。[163]俠誼社在1946年3月復員，副市長何德奎到場表示祝賀，強調俠義精神之偉大。[164]上述這些知名幫會團體早在1947年1月實施《領導幫會與防止幫會組黨方案》之前就已經成立，而且獲得社會局核准。

雖然裴宜理指出杜月笙在上海市長及參議會會議長的競爭中失敗，對國民黨感到失望，蔣介石也因為戰後沒有租界問題，不如過去那麼依賴這些青幫領袖。[165]但在地方政府層級，如同前面所引用的社會局呈文所說，社會局承認幫會團體對地方不無貢獻，吳開先又是在杜月笙的支持下才坐上社會局長的寶座，自然要給恆社面子，出席該團體的活動。[166]

---

[161] 〈榮社成立大會公告〉，《申報》，1946年6月22日，第7版。

[162] 〈恆社今開社員會〉，《申報》，1946年1月6日，第5版。

[163] 〈恆社舉行同樂大會〉，《申報》，1948年2月28日，第4版。

[164] 〈俠誼社復員大會〉，《申報》，1946年3月10日，第3版。

[165] 裴宜理，《上海罷工：中國工人政治研究》，頁175。

[166] 吳開先是否曾拜杜月笙做「老頭子」(幫會中的師傅)，在他自己的口述資料中並沒有記載，但是兩人可能在1932年就已經認識，吳開先說陸京士是他的勸說下，經由陳君毅的介紹，才拜杜月笙做「老頭子」。見

　　社會部的密令是在國民黨企圖積極領導幫會失敗後，反過來想要限制幫會活動，但為時已晚，多數幫會團體早已復員，社會局又不能撤銷先前的登記許可，所以幫會團體在戰後仍然十分活躍。行政院在1948年又要求各地方政府「查各地幫會組織因其分子複雜，行為諸多不軌，各地方政府自不得准其備案，幫會分子若有違法行為，顯已構成犯罪，得依照《戒嚴法》第11條之規定予以解散或禁止其活動。」[167]行政院雖然三令五申要取締幫會，甚至要以《戒嚴法》來加以「法辦」，但是反而更突顯在處理時有心無力的窘境及幫會活動的活躍。

　　總體來說，人民團體的功用有三項，(1)政治性：凡是政策和法令，透過人民團體來協助，而民眾亦可藉由人民團體對社會問題及國家政策有所建議。(2)社會性：人民團體對會員間的聯繫與互助，是穩定社會秩序重要的力量。(3)業務性：工商業公會是以協調同業關係、增加共同利益，發展國內外貿易為目標，工會是以促進工產、改善勞動條件為宗旨，社會團體是集

吳開先，〈痛悼故有陸京士兄〉，《陸京士先生紀念集》(臺北：出版項不詳，1984)，頁63-64。另據Brian G. Martin的研究，早在1936年C. C.派內部爭奪特務組織「幹社」的領導權時杜月笙就支持吳開先(競爭對手是潘公展)，是另一次吳開先得杜月笙幫助的例子。見Brian G. Martin(著)，周育民(等譯)，《上海青幫》(上海：上海三聯出版社，2002)，頁177-178。

[167] 〈上海市政府訓令(市機(37)字第1094號，1948年8月28日)〉，《中統局等單位關於防止及取締各黨派不依法組織黨和人民團體的密令》，上海檔案館館藏號：Q6-5-1212。

體的志趣為基礎，集思廣益，加速知識的普及與科學的發展。[168]

　　人民團體要發揮上述3項功能，社會局應該是扮演領導者的角色，但透過上述討論，最多只能說社會局僅僅達成第一點而已，在與電影院公會的互動中，有政令宣導，也要求工商業必須協助冬令救濟，展現部分公權力。但其它兩種功能社會局明顯是沒有積極推動，例如同業公會的聯合工作會報、工會的基層編組、社會團體的積極管理，在社會局與各團體往來的文書中幾乎是看不到的。雖然社會局對各種人民團體進行過一次視察，也發現了若干問題，但卻無力改善。

本章小結

　　本章以人民團體為主題，有資方組織的同業公會、勞方組成的工會與一般社會團體。同業公會部分，以電影院同業公會為焦點，從1947與1948兩個年份的業務報告中得知，公會與社會局討論最多的是關於票價調整問題。社會最初全面規定各輪電影院的所有票價，並在1948年6月規定各電影院必須將30%的座位按最低限價出售，此後爭議更多。又因西片商抗議票價過低，使得社會局放棄全面訂價只規定頭輪影院最高限價座的價

---

[168]　秦孝儀(主編)，《中華民國社會發展史》(臺北：中央文物供應社，1985)，第二冊，頁1025。

格，反而造成資方營業困難，同年底限價政策被迫全部放棄。

工會部分則可以看出社會局鼓勵各行業工人組織工會，使工會會員數居人民團體之冠。但社會局無法將控制力深入基層，即使新成立工人福利委員會亦無法改善。而富通印刷所事件所引起的一聯串工會改組風波，在法商電車公司工會等一連串的罷工案中，社會局無法事先得知防止罷工，只能在罷工發生後下令重組工會，突顯社會局無法建立工會基層組織的缺失。而且社會局在推動勞工福利上則不甚成功，確實有成立員工福利社的工廠遠遠少於工會的數量，多數工人在極不衛生且易生病的環境下工作。

社會團體部分，在國民黨策動的團體多數獲得通過，黨員名冊也記錄的較確實。婦女團體則有黨員註記不清楚的問題，說明社會局有審核不嚴格的疏失。幫會團體部分，國民黨一度想利用新建協會積極領導幫會，通過《領導幫會與防止幫會組黨方案》辦法，但該會反而助長幫會勢力，最後新建協會遭到政府取締，但已經無法禁絕幫會活動。該辦法廢除後改為限制幫會活動，但多數幫會團體已經成立，反而顯示出社會局無力控制的事實。所有人民團體的通病則是會計帳簿不健全與會員人數無法確實掌握，社會局也承認這一點但缺乏有效改善辦法。

第七章 結 論

　　本書是以二次大戰結束後，國民政府統治中國大陸的最後四年為研究時間斷限，以前人較少涉及的地方政府為視角，以上海市社會局為主體，探討它的組織的運作和當時市民生活的關係。

　　首先探討的是社會局的職員與人事，藉以瞭解社會局究竟負責哪些業務以及當時政府公務員的教育水準。社會局的前身為農工商局，成立於 1927 年 7 月，主要職務有農工商業相關行號的註冊、處理勞資爭議與農工商業相關統計。一年後農工商局改稱社會局，就職權而言擴大不少，主要增加了對人民團體的管理，還有社會福利機構的管理，同時也負責各種度量衡器具的檢定。1936 年 10 月至 1937 年 12 月社會局與教育局合併，受限於資料不足，具體分工運作情形並不清楚。1945 年 9 月戰爭結束後，社會局亦隨同市政府恢復辦公，最初的頭 1 個月，

社會局組織膨脹至八處七室二十一科，1945 年 11 月奉命縮減
為四處四室十科，1949 年 2 月縮減為三處四室十科，但職權不
變。與戰前的職權做比較，又增加了糧食管理及報紙、雜誌、
電影及戲劇審查兩項工作。

　　就整個上海市政府來分析，人力分配落差非常大，社會局、
公用局與地政局屬於人力較少的單位，而警察局與工務局而人
員編制很多，警察局甚至占市政府人數的接近一半。單就社會
局而論，社會局總計有 5 位局長、6 位副局長，有學歷資料者
皆為大學畢業。局長以吳開先在任的時間最長，副局長以李劍
華任職較久。社會局局長大部分與國民黨上海市黨部有直接關
係，由市黨部的主任委員或是執行委員會委員兼任局長職務。
副局長大多擔任過社會局的處長而後升任，對社會局的運作十
分熟悉。

　　本章第二部分以 1948 年 12 月的材料，對所有社會局職員
進行性別、學歷、經歷等資料的分析。社會局本部男女比例約
為 9：1，以 49 歲以下的職員占絕大多數，20-49 歲占總數的
91%。以學歷而言，超過半數的男性職員受過不同程度的高等
教育，女性職員是以中學學歷者占多數。以經歷而言，以擔任
過省、縣(市)地方公務員最多。附屬機構職員則更年輕，但學
歷也較低，仍然是以地方公務員轉任者為大多數。與戰前市政
府的職員相比，特點有二：一是雖然擁有大學以上學歷者比率

上只有微幅增加，但小學及以下學歷者比率大幅減少，二是基層職員隨著局長更換而大幅異動的情形也已經不存在，就學歷的提升及職員任職的穩定性來說，應該稱得上是一種進步。

除了第二章外，本書的其它數章皆是針對社會局各科職權的執行成效進行分析討論。在報紙、雜誌、通訊社審查部分，共舉行了三次大規模清查措施，分別是 1945 年 9 月的「重行登記」、1946 年 12 月的「換領新證」到 1949 年 3 月「報刊總清查」。前兩次的清查皆是奉內政部的指示進行的，如果沒有到社會局辦理相關手續則視為違法，不准發行報紙與雜誌。最後一次的清查行動較為積極，聯合多個單位，組成巡邏隊至書報攤進行實地抽查。

戰後四年的時間裡，上海總計有 135 種報紙、691 種雜誌、118 間通訊社申請登記，主要的聲請高峰期在 1945 年 11 月至 1946 年 5 月間。核准立案的報紙中至少有 17 種報紙的政治立場被認為偏向國民黨，而雜誌類以綜合類最多，通訊社以中央通訊社上海分社規模最大具有獨占性。

在獲准發行的報紙與雜誌中有一個特點，就是越晚獲得登記證的刊物轉呈次數越多，足以說明社會局的審查權被其它單位侵占，無法作出最終的決定。在查禁、註銷與不予登記報紙與雜誌中，以「無固定住址轉部註銷」最多，對社會局而言這是申請手續不完整，卻也是社會局用來限制出版品數量最常見

的手段，甚至多過出版後才被取締報紙及雜誌。將各種以「手續不完整」為理由不核發登記證，和出版後以各種理由「查禁」而撤銷登記證，兩者併計從 1945 年 11 月至 1947 年 12 月間共有 44 種報紙、122 種雜誌、17 家通訊社被社會局限制出版，占同時間總聲請案 20%以上。1948 年以後沒有完整的統計，但可以得知有更多機構介入了出版品的取締與審查。在這樣的情形下，雖然國民黨掌握大多數報社及通訊社，反而造成民眾對政府的不信任感日漸增強，對政府宣傳反而帶來阻力。

社會局所定義的戲劇管理的範圍包括電影、劇團、票房、俱樂部四種，管理項目包括硬體(演出場地)與軟體(放映或表演內容)兩類。在軟體部分：社會局對電影影片的審查屬於某種形式上的複審，審查的重點在放映的電影院名稱及地址與內政部發給的准演執照是否相符。劇團、票房和俱樂部審查強調的重點是表演內容，包括所有劇本、科白與節目流程都要申請核准方能表演。

國民政府訂定的電影審查標準中，特別是在禁止提倡迷信邪說者一項，條文刻意的模糊，可以讓官方有更多詮釋的空間。總計 3,237 部電影中遭到禁演的電影有 28 部，占總數 0.86%，以提倡迷信邪說的理由被禁止放映者最多達 14 部，又以美國的科幻電影占多數。原因可能出自於官方「民族主義文藝政策」的思考所影響，凡是有墮落的、陳舊的、不符現實的場景與情

節都會被要求刪除。從另一角度來說,電影院經營者也會在呈報「宣傳意義」中,填入迎合官方意識型態的說明做為應變,彼此都存在對電影情節詮釋的空間。

《假鳳虛凰》的電影放映糾紛中,社會局原先無意介入,直到試映時發生暴力事件後才積極調解,主要理由是不願引起大規模的工潮,該事件也以刪除部分鏡頭及片尾加入說明文字的方式宣告平息。至於其它戲曲、話劇、劇本審查方面,可能出於受戰爭影響無暇創作或者是比較容易通過審查,大多以重演舊的劇目為主,當時一部分人認為:話劇表演不像電影那樣的吸引觀眾,但也與社會經濟情勢的惡化脫離不了關係。

調整工人工資與調解勞資爭議是戰後上海重要的社會問題,市政府以按月公布工人生活費指數,將指數乘上 1937 年 6 月的底薪做為發放工資標準。但市政府利用 1946 年 2 月發生大規模公用事業罷工為分界點,當《新聞報》與《申報》開始於 1946 年 3 月按時登載工人生活費指數時,政府逐步壓低工人生活費指數,到 1946 年 12 月絕大多數的低薪工人已經處於貧窮狀態。工人生活費指數的漲幅越來越跟不上糧食價格的漲幅,即使是高薪的技術工人薪水能買的食米也越來越少,全體勞工生活日漸貧困。工商經營者卻認為工人生活費指數不斷上揚,工資上漲造成經營困難,勞資爭議就越來越多。

勞資爭議分為罷工停業與勞資糾紛兩類,1945 年 8 月至

1948 年 10 月間，共有 589 件罷工停業案件，平均每月 15.1 件，
另外也有 5,521 件勞資糾紛，平均每月 141.56 件。兩類案件發
生的高峰期大多與 1947 及 1948 年兩次限價措施及農曆年關前
後的年終獎金問題有關，兩類案件數也較戰前多出許多。就行
業分布而言，與上海工人的行業分布相同，以紡織業、食品業
與機器製造業工人占多數。中央政府授權各地方政府成立勞資
評斷委員會做為勞資爭議的最終裁決機構，該委員著重於勞工
法規的制定，僅對少數個案對出最終裁決。

在 3 個勞資爭議個案中，和解筆錄都是一再簽署，過程中
也都發生了罷工或怠工，社會局並無力制止。但就個案中勞資
雙方爭議點來看，社會局或評斷委員會也對資方要求打折，所
以不能將兩者的勞資調解或裁決都認為是偏袒資方，進而將兩
者皆視為鎮壓工人運動的機構。但整體經濟情勢的惡化，勞資
爭議仍是不斷發生，禁止罷工怠工的命令沒有任何作用。

最後一章是關於人民團體的討論，可以分為由資方組成的
同業公會，由勞工組織的工人工會，還有依相同志趣結合的社
會團體。

公會部分以電影院同業公會為主，該公會與社會局的文書
大多是要求調高票價，社會局對電影票價的審核，初期是全面
規定各輪電影院的所有票價，而公會也必須在票價漲幅上與社
會局不斷討價還價。1948 年 6 月規定各電影院必須將 30%的座

位按最低限價出售，造成電影院營業困難，直到 1948 年 12 月才宣告廢止，由此可知社會局也進行過更小規模的限價措施，結果一樣以失敗收場。另外，不論是突然發生自然災害及每年的例行冬令救濟，電影院都被要求協助募款。

工會部分數量雖然是人民團體中最多的，但基層組織並不穩固，工人福利也因經濟困難舉辦不易。戰後成立的工人福利委員會雖然企圖建立另一套工會系統，但仍無法解決上述二個問題。社會局對發生大規模罷工的工會雖然以強制手段下令改組，即使如此也無法保證罷工事件不再發生。

社會團體在戰後迅速成長，但從檔案中發現社會局管理鬆散，大部分團體沒有按時申報會員人數及財務狀況(公會與工會也是如此)，雖然所有團體在成立時都有社會局職員在場指導，但僅是表面工夫。除了國民黨策動的團體黨員註記較確實外，其它團體在填報資料時多將此項省略，社會局也不加以追究，反映出社會局對相關登記作業無法落實。

還有一點，國民政府對幫會團體的態度也值得注意，在 1947 年 1 月一度希望以中國新社會事業建設協會為核心，希望積極領導幫會，卻造成該協會以各地分會為據點，廣收門徒，更增加社會不安。1948 年 3 月後，因地方政府反映執行困難改為消極限制，社會局雖然做出若干限制幫會團體成立事務所的決定，但由於時間太晚，多數幫會團體早已復員，社會局也承

認不方便取消登記許可，因此戰後上海仍有許多幫會團體十分活躍。

以上是對本書各章重點的摘要，那麼如何對社會局作出綜合評價，是結論中另一個重點，總結提出以下四點：

(1)統計資料詳細，延續一貫風格：由上海市政府的統計報告中可知：社會局每個月都會呈報以下資料：a.勞資爭議分析；b.工廠登記數；c.公司商號登記數；d.人民團體登記數；e 會計師登記數；f.公典業務概況等資料。至少在各項統計工作上，都可以按月提出各項統計數字(至 1948 年 12 月為止)，社會局延續從農工商局時期以來一貫的特色，為市政府提供各種數據做為施政的參考。

(2)頒布法規眾多，企圖建立法制化，但執行成效不彰：社會局的機關刊物——《社會月刊》中，刊載與社會局職權相關的法規(含施行細則)等，多達 65 種。並且在第 2 卷第 7-8 期特別製作「本局主管業務處理程序專輯」，向上海市民介紹如何申請(或辦理)各種手續，做到向公眾宣傳法規的工作。但就執行層面而言，社會局在監督人民團體的財務、推行工廠成立福利社是非常不成功的。多數的人民團體沒有申報過財務狀況，成立福利社的工廠遠遠低於社會局自己頒行的法令所應達到的數量，這是社會局都不得不承認的。

(3)被動審查工作應該有落實但主動取締不足：最後一次報

紙、雜誌、通訊社審查在 1949 年 4 月 12 日，而電影戲劇的審查至少在 1949 年 4 月還有劇本送審的記錄。由此可見，即使在市政權力即將易主時，社會局並沒有荒廢職務，相關審查工作仍持續進行。但主動的取締上，社會局則顯得力不從心，如報紙、雜誌、通訊社審查在 1945 年 9 月的「重行登記」、1946 年 12 月的「換領新證」兩次的清查措施，社會局並沒有主動取締未按時重新登記的報紙或雜誌。[1]國民黨中宣部要求查禁茅盾的《清明前後》，也沒有看到社會局有主動回報的動作。當然也有少數職員確實很努力，如趙庭鈺對電影院設備的實地訪查、劉守耘在戲劇審查時寫的報告十分用心，但這只是少數的特例。

(4)無法減少勞資爭議與人民團體督導不周是主要缺失，前面已經多次談到政府的政策是禁止罷工與怠工，但社會局發布的統計卻顯示罷工與怠工案件每個月都有。事實上吳開先也承認工潮很多來不及應付，他在 1947 年 1 月就已經請辭過一次，辭呈中寫到：「復員以來地方多故，一切勞工、物價、救濟等問題不斷發生，本局適當其衝，終日紛紜雜，幾於應接不暇。」[2]

---

[1] 葉再生統計1945年8月至1949年9月上海至少共出版過927種期刊，遠遠高於社會局從1945年11月至1949年4月間，所統計的691件雜誌申請案，雖然這個統計包涵1949年5月到9月的資料，但這5個月不可能多出236種雜誌，所以沒有辦理登記的雜誌應該不少。見葉再生，《中國近現代出版通史》，頁354。

[2] 《上海市政府有關局長任免(社會局局長吳開先向市府提出辭職報

社會局一直負責調解勞資爭議，但卻因物價問題無法獲得有效解決，使得勞資爭議層出不窮。另外，國民黨雖然策動不少人民團體，但都沒有看到與社會局有密切的合作，只有在成立大會時派員出席，定期審核理監事名單而已，連國民黨主導的團體尚且如此，更不必談要如何有效管理其它各類的人民團體。社會局無法有效將各類團體進行細密的編組，把控制力深入人民團體內部，這也是不爭的事實。

　　將上述4點進一步討論如下：首先，安克強認為上海做為重要的經濟中心，中央政府對上海的關注，使得城市政治中人事上變動頻繁。[3]這一點從戰後三年多的時間裡，社會局總共有5位局長，6位副局長也可以看到相同的情況。吳開先在上任前還特別去見見蔣介石，要求由社會局來統一工人運動的指揮權，由此可知不僅是中央政府，而且還有來自最高領導人對社會局人事與職權的介入。[4]

　　至於地方政府的公務員是不是重視國家利益，高過他們所服務的城市利益。[5]本書指出在1947年2月到5月首次凍結物

　　　告)》，上海檔案館館藏號：Q1-12-1280，1947年1月27日。

[3]　安克強(著)，張培德、辛文鋒(等譯)，《1927-1937年的上海——市政權、地方性及現代化》，頁172。

[4]　張繼高(記錄)，〈吳開先先生訪問記錄〉，《口述歷史》，8(臺北，1996.12)，頁141。

[5]　安克強(著)，張培德、辛文鋒(等譯)，《1927-1937年的上海——市政權、

價時期，原本擬定的配售日用品只有食米、布匹、燃料 3 種，後來經過吳國楨與吳開先向中央政府爭取另外增加糖、油、鹽 3 項。後來因發給實物手續複雜，改發差額補助金，也出自吳開先的提議。[6]儘管這個政策只維持 2 個多月，但就增加採計的項目這一點來看，對上海市民應該是有利的。而同年 5 月工人生活費指數恢復發布後，吳開先拒絕總商會及工業協進會將底薪回復到 1936 年的標準，也是對工人生活有所保障。

另外社會局在中央廢止《領導幫會防止幫會組黨方案》後，主要請示是否改變對幫會團體的態度。而且在收到回覆之前，便開始限制幫會團體成立事務所，雖然成效不明，但至少說明上海市社會局有主動性。所以說市政府與社會局並非不考慮為市民謀福利，也不是單純執行中央政令的機器，也有若干獨立性。而且與其將國家與個別城市的利益二元分立，倒不如以兩個同心圓來思考，在一定程度兼顧城市利益的前提下，也才可能有國家利益。

其次，在報紙、雜誌審查部分，本書清楚的回應丁許麗霞早前的研究，指出以各種手續不完備的理由不發給登記證者，遠遠多過發行後再被官方取締者。同時也在官方公布的清單中

地方性及現代化》，頁172。
[6] 顧組繩，〈職工差額金補貼辦法概述〉，《社會月刊》，2:4(1947.10)，頁28-29。

確實找到行政效率不彰的證據,誠如許多林桶法認為政府在接收時出現負責單位過多彼此牽制等問題,[7]在日常行政中,負責審查報紙、雜誌與通訊社的機構眾多,申請書轉送次數越來越多,也讓人無法得知誰才有最終的決定權。從顧執中主辦的民治通訊社及姜福林主編的《世界電影半月刊》兩個案例中,社會局的決定甚至被市政府推翻,造成人民對政府決策反覆感到無所適從也失去了信心。

雖然中村元哉認為 1947 年 5 月前,出版法修正尚未完成,言論管制較為寬鬆。但本書指出,社會局對報紙、雜誌與通訊社的聲請登記統計在 1945 年 12 月就已經存在。而市黨部、社會局、市政府新聞處的聯合審查也在 1946 年 12 月就開始運作。所以市政府不是沒有管理措施。本書也藉由統計資料顯示,報紙、雜誌與通訊社的申請案,在 1946 年 5 月就已達到高峰,此後則逐漸減少。這個時間點也遠比 1947 年 5 月來得早,可以得知經濟惡化的影響可能比政治方面的管制更早且更快的對言論界帶來負面作用。

第三,政府失信於民的還不止如此,此在討論工人工資時,

---

[7] 由於戰爭勝利突然到來,各地區情況皆不相同,軍隊與政府,中央與地方同時插手接收,各地接收機關極多,上海高達89個,北平29個、天津23個。見林桶法,《從接收到淪陷──戰後平津地區接收工作之檢討》(臺北:東大圖書公司,1997),頁95。

政府以每月發布工人生活費指數的方式調整工資，這種方式是否造成工商業經營困難，胡素珊與張嘉璈有不同意見。[8]但是如同前面所指出：從 1946 年 3 月開始，透過工人生活費指數與糧食價格上漲幅度的對比，市政府確實壓低了工人生活費指數。

更重要的一點是：市政府從未公布其調查物價的詳細數字，也沒有公布各種物品的消費量(即計算公式中的權數)，使得人們無法驗證指數的真實性。[9]因此勞資雙方都對工人生活費指數不滿意，勞方認為指數太低不足以維持生活，資方認為指數太高增加生產成本。雙方都懷疑指數編制出現問題，造成勞工與企業主都對政府不滿，使市政府陷入不利的狀態。

1947 年 9 月英商電車公司工人罷工，吳開先曾對外表示，工人生活費指數絕對準確。倘若如此市政府為什麼不公開算式中最重要的消費量的數值，若市政府公布此數值，學者專家亦可加以驗證指數準確度，增加指數的說服力，或許可以減少勞

8　胡素珊[Suzanne Pepper](著)、王海良(等譯)，《中國的內戰(1945-1949)》
　　(北京：中國青年出版社，1997)，頁146；張公權，《中國通貨膨脹史》
　　(北京：文史資料出版社，1986)，頁230。胡素珊認為按工人生活費指數
　　逐月調薪的方式造成工資成本不斷增加，破壞了政府與工商業者的結
　　盟。而張嘉璈認為無法取得原料、設備及資金才是工商業陷入停頓的主因。

9　市政府只公布各種調查物品的名稱及花色、產地訊息與單位，如衣著類
　　中等絨布，單位為市尺，食物類老車牌麵粉，單位為市斤。但調查所得
　　的物品價格與平均每戶每月的消費量都沒有公布。見朱鶴齡，《上海生
　　活費指數》(上海：現代經濟通訊社，1949)，頁13-14。

資雙方的不安。這一點市政府應該可以做到的,因為市政府與
社會局都有專門人力負責物價調查,但卻沒有做到,也因為指
數問題引發眾多的勞資爭議,讓社會局疲於應付。

前面已經提及吳開先曾經因為物價與勞工問題請辭,而吳
國楨在 1949 年 4 月獲准辭去上海市長前,已經至少 3 度請辭市
長職務。如 1947 年 9 月時他寫在辭呈中寫到:「前途危機四伏,
物價日漲難籌有效制止方法,……加之奸黨潛伏,學潮有死灰
復燃之勢,工潮有擴大爆發之可能。」1948 年 6 月又寫到辭職
理由有四:1.物價波動,靡有底止;2.難民群集撫慰艱難;3.
工潮學潮澎湃不已;4.派系分歧步調不能一致。[10]由上述理由看
來,不論是吳國楨或吳開先都把物價與工潮視為難以解決的問
題。

眾多工潮的來源在工資及工人生活費指數,最關鍵的根源
在物價上漲太快,那麼又可以略加討論一個問題蔣介石是否知
道上海物價飛漲所造成的問題呢?蔣介石曾到 1948 年 1 月的日
記中寫下這段話:公教人員之生活費雖有增加,然物價上漲,
石米已逾 160 萬元,與去年此時相比,已增至 10 倍以上。憂悶

---

10 「吳國楨1947年9月11日函」、「吳國楨1948年6月30日函」,〈上海市
政府官員任免(四)〉,《國民政府檔案》,國史館藏,典藏號:
001-032210-0015,入藏登錄號:001000003081A。

愁鬱，軍事以外，以經濟最傷足人腦筋。[11]上述記載若與社會局調查的 1948 年 1 月每石食米月均價 1,356,500 元，相距不致太遠，但是相較於 1947 年 1 月每石食米月均價 66,446 元，漲幅應達 20 倍以上。[12]

蔣介石既然知物價高漲，也曾不止一次致電給官員們注意這個問題，如 1946 年 2 月，他就斥責宋子文說：上海物價上漲情勢嚴重，不能只管收入不管民生經濟，應切實更張，要求詳細電復。[13]1947 年 11 月也致電吳國楨說：一週以來上海物價劇烈波動，顯係投機分子興風作浪抬價牟利所致。務盼兄等一面緊縮銀根，一面嚴厲管制市場，根究投機大戶，嚴加懲處數人，否則市場絕難維持矣。[14]由此看來蔣介石是知道物價問題的嚴重性的，也曾經關心過上海物價問題，但是物價問題要根本解決恐怕不是人為的管制市場和起訴幾個投機商人可解決的。

---

[11] 「1948年1月反省錄」，〈事略稿本—民國三十七年一月 （二）〉，《蔣中正總統文物》，國史館藏，典藏號：002-060100-00233-016，入藏登錄號：002000000713A。

[12] 吉明齋，〈上海市糧食的來源和價格〉，《社會月刊》，3:6(上海1948.08)，頁59-60。

[13] 「蔣介石1946年2月15日致宋子文函」，〈革命文獻—政治：政經重要設施 （一）〉，《蔣中正總統文物》，國史館藏，典藏號：002-020400-00036-019，入藏登錄號：002000000440A。

[14] 「蔣介石1947年11月25日致吳國楨函」，〈領袖指示補編 （十七）〉，《蔣中正總統文物》，國史館藏，典藏號：002-090106-00017-312，入藏登錄號：002000002140A。

　　1946 年 1 月，上海市社會局就組成「評價委員會」，負責
評定日常品售價，並希望透過同業公會將日用品利潤限定在
10%，非日用品限定在 20%之內。[15]不久該委員會又改名「物價
評價委員會」正式將評價範圍限定在米、食用油、糖等日用品。
但類似的措施根本沒有效果，委員會內部的工作意見都坦承：
物價絕非可藉「評價」之類之手段所能平抑，在大後方「評價」
之失敗，可為殷鑑，居全國最活潑地位之上海市場，更非此種
官樣文章所能濟事。[16]由此看來，不管是評議也好，評斷也罷，
有一部分的社會局官員還是十分冷靜的指出以人為方式抑止市
場價格是無效的。[17]

　　第四，如同 1947 年與 1948 年兩次短暫的限價措施一樣，
社會局也曾經對電影院票價實施限價政策，最後也是失敗。正
如同經濟學家 Thomas Sowell 所說： 在一個擁有數百萬消費者

---

[15]　〈社會局召開評價委會 研究融通資金〉，《申報》，1946年1月12日，
　　　第5版。第1次委員會決議有3項：1.訓令各同業公會，將物價變動情形隨
　　　時填報。2.商請敵偽產業處理局，將所存之物資，儘早大量低價出售，
　　　以資平抑物價。3.商人之合理利潤，經決議勿超過百分之二十。

[16]　黃月偉，〈1945-1946年上海物價評議委員會史料選編〉，《上海檔案工
　　　作》，1992:04(上海，1992.08)，頁55-59。

[17]　親身經歷國共內戰的郝柏村也承認政治不能解決經濟問題，不能靠戰爭
　　　勝利來挽救經濟，而經濟失敗，軍事必定失敗。見郝柏村，《郝柏村解
　　　讀蔣公日記(1945-1949)》(臺北：天下遠見出版股份有限公司，2011)，
　　　頁465。

的社會中，沒有特定哪一個人，或哪一群坐在會議室的政府決策官員，能得知數百萬消費者對某項產品的偏好到什麼程度？其結果有二，限價過低會造成供給短缺和品質下降，限價過高則帶來生產過剩與資源浪費，在上海發生的情況當然是前者。[18]社會局以行政命令限制票價，規模遠較全市性的限價措施更小，也沒有相關配套，結果只有讓行業的經營者對政策感到不滿，政策失敗後更加深深彼此的不信任。

最後，除了對電影院同業公會限制票價政策失當外，當1948 年 11 月「八一九」限價政策失敗後，上海市場上生產物資嚴重缺乏，許多同業公會要求社會局配給原料，社會局的答覆是「現已取消限價，本件擬存」或「呈件均悉，查限價辦法變更，該需用原料可逕自採購，所請應毋庸議。」[19]顯然社會局完全忽視了公會買不到原料的困境，甚至連協助的意願都沒有，更是暴露出社會局在物資調配及公會管理上的無能為力，結果只有使公會組織陷入停頓，公會會員(也就是各行業經營

---

[18] 湯瑪士・索威爾[Thomas Sowell] (著)，齊思賢、李璞良(譯)，《超簡單經濟學：大師教你一本貫通》(臺北：商周出版，2007)，頁31、56。

[19] 《上海社會局關於陶器炊具商業搪瓷工業等原料困難請救濟的來往文書》，上海檔案館藏號：Q6-2-307，內附上海市麵糰商業同業公會理事長秦玉山呈文，時間1948年10月18日。《上海市社會局關於洗衣商業無法購得陷於停業的來往文書》，上海檔案館藏號：Q6-2-334，內附上海市洗染商業同業公會理事長陸仁夫呈文，時間1948年10月18日。

者)因原料不足而停產，以致勞資爭議更多，所以說對公會的管理不善與支援不足，工會缺乏基層組織與控制力有限，兩者形成惡性循環，社會局有著不可逃避的責任。[20]

　　透過上述五點的闡述，將可更突顯社會局在內戰下的複雜環境中，雖然努力維持社會秩序，也不是沒有為市民爭取福利，但是在審查報紙、雜誌及通訊社時，職權被其它機構侵占，社會局因此陷入被動。處理勞資關係時，也因為生活費指數政策的不透明，導致失去勞資雙方信任。若干小規模限價政策對業者經營帶來困擾在先，又拒絕公會要求協調調度物資在後，再加上工會基層組織不力，工人福利缺乏，造成這些應該是協助穩定民心的社會組織對政府失去信心，身為地方主管機關的社會局實在難辭其咎。[21]

　　本研究雖然已經針對社會局最主要的幾項職權執行的成效做出分析與討論，但仍有以下幾個部分是不足的：社會救濟也是社會局的業務之一，社會局成立兒童、婦女、習藝與殘疾

---

[20]　令人感到諷刺的是吳國楨在口述訪問中，十分感謝同業公會對穩定上海市政所提供的協助，吳國楨認為同業公會很有作用，幫助他在市長任期將結束時，渡過一段混亂的時期。見裴斐[Nathaniel Peffer]、韋慕庭[Martin Wibur](訪問)，吳修垣(譯)，《從上海市長到臺灣省主席(1946-1953)：吳國楨口述回憶》(上海：上海人民出版社，1999)，頁75-77。

[21]　Charles Tilly以缺席(exit)來描述這種被支配者拒絕提供支配者物資及服務的情形，見Charles Tilly, *From Mobilization to Revolution* (Reading: Addison and Wesley Publishing Company, 1978), p. 71.

4 個教養所為市立慈善團體。這個部分因為缺乏工作報告及會計報告模糊不清無法閱讀,目前能掌握的只有各慈善機構的章程而已,所以暫時無法討論。另外在生活用品配售方面也是如此,除了食米的配售馬軍已經研究過外,社會局也舉辦過食糖、煤球配售,也因僅存相關辦法而配售價格與額度等材料並不完整,也暫時不予討論,留待日後資料蒐集更完整時再以專文方式呈現。

最後類似上海市社會局這樣單一政府機構的研究,還需要結合更多其它不同機構的研究才可以勾勒出戰後地方政府與市民生活的全貌。特別是戰後上海市警察局很值得研究,[22]報紙雜誌審查中,警察有權力沒收出版品,而電影戲劇審查中,上海律師公會要求警察局一起出面禁止話劇《樑上君子》的演出。勞資爭議中也有警察局介入促成簽訂和解筆錄(旅館業勞資爭議),到解散那些被共產黨滲透的工會。在前面數章中,處處可見社會局在警察局的協助下執行各種相關職權。至於人民團體方面,警察局將同業公會列入「特種戶口」,對其經濟情形、收

---

[22] 魏斐德已經就內戰時期共產黨如何滲透入上海市警察局做了出色研究,見魏斐德[Frederic Wakeman](著),梁禾(譯),《紅星照耀上海城:共產黨對市政警察的改造(1942-1952)》(北京:人民出版社,2011),頁1-65。但此書並不涉及警察組織,而且魏斐德此書大多使用報紙(如《申報》、《大風報》)、文史資料與回憶錄(如陸大公及劉峰)。所以上海檔案館的警察局檔案仍有大力開發的空間。

支概況和社會關係有屬於自己的調查資料。[23]目前保存在上海市檔案館中的警察局檔案十分完整，包括局本部及各分局的檔案幾乎已經全部開放，[24]想要更進一步判斷市政府對上海社會控制力的強弱，警察局應是下一個重要的研究主題。

此外財政局也值得研究，根據現有的資料，1946年下半年上海市的歲收中，有27.34%是來自宴席與娛樂稅，中央補助收入只占總收入的3.31%。[25]在一個物價與幣值快速變化的時代，財政部門如何確保收入與支出的穩定是重要的課題。[26]還有公用局牽涉煤氣與電力供應，還有公共運輸政策的制定與推行，戰後歷次水費、電費、車票的調整與市民生活息息相關，也是社會生活史極佳的材料。[27]當然這些檔案數量龐大，必須整理出一個清楚研究的途徑，比較容易事半功倍。

---

[23] 如由杜月笙擔任理事長的水果行商業同業公會，警察局對它的記錄是：該業會員大多在十六舖，受地方潛勢力(流氓地痞)甚多影響，幸理事長為杜月笙，便利甚多，但很難知道該會活動。見《上海市警察局邑廟分局關於特種戶社團調查表》，上海檔案館館藏號：Q134-4-400，時間不詳。

[24] 上海市警察局本部全宗號為Q131，各分局全宗號為Q132-Q161，水上分局全宗號為Q163。

[25] 上海市政府會計處，《上海市三十五年下半年度歲入歲出總預算》(上海：上海市政府，1946)，頁7-8。

[26] 上海市財政局全宗號為Q432，其中Q432-1為1937年前的文書，Q432-2、Q432-3為1945年至1949年之文書。

[27] 上海市公用局全宗號為Q5，其中Q5-2、Q5-3、Q5-4為1937年前的文書，Q5-1、Q5-5、Q5-6為1945年至1949年之文書。

參考書目

(一)檔案

A. 上海檔案館藏

1. 《七日談聲請登記書》，檔號：Q6-12-3-10，1946 年 2 月。
2. 《人生信箱聲請登記書》，檔號：Q6-12-1-40，1945 年 11 月。
3. 《三蝶華社票房申請文書》，檔號：Q6-13-422，1947 年 5 月。
4. 《上海文化月刊雜誌聲請登記書》，檔號：Q6-12-10，1945 年 12 月。
5. 《上海市人民團體調整及整理通則》，檔號：Q1-6-214，1945 年。
6. 《上海市工福會組織規程》，檔號：Q6-31-155，1947 年 12 月。
7. 《上海市工福會灑菜業主任委員呈報黨團指導委員會要密捕甘田由事》，檔號：Q6-31-56，1946 年。
8. 《上海市社會局 1945 年 10 月至 1946 年 3 月的工作報告》，檔號：Q1-6-86，1946 年。
9. 《上海市社會局 1946 年 10 月份至 1949 年 4 月份行政機構人員經費月報表》，檔號：Q6-14-448，1946 年至 1949 年。
10. 《上海市社會局三十八年度歲入歲出概算書》，檔號：Q6-16-203，1949 年。
11. 《上海市社會局及附屬機關職員名冊》，檔號：Q6-14-212，1946-1948

年。

12. 《上海市社會局召集各工商業負責人談話會》，檔號：Q6-15-397，1946年。

13. 《上海市社會局民國三十五年一至四月工作計劃實施狀況表》，檔號：Q6-15-314，1946年。

14. 《上海市社會局生活補助費》，檔號：Q6-16-723，1946年1月至12月。

15. 《上海市社會局白熊展覽卷》，檔號：Q6-13-605，1948年。

16. 《上海市社會局吳開先移交給曹沛滋的名冊》，檔號：Q6-14-699，1949年

17. 《上海市社會局呈薦李劍華為副局長》，檔號：Q6-15-480，1946年4月。

18. 《上海市社會局委任以上職員名冊》，檔號：Q1-4-148，1948年12月。

19. 《上海市社會局附屬機關印信啟用日期一覽表》，檔號：Q6-15-31，第二冊，1946年至1947年。

20. 《上海市社會局員額編制及職務分配表、附屬機關員工編製錶、局屬單位主持人姓名別號通訊一覽表》，檔號：Q6-14-406，1945年。

21. 《上海市社會局接收日偽經濟福利局物資》，檔號：Q6-15-59，1946年。

22. 《上海市社會局接收房屋調查表填報接收日偽各種機構事業資簡報表及接收租界事項》，檔號：Q6-15-14，1946年。

23. 《上海市社會局曹配滋移交給陳保泰的名冊》，檔號：Q6-14-700，1949年

24. 《上海市社會局雪社關於申請登記的文件》，檔號：Q6-5-54，1946年。

25. 《上海市社會局復員工作執行報告書》，檔號：Q6-15-265，1946年。

26. 《上海市社會局職員錄》，檔號：Q6-14-209，1946年。

27. 《上海市社會局職員錄》，檔號：Q6-16-763，1949年5月。

28. 《上海市社會局鎮壓法商電車公司工潮情形》，檔號，Q6-31-69，1947年。

29. 《上海市社會局雜件》，檔號：Q6-12-225，1946-1947年。

30. 《上海市社會局關於（一）配給紙張控制出版界文件》，檔號：

Q6-12-209，1948 年。

31. 《上海市社會局關於上海市純誼社申請登記的文件》，檔號：Q6-5-18，1947 年。

32. 《上海市社會局關於上海市電影院商業同業公會 1947 年度會務工作報告書》，檔號：Q6-34-112，1947 年。

33. 《上海市社會局關於上海市電影院商業同業公會 1948 年度會務工作報告書》，檔號：Q6-34-113，1948 年。

34. 《上海市社會局關於上海市劇團登記規則》，檔號：Q6-13-614，1946 年至 1949 年。

35. 《上海市社會局關於上海市勵仁社申請登記的文件》，檔號：Q6-5-192，1947 年。

36. 《上海市社會局關於中華國語學社演出"心獄"申請批准文件》，檔號：Q6-13-403，1946 年至 1949 年。

37. 《上海市社會局關於少年宣講團申請登記的文件》，檔號：Q6-5-75，1946 年。

38. 《上海市社會局關於正民社申請登記的文件》，檔號：Q6-5-76，1947 年。

39. 《上海市社會局關於正社申請登記的文件》，檔號：Q6-5-36，1946 年。

40. 《上海市社會局關於正義社申請登記的文件》，檔號：Q6-5-75，1946 年。

41. 《上海市社會局關於民光、海光劇院業務概況》，檔號：Q6-16-337，1946 年至 1949 年。

42. 《上海市社會局關於各救濟機構配售食米問題與民食調配委員會來往文書》，檔號：Q6-9-600。1946-1949 年

43. 《上海市社會局關於東北旅滬同鄉會出演"國家至上"申請批准文件》，檔號：Q6-13-405，1946 年至 1949 年。

44. 《上海市社會局關於社會局派員督導職工福利設施辦法及勞工福利視察團工作報告》，檔號：Q6-7-620，1946 年 5 月。

45. 《上海市社會局關於社會團體組織總報告》，檔號：Q6-5-1229，1947

年 2 月。

46. 《上海市社會局關於查禁有損政府威信戲劇文件》,檔號:Q6-13-621,1945 年至 1949 年。

47. 《上海市社會局關於查禁進步書刊(一)文件》,檔號:Q6-12-166,1946-1947 年。

48. 《上海市社會局關於洗衣商業無法購得陷於停業的來往文書》,檔號:Q6-2-334,1948 年 10 月。

49. 《上海市社會局關於核准登記之新聞紙、雜誌、通訊社清單、聲請登記之新聞紙、雜誌、通訊社清單》,檔號:Q6-12-200,1946 年 11 月至 1949 年 4 月。

50. 《上海市社會局關於凱社申請登記的文件》,檔號:Q6-5-57,1947 年。

51. 《上海市社會局關於報刊的檢查和管理的文件》,檔號 Q6-12-194,1946 年至 1949 年

52. 《上海市社會局關於報刊總清查文件》,檔號:Q6-12-196,1949 年 3 月。

53. 《上海市社會局關於甯社申請登記的文件》,檔號:Q6-5-55,1947 年。

54. 《上海市社會局關於慎社申請登記的文件》,檔號:Q6-5-61,1947 年。

55. 《上海市社會局關於演出"樑上君子"審查文件》,檔號:Q6-13-675,1946 年-1949 年。

56. 《上海市社會局關於毅社(三冊)申請登記的文件》,檔號:Q6-5-9,1946-1948 年。

57. 《上海市社會局關於勵社申請登記的文件》,檔號:Q6-5-11,1947-1948 年。

58. 《上海市社會局關於戲劇創作獎金辦法》,檔號:Q6-16-740,1947 年 3 月。

59. 《上海市社會局關於戲劇審查事項文件》,檔號:Q6-13-620,1946 年至 1949 年。

60. 《上海市社會局關於舉辦變態奇人展覽文件》,檔號:Q6-13-607,1946 年。

61. 《上海市社會局關於鵬社申請登記的文件》，檔號：Q6-5-10，1947-1948年。

62. 《上海市社會報刊審核小組會議記錄》，檔號，Q6-12-175，1946 年至1949 年。

63. 《上海市政府有關局長任免(社會局局長吳開先向市府提出辭職報告)》，檔號：Q1-12-1280，1947 年。

64. 《上海市政府統計處關於 1946 年上海市經濟統計簡報》，檔號：Q1-18-401 至 Q1-18-403，1946 年到 1949 年。

65. 《上海市政府會計處關於社會局人民團體補助費》，Q124-1-803，1947年 12 月。

66. 《上海市政府關於電影審查的文件》，上海檔案館藏號：Q1-12-1471，1947 年。

67. 《上海市參議會關於旅館業勞資糾紛的文件》，檔號：Q109-1-1656，1946 年。

68. 《上海市婦女工作促進會申請登記的文件》，檔號：Q6-5-879，1947 年。

69. 《上海市婦女事業促進會請登記的文件》，檔號：Q6-5-880，1947 年。

70. 《上海市婦女建國協進會申請登記的文件》，檔號：Q6-5-876，1947 年。

71. 《上海市婦女運動協會申請登記的文件》，檔號：Q6-5-893，1947 年。

72. 《上海市婦女儉德會申請登記的文件》，檔號：Q6-5-881，1947 年。

73. 《上海市產(職)業工人工資調查表》，檔號：Q6-19-2，1947 年 6 月。

74. 《上海市勞資評斷委員會、社會局聘任勞評會委員名單、加聘劉靖基等五人為專門委員姓名表。委員暨專門委員姓名表工作概況報告》，檔號：Q20-1-1，1947 年至 1949 年。

75. 《上海市勞資評斷委員會會議記錄》，檔號：Q400-1-1891，1946-1947年。

76. 《上海市勞資評斷委員會關於會議紀錄的文件》，檔號：Q20-1-228，1946-1949 年。

77. 《上海市勞資評斷委員會關於鉛印業工資糾紛的文件》，檔號：Q20-1-105，1947 年。

78. 《上海市電影院商業同業公會會員影院座圖表》，檔號：S319-1-22，1947年 3 月。

79. 《上海市電影院商業同業公會聲請立案文書》，檔號：Q6-34-112，1946年。

80. 《上海市電影院商業同業公會關於調整電影票價問題向市政府社會局等主管機關的報批文書》，檔號：S319-1-21，1946 年 1 月至 1949 年 4月。

81. 《上海市警察局邑廟分局關於特種戶社團調查表》，檔號：Q134-4-400，時間不詳。

82. 《上海市護工總隊駐地表》，檔號：Q127-1-8，未註明年月。

83. 《上海市護工總隊關於隊員年齡職業、籍貫、編制等統計表》，檔號：Q6-31-617，未註明年月。

84. 《上海社會局關於陶器炊具商業搪瓷工業等原料困難請救濟的來往文書》，檔號：Q6-2-307，1948 年 10 月。

85. 《上海社會局關於對特種幫會 社團活動注意事項向海外捐款要經過批准的訓令》，檔號：Q6-32-15，1947 年 1 月。

86. 《大說明書聲請登記書》，檔號：Q6-12-21，1947 年。

87. 《川康之聲聲請登記書》，檔號：Q6-12-4-66，1947 年 8 月。

88. 《中國女青年社上海分社申請登記的文件》，檔號：Q6-5-858，1948 年。

89. 《中國婦女互助社申請登記的文件》，檔號：Q6-5-884，1946 年。

90. 《中統局等單位關於防止及取締各黨派不依法組織黨和人民團體的密令》，檔號：Q6-5-1212，1948 年。

91. 《五金半月刊聲請登記書》，檔號：Q6-12-35-5，1945 年 11 月。

92. 《水準聲請登記書》，檔號：Q6-12-35-32，1947 年 1 月。

93. 《玉人何處糾紛卷》，檔號，Q6-13-628，1947 年-1948 年。

94. 《亞光通訊社聲請登記書》，檔號：Q6-12-98，1947 年。

95. 《社會部關於組織調整和整理各人民團體的訓令代電》，檔號：Q6-5-1218，1946 年。

96. 《洪順互助會卷》，檔號：Q6-5-32，1946 年至 1948 年。

97. 《英聯互助會卷》，檔號：Q6-5-33，1946 年至 1948 年。

98. 《時與文(週刊)聲請登記書》，檔號：Q6-12-93，1946 年。

99. 《時與潮半月刊聲請登記書》，檔號：Q6-12-93，1946 年。

100. 《烏克蘭票房》，檔號：Q6-13-543，1948 年 9 月至 1949 年 3 月。

101. 《真報登記申請書和調查表》，檔號：Q6-12-96-39，1946 年 11 月。

102. 《婦女共鳴社上海市分會申請登記的文件》，檔號：Q6-5-863，1947 年。

103. 《報刊審核小組審查會議簡則草案》，上海檔案館藏號 Q6-12-176，1946
年。

104. 《報紙雜誌通訊社戲院劇團宗教團體等名單》，檔號：Q6-12-198。

105. 《寒光月刊聲請登記書》，檔號：Q6-12-72-14，1946 年 8 月。

106. 《黃金大劇院卷》，檔號：Q6-13-313，1946 年。

107. 《電影片檢查一覽表》，檔號：Q6-13-627，1946 年 5 月-1948 年 7 月。

108. 《熊貓展覽卷》，檔號：Q6-13-606，1948 年。

109. 《綢業票房卷》，檔號：Q6-13-489，1948 年 2 月。

110. 《影片假鳳虛凰糾紛案》，檔號：Q6-13-629，1947 年。

111. 《膠社票房卷》，檔號：Q6-13-491，1947 年 7 月。

112. 《鄧國慶技術表演(飛車特技)卷》，檔號：Q6-13-674，1947 年。

113. 《魯社卷》，檔號：Q6-13-493，1946 年 11 月。

114. 《聯義票房》，檔號：Q6-13-421，1949 年 3 月。

115. 《韓報登記申請書》，檔號：Q6-12-152-20，1947 年 6 月。

116. 《糧食日報申請書》，檔號：Q6-12-153-74，1947 年 8 月。

117. 《關於生活指數問題文件》，檔號：Q6-8-3885，1947 年 3 月。

118. 《關於整理設立第一公典等事》，檔號：Q6-9-997，1946 年。

B. 國史館藏

1. 〈上海市政府官員任免（四）〉，《國民政府檔案》，國史館藏，典藏號：
001-032210-0015，入藏登錄號：001000003081A。

2. 〈事略稿本—民國三十七年一月 （二）〉，《蔣中正總統文物》，國史

館藏，典藏號：002-060100-00233-016，入藏登錄號：002000000713A。

3. 〈革命文獻—政治：政經重要設施 （一）〉，《蔣中正總統文物》，國史館藏，典藏號：002-020400-00036-019，入藏登錄號：002000000440A。

4. 〈領袖指示補編 （十七）〉，《蔣中正總統文物》，國史館藏，典藏號：002-090106-00017-312，入藏登錄號：002000002140A。

5. 〈一般資料—民國三十七年 （三）〉，《蔣中正總統文物》，國史館藏，典藏號：002-080200-00326-010，入藏登錄號：002000001715A。

6. 〈勞工事務〉，《國民政府檔案》，國史館藏，典藏號：001-055000-0002，入藏登錄號：001000004839A。

7. 〈一般資料—民國三十七年 （七）〉，《蔣中正總統文物》，國史館藏，典藏號：002-080200-00330-045，入藏登錄號：002000001719A。

(二)報紙

1. 〈九家百貨公司宣布自動停業〉，《申報》，1946 年 3 月 8 日，第 3 版。

2. 〈九部新片義演助賑 預計可得四十億〉，《申報》，1947 年 12 月 2 日，第 4 版。

3. 〈十三家電筒廠罷工〉，《申報》，1947 年 12 月 11 日第 4 版。

4. 〈十大百貨公司仍停業 資方準備申請仲裁〉，《新聞報》，1946 年 3 月 9 日，第 3 版。

5. 〈千餘鐵路工人怠工臥軌 兩路交通一度癱瘓〉，《申報》，1948 年 4 月 21 日，第 4 版。

6. 〈工資協商期間 社局規定辦法〉，《新聞報》，1947 年 6 月 10 日，第 4 版。

7. 〈工資負擔過重 工業家問關廠辦法〉，《大公報》(上海)，1947 年 6 月 3 日，第 4 版。

8. 〈工運特派員公署調解工潮概況〉，《申報》，1945 年 9 月 6 日，第 2 版。

9.　〈文華公司緊要啟示〉，《新聞報》，1947 年 7 月 12 日，第 1 版。

10.　〈文匯聯合新民三報　警備部著令停刊〉，《新聞報》，1947 年 5 月 25 日，第 4 版。

11.　〈水木工潮結束〉，《新聞報》，1946 年 3 月 17 日，第 4 版。

12.　〈水木業勞資糾紛調解中〉，《申報》，1946 年 3 月 12 日，第 3 版。

13.　〈四百餘家旅館怠工〉，《新聞報》，1946 年 3 月 13 日，第 3 版。

14.　〈市府員工待遇太低　一律發給水電津貼〉，《新聞報》，1949 年 2 月 28 日，第 4 版。

15.　〈市府暨各局昨開始辦公〉，《申報》，1945 年 9 月 14 日，第 2 版。

16.　〈市社會局副局長李劍華升任〉，《申報》，1946 年 4 月 14 日，第 3 版。

17.　〈市政會議通過年終獎金發給辦法〉，《新聞報》，1947 年 12 月 13 日，第 4 版。

18.　〈本月工資如何發給　日內即可商討決定〉，《申報》，1947 年 2 月 22 日，第 4 版。

19.　〈本市十月份生活指數激增〉，《新聞報》，1945 年 12 月 3 日，第 4 版。

20.　〈本市記者被補五人〉，《大公報》(上海)，1947 年 6 月 3 日，第 4 版。

21.　〈未協商先扣薪　資方不能辭咎〉，《大公報》(上海)，1947 年 6 月 9 日，第 4 版。

22.　〈正泰橡膠廠調解未成　針織業請願包圍雇主〉，《申報》，1947 年 6 月 8 日，第 4 版。

23.　〈生活指數激增後工業步入艱難狀態〉，《大公報》(上海)，1947 年 6 月 4 日，第 4 版。

24.　〈申新九廠登記工人　農曆初五恢復工作〉，《申報》，1948 年 2 月 7 日，第 4 版。

25.　〈皮鞋業減低工資問題　繼續調查再行決定〉，《新聞報》，1946 年 12 月 11 日，第 4 版。

26. 〈各工廠發給工資改按當期指數計算〉,《新聞報》,1949 年 4 月 24 日,第 4 版。

27. 〈各業年終糾紛多 紛呈社局請調處〉,1948 年 1 月 11 日,第 4 版。

28. 〈各業糾紛多 社局調處忙〉,《申報》,1948 年 11 月 19 日,第 4 版。

29. 〈年終獎金七辦法 總工會維持原議〉,《申報》,1947 年 12 月 15 日,第 4 版。

30. 〈年賞問題激辯三小時 勞資代表各述苦況 研究委會將再研討〉,《申報》,1947 年 12 月 4 日,第 3 版。

31. 〈百貨工潮情勢緩和 資方應允即復業〉,《申報》,1946 年 3 月 10 日,第 3 版。

32. 〈百貨公司職工怠工〉,《申報》,1946 年 3 月 7 日,第 3 版。

33. 〈西片僵局解決〉,《申報》,1948 年 7 月 13 日,第 4 版。

34. 〈吳紹澍談徵集新黨員〉,《申報》1945 年 12 月 9 日,第 3 版。

35. 〈吳紹澍辭職照准 何德奎任副市長 社會局人選尚在遴選中〉,《申報》1945 年 11 月 27 日,第 3 版。

36. 〈吳開先昨發表談話 保證指數計算準確〉,《新聞報》,1947 年 9 月 28 日,第 4 版。

37. 〈身懷共黨密令 工人被補〉,《申報》,1947 年 9 月 24 日,第 4 版。

38. 〈兩度到社局請願要求釋放工人〉,《申報》,1947 年 9 月 24 日,第 4 版。

39. 〈法商汽車電車停駛 社局勸導無效〉,《申報》,1947 年 9 月 28 日,第 4 版。

40. 〈法商電車汽車昨未恢復 英商電車突又怠工〉,《申報》,1947 年 9 月 29、30 日,第 4 版。

41. 〈法電被補工人二十名保釋〉,《申報》,1947 年 10 月 8 日,第 4 版。

42. 〈社局改編制 新局長視事〉,《申報》,1949 年 2 月 15 日第 4 版。

43. 〈社局派員接收法商水電工會〉,《申報》,1947 年 10 月 2 日,第 4

版。

44. 〈社會局召開評價委會 研究融通資金〉,《申報》,1946 年 1 月 12 日,第 5 版。

45. 〈社會局正副局長今晨就職〉,《新聞報》,1946 年 1 月 28 日,第 3 版。

46. 〈社會局兩處長辭職 社會局長定期交接〉,《申報》,1949 年 2 月 13 日,第 4 版。

47. 〈社會局長闡述工潮問題〉,《申報》,1946 年 3 月 21 日,第 3 版。

48. 〈社會局門庭若市 結隊請願日數起〉,《申報》,1946 年 3 月 14 日,第 3 版。

49. 〈社會局副局長趙班斧今視事〉,《申報》,1948 年 2 月 23 日,第 4 版。

50. 〈社會局調查保釋被迫附和搗亂工人 獎勵罷工期間工作者〉,《申報》,1947 年 10 月 7 日,第 4 版。

51. 〈社會部京滬特派員公署公告〉,《申報》,1945 年 8 月 22 日,第 2 版。

52. 〈社會部組訓司長陸京士抵滬談 本市今後工運任務〉,《申報》,1945 年 8 月 24 日,第 2 版。

53. 〈社論:言論自由與「出版法」〉,《新聞報》,1948 年 8 月 12 日,第 2 版。

54. 〈俠誼社復員大會〉,《申報》,1946 年 3 月 10 日,第 3 版。

55. 〈恢復戰前底薪〉,《大公報》(上海),1947 年 6 月 15 日,第 4 版。

56. 〈恆社今開社員會〉,《申報》,1946 年 1 月 6 日,第 5 版。

57. 〈恆社舉行同樂大會〉,《申報》,1948 年 2 月 28 日,第 4 版。

58. 〈指數不能照實發給 各業起伏不定〉,《申報》,1947 年 6 月 8 日,第 4 版。

59. 〈指數糾紛 兩家工廠工人絕食〉,《申報》,1947 年 6 月 11 日,第 4 版。

60. 〈指數解凍後工資降低 鉛印工人局部罷工〉,《大公報》(上海),1947

年 6 月 9 日，第 4 版。

61. 〈洪順互助會復員〉，《申報》，1946 年 8 月 5 日，第 4 版。

62. 〈為「假鳳虛凰」一案　影檢處長發表意見〉，《新聞報》，1947 年 7 月 22 日，第 4 版。

63. 〈首輪影片再度漲價〉，《申報》，1948 年 7 月 2 日，第 4 版。

64. 〈差額補貼　社局釋疑〉，《申報》，1947 年 3 月 2 日，第 4 版。

65. 〈振豐等綿紡織廠工潮　接受勸告開始復工〉，《申報》，1948 年 1 月 27 日，第 4 版。

66. 〈旅館要加價〉，《新聞報》，1946 年 5 月 4 日，第 4 版。

67. 〈旅館業不收房金〉，《新聞報》，1946 年 3 月 14 日，第 3 版。

68. 〈旅館調整房價　取締額外小賬〉，《新聞報》，1946 年 1 月 6 日，第 4 版。

69. 〈紡織公會討論指數問題〉，《大公報》(上海)，1947 年 6 月 7 日，第 5 版。

70. 〈除夕糾紛多工人要年終〉，《申報》，1948 年 1 月 1 日，第 4 版。

71. 〈國民政府公布實行維護社會秩秩序辦法〉，《中央日報》(南京)，1947 年 5 月 18 日，第 2 版。

72. 〈國民黨黨員登記　全市共九萬餘人〉，《申報》，1948 年 3 月 14 日，第 4 版。

73. 〈救濟兩廣水災〉，《中央日報》(南京版)，1947 年 7 月 8 日，第 4 版。

74. 〈理髮業請制止未果　戲院門前一度緊張〉，《申報》，1947 年 7 月 23 日，第 4 版。

75. 〈陰謀擴大工潮十人被補　下令改組三區百貨工會〉，《申報》，1947 年 10 月 1 日，第 4 版。

76. 〈勞資評斷委會議決　按業分設五評議組〉，《新聞報》，1947 年 6 月 20 日，第 4 版。

77. 〈勞資評斷會開會　社局解釋南京工資遠較上海為低〉，《新聞報》，1946 年 11 月 10 日，第 4 版。

78. 〈報章雜誌概需重新登記〉，《新聞報》，1946 年 12 月 11 日，第 4 版。

79. 〈絲織工資維持原議 工人應即恢復生產 勞資評斷會決議數要案〉，《新聞報》，1947 年 10 月 22 日，第 4 版。

80. 〈新任社會局長曹沛滋後日視事〉，《新聞報》，1949 年 2 月 13 日，第 4 版。

81. 〈新任社會局長陳保泰昨視事〉，《新聞報》，1949 年 5 月 10 日，第 4 版。

82. 〈新建電台開幕廣告〉，《新聞報》，1946 年 12 月 15 日，第 7 版。

83. 〈新聞紙資本提高五萬倍〉，《新聞報》，1948 年 1 月 25 日，第 4 版。

84. 〈新舊社會局長昨晨辦理交接〉，《新聞報》，1949 年 2 月 16 日，第 4 版。

85. 〈當局商定電車工潮對策〉，《申報》，1947 年 10 月 3 日，第 4 版。

86. 〈鉛印業糾紛調解有成議〉《新聞報》，1947 年 6 月 10 日，第 4 版。

87. 〈鉛印業指數折扣經裁定解決辦法〉，《申報》，1947 年 12 月 18 日，第 4 版。

88. 〈鉛印職工維持生活難〉，《申報》，1946 年 3 月 5 日，第 4 版。

89. 〈電力職工遵令 全體恢復工作〉《申報》，1947 年 9 月 24 日，第 4 版。

90. 〈電影漲價核准兩成〉，《申報》，1948 年 5 月 15 日，第 4 版。

91. 〈榮社成立大會公告〉，《申報》，1948 年 6 月 22 日，第 7 版。

92. 〈影片營業慘淡 公會考慮自動減價〉，《申報》，1948 年 7 月 21 日，第 4 版。

93. 〈影院業請漲價〉，《申報》，1948 年 6 月 25 日，第 4 版。

94. 〈影戲院漲價終通過 首輪最高二萬四千元〉，《申報》，1947 年 9 月 6 日，第 4 版。

95. 〈影戲票准漲五成〉，《申報》，1948 年 4 月 13 日，第 4 版。

96. 〈影戲票準備漲價 最高八萬一千〉，《申報》，1948 年 3 月 3 日，

第 4 版。

97. 〈髮師封鎖大光明 李麗華石揮扮鬼臉〉，《申報》，1947 年 7 月 12 日，第 4 版。

98. 〈錢市長對本市工潮希望糾紛早日解決〉，《新聞報》，1946 年 1 月 27 日，第 5 版。

99. 〈攔阻復工搗毀電車 九六名被捕 無辜三八名釋出 四打手解警備部〉，《申報》，1947 年 10 月 4 日，第 4 版。

(三)中文專書

1. 三民主義青年團中央團部(編)，《國家總動員》，出版地不詳，三民主義青年團中央團部，1942。

2. 上海工商社團志編輯委員會(編)，《上海工商社團志》，上海：上海社會科學院出版社，2001。

3. 上海市年鑑委員會(編)，《上海市年鑑》，上海：上海市文獻委員會，1946。

4. 上海市政府秘書處(編)，《上海市政府公報》，上海：上海市政府，1945-1948。

5. 上海市政府秘書處(編)，《上海市政府職員錄》，上海：上海市政府，1930，國家圖書館臺灣分館藏書。

6. 上海市政府統計處(編)，《上海市政府公務統計報告》，上海：上海市政府，1946-1948。

7. 上海市政府設計考核委員會(編)，《上海市政府三十六年度中心工作計劃》，上海：上海市政府，1947。

8. 上海市政府會計處(編)，《上海市政府三十五年度歲入歲出總預算》，上海：上海市政府，1946。

9. 上海市參議會秘書處(編印)，《上海市第一屆參議會第二次大會會刊》，上海：上海市參議會，1946。

10. 上海市參議會秘書處(編印)，《上海市第一屆參議會第三次大會決議案

辦理情形摘錄》，上海：上海市參議會，1947。

11. 上海市參議會秘書處(編印)，《上海市第一屆參議會第六次大會會刊》，上海：上海市參議會，1948。

12. 上海市檔案館(編)，《上海市檔案館指南》，北京：中國檔案出版社，1999。

13. 上海市檔案館(編)，《上海解放》，續編，上海：上海三聯書店，1999。

14. 上海市總工會(編)《解放戰爭時期上海工人運動史》，上海：上海遠東出版社，1992。

15. 上海新聞志編輯委員會(編)，《上海新聞志》，上海：上海社會科學院出版社，2000。

16. 中國科學院上海經濟研究所、上海科學院經濟研究所(編)，《上海解放前後物價資料匯編(1921-1957)》，上海：上海人民出版社，1957。

17. 中國第二歷史檔案館(編)，《國民黨政府政治制度檔案史料選編》，上、下，合肥：安徽教育出版社，1994。

18. 中國經濟資料社(編)，《上海工商人物志》，上海：中國經濟資料社，1948。

19. 孔慶泰(著)，《國民黨政府政治制度史》，合肥：安徽教育出版社，1998。

20. 王　菊(著)，《近代上海棉紡織業的最後輝煌(1945-1949)》，上海：上海社會科學出版社，2004。

21. 安克強[Christian Henriot](著)、張培德、辛文鋒(等譯)，《1927-1937年的上海——市政權、地方性、現代化》，上海：上海古籍出版社，2004。

22. 朱鶴齡，《上海生活費指數》，上海：現代經濟通訊社，1949。

23. 行政院新聞局(編)，《新聞局一年來業務統計概要》，南京：行政院新聞局，1948。

24. 吳農花(主編)，《上海統覽》，上海：上海統覽編纂社，1948。

25. 李四林、曾偉(著)，《地方政府管理學》，北京：北京大學出版社，2010。

26. 李飛鵬(著)，《考銓法規概要》，臺北：五南圖書公司，1986。

27. 李家齊(主編)，《上海工運志》，上海：上海社會科學院出版社，1997。

28. 杜贊奇 [Prasenjit Duara](著)，王福明(譯)，《文化、權力與國家

——1900—1942年的華北農村》，江蘇：江蘇人民出版社，1994。

29. 沈以行、姜沛南、鄭慶聲(編)，《上海工人運動史》，瀋陽：遼寧出版社，1991。

30. 肖如平(著)，《國民政府考試院研究》，北京：社會科學文獻出版社，2008。

31. 承載、吳健熙(編)，《老上海百業指南：道路機構廠商住宅分布圖》，上海：上海社會科學院出版社，2008。

32. 易勞逸[Lloyd Eastman](著)、王建朗、王賢知(譯)，《毀滅的種子：戰爭與革命中的國民黨中國(1937-1949)》，南京：江蘇人民出版社，2009。

33. 林桶法(著)，《從接收到淪陷——戰後平津地區接收工作之檢討》，臺北：東大圖書公司，1997。

34. 林桶法(著)，《戰後中國的變局：以國民黨為中心的探討》，臺北：臺灣商務印書館，2003。

35. 胡素珊[Suzanne Pepper](著)、王海良(等譯)，《中國的內戰(1945-1949)》，北京：中國青年出版社，1997。

36. 倪偉(著)，《「民族」想像與國家統制——1928-1948年南京政府的文藝政策及文學運動》，上海：上海教育出版社，2003。

37. 時代出版社(編)，《總動員與戡亂建國運動》，出版地不詳，時代出版社，1947。

38. 秦孝儀(主編)，《中華民國社會發展史》，臺北：近代中國出版社，1985。

39. 郝柏村(著)，《郝柏村解讀蔣公日記(1945-1949)》，臺北：天下遠見出版股份有限公司，2011。

40. 馬軍(著)，《1948：上海舞潮案——對一起民國女性集體暴力抗議事件的研究》，上海：上海古籍出版社，2005。

41. 馬軍(著)，《國民黨政權在滬糧政的演變及後果：1945年8月至1949年5月》，上海：上海古籍出版社，2006。

42. 高郁雅(著)，〈國民黨的新聞宣傳與戰後中國政局變動(1945-1949)〉，臺北：國立臺灣大學出版會，2005。

43. 高崧、胡邦秀(編)，《報人出版家陳翰伯》，北京：人民出版社，1990。

44. 屠詩聘(主編),《上海市大觀》,上海:中國圖書雜誌公司,1948。

45. 張大明(著),《國民黨文藝思潮——三民主義文藝與民族主義文藝》,臺北:秀威資訊公司,2009。

46. 張公權(著),《中國通貨膨脹史》,北京:文史資料出版社,1986。

47. 張憲文(主編),《中華民國史大辭典》,南京:江蘇古籍出版社,2001。

48. 戚再玉(主編),《上海時人志》,上海:展望出版社,1947。

49. 教育部(編),《中華民國第二次教育年鑑》,臺北:文海出版社,1981[據1948年影印]。

50. 陸京士先生紀念集編輯委員會(編),《陸京士先生紀念集》,臺北:出版年不詳。

51. 湯瑪士·索威爾[Thomas Sowell](著),齊思賢、李璞良(譯),《超簡單經濟學:大師教你一本貫通》,臺北:商周出版,2007。

52. 華東通訊社(編),《上海市年鑑》,上海:華東通訊社,1947。

53. 楊秀菁(著),《臺灣戒嚴時期的新聞管制政策》,臺北:稻鄉出版社,2005。

54. 葉再生,《中國近現代出版通史》,北京:華文出版社,2002。第四輯。

55. 熊月之(主編),《老上海名人、名事、名物大觀》,上海:上海人民出版社,1997。

56. 裴宜理 [Elizabeth J. Perry](著),劉平(譯),《上海罷工:中國工人政治研究》,南京:江蘇人民出版社,2001。

57. 裴斐[Nathaniel Peffer] (著)、 韋慕庭[Martin Wibur](訪問),吳修垣(譯),《從上海市長到臺灣省主席(1946-1953):吳國楨口述回憶》,上海:上海人民出版社,1999。

58. 趙則玲(著),《報界宗師:趙超構評傳》,杭州:浙江大學出版社,2009。

59. 劉文峰、周傳家,《百年梨園春秋》,北京:中國經濟出版社,2000。

60. 劉明達、唐玉良(主編),《中國近代工人階級和工人運動》,北京:中共中央黨校出版社,2002,第13冊。

61. 劉長勝(等著),《中國共產黨與上海工人》,上海:勞動出版社,1951。

62. 劉哲民(編),《近現代出版新聞法規匯編》,上海:學林出版社,1992。

63. 劉國銘(主編)，《中國國民黨百年人物全書》(上、下兩冊)，北京：團結出版社，2005。

64. 劉繼增、張葆華(主編)，《中國國民黨名人錄》，長沙：湖北人民出版社，1991。

65. 蔡銘澤(著)，《中國國民黨黨報歷史研究》，北京：團結出版社，1998。

66. 蔣乃鏞(著)，《上海工業概覽》，上海：學者書店，1947。

67. 盧夢殊(編)，《電影與文藝：銀星號外》，上海：上海良友圖書公司，1928。

68. 聯合徵信所調查組(編)，《上海金融業概覽》，上海：聯合徵信所，1947。

69. 魏斐德[Frederic Wakeman] (著)，梁禾(譯)，《紅星照耀上海城：共產黨對市政警察的改造(1942-1952)》，北京：人民出版社，2011。

(四)日文專書

1. 久保亨(編)，《1949年前後の中国》，東京：汲古書院，2006。

2. 中央大学人文科学研究所(編)，《民国後期中国国民党政権の研究》，東京：中央大学出版部，2005。

3. 中央大学人文科学研究所(編)，《中華民国の模索と苦境(1928-1949)》，東京：中央大学出版部，2010。

4. 中村元哉(著)，《戦後中国の憲政実施と言論の自由1945-1949》，東京：東京大学出版会，2004。

5. 段瑞聰(著)，《蒋介石と新生活運動》，東京：慶應義塾大学出版会，2006。

(五)英文專書

1. Chang, Kia-ngau(張嘉璈). *The Inflationary Spiral: The Experience in China, 1939-1950*. Cambridge: Technology Press of Massachusetts Institute of Technology, 1958.

2. Chou Shun-hsin(周舜莘). *The Chinese Inflation, 1937-1949*. New York and London: Columbia University Press, 1969.

3. Eastman, Lloyd. *Seeds of Destruction: Nationalist China in War and Revolution, 1937-1949*. Stanford: Stanford University Press, 1984.

4. Esherick, Joseph W. and Mary B. Rankin, eds. *Chinese Local Elites and Patterns of Dominance*. Los Angeles and Berkeley: University of California Press, 1990.

5. Henriot, Christian. *Shanghai, 1927-1937: Municipal Power, Locality, and Modernization*. Noel Castelino trans. Berkeley: University of California Press, 1993.

6. Marshall, Gordon, ed. *Oxford Dictionary of Sociology*. Oxford and New York: Oxford University Press, 1998.

7. Pepper, Suzanne. *Civil War in China: The Political Struggle, 1945-1949*. Lanham: Roman & Littlefield Publishers, 1999.

8. Perry, Elizabeth J. *Patrolling the Revolution: Worker Militias, Citizenship and the Modern Chinese State*. New York: Rowman and Littlefield Publishers, 2006.

9. Perry, Elizabeth J. *Shanghai on Strike: the Politics of Chinese Labor*. Stanford: University of Stanford Press, 1993.

10. Strauss, Julia. *Strong Institutions in Weak Polities: State Building in Republican China, 1927-1940*. Oxford and New York: Oxford University Press, 1998.

11. Tilly, Charles. *From Mobilization to Revolution*. Reading: Addison and Wesley Publishing Company, 1978.

12. Ting, Hsu Lee-hsia(丁許麗霞). *Government Control of the Press in Modern China, 1900-1949*. Cambridge: Harvard University Press, 1974.

13. Westad, Odd A. *Decisive Encounter: The Chinese Civil War, 1946-1950*. Stanford: Stanford University Press, 2003.

(六)中文專書及期刊論文

1. 上海市政府,〈上海市工人生活費指數表〉,《糧政旬報》,238(南京,1946.06),頁8。

2. 上海文化月刊社,〈上海書報攤販座談會〉,《上海文化》,11(上海,1946.11),頁12-15。

3. 之爾,〈我看假鳳虛凰〉,《藝聲》,2(上海,1947.09),頁18。

4. 方秋葦,〈反對出版法〉,《時事評論》,1:7(上海,1948.08),頁10-11。

5. 王文彬,〈國民黨統治時期報業遭受迫害的資料〉,《新聞史研究資料》,第6輯,1981年6月,頁276-301。

6. 王季深,〈光復後的上海新聞界(二)〉,《上海文化》,2(上海,1946.02),頁12-13。

7. 王季深,〈光復後的上海新聞界(四)〉,《上海文化》,4(上海,1946.05),頁35。

8. 王家樹,〈敬悼陸京士先生〉,《陸京士先生紀念集》,臺北:出版項不詳,1984,頁91-94。

9. 王善寶,〈上海市食米消費量之研究〉,《社會月刊》,3:5(上海,1948.06),頁36-37。

10. 王善寶,〈勝利後上海勞資爭議統計〉,《社會月刊》,1:1(上海,1946.07),頁52-63。

11. 江蘇省統計局(編),〈三次產業分類〉,《江蘇統計》,2003.06(南京,2003.06),頁47。

12. 吳開先,〈復員一年以來社會行政概況〉,《社會月刊》,2:1(上海,1947.01),頁1-9。

13. 吳開先,〈痛悼故友陸京士兄〉,《陸京士先生紀念集》,臺北:出版項不詳,頁61-69。

14. 吳敬敷,〈國府摧殘新聞自由〉,《中美週報》,294(紐約,1948),頁6-7。

15. 吳學文,〈論民國幫會走向社團化、政黨化的原因〉,《西南交通大學

學報》(社會科學版)，8:1(成都，2007.02)，頁130-135。

16. 吳曙曦、陳蕭，〈本市同業公會組織之檢討〉，《社會月刊》，1:3(上海，1946)，頁4-17。

17. 李楠，《話說胡治藩》，《書城》，2008:6(上海，2008.06)，頁85-88。

18. 李瑞騰，〈張道藩先生「我們所需要的文藝政策」試論〉，《臺北市立圖書館館訊》，6:1(臺北，1988.09)，頁96-103。

19. 李劍華，〈回憶在國民黨上海社會局的秘密鬥爭〉，《黨史資料叢刊》，9(上海，1982.02)，頁55-68。

20. 李鎧光，〈上海地方自治中的文化權力網絡：以郁懷智為討論中心〉，《淡江史學》，19(臺北，2008.09)，頁199-237。

21. 汪朝光，〈上海電影的現實主義品格與娛樂風格——由戰後上海電影業的興盛說起〉，《電影新作》，2006:6(上海，2006.12)，頁19-22。

22. 汪朝光，〈民國政治史〉，曾業英(主編)，《五十年來的中國近代史研究》，上海：上海書店出版社，2000，頁44-80。

23. 汪朝光，〈戰後上海美國電影市場研究〉，《近代史研究》，2001:1(北京，2001.02)，119-140。

24. 汪朝光，〈戰後國民黨政府的電影檢查〉，《南京大學學報》(哲學、人文科學、社會科學版)，2001:06(南京，2001.12)，頁113-123。

25. 沈訒，〈三十六年度年賞問題〉，《社會月刊》，3:1(上海，1948.01)，頁48-53。

26. 沈訒，《美光火柴廠勞資糾紛記(上)、(下)》，《社會月刊》，1:4-5(上海，1946.10-11)，頁49-53；55-58。

27. 周味辛，〈上海市社會局沿革〉，《社會月刊》，1:5(上海，1946.11)，頁4-18

28. 周楠，〈南京國民政府建立初期國民黨工會組織探析〉，《求索》，2008.11(長沙，2008.11)，頁209-211+220。

29. 周維朋，〈國民黨黨政革新運動(1944-1946)中的派系之爭——以東北接收及中共問題為中心〉，《輔仁歷史學報》，13(臺北，2002.06)，頁107-140。

30. 征凡，〈上海各報本埠版比較〉，《申報館內通訊》，1:3(上海，1947.03)，

頁39-41。

31. 社會局社會組織處，〈本市人民團體視導工作報告〉，《社會月刊》，3:5(上海，1948.05)，頁40-44。

32. 金立山、謝鶴聲，〈轟動天津的電影《假鳳虛凰》事件〉，《縱橫》，2003:11(北京，2003.11)，頁62。

33. 冒莘叔，〈關於書報登記工作〉，《社會月刊》，1:6(上海，1946.12)，頁30-32。

34. 威廉思姆・格雷(撰)，田中初(譯)，馬軍(校)，〈世界上最難的工作——記上海市長吳國楨〉，《民國檔案》，2001:3(南京，2001.06)，頁42-46。

35. 柳小鳳，〈從「假鳳虛凰」起家的文華電影公司〉，《大地週報》，93(北京，1948.01)，頁11。

36. 唐密，〈假鳳虛凰〉，《智慧》，28(上海，1947.08)，頁2。

37. 唐軻，〈電影危機聲中話劇本〉，《春秋》，5:4(上海，1948.09)，頁144-145。

38. 夏錦濤，〈上海市新聞紙通訊社及雜誌二年來登記概況〉，《社會月刊》，2:11-12(上海，1947.12)，頁50-88。

39. 夏錦濤，〈最近書報登記概況〉，《社會月刊》，2:6(上海，1947.06)，頁14-17。

40. 孫如陵(等)，〈本刊第一次座談會：出版法與出版自由〉，《報學雜誌》，試刊號(南京，1948.08)，頁3-9。

41. 徐盈，〈砒霜與糖衣〉，《上海文化》，7(上海，1946.08)，頁27。

42. 徐劍雄，〈近代上海的京劇票友、票房〉，《史林》，2006:04(上海，2006.10)，頁87-104。

43. 徐霖，〈本市工會組織之檢討〉，《社會月刊》，1:5(上海，1946.10)，頁20-30。

44. 純青，〈論新聞出版自由〉，《中國建設》，6:6(上海，1948.06)，頁6-8。

45. 袁文彰，〈上海市出版界的動向〉，《社會月刊》，1:4(上海，1946.10)，頁30-33。

46. 高郁雅，〈戰後中國報界的紙荒問題——以上海為中心(1945-1949)〉，《輔仁歷史學報》，13(臺北，2002.06)，頁141-160。

47. 張玉法,〈中華民國研究在臺灣〉,《近代中國史研究通訊》,8(臺北,1989.09),頁61-72。

48. 張守存,〈現行院轄市組織概況比較〉,《市政建設》,1:1(南京,1948.11),頁10-11。

49. 張靜盧,〈出版難〉,《讀書與生活》,2:2(上海,1947.02),頁44-46。

50. 張繼高(記錄),〈吳開先先生訪問記錄〉,《口述歷史》,8(臺北,1996.12),頁117-144。

51. 淮洲,〈名人相冊──周信芳〉,《檔案與建設》,2005:5(南京,2005.05),頁30-31。

52. 畢豔、左文,〈"左聯"時期國民黨文藝期刊淺探〉,《中國文學研究》,2006:1(長沙,2006.04),頁68-73。

53. 章永欽,〈幣制改革後的工資問題〉,《社會月刊》,3:6(上海,1948.08),頁48-53。

54. 許幸之,〈論電影的躍昇與話劇的降落〉,《求是》,4(上海,1948.09),頁11。

55. 陳旭麓(等),〈上海學研究筆談〉,《史林》,1999:2(上海,1999.06),頁1-10。

56. 黃一裳,〈中國新聞事業史上的兩重桎梏〉,《再生》,199(上海,1948.01),頁3-6。

57. 黃月偉,〈1945-1946年上海物價評議委員會史料選編〉,《上海檔案工作》,1992:04(上海,1992.08),頁55-59。

58. 愛陽,〈漫談假鳳虛凰〉,《現代婦女》,9:6(上海,1947.09),頁20。

59. 楊鉅松,〈上海市各工廠員工消費合作社組織概況〉,《社會月刊》,3:2(上海,1948.02),頁6-21。

60. 虞和平,〈改革開放以來中國近代史學科的創新〉,《晉陽學刊》,2010:6(太原,2010.11),頁13-21。

61. 熊月之,〈上海學平議〉,《史林》,2004:5(上海,2004.10),頁1-6。

62. 趙廷鈺,〈戲劇上演及音樂廣播〉,《社會月刊》,2:7-8(上海,1947.09),頁38-40。

63. 趙良慶、李道芳、路江,〈論恩格爾系數中的食品支出〉,《現代經濟》,2007.08(昆明,2007.08),頁21。

64. 趙庭鈺,〈上海戲劇界鳥瞰〉,《社會月刊》,2:5(上海,1947.05),頁42-52。

65. 趙庭鈺,〈劇院書場劇團票房俱樂部申請登記〉,《社會月刊》,2:7-8(上海,1947.09),頁42-47。

66. 劉呂紅,〈從五億美元借款的使用看國民黨的腐敗〉,《四川師範大學學報》(社會科學版),23:3(成都,1996.07),頁137-144。

67. 劉厚生,〈周信芳的藝術成就和演劇思想〉,《中國戲劇》,2005:1(北京,2005.01),頁11-12。

68. 撰者不詳,〈工商業同業公會及社團組織程序〉,《社會月刊》,2:7-8(上海,1947.08),頁26-27。

69. 撰者不詳,〈本刊遷滬出版遭受迫害經過〉,《群眾》,13:3(上海,1946.11),頁26-27。

70. 撰者不詳,〈老師苦 老師苦 老師吃不飽〉,《群言雜誌》,1948:2(上海,1948.07),頁12。

71. 撰者不詳,〈停刊告別讀者〉,《時與文》,3:23(上海,1948.09),頁1。

72. 撰者不詳,〈勞資糾紛處理程序〉,《社會月刊》,2:7-8(上海,1947.08),頁30-31。

73. 撰者不詳,〈報紙雜誌通訊社登記須知〉,《社會月刊》,2:7-8(上海,1947.08),頁52-55。

74. 撰者不詳,〈滬社會局奉令調查報刊實況〉,《報學雜誌》,試刊(南京,1948.08),頁22。

75. 撰者不詳,〈讀者注意〉,《群眾》,13:3(上海,1946.11),頁28。

76. 歐陽平,〈陪都《假鳳虛凰》事件〉,《紅巖春秋》,1997:6(重慶,1997.12),頁46-47。

77. 蔡殿榮,〈上海市社會文化的動態〉,《社會月刊》,1(上海,1946.07),頁20-25。

78. 鄭慶聲,〈1948年上海申新九廠大罷工真相〉,《世紀》,2004.01(上

海，2004.02)，頁22-25。

79. 蕭知緯，〈電影史外史——從民國時期對電影的抗議看民間社會與公共空間的消長〉，《當代電影》，2008:2(北京，2008.04)，頁114-119。

80. 儲安平，〈評出版法修正案(二)〉，《觀察》，3:15(上海，1947.12)，頁8-10。

81. 韓德培，〈評出版法修正案(一)〉，《觀察》，3:15(上海，1947.12)，頁5-8。

82. 顧祖繩，〈上海市旅館業勞資糾紛〉，《社會月刊》，2:2(上海，1947.02)，頁8-22。

83. 顧祖繩，〈我們怎樣處理本市的勞資糾紛〉，《社會月刊》，1:3(上海，1946.09)，頁19-24

84. 顧祖繩，〈兩年來勞資爭相評斷概述〉，《社會月刊》，2:10(上海，1947.10)，頁6-12。

85. 顧執中，〈官僚新聞事業論〉，《上海文化》，10(上海，1946.11)，頁22-23。

86. 顧組繩，〈職工差額金補貼辦法概述〉，《社會月刊》，2:4(上海，1947.10)，頁28-33。

(七)日文期刊論文與專書論文

1. 川島真，〈特集によせて〉，《中国研究月報》，61:5(東京，2007.05)，頁1-3。

2. 久保亨，〈1949年革命の歴史的位置〉，久保亨(編)，《1949年前後の中国》，東京：汲古書院，2006，頁3-27。

3. 姫田光義，〈抗日戦争における中国の国家総動員体制—「国家総動員法」と国家総動員会議をめぐって〉，中央大学人文科学研究所(編)，《民国後期中国国民党政権の研究》，東京：中央大学出版部，2005，頁297-313。

4. 斎藤道彦，〈戦後国共内戦起因考〉，中央大学人文科学研究所(編)，

《中華民国の模索と苦境(1928-1949)》，東京：中央大学出版部，2010，頁349-352。

5. 樹中毅，〈レーニン主義からファシズムへ——蒋介石と独裁政治モデル〉，《アジア研究》，151:1(東京，2005.01)，頁1-17。

6. 樹中毅，〈強い権威主義支配と弱いレーニン主義党--軍事委員会委員長南昌行営と南京国民政府の地方への権力浸透〉，《法学政治学論究》，51(東京，2001.12)，頁1-34。

7. 樹中毅，〈国民革命期から訓政時期における蒋介石の独裁統治と政治的不安定の構造〉，《法学政治学論究》，45(東京，2000.06)，頁73-106。

(八)英文期刊論文與專書論文

1. Tilly, Charles. "Solidarity Logics: Conclusions." *Theory and Society* 17:3 (May 1988): 451-458.

2. Tucker, Nancy Bernkopf. "Nationalist China's Decline and its Impact on Sino-American Relations, 1949-1950," in Dorothy Borg and Waldo Hendrichs eds. *Uncertain Years: Sino-American Relations, 1947-1950*. New York: Columbia University Press, 1980, 131-177.

(九)中文學位論文

1. 周衛平，〈南京國民政府時期勞資爭議處理制度研究——以上海為主要視角〉，上海，華東政法大學法律史專業博士論文，2008。

2. 胡芳琪，〈一九五〇年代臺灣反共文藝論述研究〉，新竹，國立清華大學臺灣文學研究所碩士論文，2007。

3. 孫猛，〈《時與文》及群體記〉，上海，華東師範大學中國近現代史專業碩士論文，2005。

4. 陳依，〈《觀察》週刊之研究〉，臺中，東海大學歷史研究所碩士論文，1993。

5.　馮啟宏，〈抗戰時期中國國民黨的幹部訓練：以中央訓練團為中心的探討(1938-1945)〉，臺北，國立政治大學歷史系博士論文，2004。

(十)英文學位論文

1.　Chen, Yixin(陳意新). "The Guomindang's Approach to Rural Socioeconomic Problems: China's Rural Cooperative Movement, 1918-1949." Ph.D. dissertation, Washington University, 1995.
2.　Xiao, Zhiwei(蕭知緯). "Film Censorship in China, 1927-1937." Ph.D. dissertation, University of California in San Diego, 1994.

(十一) DVD

1.　*Frankenstein Meets the Wolf Man*. DVD, Dir. Roy William Neill. Perf. Lon Chaney Jr., Bela Lugosi, Patric Knowles. 1943; Universal City: Universal Studio, 2001.

(十二)網路資料

1.　廣州動物園，〈大熊貓的發現〉，http://www.gzzoo.com/news/20070918102632_0.htm (2011/12/12)。
2.　楊明，〈氍毹夢痕：近代梨園「蘭芳譜」〉，http://blog.yam.com/yeungming/article/19244078 (2009/4/5)。

後　記

　　本書是在博士論文的基礎上，經過3次修訂而成的。特別是在中央研究院近代史研究所從事博士後研究期間，2度前往上海進行史料的蒐集與覆查，讓這個研究能夠以較充實的面貌呈現在讀者面前。另外本書第五章部分內容，曾以〈內戰時期上海市社會局處理勞資爭議的經過與成效〉發表於《國立政治大學歷史學報》第36期，書中相關內容又再做若干修正。

　　這個研究從發想到落實，得益於許多師長的指導，首先要特別感謝兩位恩師──呂芳上教授及康豹教授，兩位老師都是學養俱豐的知名學者，在論文撰寫期間，細心叮嚀、仔細批改，使我獲益匪淺。也要特別謝謝近代史研究所的張玉法院士、張力教授、張瑞德教授及國立政治大學歷史系劉維開教授在論文口試時，提出非常多寶貴的建議。

　　從事博士後期間，得到更多近代史研究所師長的幫助，特

481

別謝謝黃克武所長同意讓我到近代史研究所做博士後研究，而所上的多位學者巫仁恕教授、林美莉教授、連玲玲教授、張寧教授、孫慧敏教授、賴毓芝教授、李宇平教授、羅久蓉教授，都提供我許多寶貴的建議。從諸位老師的研究中讓我學習到如何將論文深化，不只是點的深入，更要有全局性的關照。賴惠敏教授及李達嘉教授更是從碩士班時代就對我十分照顧，關心我的研究，也提醒我要注意身體，讓人倍覺溫馨與感動。

　　必須再對政治大學歷史系的多位師長表示敬意，林能士教授、劉祥光教授、彭明輝教授、周惠民教授、黃福慶教授、劉季倫教授，在諸位老師的帶領下，豐富了研究的視野也奠定研究的根基。還有在就讀期間薛化元教授、唐啟華教授、呂紹理教授與李素瓊助教在研究與行政事務上的幫助與支援。也要謝謝4位一起攻讀博士的同學，王文隆、伊藤桃子、張孟珠和楊秀菁，彼此間切磋鼓勵是進步的動力。

　　當然還有在上海的師長，上海社會科學院歷史研究所所長熊月之教授，熊老師是寬厚的長者，每次到上海定會撥空與我晤談，對我多所勉勵。馬軍教授是研究國共內戰時期的專家，對上海的檔案更是如數家珍，這個研究也有很多地方承蒙他的指點。上海大學錢杭教授是從碩士論文時就極力支持我的研究，從家族史到地方菁英，錢師以其豐富的學養，提醒我注意若干重要的細節，使我避開許多明顯的失誤。另外必須感謝中

國國家圖書館、上海檔案館、上海圖書館提供的協助，這些單位的接待與服務讓這個研究變為可能，沒有他們的幫助是無法完成這本書的。

更要特別感謝我的父母，謝謝他們願意在求學之路上做我最堅實的後盾，每當我心灰意冷時，都會要求我再試一下，再多努力一會兒，給我信心和勇氣，讓我渡過每個瓶頸。

一個腦性麻痺的重度殘障者能完成博士學位，其中的辛苦真是言語所不能形容的，但願這本書是一個起點，讓我時時提醒自己將來的每一步要走的更穩、更踏實，謝謝所有幫助過我的人，因為你們的幫助我才有今天。當然書中所有的史料與論點，出現任何的疏漏甚至錯誤，責任都在我身上，希望得到師長與朋友的建議與批評。

李鎧光於臺北市寓所
2012/04/25

.

國家圖書館出版品預行編目資料

內戰下的上海市社會局研究（1945-1949）

李鎧光著. – 初版. – 臺北市：臺灣學生，2012.05
面；公分

ISBN 978-957-15-1563-2 (平裝)

1. 上海市社會局

547.62   101004994

內戰下的上海市社會局研究（1945-1949）

著　作　者：	李　　　　鎧　　　　光
出　版　者：	臺 灣 學 生 書 局 有 限 公 司
發　行　人：	楊　　　　雲　　　　龍
發　行　所：	臺 灣 學 生 書 局 有 限 公 司

臺北市和平東路一段七十五巷十一號
郵 政 劃 撥 帳 號 ： 0 0 0 2 4 6 6 8
電　話　： （ 0 2 ） 2 3 9 2 8 1 8 5
傳　真　： （ 0 2 ） 2 3 9 2 8 1 0 5
E-mail：student.book@msa.hinet.net
http：//www.studentbook.com.tw

本 書 局 登
記 證 字 號：行政院新聞局局版北市業字第玖捌壹號

印　刷　所：長 欣 印 刷 企 業 社
新北市中和區永和路三六三巷四二號
電　話　： （ 0 2 ） 2 2 2 6 8 8 5 3

定價：新臺幣六○○元

西 元 二 ○ 一 二 年 五 月 初 版

臺灣　學生書局　出版

史學叢刊